Barbara Engel

·

A History
of Russian Women

1700–2000

Cambridge University Press

2004

Барбара Энгель

·

Женщины в России

1700–2000

Academic Studies Press

Библиороссика

Бостон / Санкт-Петербург

2022

УДК 396+94(47)
ББК 63.3(2)
    Э62

Перевод с английского Ольги Полей

Серийное оформление и оформление обложки Ивана Граве

Энгель Б.

Э62   Женщины в России. 1700–2000 / Барбара Энгель ; [пер. с англ. О. Полей]. — СПб.: Academic Studies Press / Библиороссика, 2022. — 423 с. — (Серия «Современная западная русистика» = «Contemporary Western Rusistika»).

ISBN 979-8-887190-98-3 (Academic Studies Press)
ISBN 978-5-907532-56-4 (Библиороссика)

В своем исследовании Барбара Энгель обращается к голосам отдельных людей, чтобы показать, как российские женщины из различных социальных слоев были затронуты историческими изменениями и, в свою очередь, сами влияли на историю. Использование в исследовании женской оптики дает свежую интерпретацию прошлого России и позволяет лучше понять, как на протяжении веков менялись отношения пола и власти.

УДК 396+94(47)
ББК 63.3(2)

ISBN 979-8-887190-98-3
ISBN 978-5-907532-56-4

Слова благодарности

Перечислить всех, у кого я осталась в интеллектуальном долгу за то время, пока задумывалась и писалась эта книга, просто невозможно. Она — результат не только моей собственной работы с главными и побочными источниками, но и постоянного обмена информацией: в ее основу легли десятилетия бесед с коллегами и друзьями; научные статьи, представленные на конференциях; ответы на мои статьи, а также ценные критические замечания коллег, которым я присылала на отзыв плоды своих многолетних трудов. Более 30 лет изучения истории женщин России, истории женщин других стран и женских исследований также оказали самое разнообразное влияние на мои суждения.

В связи с ограниченностью места, а также со слабостью памяти, я упомяну здесь лишь тех, кто внес свой вклад в работу над этой конкретной книгой. Я благодарю сотрудников Славянского отделения Публичной библиотеки Нью-Йорка, фотографического отдела Библиотеки Конгресса, собрания славянской литературы библиотеки Хельсинкского университета, Российского государственного исторического архива, Государственного архива Российской Федерации и Центрального государственного архива города Москвы за помощь в получении документов и иллюстраций. Я очень благодарна Линдси Хьюз, Гейл Варшовски Лапидус, Лерою Муру, Рональду Григору Суни, Нине Тумаркин, Уильяму Вагнеру и Кристин Воробек за чтение рукописи, целиком или в отрывках, что принесло огромную пользу. Спасибо также

Виктории Боннелл за любезное разрешение на перепечатку нескольких плакатов. Наконец, я благодарю студентов группы 3713, изучавших историю в весеннем семестре 2002 года, и в особенности Кристофера Эсбери, Уильяма Хейберфельда, Мэттью Хикса и Майка Крепса за их честные и вдумчивые отклики на эту книгу на начальных этапах работы. Это помогло улучшить конечный результат и, надеюсь, сделать его более доступным для читателей. Разумеется, за любые ошибки в фактах или интерпретациях несу ответственность только я.

Примечание о датах

До февраля 1918 года русский календарь отставал как от западного, так и от современного русского календаря на 13 дней. Я привожу даты согласно стилю, принятому во время описываемых событий.

Хронология

1675 год. Арест боярыни Феодосии Морозовой.

1682–1689 годы. Регентство Софьи Ивановны.

1689–1725 годы. Правление Петра Великого (Петра I).

1689 год. Женитьба Петра на Евдокии Лопухиной.

1699 год. Заточение Евдокии в монастырь.

1701 год. Закон «О ношении немецкого платья».

1702 год. Закон о шестинедельном периоде между обручением и венчанием.

1712 год. Петр женится на своей любовнице, будущей Екатерине I, урожденной Марте Скавронской.

1712, 1714, 1715 годы. Создание приютов для незаконнорожденных детей.

1716 год. Законодательное изгнание «блудниц» из полков.

1718 год. Указ о совместном присутствии мужчин и женщин на ассамблеях.

1721 год. Развод становится формальной процедурой.
Церковные правила запрещают женщинам моложе 50 лет пострижение в монахини.
Женщин, уличенных в «распутном поведении», приговаривают к промышленным работам.

1722 год. Принудительные браки запрещаются законом.

1725–1727 годы. Правление императрицы Екатерины I.

1727–1730 годы. Правление императора Петра II.

1730–1740 годы. Правление императрицы Анны Иоанновны.

1731 год. Отмена закона об одиночном наследовании, расширение прав собственности для дворянок, а впоследствии и для женщин других сословий.

1736 год. Императрица Анна приказывает бить плетьми «непотребных женок и девок».

1740–1741 годы. Правление императора Иоанна VI Антоновича.

1741–1761 годы. Правление императрицы Елизаветы Петровны, дочери Петра Великого.

1750-е годы. Открываются акушерские школы.

1753 год. Сенат утверждает право дворянок владеть собственностью.

1761–1762 годы. Правление императора Петра III.

1762 год. Указ об отмене обязательной государственной службы для дворян.

1762–1796 годы. Правление императрицы Екатерины Великой.

1764 год. Церковные земли конфискуются, сокращается количество женских и мужских монастырей.

Основан Смольный институт.

В Москве основан Императорский воспитательный дом.

Основана больница для принудительного содержания женщин «непотребного поведения».

1771 год. В Санкт-Петербурге основан Императорский воспитательный дом

1779 год. Выпускается первый журнал для женщин — «Модное ежемесячное издание».

1783 год. Екатерина Дашкова становится директором Академии наук, основывает Российскую академию и становится ее президентом.

1785 год. В Санкт-Петербурге основан Императорский клинический повивальный институт.

1786 год. Выходит указ об основании начальных и средних школ для девочек.

1787 год. М. М. Щербатов публикует памфлет «О повреждении нравов в России».

1793 год. Срок армейской службы сокращается до 25 лет.

1796–1801 годы. Правление императора Павла I.

1796 год. Императрица Мария Федоровна принимает шефство над Смольным институтом.

1797 год. Император Павел принимает новый закон о престолонаследии, лишающий женщин права наследовать трон.

1800 год. Император Павел приказывает отправлять проституток на принудительные работы на фабриках.

1801–1825 годы. Правление императора Александра I.

1801 год. Основан Московский повивальный институт.

1810 год. Опубликована автобиография Наталии Долгоруковой — первая женская автобиография на русском языке.

1812 год. Войска Наполеона вторгаются в Россию.

Основание Женского патриотического общества.

1825 год. Восстание декабристов.

Жены и сестры дворян-бунтовщиков едут за ними в ссылку.

1825–1855 годы. Правление императора Николая I.

1834 год. Сокращение срока армейской службы до 20 лет.

1843 год. Православная церковь основывает начальные школы для дочерей духовенства.

1853–1856 годы. Крымская война; женщины добровольно отправляются на фронт сестрами милосердия.

1855–1881 годы. Правление императора Александра II.

1856 год. Н. И. Пирогов публикует книгу «Вопросы жизни».

Н. А. Добролюбов публикует статью «Темное царство».

1858 год. Учреждены женские гимназии и прогимназии.

1859 год. Анна Философова, Надежда Стасова и Мария Трубникова основывают Общество дешевых квартир.

Женщины начинают посещать университетские лекции.

1859–1862 годы. Начинает выходить «Рассвет» — первый толстый журнал для женщин.

1861 год. Отмена крепостного права.

Ученые Медико-хирургической академии открывают лаборатории для женщин.

1863 год. Н. Год. Чернышевский публикует роман «Что делать?».

После студенческих демонстраций женщинам запрещают посещать лекции в университетах.

1864 год. Земская реформа.

Судебная реформа.

Женщин исключают из Медико-хирургической академии.

1867 год. Надежда Суслова получает диплом врача в Цюрихе.

1868 год. Варвара Кашеварова-Руднева получает диплом врача в России и дает клятву посвятить свою жизнь помощи мусульманкам.

1869 год. Открываются Аларчинские и Лубянские женские курсы.

1871 год. Издано высочайшее повеление, регламентирующее условия работы для образованных женщин.

1872 год. Открыты Высшие женские курсы В. И. Герье. В Санкт-Петербургской медико-хирургической академии открыты курсы для подготовки «ученых акушерок».

1873 год. Издан правительственный указ, предписывающий женщинам, обучающимся за границей, вернуться в Россию.

1874 год. Софья Ковалевская становится первой женщиной в Европе, получившей степень доктора философии. Возникает революционное молодежное движение «Хождение в народ».

1876 год. Курсы для подготовки ученых акушерок становятся Высшими женскими медицинскими курсами. Высшие женские курсы открываются в Казани.

1878 год. Высшие женские курсы открываются в Киеве и Санкт-Петербурге (Бестужевские курсы). Вера Засулич стреляет в губернатора Трепова.

1881 год. Софья Перовская, руководившая убийством Александра II, повешена. Смертный приговор Гесе Гельфман заменен на пожизненные каторжные работы в связи с ее беременностью.

1881–1894 годы. Правление императора Александра III.

1882 год. Высшие женские медицинские курсы прекращают прием новых студенток.

1883 год. Софья Ковалевская становится первой женщиной, занявшей университетскую должность (в Стокгольме).

1885 год. Запрет ночных смен для фабричных работниц.

1886 год. Закрываются Высшие женские курсы, за исключением Бестужевских курсов, вновь открытых в 1889 году.

1887 год. Закрываются Высшие женские медицинские курсы.

1892 год. Публикация дневника Марии Башкирцевой.

1894–1917 годы. Правление императора Николая II.

1894 год. Учреждение Городского попечительства о бедных.

1895 год. Учреждение Русского женского взаимно-благотворительного общества.

1895–1898 годы. Крупные забастовки работниц табачных и текстильных фабрик.

1897 год. Открывается Женский медицинский институт.
Городские власти Санкт-Петербурга запрещают учительницам выходить замуж.

1899 год. Основание Российского общества защиты женщин.

1900 год. Образована первая женская громада.

1900–1901 годы. Вновь открываются курсы Герье.

1903 год. В Одессе открывается педагогический институт.

1903–1910 годы. Издается «Алем-и нисван» («Женский мир») — женский мусульманский журнал.

1904–1917 годы. Издается журнал «Женский вестник».

1905 год. Кровавое воскресенье вызывает массовые беспорядки.
Появляются женские организации: Всероссийский союз равноправия женщин, Женская прогрессивная партия, Лига равноправия женщин.
Состоялся первый женский политический митингод.
Октябрьский манифест дает мужчинам право голоса.

1906 год. Женщины Финляндии получают право голоса.
Образование женских лиг среди балтийских немцев.

1906–1910 годы. Новые женские курсы открываются в городах по всей империи.

1908 год. Собирается Всероссийский женский конгресс.

1911 год. Женщины получают право поступать в высшие учебные заведения, а выпускницы высших курсов — право претендовать на университетскую степень.

1911–1913 годы. Издается «Ишыг» (азерб. «Свет») — мусульманский женский журнал.

1914 год. Закон предоставляет замужним женщинам право иметь собственный внутренний паспорт.

1914 год. Начало Первой мировой войны.
Основан большевистский журнал «Работница».

1915 год. Начинаются голодные бунты.

1917 год. Демонстрации в честь Международного женского дня становятся началом революции.

Царь Николай II отрекается от престола.

Создано Временное правительство.

Женщины получают право работать адвокатами и равные с мужчинами права на государственной службе.

Женщины старше 20 лет получают избирательные права.

Женщины в рекордных количествах идут в армию.

Солдатские жены проводят демонстрации и формируют союзы.

Домашняя прислуга объединяется в профсоюзы.

Забастовка прачек и работниц красильных фабрик.

Большевики во главе с В. И. Лениным захватывают власть.

1918–1921 годы. Гражданская война.

1918 год. Принят новый Семейный кодекс.

Женщины Центральной Азии получают право на развод по советскому законодательству.

Собирается Первый Всероссийский съезд трудящихся женщин.

1919 год. Утвержден Женотдел; Инесса Арманд становится его первой заведующей.

1920 год. Аборт становится легальным при условии, что его проводит врач.

1921 год. Вводится Новая экономическая политика (НЭП).

1921–1923 годы. В мусульманских регионах запрещается многоженство, калым и брак без согласия невесты.

1922 год. Земельный кодекс уравнивает правовое положение женщин в крестьянских хозяйствах.

1923 год. Легализована контрацепция.

1924 год. Умирает В. И. Ленин.

И. В. Сталин начинает путь к власти.

1926 год. Вводится новый Семейный кодекс, еще больше упрощающий развод.

1927 год. Начинается кампания «Худжум».

1929 год. Вводится карточная система.

Принят первый пятилетний план.

Начинается коллективизация и раскулачивание.

1930 год. Женотдел упразднен.

1932 год. Надежда Аллилуева, вторая жена Сталина, кончает жизнь самоубийством.

1932–1933 годы. Голод.

1933 год. Принят второй пятилетний план.

Закрываются азербайджанские женские клубы.

1934 год. Убит С. М. Киров.

Гомосексуальность становится уголовным преступлением.

1934–1941 годы. Движение общественниц.

1935 год. Угольщик Алексей Стаханов устанавливает производственный рекорд.

Карточная система отменена.

1936 год. Новый Семейный кодекс ограничивает разводы; запрещает аборты, кроме как для спасения жизни матери; вводит льготы для матерей; контрацептивы исчезают из продажи.

Открытие первого советского Дома мод.

1936–1938 годы. Массовые аресты и репрессии, от которых страдают в первую очередь и главным образом члены партии и представители интеллигенции.

1938 год. Валентина Гризодубова, Марина Раскова и Полина Осипенко устанавливают мировой рекорд дальности полета.

1939 год. Советско-нацистский пакт о ненападении.

1940 год. Война с Финляндией.

1941 год. 22 июня Германия вторгается в СССР.

Блокада Ленинграда; угроза Москве.

Вводится драконовское трудовое законодательство.

Заново вводится карточная система.

Создаются женские авиационные полки.

1942 год. Женщин начинают официально принимать на армейскую службу.

1943 год. 800 000 женщин воюют в вооруженных силах и в партизанских отрядах.

В городских школах отменяется совместное обучение.

1944 год. Новый Закон о семье еще сильнее ограничивает разводы, стигматизирует незаконнорожденных детей, накладывает штрафы на одиноких женщин и бездетные пары; вводятся медали за материнство.

1945 год. Окончание Великой отечественной войны.
Большинство женщин-военных демобилизовано.

1947 год. Карточная система отменена.

1953 год. Смерть Сталина.
Никита Хрущев начинает путь к власти.

1954–1961 годы. Публикации, посвященные семейной и частной жизни, впятеро вырастают в числе.

1955 годы. Аборты легализованы.

1956 год. Хрущев произносит «секретную речь», в которой раскрывает часть преступлений Сталина.

1957 год. Екатерина Фурцева назначена министром культуры.
Запущен первый в мире искусственный спутник Земли.

1959 год. В Москве открывается Американская национальная выставка.

1960 год. Число абортов в европейской части России начинает превышать число рожденных младенцев.

1961 год. Екатерина Фурцева снята с должности.
СССР отправляет Юрия Гагарина в космос.

1963 год. Валентина Терешкова становится первой женщиной в космосе.

1964 год. Отставка Хрущева.
Приход к власти Л. И. Брежнева.

1965 год. Процедура развода упрощается.

1968 год. Новый Закон о семье предусматривает возможность иска об установлении отцовства.

1969 год. Наталья Баранская публикует повесть «Неделя как неделя».

1979 год. В самиздате выходит альманах «Женщины и Россия».

1982 год. Смерть Л. И. Брежнева, а вскоре вслед за ним — Ю. В. Андропова и К. У. Черненко.

1985–1991 годы. М. С. Горбачев становится главой СССР и претворяет в жизнь гласность и перестройку.

1986 год. Взрыв на Чернобыльской АЭС.

1987 год. Комитет советских женщин критикует политику партии.
В киосках появляются иностранные модные журналы.

1988 год. Проводится «Мисс Москва» — первый конкурс красоты в СССР.

1989 год. Образование Комитета солдатских матерей.
Статья «Как мы решаем "женский вопрос"» в журнале «Коммунист».

1990 год. Ежегодник «Женщины в СССР» сообщает о тяжелом положении советских женщин.
Основание Московского центра гендерных исследований.

1991 год. Вновь вводится карточная система.
Крах СССР.

1991–2000 годы. Растет женская безработица; снижается продолжительность жизни мужчин и женщин; растет детская смертность.
Появляются новые возможности для создания организаций.
Женские образы становятся разнообразнее.

Введение

Возрождение женского движения в конце 1960-х годов вызвало новую вспышку интереса к женщинам России и СССР, что, в свою очередь, подтолкнуло историков к попыткам найти информацию о женщинах, обойденных вниманием в более ранних работах по российской и советской истории. В 1978 году Ричард Стайтс опубликовал монументальное новаторское исследование, охватывающее обширные участки этой области, которую другие историки позже стали изучать более детально и с разных точек зрения [Stites 1990].

Некоторыми представителями этой когорты ученых, в том числе и мной, руководили не только интеллектуальные, но также личные и политические мотивы. Феминизм побудил женщин-историков изучать наше прошлое — женское прошлое, рассказывать herstory[1], «женскую историю». Задавшись целью скорректировать предвзятость мужского взгляда, которой отличались предшествующие источники, мы рылись в архивах и публикациях в поисках следов женского опыта, старались расслышать не звучавшие до сих пор женские голоса. К обычным вопросам историков эта феминистская когорта добавила новые, касающиеся власти мужчин над женщинами и ее влияния на женские идеи и опыт. Мы исследовали природу и источники патриархальной власти и то, как принадлежность к женскому полу определяла выбор и занятия женщин. Бо́льшая часть этих первоначальных исследований была посвящена либо женщинам из среды интеллигенции, либо попыткам большевиков эмансипировать женщин после 1917 года — не только вследствие существенной важности этих тем как таковых,

---

[1] По аналогии с англ. history; игра слов he-her. — *Примеч. ред.*

но и потому, что они оставили после себя сравнительно доступный для изучения след в письменных источниках.

Однако по мере того как развивалось это направление исследований и расширялся его фокус, вопросы и методы становились все разнообразнее. Распад Советского Союза вызвал новые вопросы — например, об уникальности российского и советского опыта, а открытие бывших советских архивов сделало более доступными свидетельства, необходимые ученым для поисков ответов на эти новые вопросы. Обширная база научных знаний, накопленная за последние три десятилетия, и позволила мне написать эту книгу.

И все же эта задача оказалась пугающе сложной. Главная сложность заключалась в необычайном многообразии народов Российской империи, вследствие чего трудно было говорить о *русских женщинах* — этого термина я обычно стараюсь избегать. Какие-то различия насаждались сверху. Начиная с царствования Петра Великого (1689–1725) и вплоть до 1917 года российское общество формально было организовано не по классовому, а по сословному принципу. Дворянам социальное происхождение давало привилегии: право владеть землей и — до 1861 года — крепостными крестьянами, а также освобождение от подушного налога и от телесных наказаний. Для крестьян же и для простых горожан социальное происхождение влекло за собой определенные повинности, в частности обязанность платить подушный налог, поставлять рекрутов для армии и рабочую силу для нужд государства, а также подвергаться телесным наказаниям за преступления и правонарушения. Существовали и другие сословия, в том числе купечество, духовенство и категория разночинцев — образованных и полуобразованных людей, число которых росло по мере модернизации России. Даже после того, как социальная структура России усложнилась, и все бо́льшую роль в формировании образа жизни и идентичности людей начала играть принадлежность к тому или иному классу, эти формальные разграничения оставались незыблемыми. Другие различия возникли в результате имперских завоеваний России, втянувших на орбиту империи людей разных национальностей, религий и образа жизни. К концу XVIII века в числе российских женщин были и оленеводки-анимистки с Севера, и мусульманские женщины-кочевницы из степей Средней Азии, и еврейки из местечек, и татарки из приволжских деревень и городов, и немки из Балтийского региона, и многие, многие другие. Советское государство, стремившееся полностью перекроить социальный порядок, оставило этническое разнообразие империи практически нетронутым. На протяжении большей части периода, рассматриваемого в этой книге, идентичность большинства женщин определялась принадлежностью к той или иной социальной и этнической группе по крайней мере в той же степени, что и их гендером.

Никакая книга не могла бы вместить в себя столь многогранную историю. Я решила даже не ставить перед собой такую задачу. Отчасти на такое мое решение повлияли исследовательские интересы других ученых в этой области. Многое уже написано, к примеру, о женщинах элиты, образованных женщинах, а также крестьянках имперского периода, в то время как о жизни женщин городских сословий царской России (купчих и мещанок) и духовенства публикаций до сих пор очень мало. Только недавно начали появляться исследования, посвященные женскому религиозному опыту и культуре, — чрезвычайно важной составляющей в жизни многих женщин. Что касается женщин, принадлежавших к этническим меньшинствам империи, то эта область исследований еще менее разработана — лишь еврейский народ представляет собой некоторое исключение. Очень мало мы знаем о жизни женщин малых городов и регионов, удаленных от Москвы и Санкт-Петербурга. Историки, изучающие советский период, лишь недавно обратили свое внимание на послевоенную эпоху и годы после смерти Сталина. Как предметы наиболее активного интереса недавних исследований, так и упущенные в них моменты с неизбежностью отразились на характере этой книги. То же верно для моих личных пристрастий и интересов как ученого. Возможно, другой автор на том же материале написал бы совершенно другую книгу.

В этой книге я намеревалась частично отразить разнообразие женского опыта и идентичности и показать, как менялись они со временем и в ответ на масштабные экономические, социальные, культурные и политические события. Поскольку жизнь женщин протекала в семье и в обществе, эта книга исследует их социальный и семейный мир. Важную часть ее составляет история гендера. Социальное конструирование маскулинности и феминности, то есть того, что значит *быть* женщиной и что значит *быть* мужчиной, отражает структуру власти в том или ином обществе, равно как и сказывается на ее формировании. Гендер обусловливает то, как люди определяют себя и других, и влияет на то, как они представляют себе возможные изменения. Но мне важнее всего было рассказать увлекательную историю, опираясь, насколько позволяют источники, на слова самих женщин.

Основной акцент здесь делается на переменах и различиях. Я начинаю книгу с обзора «революции сверху», проведенной царем Петром Великим с целью изменить жизнь знати — как мужчин, так и женщин высшего сословия. Она была шагом на пути к более масштабным целям и осуществлялась по моделям, заимствованным с Запада. Петровская революция имела серьезные последствия для женщин. Инновации Петра, ужесточив и усугубив социальные различия, а также изменив границы между частным и общественным, в то же время открыли новые возможности для социальной мобильности. В конечном счете введенные Петром основания для продвижения по службе, не сводившиеся более исключительно к праву рождения, и то предпочтение, которое он отдавал образованию и «цивилизованности», принесли женщинам пользу не меньшую, чем мужчинам. Для высших сословий нововведения Петра, изменившие, хотя и не устранившие иерархические отношения полов в семье и обществе, помимо всего прочего, открыли дверь к новому пониманию того, что значит быть женой и матерью. Изменив образ жизни высшего общества и отношение к женским семейным ролям, Петровская революция углубила социальные и культурные различия между дворянками и крестьянками. Однако в некоторых отношениях у российских женщин было и много общего. Вплоть до XIX века, если не дольше, участь почти всех россиянок — не только дворянок и крестьянок, но и купчих, горожанок, женщин духовного сословия и прочих — оставалась практически одинаковой: вначале брак по договоренности, заключенный в чужих интересах, затем рождение и воспитание детей, труд по хозяйству и обеспечению семьи. За фасадом событий, о которых пойдет речь в последующих главах, жизнь большинства женщин определяли все те же повседневные обязанности, связанные с браком, материнством и домашним хозяйством.

На протяжении большей части имперской эпохи плоды Петровской революции доставались в первую очередь образованной или имущей элите. Подавляющему большинству — русским крестьянам и крестьянкам — петровские нововведения принесли не столько преимущества, сколько новые тяготы. Крестьяне, добывавшие себе пропитание на земле, теми же орудиями труда, какими пользовались до них их родители, бабушки и дедушки, жившие в замкнутых общинах, даже после отмены крепостного права в 1861 году не спешили перенимать обычаи большого мира, относясь к ним в лучшем случае настороженно. Крестьянки в большинстве своем все так же выходили замуж к 20 годам, рожали с помощью деревенской повитухи в среднем по 6–7 детей и почти половину своего потомства теряли, не дорастив до пятилетнего возраста. Подъем торговли и промышленности в конце XIX века дал прежде не виданные в деревне возможности, открыл доступ к новым идеям и новому образу жизни, однако эти перемены затронули жизнь сравнительно немногих. Даже захват власти в 1917 году большевиками с их стремлением перестроить весь политический, социальный и культурный порядок, как ни странно, почти ничего не изменил в крестьянском образе жизни. Настоящие перемены настигли крестьянство уже в конце 1920-х годов в ходе коллективизации сельского хозяйства, да и они были лишь частичными. Дальнейшее повествование будет посвящено в первую очередь преобразованиям, а не тому, что передавалось из поколения в поколение, однако следует иметь в виду, что на протяжении первых двух с четвертью столетий, охватываемых этим повествованием, жизнь российских крестьянок менялась на удивление мало.

Каждый писатель пишет для некой воображаемой аудитории. У меня, когда я работала над этой книгой, таких аудиторий было две. Первая — студенты колледжей, такие же, как те, кому я преподаю в Университете Колорадо, — те, кто ценит хорошо рассказанную историю и находит, что прошлое доступнее всего для изучения в его человеческом измерении. Чтобы не тормозить развитие повествования и не слишком растягивать объем книги, я привожу сноски лишь на те источники, которые цитирую или на которые опираюсь в плане информации или интерпретации. По тем же причинам я ограничила обсуждение различных толкований историков, однако постаралась представить весь диапазон различных исторических взглядов в сносках или в списках рекомендуемой литературы, приводимых в конце каждой главы, а иногда и там и там. Список литературы отсылает лишь к небольшой части нашей стремительно разрастающейся области исследований, наиболее важной для данной главы. К счастью для читателей, желающих ознакомиться с этой областью подробнее, в издательстве M. E. Sharpe скоро выйдет двухтомник «Bibliography on Women and Gender in Russia, the Successor States of the Former Soviet Union and East Central Europe» («Библиографический список работ о женщинах и гендере в России, государствах — преемниках СССР и Центрально-Восточной Европе»), составленный Мэри Зирин, Ириной Ливезяну, Джун Пачутой Фэррис и Кристин Воробек[2].

Вторая аудитория — мои коллеги и будущие коллеги, ученые-историки и выпускники вузов, для которых эта книга может служить введением в историю российских женщин или помочь дополнить, а возможно, даже переосмыслить уже известную им информацию. Охват весьма продолжительного периода — трех столетий — позволил мне проследить за развитием некоторых тем и отметить постоянство определенных тенденций, которое в противном случае легко было бы упустить из виду. Хотя отстаивать важность изучения женской истории теперь уже нет необходимости, о ее центральном месте в истории России еще многое предстоит сказать. Моя книга была задумана как вклад в этот разговор.

---

[2] Русскоязычные читатели также могут обратиться к замечательной книге Н. Л. Пушкарёвой «Русская женщина: история и современность» (М.; Ладомир, 2002). — *Примеч. авт.*

Глава 1

Петровская революция: новые мужчины, новые женщины, новые идеи

Женщины в обществе и новая семейственность

Эта книга начинается с драматических изменений — своего рода революции — инициированных сверху царем Петром Великим (1689–1725) и изменивших в конечном счете жизнь почти всех россиян, как женщин, так и мужчин. В 1689 году, когда Петр отстранил от власти свою сводную сестру, регентшу Софью, и занял российский престол, Россия еще только постепенно отходила от средневекового уклада. Большинство россиян, привыкших руководствоваться религиозными ценностями, живших по большей части изолированно от культурных и интеллектуальных изменений, под влиянием которых трансформировалось мировоззрение западных элит, на внешний мир все еще глядело с подозрением. Чтобы обеспечить России имперский статус, Петр стремился изменить российское общество, культуру и политику в соответствии с теми моделями, которые наблюдал и которыми восхищался в иностранной общине Москвы и во время поездок на Запад. В годы правления Петра государство сделалось заметно более активным и все чаще вмешивалось в жизнь своих подданных. Всеми силами стараясь ускорить ход уже совершающихся перемен, Петр использовал указы и законы как оружие в войне против традиционных русских порядков и сурово карал даже знать, когда та пыталась ставить ему палки в колеса. Отголоски взрывных волн Петровской революции ощущаются и по сей день.

Как и многие современные европейские общества, Россия была разделена на социальные слои: на воюющих (служилое сословие), трудящихся (податное сословие) и молящихся (духовное сословие). Западническая революция Петра была нацелена в первую очередь на служилую знать, родовитых бояр и военную аристократию. Новые политические институты начали преобразование московской системы правления в современную бюрократию, формализуя и укрепляя власть самодержца. Петр обновил российскую армию и основал флот. Для управления новыми или реформированными структурами Петру требовались люди нового типа — мужчины нового типа, которые должны были выглядеть, вести себя и даже думать по-новому, не так, как их отцы и деды. А в спутницы этим новым мужчинам требовались новые женщины. Женщины высших сословий — в открытой по западной моде одежде, не чурающиеся развлечений в смешанном обществе, воспитывающие своих сыновей в духе Петровской эпохи, — должны были служить государству так же, как и мужчины, только на иной манер. Чтобы привлечь знать к строительству нового порядка, Петру необходимо было перекроить ее общественную и частную жизнь.

Гендер и допетровский порядок

Преобразование семейного уклада российской знати было необходимо Петру, который стремился придать четкую форму государственному правлению. За фасадом московского самодержавия знатнейшие боярские роды плели интриги ради власти и покровительства, и главными факторами успеха были супружеские и родственные связи. Устраивая браки своих отпрысков, знать блюла фамильные интересы. Практика изоляции женщин и половой сегрегации способствовала поддержанию этой политической системы. Женщины из самых знатных семей проводили жизнь в обособленных помещениях — теремах. Они могли принимать там гостей или обсуждать с мужчинами хозяйственные дела, но в остальном с мужчинами, даже родственниками, не общались. «Я была рождена взаперти, взращена в четырех стенах», — писала своему юному другу-иностранцу княгиня Дарья Голицына (1668–1715). До того, как Петр Великий вынудил ее изменить свой образ жизни, княгиня Дарья отваживалась выходить за дверь всего два–три раза в год, включая посещение церкви и кладбища, а в гостях у родственниц бывала еще реже. В экипаже она всегда ездила с закрытыми или занавешенными окнами, чтобы никто ее не увидел [Schlafly 1997: 255]. Благодаря такому разделению по половому признаку в социальной жизни между мужчинами и женщинами не возникало личных привязанностей, которые могли бы стать помехой заключению договорных браков.

Хотя обособленность женской сферы ограничивала свободу передвижения и контакты, она в то же время могла стать и источником независимой женской власти. Такой властью пользовалась царица и ее дочери, жившие в царском тереме. Как и во многих средневековых дворах, в Московской Руси личная, частная сфера была неразрывно связана с государственными делами. В России благочестивая царица считалась духовной заступницей, посредницей между царем, его подданными и Богом. Как духовная помощница мужа, она выступала порукой спасения царя и его царства, совершая богоугодные деяния, занимаясь благотворительностью и поддерживая социальную справедливость. Кроме того, она обладала пусть и более земной, но не менее значительной властью в своем отдельном царстве. В царском тереме царица управляла придворными и слугами, устраивала свадьбы и жаловала приданое, в которое могли входить крупные земельные наделы. Царицы также обладали по закону независимым статусом. Они самостоятельно распоряжались своей собственностью и вершили суд над своими подданными. Признанные защитницы мира и справедливости, царицы получали многочисленные петиции от российских подданных с просьбами вмешаться в юридические, а то и в государственные дела. По мере того как самодержавие все более бюрократизировалось, а образ царя

обретал все бо́льшую суровость, царица олицетворяла собой
более мягкую, милосердную форму власти и альтернативный путь
к престолу [Thyret 2001: 119–123].

Другие знатные женщины зачастую играли в своей гендерной
сфере не менее активную роль. Они тоже управляли большими
и сложными домохозяйствами и часто брали на себя инициативу
по организации браков своих детей, в том числе таких, которые
могли открыть доступ к политической власти. Женщины имели
право запрещать или одобрять брачные союзы родственников-
мужчин, а иногда наведывались в женские владения других семей,
чтобы оценить будущую невесту [Kollman 1983: 184]. Матери
царей не были исключением. Наталья Нарышкина, мать Петра
Великого, выбрала для него первую жену Евдокию, к которой сам
Петр был совершенно равнодушен. В деревнях знатные женщины управляли поместьями, пока их мужья служили в армии. Еще
большей свободой действий пользовались состоятельные вдовы.

Гендерная сегрегация и требование к женщинам прикрывать
волосы и тело также поддерживали коллективистскую, клановую
московскую систему, построенную на идеях чести и бесчестья.
Знатные женщины носили платья с закрытым воротом, длинны-
ми рукавами и юбками, вся их одежда была свободного кроя,
скрывающего очертания тела. Чем торжественнее обстоятельства
и чем богаче женщина, тем больше на ней было слоев одежды.
Поскольку религия учила, что мужчине грешно смотреть на волосы замужней женщины, ее волосы скрывались под приличе-
ствующими случаю головными уборами и широкими шалями,
иногда покрывавшими и плечи. Женщины, которые одевались
и вели себя как предписывалось правилами, сохраняли свою
честь и честь своей семьи; женщины, нарушавшие правила чести,
вредили не только себе, но и своим близким. Семейная честь
имела огромное значение для служивых сословий. Она была
мерой, определявшей их статус в социальной иерархии [Kollman
1994: 45]. Система чести обеспечивала также уважение в обществе
и право защиты своего достоинства женщинам, живущим по ее
законам. Если женщина соблюдала правила, она могла получить
законную компенсацию от мужчин, которые эти правила нару-

шили — например, потянули ее за косу или заглянули в ее карету. По словам Нэнси Шилдс Коллман, «патриархат, служа сам себе, оказывал услугу и женщинам»[1].

Доктрина русского православия, официальной религии, поддерживала эту гендерную сегрегацию, сообщая женщинам весьма противоречивый посыл. Она провозглашала женщин грешницами — распутными, коварными подстрекательницами похоти и скверны. В церковных проповедях женщину именовали «змеиным логовом», «неисцелимым недугом» и «пособницей диавола» [Bisha, Gheith, Holden, Wagner 2002: 22]. Такие высказывания внушали мужчинам страх перед женщинами и недоверие к ним, а заодно и стремление контролировать их сексуальность, чтобы оградить семью от бесчестия и общество от разрушения. Однако русское православие предлагало и положительный образец — *добродетельную женщину*, все свойства которой были диаметрально противоположны свойствам ее грешной сестры. Добродетельная женщина была скромна и трудолюбива, набожна и целомудренна, предана дому и детям и покорна мужу. Добродетельная женщина щедро помогала нуждающимся и использовала близость к сильным мира сего для защиты слабых и угнетенных. «Домострой» — руководство по ведению домашнего хозяйства, написанное в XVI веке и рассчитанное на читателей из высших сословий, — изображал в качестве идеала жену, держащую в своих руках хозяйство в доме и ведущую едва ли не затворнический образ жизни. «Если дарует Бог жену добрую, получше то камня драгоценного», — так, с цитаты из «Книги притчей Соломоновых», начинается раздел «Похвала женам» [Дмитриев 1994]. Церковь внесла свой вклад и в духовное возвышение цариц, отождествляя их не с греховностью, а с известными православными женщинами-святыми.

Женщины-святые, принявшие мученическую смерть за веру, служили для религиозных женщин высочайшим примером. В житиях святых — книгах, которые чаще всего читались в набожных домах, — они видели образы, воплощающие духовную

---

[1]   [Kollman 1991: 72].

силу и самоотверженный аскетизм. Святые, беззаветно преданные высшему идеалу, не отступались от своих убеждений даже перед лицом гонений и мук. Такие образы, призванные восславить благочестие, призывали женщин к покорности, однако в то же время могли подтолкнуть и к бунту. Именно они вдохновили весьма состоятельную вдову Феодосию Морозову (1632–1675) на то, чтобы стать мученицей за свои убеждения. В 1660-х годах Русская православная церковь провела модернизационные реформы, пересмотрела и унифицировала литургические обряды, что вызвало ожесточенное сопротивление. Морозова стала самой известной противницей реформ. В борьбе за сохранение древних религиозных обрядов она отказалась повиноваться как религиозным, так и светским властям, несмотря на все призывы родственников покориться. Благодаря огромному состоянию и относительной свободе, которой она пользовалась как вдова, Морозова превратила свой московский особняк в своего рода убежище для раскольников и центр производства и распространения раскольнических сочинений. Впоследствии она стала монахиней. Арестованная в 1672 году вместе с двумя другими главными раскольницами и подвергнутая пыткам, Морозова отказалась отречься от своих убеждений. Вместе с двумя сообщницами ее сослали в дальний монастырь, где всех трех заморили голодом в яме [Ziolkowski 2000]. Старообрядцы, как называли раскольников, признали Морозову святой. Ее биография, написанная примерно в 1674–1675 годах, широко распространялась в списках и стала ключевым текстом в идеологии старообрядчества.

Сводная сестра Петра Великого, Софья, может служить еще одним примером бунтарки, но уже в другом религиозном ключе. Вначале в качестве регентши при своих малолетних братьях (Иване и будущем царе Петре), а затем постепенно обретая все бо́льшую самостоятельность, Софья правила Россией с 1682 по 1689 год. Власть Софьи описывалась в женских терминах, что должно было демонстрировать ценность ее пребывания на престоле. Так, подчеркивание благочестия и аскетизма царицы опиралось на мифы и ритуалы, связанные с царским теремом.

Распространение той власти, которой царицы издавна пользовались в качестве духовных помощниц, на светскую политическую сферу подкрепляло претензии Софьи на прямое правление [Thyret 2001: 139–169]. В 1689 году войска Петра Великого свергли ее власть. Остаток жизни Софья провела в заточении в женском монастыре — обычная участь слишком дерзких или неугодных женщин.

Насколько можно судить, немногие женщины отваживались бросать такой открытый вызов религиозным или политическим порядкам. Чаще они довольствовались отведенным им местом или по крайней мере делали вид, что довольствуются. Как бы ни превозносили добродетельных женщин, действовать им приходилось в рамках патриархального строя. Предводитель старообрядцев протопоп Аввакум, восхвалявший боярыню Морозову как одну из «мучениц Христовых», мог в то же время и сурово отчитать ее, когда она перечила ему: «Чем боло плакать, что нас не слушала, делала по своему хотению — и привел боло диявол на совершенное падение... Глупая, безумная, безобразная, *выколи глазища те свои челноком, что и Мастридия*» [курсив в оригинале] [Барсков 1912: 42–43].

В письмах, сохранившихся с петровских времен, женщины отзываются о себе в самоуничижительном духе. Подписываются: «твоя недостойная сестра», «твоя недостойная дочь», или, как Морозова в письме к Аввакуму, «многогрешная и недостойная». Так они именуют себя даже тогда — пожалуй, в особенности тогда, — когда становятся царицами. Самоуничижительные обороты встречаются и в сохранившихся письмах первой жены Петра Великого Евдокии. Уже поднявшись на высшую, по общепринятому понятию, ступень, Евдокия писала мужу после их свадьбы в 1689 году: «Женишка твоя Дунька челом бьет»; и в другом письме: «Пожалуй, батюшка мой, не презри, свет, моего прошения: отпиши, батюшка мой, ко мне о здоровьи своем, чтоб мне, слыша о твоем здоровьи, радоваться» [Устрялов 1858]. Однако такое словесное самоуничижение не спасло Евдокию от той же участи, которая была уготована ее золовке Софье.

Петровская революция

Петр Великий перекроил российский патриархальный уклад. Его модернизационные реформы, направленные на укрепление бюрократии и институционализированных форм власти, неизбежно отражались и на той неформальной власти, которой женщины пользовались в своей обособленной сфере. Первоначально трансформация политической жизни по западноевропейскому образцу символизировалась новой одеждой и поддерживалась новыми манерами. Петр вынудил мужчин сбрить бороды и снять кафтаны, а женщин — носить иноземное платье. Указ от 1701 года предписывал «ношение немецкого платья и обуви» мужчинам и женщинам всех разрядов служилого дворянства, а также крупнейшим купцам, военным чинам, жителям Москвы и других городов. Только духовенство и крестьяне были освобождены от этой обязанности [Бычков 1873]. Отныне женщины, не носившие платья, немецкие верхние и нижние юбки, шляпы и обувь по иностранному образцу, подвергались штрафам.

Стремясь придать своему двору западный вид, Петр проломил стены теремов, вынудив знатных женщин расстаться с привычным уединением и начать появляться в обществе, на приемах в европейском стиле. Затянутые в корсеты, в декольтированных платьях, позволявших видеть фигуру, они должны были танцевать западноевропейские танцы, демонстрировать приличествующие случаю навыки общения и беседовать с мужчинами по-французски. Это был, по выражению Линдси Хьюз, «женский вид служения государству, пусть не в полку или в канцелярии, а на балах и ассамблеях» [Hughes 1998: 201]. Указом об ассамблеях от 1718 года Петр попытался распространить такие развлечения за пределы двора, где они уже стали обычным явлением. Он даже предлагал отправлять дворянок за границу для изучения языков и светских манер. Однако на этот раз ожесточенное сопротивление родителей девиц заставило его отступить. Указ от 1722 года требовал от женщин знания основ грамоты: женщине запрещалось выходить замуж, если она не могла расписаться в документах [Glagoleva 2002: 130]. Судя по всему, этот запрет был оставлен без внимания.

Второй брак Петра олицетворял собой типичное для него сочетание деспотизма и приверженности стилю современного Запада. Недовольный своей первой женой Евдокией, в 1699 году он заточил ее в женский монастырь. В 1712 году Петр женился вторично — на женщине незнатного происхождения, принявшей при православном крещении имя Екатерина. Она была его любовницей примерно с 1703–1704 годов и ко времени их свадьбы в 1712 году уже родила ему нескольких детей. Свадебное торжество прошло в духе новой эпохи: женщины в платьях с глубокими декольте, в изысканных французских париках сидели в одной комнате с мужчинами, одетыми во флотскую форму. Эта тщательным образом организованная свадьба стала своего рода публичным спектаклем: его участники разыгрывали новые манеры, словно на сцене, подавая тем самым пример публике [Hughes 1996: 40].

Второй брак Петра знаменовал также новое представление о личной жизни. Свою вторую жену Екатерину Петр любил страстно и глубоко и не скрывал своих чувств. Это в значительной мере расходилось с официальной моралью его времени, согласно которой целью брака было не эмоциональное удовлетворение или сексуальное наслаждение, а продолжение рода и стабильность социального уклада. Мужьям, безусловно, полагалось любить жен. Однако такая любовь означала не какую-то страстную личную привязанность, а лишь взаимное уважение и сотрудничество в рамках патриархального порядка. Половые сношения ради удовольствия считались грехом. Русское православие рассматривало сексуальность как проявление греховности человеческой натуры вследствие грехопадения. Выступая за целомудрие даже в браке, Церковь не поощряла супружеский секс без цели продолжения рода, а «Домострой», отражавший те же взгляды, призывал к регулярному воздержанию от половой близости. Таким образом, второй брак Петра представлял собой новый супружеский идеал [Kollman 2002: 15–32]. Этот новый, более эмоциональный идеал нашел отражение в портретах Петра, Екатерины и их детей, изображаемых как по отдельности, так и всем семейством.

Рис. 1. Г. С. Мусикийский. Семейный портрет Петра I, 1720 год

Аналогичным образом Петр стремился изменить и интимную жизнь своих подданных. Он хотел покончить с московским обычаем, согласно которому браки заключались родителями или, если тех уже не было в живых, близкими родственниками жениха и невесты, обычно видевших друг друга впервые уже после свадебной церемонии. Закон от 1702 года требовал шестинедельного периода обручения перед свадьбой, чтобы молодожены могли встретиться и узнать друг друга. Если какую-то из сторон, включая не только родителей, но и самих нареченных, предстоящий брак не устраивал, она получала право отменить его[2].

Позже Петр усложнил расторжение брака. Церковь, считавшая, что безбрачие предпочтительнее супружеской жизни, разрешала супругам расторгать брак, чтобы перейти в монашество, если они имели на то разрешение второго супруга и выполнили свои обязательства перед детьми. Если второй супруг продолжал после этого мирскую жизнь, он или она имели право вступить в новый брак. Петр, как и многие другие высокопоставленные

---

[2]   Этот закон был отменен в 1775 году.

мужчины, сам злоупотребил этой традицией, чтобы избавиться от первой жены. Однако после 1721 года такой неформальный развод стал невозможен. Отныне для развода с целью уйти в монашество супругам необходимо было «представлять о том разводе Епископу своему обстоятельно», и лишь после этого епископ направлял прошение в Священный Синод для принятия решения. Развод стал формальной процедурой [Meehan-Waters 1982: 123]. Семейная реформа Петра должна была касаться всех без исключения. Указ от 1722 года прямо запрещал принудительные браки, в том числе браки «рабов», заключенные хозяевами, и обязывал жениха и невесту давать клятву, свидетельствующую о том, что они вступают в свой союз добровольно. Обязанность представителей высших сословий участвовать в светских увеселениях расширяла личные контакты и тем самым также подрывала монополию родителей на организацию браков своих детей.

Изменив патриархальный строй в России, Петр, однако, никоим образом не отменил его. Бразды правления оставались в руках мужей и отцов, обладавших практически неограниченной властью над другими членами семьи. Брачный закон требовал от жены «повиноваться мужу своему как главе семейства; пребывать к нему в любви, почтении и *неограниченном послушании*, и оказывать ему всякое угождение и привязанность как хозяйка дома» (выделено автором) [Сперанский 1857: 107]. Женщины, за исключением придворных фрейлин, не обладали независимым общественным статусом. Женщины низших сословий не учитывались ни при переписи населения, ни тогда, когда речь шла об уплате податей или исполнении служебных обязанностей. Как и в других странах Европы, статус женщины определялся положением ее мужа или отца. Закон по-прежнему относился к женщинам гораздо суровее, чем к мужчинам. Жену за убийство мужа закапывали в землю по шею и оставляли умирать; мужа за убийство жены пороли кнутом. За супружескую измену женщин наказывали принудительными работами — обычно на текстильной фабрике. «Распутных» женщин постигала похожая судьба[3].

---

[3]   См. [Hughes 1998: 200].

Более того, от женщин как родительниц и воспитательниц будущих подданных ожидалось, что основной вклад во благо российского общества они будут вносить в семье. Петр считал важнейшими обязанностями женщины обязанности жены и матери, тем самым придавая материнству новый смысл. В XVI веке «Домострой» «на удивление мало» упоминал о детях и совсем ничего — об их образовании и воспитании: предполагалось, что всему необходимому дети научатся от родителей [Pouncy 1994: 29]. Таким образом, матери будущих подданных держали в руках ключ к будущему России. Понимая это, Федор Салтыков в 1713 году предложил создать школы для девочек, где обучать их чтению, письму, французскому и немецкому языкам, шитью и танцам, «чтоб и женский наш народ уровнялся с европейскими государствами»[4]. Только образованные женщины, утверждал Салтыков, способны воспитать достойных слуг Российского государства. Однако, как и многие другие проекты, предложенные при Петре, планы обучения женщин не сдвинулись дальше замысла. Чтобы женщины исправно становились женами, а главное, матерями, Петр запретил им уходить в монастырь в репродуктивном возрасте. Духовный регламент 1721 года запрещал женщинам постриг до достижения 50 лет, то есть до предполагаемой утраты способности к деторождению. Отныне для женщин не было способа уклониться от своего репродуктивного долга. Если девушка желала сохранить девственность, чтобы принять монашеский постриг, ей оставалось только ждать своего часа. Под строгим надзором, как предписывалось Духовным регламентом, она должна была «пребывать непостриженой» «до шестидесяти, или поне до пятидесяти лет»[5]. Монахини должны были также заниматься производительным трудом: в 1722 году государство направило в московские монастыри швей — учить монахинь прясть.

Изменения, инициированные Петром, укоренялись лишь постепенно. Во время его правления они касались в основном

---

[4] См. [там же: 195].

[5] См. [Meehan-Waters 1986: 112].

женщин императорской семьи и Двора. Некоторые женщины с отвращением отнеслись к новой моде, требовавшей открывать тело: ведь еще несколькими годами ранее это покрыло бы позором саму женщину и стало бы бесчестьем для ее семьи. «Неужели на старости лет, — сокрушалась 31-летняя Дарья Голицына около 1700 года, — я должна ходить по Москве с непокрытой головой, плечами и грудью?» Она утверждала, что единственное сокровище, которым женщина может похваляться, — это целомудрие [Schlafly 1997: 262], и теперь оно поругано. Другие женщины были готовы к переменам во внешности, но не готовы отказаться от ценностей, в которых были воспитаны. Родная сестра Петра Наталья Алексеевна (год рождения: 1673) полностью сменила свой гардероб на западный манер. На портрете 1715 года она изображена с тщательно уложенной модной прической и в платье с глубоким вырезом. Однако даже она не желала расставаться со многими чертами старого образа жизни, держала в доме не только картины, но и иконы, а ее библиотека состояла по большей части из духовных книг. Иностранный гость был поражен неумением русских дам Петровской эпохи должным образом поддерживать разговор в силу их «врожденной застенчивости и неловкости» [Hughes 1998: 189].

За пределами царского двора перемены шли с еще бо́льшим трудом. Москва отставала в этом отношении от Санкт-Петербурга — новой столицы, созданной по воле Петра. Один из иностранцев, побывавших в Москве в 1716 году, замечал: «Русские жены и дочери... содержатся очень уединенно и выходят только в церковь и к самым близким родственникам». Требования к поведению молодых женщин оставались двойственными: с одной стороны, царь повелел им надевать открытые платья и вести беседы в свете, а с другой — их по-прежнему воспитывали благонравными русскими православными девицами. «Юности честное зерцало», руководство по этикету, опубликованное в 1717 году, предлагало молодым женщинам советы, словно взятые прямиком из «Домостроя»: «Между другими добродетелями, которые честную даму или девицу украшают и от них требуются, есть смирение, начальнейшая и главнейшая добродетель». В этой книге подчеркивается важность для женщин таких качеств, как трудолюбие, стыдливость, сдержанность, целомудрие и молчаливость, а также духовные познания и богобоязненность [Юности честное зерцало 1976].

Женщины в обществе

Ярче всего свидетельства новой видимости женщин в постпетровский период проявлялись в политике. Софья, сводная сестра Петра, прежде заявила свои права на престол в качестве регентши и правила пока еще негласно. В течение XVIII века на российском престоле побывали уже четыре женщины: вторая жена Петра, Екатерина I, царствовала с его смерти в 1725 году до своей в 1727-м. Анна Курляндская, дочь Ивана, сводного брата Петра, правила в 1730–1740 годах. Дочь Петра Елизавета правила с 1741 по 1761 год, и наконец, Екатерина Великая, принадлежавшая по рождению к мелкому немецкому правящему дому, занимала российский престол 34 года, с 1762 года до своей смерти в 1796 году. Тот факт, что знать приняла власть императриц, свидетельствует не только об успешности попыток Петра привлечь женщин к общественной жизни, но также и о том, насколько тщательно формировался публичный образ правительниц. В петровские времена образ правителя приобрел агрессивно-маскулинный характер. В отличие от Петра, женщины-правительницы, в частности Елизавета Петровна и Екатерина Великая, делали акцент на гражданских и гуманистических аспектах власти. Представая в глазах подданных могущественными, но при этом обезоруживающе мягкими и любящими, они провозглашали, что правят не силой, как Петр, а любовью. Таким образом, императрицы вдохнули жизнь в феномен женской власти, опираясь в том числе на московские прецеденты и расширяя вместе с тем собственное влияние. Однако при этом они олицетворяли и нечто новое. Авторитет императриц подкреплялся ссылками на религиозные примеры, а также на классические и аллегорические женские образы. Императрицы изображались уже не помощницами в искуплении грехов или спасении в загробной жизни, а теми, кто осыпает подданных щедрыми дарами и приносит им земное счастье[6]. Женщинам высших сословий их правление приносило прямую выгоду. Во время их царствования женщины стали заметнее в обществе и начали играть в нем видные официальные роли. Кроме того, эти женщины стали пользоваться небывалой до сих пор близостью к правительницам[7].

При Екатерине Великой государство впервые взялось за женское образование. До сих пор то, чему сможет выучиться девочка, полностью зависело от ценностей и материального положения ее родителей или опекунов. В первые десятилетия после смерти Петра кое-кто из знатных родителей стремился ознакомить дочерей с плодами западной культуры. Разделяя новое мнение о том, что утонченное общество должно включать в себя женщин, они нанимали иностранных гувернанток и педагогов, чтобы учить дочерей дома. Княгиня Екатерина Дашкова, родившаяся в 1743 году, рано осиротела и воспитывалась в доме дяди вместе с его родной дочерью. «Мой дядя ничего не жалел, чтобы дать нам лучших учителей, и по тому времени мы были воспитаны превосходно. Нас учили четырем языкам, и по-французски мы говорили свободно... <...> В танцах мы показали большие успехи и несколько умели рисовать. С такими претензиями и наружным светским лоском кто мог упрекнуть наше воспитание в недостатках?» — вспоминала она, неявно порицая такой подход к женскому образованию[8]. Обычай учить дочерей начал все быстрее распространяться после 1760-х годов, когда все больше «новых мужчин» стало выходить из средних учебных заведений с гуманитарным образованием. Во время правления Екатерины получили распространение частные школы-пансионы, возникшие еще при Елизавете. К концу XVIII века их было уже более десятка в Москве и Санкт-Петербурге и еще несколько в провинциальных городах, причем руководили ими неизменно иностранцы. Одна-

---

[6] [Wortman 1995: 84–88].

[7] [Gheith 1995: 8].

[8] [Дашкова 1985].

ко средств на то, чтобы нанять гувернеров или гувернанток или отправить дочерей в пансион, хватало лишь малой части дворян.

Екатерина решила восполнить этот пробел; кроме того, она стремилась способствовать вестернизации российских манер и морали, тем самым продолжая «цивилизаторскую миссию», начатую Петром Великим. Выход предложил Иван Бецкой, ее первый главный советник по образованию. Сторонник полного равенства в образовании для мальчиков и девочек, Бецкой считал, что образование закладывает семена добра и зла. Достаточно привить правильные идеи родителям, которые затем передадут их своим детям, — и с помощью образования можно будет создать «новую породу» людей. В частности, предполагалось, что матери возьмут на себя нравственное воспитание детей. Ввиду этого женское образование стало частью масштабных планов Екатерины по совершенствованию российской семейной, общественной и гражданской жизни. В 1764 году, через два года после вступления на престол, Екатерина основала первый в России институт благородных девиц. В этот институт, получивший название «Воспитательное общество благородных девиц» (более известный как Смольный институт, по названию бывшего монастыря, где он располагался), принимали в первую очередь дочерей служилых дворян, а также офицеров и чиновников среднего ранга — девочек, отцы которых либо умерли, либо не имели достаточно средств для их обучения. Смольный институт ставил перед собой цель облагородить «вульгарную» дворянскую семью, выращивая лучших жен для дворян-мужей и более заботливых, более сведущих в воспитании матерей для будущих служителей государства. Чтобы это облагораживание проходило успешнее и чтобы воспитанницы не «испортились» под влиянием российских провинциальных нравов или грубых привычек собственных родных, девочек принимали в институт в раннем возрасте и изолировали от семей на все 12 или более лет обучения. Их вывозили на светские и придворные приемы. Помимо подготовки к материнству, институт стремился воспитать в них гражданок, участниц зарождающейся общественной жизни. Воспитанницы разыгрывали спектакли, для них организовывали прогулки и другие развлечения. По воскресным дням и в праздники старшие девушки сами устраивали приемы, готовясь к той роли, которую им вскоре предстояло играть в обществе. В первый выпуск институт покинуло 70 воспитанниц, а всего за время правления Екатерины его окончило около 900 девушек. Екатерина основала также и другие школы, куда принимали девочек более простого происхождения. Около 20 институтов, организованных по образцу Смольного, открылось в первые годы после его основания в крупных городах России [Black 1978].

Екатерина считала, что образованные женщины необходимы обществу, и поощряла других аристократок следовать ее примеру. К концу XVIII века женское культурное развитие стало отличительной чертой сливок российской элиты. По одежде, прическам, танцам, которые они разучивали, языку, на котором говорили — а это был почти всегда французский, — эти женщины стали практически неотличимы от западноевропейских. Художница Элизабет Виже-Лебрен, побывав в России в 1790-х годах и вернувшись в Париж, под впечатлением писала о бесчисленных балах, концертах и театральных представлениях, где она с удовольствием находила «всю утонченность французского общества». Она, в частности, считала, что русским дамам нет равных в учтивости и хороших манерах [Vowles 1994: 42].

Некоторые из этих образованных женщин приобрели также и независимые интеллектуальные интересы и активно проявляли их; некоторые, хотя и немногие, могли соперничать по эрудиции с европейскими дамами. Екатерина Великая была чрезвычайно плодовитой писательницей, основавшей первый в России сатирический журнал, и автором произведений в самых разнообразных жанрах, включая комедии и пьесы, педагогические сочинения и детские рассказы. Княгиня Екатерина Дашкова (1743–1810), урожденная Воронцова, которая в 19 лет помогла подруге Екатерине Великой совершить переворот, приведший ее на престол, написала множество пьес и статей и в 1783 году стала одним из первых русских редакторов журнала — он назывался «Собеседник любителей русского слова». В том же году Дашкова стала одной из первых женщин в Европе, занявших государственный пост: Екатерина Великая назначила ее директором Академии наук. Это назначение было столь необычным, что российские официальные лица растерялись, не зная, что предпринять: князь Вяземский, генерал-прокурор Сената, даже спрашивал императрицу, следует ли ему привести Дашкову к присяге, как других государственных чиновников. Императрица ответила, что к Дашковой необходимо относиться так же, как и ко всем прочим: «Без сомнения, — отвечала Екатерина, — я не тайком назначила княгиню Дашкову директором Академии»[9]. Дашкова оказалась талантливым администратором. Она руководила ремонтом и расширением библиотеки Академии, увеличила бюджет, контролировала строительство новых зданий и организовала чтения для менее привилегированных дворян. В 1783 году Дашкова также основала Российскую академию и стала ее президентом (1783–1794). Дашкова — самый известный пример просвещенной женщины, однако вовсе не единственный. Высокообразованные женщины встречались не только в Москве и Санкт-Петербурге, но также и в провинциальных городах. Сергей Аксаков в своей беллетризированной автобиографии, действие которой происходит при Екатерине Великой, описывает такую женщину, Софью Николаевну Зубину — прототипом героини была мать писателя. Дочь высокопоставленного чиновника из провинциальной Уфы, Софья Николаевна вела переписку с писателем и журналистом Николаем Новиковым, жившим в далекой Москве. Она произвела на него такое впечатление своими письмами, что он стал регулярно присылать ей все новые книги на русском языке, заслуживающие внимания. «Ученые и путешественники, посещавшие новый и чудный Уфимский край, также непременно знакомились с Софьей Николавной и оставляли письменные знаки удивления ее красоте и уму», — писал ее сын, упоминая имена выдающихся интеллектуалов того времени, как российских, так и иностранных [Аксаков 1991].

Исполняя свою цивилизаторскую роль, такие женщины оказали влияние на развитие русской культуры. В светских салонах

---

[9] [Дашкова 1985].

Рис. 2. И. Я. Вишняков.
Портрет С. С. Яковлевой.
Государственный Эрмитаж,
Санкт-Петербург

и в дворянских интеллектуальных кругах образованные женщины становились законодательницами мод. Писатели отныне работали для публики, преобразившейся ввиду присутствия аристократок, что сказывалось и на стиле письма, и на темах, которые они затрагивали в своих стихах и прозе. Литературный язык феминизировался под влиянием женских вкусов и особенностей речи, не затронутой церковнославянским или канцелярским слогом — мерилом культурного превосходства. Сентиментализм, не выходивший из моды с 1780-х и примерно до 1820 года, способствовал этой феминизации, подкрепляя восприятие женщины как «сосуда эмоций» и образца добродетели. Однако это влияние не давало женщинам возможности выйти за рамки социально предписанных им ролей. Женщинам отводилась центральная цивилизационная роль, но при этом гендерные различия оставались незыблемыми. Мужчины по-прежнему сохраняли за собой монополию на литературную деятельность, хотя их репертуар и расширился за счет феминного, эмоционального компонента.

Однако попытки женщин, в свою очередь, перенимать мужские качества и навыки воспринимались как угроза естественному порядку вещей. Таким образом, феминизация оставалась «мужским делом» [Heyder, Rosenholm 2002: 57]. Нигде неоднозначность культурной роли женщин не проявлялась ярче, чем в тех случаях, когда они сами брались за перо. От них ожидалось, что они будут писать *по-женски*, вносить свой вклад в «нравственное совершенствование нации», а не сочинять для собственного удовольствия или преследовать собственные цели, что пристало лишь мужчинам [там же: 61]; [Rosslyn 2000: 413]. И все же в этот период немало женщин впервые пробились в печать. Они переводили с иностранных языков, писали собственную прозу или, чаще, стихи. Отстаивая свое право на творчество, женщины брали на себя традиционные роли, и прежде всего — обязанность нравственного воспитания семьи и нации. Большинство сочинительниц отметилось в печати лишь мимолетно, однако некоторые, например княгиня Екатерина Сергеевна Урусова (1747 — после 1817), выпустили значительное количество произведений. Реагируя на беспокойство публики, вызванное появлением писательниц, Урусова в своих ранних стихах горячо отстаивала цивилизующую силу женщин и любви в русской культуре и, как следствие, важность женщин в обществе. Без любви и без женщин, настаивала Урусова, невозможны ни цивилизация, ни просвещение [Vowles 1994: 45–47].

Обратная реакция

При всей неоднозначности роли женщин в обществе даже ее статус-кво вызывал тревогу у некоторых современников. Всё сильнее беспокоящиеся о негативных последствиях западного влияния, писатели стали относить беспрецедентную свободу женщин и их присутствие в общественной жизни к числу самых пагубных последствий вестернизации. Их возмущение присут-

ствием женщин в обществе зачастую носило откровенно сексуа-
лизированный характер. Они разделяли допетровские опасения
по поводу «женской чести», связывая ее сохранение с сохране-
нием уже не только чести семьи, но и самой русскости. Николай
Новиков видел в феминизации литературного языка его упадок.
Женский язык был «монетой вестернизированного общества,
испорченного легкомыслием и модой, любовными интригами
и пренебрежением к русским манерам и нравам» [там же: 35–38].

По мнению Новикова и других, образованные женщины рисковали стать *денди*, что ассоциировалось с пороком и развратом.
Женское образование считалось допустимым лишь постольку,
поскольку оно готовило к роли добродетельной жены и матери.
Консервативно настроенный князь М. М. Щербатов видел в якобы чрезмерной сексуальной свободе женщин причину упадка
общественной морали. Громкий обличитель придворной культуры конца XVIII века, Щербатов в своей книге «О повреждении
нравов в России» (1787) возмущался развращенностью императриц, их привычкой к роскоши и тем, что они, с его точки зрения,
поощряли сексуальную распущенность. «С презрением стыда
и благопристойности, иже сочиняет единую из главнейших
добродетелей жен», благородные дамы стали безнаказанно нару-
шать святость брака. По мнению Щербатова, Россия страдала от
эпидемии разводов в силу того, что жены бросали мужей и заводили любовников [Щербатов 2011]. Александр Радищев, которого часто считают первым русским радикалом, расходился со
Щербатовым во мнениях по многим вопросам, но в этом случае
вторил ему, хоть и в ином тоне. В своем «Путешествии из Петербурга в Москву» (1790) Радищев обвиняет дворянок в стремлении
«иметь годовых, месячных, недельных или, чего боже спаси,
ежедневных любовников. Познакомясь сегодня и совершив свое
желание, завтра его не знает» [Радищев 1990].

Такая реакция отражала перемены, происходившие во Франции; а именно она служила образцом для интеллектуальной
элиты России. Там в это время идеалы просвещения, предпола-
гающие участие женщин в интеллектуальной жизни, уступили
место взглядам, сформулированным, в частности, Ж.-Ж. Руссо,

который настаивал, что призвание женщины состоит исключительно в семье. Такой сдвиг общественной мысли усложнял процесс самооценки женщин и восприятие ими собственных достижений в публичной сфере. Екатерина Дашкова была эрудированной и образованной личностью. Она много путешествовала, была знакома со многими выдающимися деятелями своего времени — как мужчинами, так и женщинами. При этом ее мемуары, написанные в начале XIX века, когда акцент резко сместился с интеллектуальных устремлений женщин к их роли жен и матерей, отражают ее непростые отношения со своей общественной ролью и личным выбором. Когда Екатерина Великая предложила Дашковой возглавить Академию наук, первым побуждением княгини было отказаться. «Сам Господь, создавая меня женщиной, тем самым освободил меня от должности директора Академии наук», — писала она в так и не отправленном письме к императрице [Дашкова 2001]. Рассказы о своих достижениях Дашкова перемежает самоуничижительными пассажами и то и дело подчеркивает, что многие из своих действий, включая длительное пребывание в Европе, предприняла «с особой целью — воспитанием детей» [Дашкова 2001].

Брачные узы к концу XVIII века тоже стали жестче. Весь XVIII век Русская православная церковь неуклонно укрепляла свою власть в сфере браков и разводов и становилась все искуснее в управлении делами и ведении документации. Систематизируя законы, регулирующие брак и его аннулирование, Церковь как никогда прежде подчеркивала его сакральную природу и нерасторжимость. В результате для прихожан Русской православной церкви, то есть для большинства населения, развод стал чрезвычайно затруднен. Число оснований для расторжения брака сократилось, а на практике их стало еще меньше. Развод стал возможен лишь в случае супружеской неверности (желательно подтвержденной свидетелями), ухода из семьи, ссылки в Сибирь по приговору суда за уголовное преступление или длительной импотенции, возникшей до брака и подтвержденной медицинским освидетельствованием [Freeze 1990: 709–746]. Брачное право также строго запрещало любые действия, ведущие к разлучению супругов. Женщина больше не имела возможности спастись от насильственного или несчастливого брака, получив развод, и даже просто уйти от мужа без доказательств, что он отпускает ее по доброй воле, было очень трудно.

Новая семейственность

Новое возвышение семейственности было гораздо легче примирить с русскими традициями, чем видимость женщин в политической и культурной жизни. Книги и статьи, пропагандирующие семейственность, широко распространялись среди читающей публики. К середине правления Екатерины эта публика была уже достаточно многочисленной, чтобы практически любая книга, выходящая на Западе, нашла своего покупателя и в России. Журналы, предназначенные для девушек, учили их быть набожными и непорочными, держать в узде свои интеллектуальные стремления и уделять основное внимание домашним заботам. Особый интерес россиян вызывали произведения, посвященные детству и педагогике. Заграничные книги взысканий и поощрений (кондуиты) и руководства по воспитанию предлагали новую концепцию материнства. В противовес приземленному и практическому его пониманию, преобладавшему ранее среди русского дворянства, эти произведения прославляли святость материнства и призывали матерей быть моральными и духовными наставницами своим детям[10]. Подобная литература и в других отношениях предлагала новый взгляд на роли женщин в семье. Возвышая роль матерей, она, при всем подчеркивании нового значения частной и семейной жизни, предполагала более равноправные отношения между мужьями и женами, родителями и детьми.

Растущая популярность сентиментальной литературы также способствовала такому переосмыслению. Женщина представала в изображении писателей-сентименталистов чувствительной,

[10] См. [Greene 1998: 84–87]; [Kelly 2001: 28].

эмоциональной, способной стать другом мужчине, за которого
выходила замуж. Любовь и дружба теперь были связаны почти
неразрывно, что нашло отражение в этих стихах Николая Карам-
зина:

> Любовь тогда лишь нам полезна,
> Как с милой дружбою сходна;
> А дружба лишь тогда любезна,
> Когда с любовию равна [Карамзин 1984].

На рубеже веков идеал чувствительной жены, пропагандируе-
мый сентиментальной литературой конца XVIII века, стал
чрезвычайно популярен в некоторых провинциальных кругах[11].

Интеллектуальные тенденции, идущие с Запада, повлияли и на
отношение к браку русского православия. Церковь тоже стала
делать акцент на эмоциональной связи супругов и их взаимной
ответственности друг перед другом, смягчив — хотя и не иско-
ренив — патриархальные и мизогинные положения своей
прежней позиции. По мнению православных писателей, супругам
надлежало относиться друг к другу с уважением, терпимостью
и готовностью прощать. Супружеская верность требовалась не
только от жен, но и от мужей. В то же время церковное учение
четко разграничивало мужские и женские обязанности. Мужчины, чья роль состояла в том, чтобы материально обеспечивать
семью и представлять ее в общественной жизни, предназначались,
помимо семьи, для «общества за пределами семейного круга»,
тогда как роль женщин заключалась исключительно в воспитании
детей и ведении домашнего хозяйства[12]. Церковь, как и государство, провозглашала женщину нравственным центром семьи.

Соответственно были пересмотрены и цели женского образования. После смерти Екатерины в 1796 году контроль над ним
перешел в руки императрицы Марии Федоровны — сначала как
жены Павла I, а затем как вдовствующей императрицы и матери

---

[11] См. [Glagoleva 2000].

[12] См. [Wagner 1994: 76].

Александра I и Николая I. Мария Федоровна, которой было всего 42 года, когда умер ее муж, сделалась главной фигурой при Императорском дворе. Придерживаясь сентименталистских представлений о семейной жизни и супружеской любви, Мария пыталась внушить эти идеи своим детям и широкой публике. Ее воззрения отразились в инструкциях для руководителей и воспитанниц Смольного института, опекуншей которого она стала. В 1804 году, например, она советовала выпускницам Смольного быть послушными и почтительными дочерьми; верными, добродетельными и скромными женами; заботливыми матерями и добросовестными хозяйками. Подчеркивая необходимость религиозного и нравственного воспитания, Мария призывала выпускниц Смольного искать утешения и довольства лишь в себе самих и в своих семьях. Жизнь в Смольном стала больше напоминать монашескую; почти все мероприятия, связанные с присутствием воспитанниц в обществе, были отменены.

Таким образом, к началу XIX века в вопросе о семейном предназначении женщины среди образованной элиты царило, по всей видимости, поразительное единодушие. Оно объединяло и тех, кто по большинству других вопросов расходился во мнениях. Сергей Глинка, консервативный противник Французской революции и всего, что она олицетворяла, считал, что лишь семейная жизнь может принести женщине настоящее счастье. Матери он отводил важнейшую роль воспитания добродетельных граждан для Отечества[13]. Декабристы, вдохновленные теми самыми французскими революционными идеалами, с которыми пытался бороться Глинка, были при этом полностью согласны с его мнением о надлежащем месте женщин. Декабристы, выходцы из дворянских семей, получили свое прозвище от того дня (14 декабря 1825 года), когда организовали неудавшееся восстание против Николая I. Бунтовщики стремились установить в некотором роде представительное правление и конституционный строй, из которого женщин недвусмысленно исключали. Женщина, согласно проекту конституции Никиты Муравьева, члена более уме-

---

[13] См. [Martin 1998: 39].

ренного Северного тайного общества, не только не являлась субъектом политических прав, но ей даже запрещалось присутствовать на открытых заседаниях высшего законодательного органа: «Женщинам несовершеннолетним всегда возбраняется вход в Палаты» [Engel 2000: 18]. Вместо этого в качестве основной роли женщине отводилось воспитание детей в соответствии с принципами добродетели и веры.

После восстания декабристов 1825 года такое представление о семье стало связываться с восстановлением социального и политического порядка. Новый царь Николай I (1825–1855), возлагавший часть вины за восстание декабристов на ущербное образование под руководством иностранных наставников, вновь сделал упор на участие родителей (что на практике означало матерей) в нравственном воспитании детей. Николай и его жена стали для своего народа олицетворением нового патриархального идеала: сам царь в личной жизни изображался любящим верным мужем и заботливым отцом, а императрица — примером материнской любви и нежности. Эта семейная идиллия распространялась в картинах и гравюрах как среди широкой публики, так и в высшем обществе. Новая образность подчеркивала жесткое гендерное разделение жизненных сфер, что отражало положение дел и в других европейских дворах, и выстраивала политическую власть как исключительно мужскую прерогативу[14]. Императрицы, чья роль теперь целиком свелась к сфере частной жизни, осознанно дистанцировались от политики. Установился новый баланс между женской и мужской сферами, утвержденный императорской печатью.

Выводы

В некоторых отношениях к началу XIX века Петровская революция словно бы описала полный круг и вернулась в исходную точку. Вновь в высшем обществе стали превозносить женщин

---

[14] См. [Wortman 1995: 261].

в первую очередь тогда, когда те вели себя как хорошие и добродетельные жены, и порицать, когда они пользовались той же сексуальной свободой, которую мужчины для себя уже воспринимали как данность, или осмеливались вторгаться в те сферы, которые мужчины считали своей территорией. Однако многое все же изменилось безвозвратно. Петровская революция, особенно после дополнений, внесенных Екатериной Великой, открыла перед женщинами высших сословий двери, которые после этого больше никогда не запирались на амбарный замок. Возможности образования медленно, но неуклонно расширялись. Домашние обязанности женщин, теперь включающие в себя и культуртрегерскую миссию, под влиянием сборников полезных советов и сентиментальной литературы приобрели новую ценность. Более того, как станет видно из следующей главы, это определение семейственности отчасти входило в противоречие с имущественными правами знатных женщин и с их ответственностью за управление имуществом, учитывая, что и то и другое в XVIII веке продолжило укрепляться. В то же время прежние образцы идеальной женственности продолжали сосуществовать с новыми и служить источниками морального авторитета, уходящего корнями в прошлое России. К примеру, боярыня Морозова жила в мифах и художественных образах: в 1887 году художник Василий Суриков написал ее портрет, где воспел ее мученический подвиг.

Допетровские идеалы, воплощением которых стала Морозова, в сочетании с веяниями новой эры также побуждали женщин расширять и в итоге покидать пределы культурно приписанной им сферы.

Рекомендуемая литература

Дашкова 1985 — Дашкова Е. Р. Записки 1743–1810 / подготовка текста, статья и комментарии Г.Н. Моисеевой. Л.: Наука, 1985.
Автобиография одной из самых выдающихся женщин екатерининской эпохи.

Дмитриев 1994 — Домострой / отв. ред. Л. А. Дмитриев. СПб.: Наука, 1994.

Black 1978 — Black J. L. Educating Women in Eighteenth Century Russia: Myths and Realities // Canadian Slavonic Papers. 1978. Vol. 20. N 1. P. 22–43.

Hughes 1996 — Hughes L. Peter the Great's Two Weddings: Changing Images of Women in a Transitional Age // Women in Russia and Ukraine / ed. Marsh R. New York: Cambridge University Press, 1996. P. 31–44.

Hughes 1990 — Hughes L. Sophia, Regent of Russia 1657–1704. New Haven, Conn.: Yale University Press, 1990.

Kollman 2002 — Kollman N. S. What's Love Got to Do With It? Changing Models of Masculinity in Muscovite and Petrine Russia // Russian Masculinities in History and Culture / ed. Clements B. E., Friedman R., Healey D. New York: Palgrave, 2002. P. 15–32.

Исследование Петровской революции в эмоциональной сфере жизни.

Kollman 1991 — Kollman N. S. Women's Honor in Early Modern Russia. Russia's Women: Accommodation, Resistance, Transformation / ed. Clements B. E., Engel B. A., Worobec C. Berkeley, Calif.: University of California Press, 1991. P. 60–73.

Schlafly 1997 — Schlafly D. A Muscovite Boiarynia Faces Peter the Great's Reforms: Dar'ia Golitsyna Between Two Worlds // Canadian-American Slavic Studies. 1997. Vol. 31. N 3. P. 249–268.

Петровская революция глазами женщины высшего общества.

Thyret 2001 — Thyret I. Between God and Tsar: Religious Symbolism and the Royal Women of Muscovite Russia. DeKalb, Ill.: Northern Illinois University Press, 2001.

Новаторское исследование значения, которое имела обособленная женская сфера в политической культуре Москвы.

Ziolkowski 2000 — Tale of Boiarynia Morozova: A Seventeenth-Century Religious Life / ed. Ziolkowski M. Lanham, Md.: Lexington Books, 2000.

Содержит биографию Феодосии Морозовой, а также ее письма.

Глава 2
Петровская революция

Дворянки дома

До многих женщин дворянского сословия, живших вдали от придворных и аристократических кругов, Петровская революция доходила медленно. На одну хозяйку салона, поэтессу или писательницу приходились сотни дворянок, обитавших в провинциальной глуши, где годами не приходилось надевать ни корсетов, ни декольтированных платьев. Этим женщинам было не до обмена идеями: они занимались простыми земными делами, обеспечивая повседневное существование своих семей. Только в одном из пяти дворянских имений насчитывалось 100 или более крепостных мужчин — достаточное количество для того, чтобы хозяева могли вести «светскую жизнь». Остальные принадлежали по большей части мелкопоместным дворянам, имевшим менее 20 крепостных, а то и вовсе ни одного. Таким образом, лишь незначительное меньшинство дворянок владело крепостными в достаточном количестве, чтобы поручить им всю «женскую работу», необходимую для повседневного существования семьи. Кто-то должен был шить, чистить и чинить одежду; ухаживать за скотом; выращивать, собирать, хранить и готовить еду. «Хозяйство Пульхерии Ивановны состояло в беспрестанном отпирании и запирании кладовой, в солении, сушении, варении бесчисленного множества фруктов и растений», — писал Николай Гоголь в «Старосветских помещиках» [Гоголь 1986]. Даже если сама хозяйка домашними делами не занималась, ей часто приходилось зорко следить за теми, на ком лежал этот труд — день за днем, год за годом.

Первоначальный эффект Петровских реформ оказался для таких женщин почти полностью отрицательным. Призвав дворян на пожизненную службу государству, прежде всего военную, Петровская революция на месяцы, а то и на годы разлучила жен с мужьями, матерей с сыновьями, а кого-то вынудила ехать за мужем в неизвестные края. Федосья Неплюева (урожденная Татищева, родилась до 1698 года, умерла в 1740 году) в 1711 году вышла замуж за Ивана Неплюева, ставшего одним из первых петровских кадетов. В первые годы их брака Неплюев почти постоянно отсутствовал, уезжая по тем или иным делам за границу. Позже, отслужив полгода в Петербурге, он был направлен послом в Турцию. На время этих длительных отлучек Неплюев оставлял свою жену в деревне одну, и ей приходилось существовать на те средства, что давало их скромное имение. Вновь Неплюева увидела мужа лишь через шесть лет, когда власти разрешили ей приехать к нему в Константинополь. Там она прожила пять лет. Всего из 29 лет супружеской жизни муж с женой провели вместе лишь около половины этого срока[1].

Даже после сокращения, а потом и отмены служебной повинности в 1762 году мужчины в основном оставались на службе, по крайней мере на какое-то время. Большинство дворянских родов нуждалось в доходах, а кроме того, служба государству стала мерилом дворянского статуса, что свидетельствовало о том, какое воздействие оказала Петровская революция на мужчин. Дворянки же, в отличие от своих мужей, испытывали на себе влияние этой революции прежде всего постольку, поскольку она отражалась на их семейных ролях. Тем не менее эти самые роли по-прежнему были связаны с общественной жизнью и во второй половине XVIII века приобрели новое общественное значение.

Семейная жизнь, старая и новая

Как ни трудно было изменить политические привычки и институты, изменить частную жизнь и семейные ценности верхушки общества оказалось еще труднее. Новые идеалы, возвышавшие

---

[1] См. [Glagoleva 2000: 19–20].

статус жен и матерей, приживались медленно, шаг за шагом. В конце XVIII века многие дворяне продолжали жить так же, как жили их родители, бабушки и дедушки. Главным руководством к действию для них служил «Домострой» — наставление по ведению домашнего хозяйства XVI века, или другие книги того же рода — если эти люди вообще заглядывали в книги. Степан Багров, патриарх старого мира из полуавтобиографического романа Сергея Аксакова «Семейная хроника», едва умел читать и писать. Живя в эпоху Екатерины Великой, Багров во многих отношениях остался не затронутым последствиями Петровской революции. Государство существует где-то далеко. В своем маленьком поместье Багров пользуется абсолютной властью. В приступах ярости он колотит и таскает за волосы свою несчастную старуху-жену и наводит ужас на всех своих домочадцев. «Что в них проку! — говорит он, когда у него рождается очередная дочь. — Ведь они глядят не в дом, а из дому. Сегодня Багровы, а завтра Шлыгины, Малыгины, Поповы, Колпаковы» [Аксаков 1991].

Старые обычаи сохраняли свое влияние — в особенности тогда, когда дело касалось замужества, остававшегося по-прежнему главной жизненной целью дворянских девушек. Поднимая планку возраста, по достижении которого женщинам разрешалось принять постриг, Петр ставил перед собой задачу сделать брак и воспитание детей единственно возможным для женщины путем. На женщину, жившую в одиночестве, общество смотрело осуждающе. Если женщине не удавалось выйти замуж, ей суждено было провести десятки лет приживалкой в чужом доме. Такая перспектива, разумеется, внушала ужас. «Боже, как я стара, но что же делать», — писала в своем дневнике Анна Оленина, когда ей, все еще незамужней, исполнилось 20 лет [Оленина 1994: 89]. Женщины почти не имели права голоса в этом, самом важном в их жизни, решении.

В XVIII веке Русская православная церковь установила минимальный брачный возраст: для девушек — 12 лет, для юношей — 14. До конца века, если не дольше, девушки вступали в брак в очень юном возрасте. Дворянин Андрей Болотов в 1764 году женился на 13-летней девочке. Анне Лабзиной (урожденной

Яковлевой, 1758–1821) тоже было 13 лет, когда она вышла замуж за Александра Карамышева. Неопытность невесты в жизни и в обращении с мужчинами позволяла обеспечить полный родительский контроль над выбором супруга и девственностью невесты. «И так дело было решено без меня», — вспоминала позже Лабзина [Лабзина 2010]. По мере того как повышался женский брачный возраст, судя по отдельным свидетельствам, на протяжении XVIII века у женщин появлялось все больше возможностей сформировать собственные предпочтения. Однако действовать в соответствии с этими предпочтениями им удавалось редко.

Браки по сговору между родителями, опекунами или другими старшими родственниками оставались общим правилом. Указ Петра о согласии жениха и невесты на брак зачастую соблюдался исключительно формально. В своем исследовании жизни послепетровской служилой знати Бренда Михан-Уотерс подчеркивает утилитарные задачи брака. «Брак мог приумножить семейное богатство (с помощью состоятельной невестки); укрепить политические союзы; обеспечить продвижение по карьерной лестнице; поддержать или повысить семейный статус» [Meehan-Waters 1982]. В сравнении с подобными соображениями чувства жениха и невесты считались несущественными. Михан-Уотерс приводит в пример княгиню Екатерину Долгорукову, страстно влюбленную в брата прусского посла. Екатерина покорилась воле отца и в 1729 году обручилась с 15-летним императором Петром II, к которому до конца жизни питала отвращение.

Софья Скалон рассказывает похожую историю своего дяди, Николая Васильевича Капниста, старшего и любимейшего сына весьма состоятельной матери. В конце XVIII века (ни в мемуарах Скалон, ни в примечаниях к ним точные даты не указаны) мать велела ему оставить государственную службу и жениться на женщине из хорошей семьи, которую он «вовсе не любил». Его жена горько страдала всю оставшуюся жизнь [Подольская 1988: 463]. Несмотря на все попытки Петра Великого привести систему в порядок, русскую политическую жизнь по-прежнему определяли протекция и кумовство. В этих играх незамужние дочери становились пешками, которые главы семей разменивали для защиты семейных интересов[2].

Мужчины в целом раньше начали пользоваться большей свободой выбора при жизни родителей: те все меньше стремились контролировать взрослых сыновей. Михан-Уотерс отмечает тенденцию к более позднему вступлению в брак среди послепетровской служилой знати. Разрозненные мемуары также свидетельствуют о том, что мужчины обзаводились семьей гораздо позже женщин, уже ступив на карьерную лестницу. Карамышеву, когда он женился на своей 13-летней невесте, было 28 лет; Андрею Болотову — 26. По мере того как интеллектуальное развитие начинало играть все бо́льшую роль в самоопределении дворянина, к прежним ожиданиям мужчин, ищущих невест, добавлялись новые. В допетровский период солидного приданого, добродетельного и покорного нрава, умения вести домашнее хозяйство для будущей невесты было вполне достаточно. Потенциальные женихи, знакомые с западными обычаями, ожидали этих качеств по-прежнему, однако к концу XVIII века ими уже не ограничивались. Хорошо образованные Анна и Александра Панины, славившиеся в середине века интеллектом и эрудированностью, с легкостью заключили превосходные партии[3]. Некоторые мужчины также охотно восприняли новые взгляды на эмоциональную сторону брака и семьи. Целью брака для них была уже не только материальная выгода, но и личная удовлетворенность. К примеру, Андрей Болотов усвоил новомодные идеи во время службы в Пруссии в ходе Семилетней войны (1756–1763). Выйдя в отставку в 1762 году, он вернулся в свое имение в Тульской губернии и принялся подыскивать жену. Помимо традиционных требований к невесте — иметь хороший характер и солидное приданое, — он искал образованную женщину, ту, с которой мог бы разделить свои интеллектуальные интересы, желая «через женитьбу нажить себе такого товарища, с которым мог бы я разделить все свои душевные

---

2   См. [LeDonne 1991: 21].

3   См. [Meehan-Waters 1982: 113].

чувствования, все радости и утехи в жизни и которому мог бы я сообщить обо всем свои мысли, заботы и попечения и мог пользоваться его советами и утешениями» [Болотов 1993].

Плотское влечение и любовь, понимаемая как романтическая привязанность, приобрели новое значение. Среди причин, по которым Болотов отверг одну из потенциальных невест, была ее полнота, настолько чрезмерная, что он с трудом заставлял себя смотреть на нее [там же]. Будущие невесты привлекали дворян, если были «милы», «хороши собой» или имели «очаровательную наружность». Любовная лирика конца XVIII века, неявно оспаривая господствовавшую православную концепцию греховности плотской любви, побуждала мужчин внимательнее прислушиваться к своему влечению. Аксаковский старосветский патриарх Степан Багров считал влюбленность унизительной и недостойной мужчины. Его сын Алексей, выросший в эпоху господства сентименталистской литературы, уже питал к женщине, на которой женился, страстную любовь. Другие мужчины также начали выражать в мемуарах и в письмах романтическую нежность к своим женам и признаваться в «любви безумной», «любви страстной» и «обожании»[4].

Правда, как напоминает нам Наталья Пушкарева, нежные чувства редко овладевали мужчиной настолько, чтобы подтолкнуть его к поспешному или невыгодному браку. Андрей Болотов, выбирая себе невесту, сожалел, что рядом нет близких родственников, которые могли бы дать совет в столь серьезном деле. Мужчины, ограниченные в средствах или не имевшие влиятельных покровителей, зачастую использовали предоставленную им свободу выбора для того, чтобы максимально упрочить свое благополучие и обеспечить возможности для продвижения по службе. В 1830-е годы жандармский офицер Е. И. Стогов, выбирая жену, принял решение заочно, вслепую. Приданого в 1000 крепостных и безукоризненной репутации семьи будущей жены оказалось довольно, чтобы убедить его в том, что она ему подходит [Стогов 1903: 51–53].

---

[4] См. [Пушкарева 1997: 174–176].

Женщины по-прежнему практиковали бо́льшую эмоциональную сдержанность, чем мужчины, и уделяли больше внимания экономическим и социальным соображениям, составлявшим главную заботу родителей или опекунов. Анна Оленина в своем дневнике с тревогой размышляла об обязанностях жены. «Обязанность жены так велика, она требует столько *abnégation de lui-meme* (самоотречения), столько нежности, столько снисходительности и столько слез и горя», — писала она в конце 1820-х годов. И тем не менее женщинам теперь полагалось еще и испытывать любовь. «Буду ли я любить своего мужа? — спрашивала Оленина в своем дневнике, и сама же отвечала: — Да, потому что пред престолом Божьим я поклянусь любить его и повиноваться ему» [Оленина 1994]. Хотя невеста Стогова согласилась на его предложение лишь из желания угодить своим родителям, Стогов заверил ее, что со временем она полюбит его. Раз в месяц он осведомлялся, не пришли ли к ней желаемые чувства. Не прошло и года, как она призналась: да, пришли. Что подразумевали эти женщины под словом «любовь» — традиционное представление о ней (то есть уважение и сотрудничество) или же новый идеал, предполагающий более нежные чувства, — читателю предоставляется догадываться самому.

Когда же перемены все-таки происходили, их источником чаще всего становились книги. Первоначально это означало, что новые идеи затрагивали лишь незначительное меньшинство дворянок — тех, кто владел грамотой. Мишель Маррезе подсчитала, что в середине XVIII века лишь небольшая часть (от 4 до 26 %) дворянских женщин, живших в провинции, умела читать и писать; четверть века спустя эта доля приблизилась к половине. После этого уровень грамотности женщин резко вырос и к началу XIX века составлял около 92 %[5]. Для женщин, умевших читать, книги были не только приятным времяпрепровождением, но и средством связи с большим миром.

Новые интеллектуальные течения, начавшие проникать в провинцию еще в 1760-е годы, стали гораздо доступнее в 1780-е,

---

[5] См. [Marrese 2002: 213–215].

когда туда добралась книжная торговля. Первый журнал для женщин, посвященный по большей части моде и развлечениям, начал издаваться в 1779 году, а к первым десятилетиям XIX века таких журналов распространялось уже несколько. Авторы считали само собой разумеющимся, что чтению в дворянских семьях отводится важное место, хотя в действительности оно оставалось занятием для меньшинства. «Нежное сердце милых красавиц находит в книгах ту чувствительность, те пылкие страсти, которых напрасно ищет оно в обожателях; матери читают, чтобы исполнить тем лучше священный долг свой — и семейство провинциального дворянина сокращает для себя осенние вечера чтением какого-нибудь нового романа», — замечал Николай Карамзин в 1802 году [Карамзин 1964]. К 1820-м годам женщины уже гораздо чаще, чем еще несколько десятков лет назад, выписывали книги по почте, обсуждали прочитанное в письмах и даже сами стремились в печать. Под влиянием чтения грамотные провинциальные дворянки усваивали идеал брака, продвигаемый сентименталистской литературой. Спустя столетие после Петровской революции язык подчинения и самоуничижения наконец ушел из переписки дворянок с мужьями, и его место часто стали заменять выражения нежности. «Мой родной, бесценный друг... — писала жена мужу в 1812 году и подписывалась: — Навеки твой друг Аннушка». Другие женщины конца XVIII — начала XIX века обращались к своим супругам: «дражайшее мое сокровище», «милый друг», «моя радость»[6].

Разумеется, ни супружеская нежность, ни семейное счастье не были порождением сентименталистской литературы. Княгиня Дарья Голицына, еще жившая в тереме, отзывалась о своем муже Петре с нежностью, однако при этом с подобающей сдержанностью[7]. Уже с XVII века, а вероятно и раньше, семья занимала в провинциальной дворянской жизни центральное место. Что действительно принес сентиментализм, а впоследствии романтизм, так это язык, способствующий развитию и выражению

[6] См. [Glagoleva 2000].
[7] См. [Schlafly 1997: 256].

чувств. Результатом стал новый акцент на эмоциональной ценности брака, любви и близости в семейных отношениях. В 1828 году нижегородский губернатор риторически вопрошал, может ли существовать прочный и счастливый брак, не основанный на чувстве взаимного уважения и нежнейшей любви[8]. «Идеализированная семейственность» стала к концу 1820‑х годов одной из основ провинциальной дворянской жизни [Cavendar 1997: 29]. Наталья Грот (1825–1899) запечатлела этот идеал в ретроспективной картине своего провинциального детства, проведенного, по ее словам, в атмосфере любви, мира и благочестия[9].

Новый акцент на семейном счастье расшатывал строгую иерархию патриархального семейного порядка в России и, вероятно, делал несчастливые семейные отношения и особенно несчастливые браки еще более трудновыносимыми. «Люби мужа твоего чистой и горячей любовью, повинуйся ему во всем, — говорила мать Анне Лабзиной в день ее свадьбы. — Ты не ему будешь повиноваться, а Богу — он тебе от Него дан и поставлен господином над тобою». Двадцать лет спустя, зимой 1792/1793 года, Петр Римский-Корсаков почти в тех же выражениях наставлял свою дочь, 24‑летнюю Елизавету: «Чти, уважай и люби мужа и будь ему покорна; помни, что он глава в доме, а не ты, и во всем его слушайся»[10].

Избиение жен по-прежнему было широко распространено среди дворянства. Степан Багров проделывал это всякий раз, когда выходил из себя; так же поступали и другие дворяне. Н. В. Капнист, человек образованный на западный манер, но неудачно женившийся по велению матери, стал настоящим семейным тираном. За беспорядок в доме, даже за плохо приготовленную еду он не только бранил жену «самыми гнусными словами», но и бил собственноручно и прилюдно. Наталья Пушкарева разыскала в архивах сотни дел, относящихся к концу XVIII — началу XIX века,

8   ГАРФ. Третье отделение Собственной Его Императорского Величества канцелярии. 1826–1880. Фонд 109, 2‑я экспедиция, 1928. Оп. 58. Д. 199.

9   См. [Грот 2021].

10   См. [Лабзина 2010]; [Благово 1989].

с безуспешными прошениями женщин о разводе по причине физического насилия[11]. Обвиненный в 1828 году женой в избиении и жестоком обращении военнослужащий майор Кушев не отрицал факта такого поведения, однако утверждал, что бить жену — его законное право и никто не смеет ему в том препятствовать. Однако новый акцент на семье и домашнем благополучии принес с собой язык, на котором уже можно было выразить недовольство. В петиции с просьбой о вмешательстве властей Кушева основывала свой протест против дурного обращения на новом понимании достоинства материнства: она умоляла мужа вести себя подобающим образом по отношению к «матери своих детей»[12]. Анна Керн (в девичестве Полторацкая), увлекавшаяся романтической литературой и впоследствии прославившаяся как одна из возлюбленных Александра Пушкина, пошла еще дальше. Эта женщина, считавшая, что «глубокая привязанность есть условие почти обязательное» в браке, «где судьбы тесно переплетены друг с другом, где два сердца бьются, так сказать, единым порывом», была глубоко несчастна в своем вынужденном браке со стареющим генералом. Муж оказался человеком не только грубым, но и, по словам цензора Александра Никитенко, «недоступным смягчающему влиянию ее красоты и ума»[13]. Не желая больше терпеть этот брак, после восьми лет совместной жизни она убедила мужа дать ей развод.

Расширение сферы

Хотя «семейная жизнь» и считалась приличествующей женщинам сферой самореализации — так же, как в Европе и США, — в России она простиралась далеко за пределы дома и домашней работы. Подчиненное положение женщин, закрепленное в законах

---

[11] См. [Подольская 1988: 474]; [Пушкарева 1997: 243].

[12] ГАРФ. Третье отделение Собственной Его Императорского Величества канцелярии. 1826–1880. Фонд 109, 2-я экспедиция, 1928. Оп. 58. Д 199.

[13] См. [Керн 1974: 204]; [Никитенко 2005].

и в повседневной практике, сочеталось, хоть и не всегда гладко, с законным правом владеть и распоряжаться недвижимым имуществом, и субъектами права были не только незамужние и вдовы, но также и женщины в браке. Жены могли покупать, продавать, заключать контракты, что для Европы было явлением исключительным. В XVIII веке права русских женщин на собственность только укрепились — ушла в прошлое тенденция XVII века к ограничению женского права наследования. Безусловно, законы о наследственной собственности по-прежнему отдавали предпочтение наследникам мужского пола. Однако при этом закон от 1731 года, отменявший петровский принцип единоличного наследования, не только разрешил дворянам передавать землю во владение вдове или дочери, достигшей брачного возраста, но и наделил женщин полными правами собственности на свои поместья.

Указ от 1753 года закрепил раздельное владение имуществом в браке и предоставил замужним женщинам свободу распоряжаться этим имуществом без согласия мужа. После этого многие знатные семьи старались закрепить за своими дочерьми право собственности на землю в виде приданого. В таких случаях женщина несла всю ответственность за сбор податей, поставку крепостных рекрутов и выполнение прочих повинностей, связанных с владением землей. В последующие десятилетия женщины активно отстаивали свои законные прерогативы, претендуя на наследство и на распоряжение имуществом в браке. В таких случаях суды нередко выносили решения в пользу женщин, что можно считать свидетельством широкого признания женского права на собственность. Число женщин, покупающих и продающих поместья, также резко возросло после 1753 года, и в итоге к кануну эмансипации женщины контролировали треть земельных владений, находившихся в частных руках[14]. Побывав в России в начале XIX века, Марта Вильмот с удивлением услышала, как юные кокетливые барышни толкуют между собой о продаже земли и покупке крепостных крестьян. «Полная и безоговорочная власть, которую русские женщины имеют над своим состоянием,

---

[14] См. [Marrese 2002: 17–43; 71–101; 145].

дает им весьма замечательную степень свободы и независимости от своих мужей, какой не знают женщины в Англии», — отмечала Вильмот в 1806 году [Wilmot 1971: 271].

Многие дворянки, как в качестве жен, так и в качестве самостоятельных землевладелиц, брали на себя полную ответственность за управление имением. До 1762 года, когда обязательная служба была отменена, дворяне были обязаны служить государству десятилетиями. Даже после 1762 года многие дворяне остались на службе, предоставив женам управлять их имуществом самостоятельно. Так, например, графиня Екатерина Румянцева управляла семейным имением, пока ее муж состоял на военной службе в царствование Екатерины Великой. Судя по ее недовольным письмам, такое положение казалось ей обременительным. Однако другие, по всей видимости, с удовольствием применяли свои управленческие таланты, причем не обязательно в отсутствие мужей дома, и добились значительных успехов. Наталье Грот ее мать запомнилась как деловитая и энергичная хозяйка, обеспечивавшая доходность имения. По словам дочери, она, зная о расточительности и рассеянности мужа, помогала ему вести домашние дела и сокращала расходы[15].

Рассказы и свидетельства того периода изображают многих дворянок не только искусными домохозяйками, но также умелыми и расчетливыми коммерсантками, которые лично занимались финансовыми делами поместья и знали, когда купить, а когда продать. Их современники, очевидно, рассматривали эти роли и области дворянской сферы деятельности — домашнее хозяйство и управление имением — не как противоречащие друг другу, а как взаимодополняющие. Мужской сферой, закрытой для женщин, была служба государству (исключение составляло назначение Екатерины Дашковой президентом Академии наук). В качестве управляющих недвижимостью женщинам приходилось вступать в контакты с местными и центральными властями и участвовать в судебных процессах. Учитывая беззаконие, царившее в провинции, и то, что в руках этих женщин находился

---

[15] [Там же: 227].

контроль над их живой собственностью, управление имением часто требовало твердости и даже безжалостности. Заботы, связанные с управлением имуществом, часто оттесняли родительские обязанности на второй план. Несмотря на распространение новых взглядов на материнство, отдельные примеры свидетельствуют о том, что лишь редкие дворянки посвящали себя воспитанию детей; эту задачу матери возлагали на крепостных нянек, а затем на гувернанток и гувернеров.

Как же совмещались законные права замужних женщин как владелиц собственности с их супружеской обязанностью безоговорочно повиноваться мужу? Английская путешественница Марта Вильмот считала, что владение собственностью значительно расширяет права женщины в браке: «Здесь возможность женщины распоряжаться своей собственностью серьезно препятствует намерению мужа тиранить или покинуть жену» [там же]. Однако не все было так просто. К примеру, графиня Екатерина Румянцева продолжала посылать мужу деньги, даже влезая ради этого в долги, хотя тот отказывался жить с ней и имел связи с другими женщинами. В судебных делах XVIII — начала XIX века можно найти свидетельства того, как мужья побоями и истязаниями вынуждали жен закладывать или продавать свое приданое или растрачивали имущество женщин без их ведома. С другой стороны, судебные протоколы также показывают, что дворянки подавали иски против мужей, лишивших их собственности и что в имущественных спорах между супругами суды удовлетворяли претензии жен. Женщины могли спастись и спасались от жестоких мужей, уединяясь в собственных поместьях. Мишель Маррезе убедительно доказывает, что законное право женщин на собственность иногда позволяло дворянкам обходить требование безоговорочного повиновения, налагаемое на них семейным правом[16].

Кроме того, домашняя сфера, находившаяся в ведении женщин, редко была изолирована от большого мира. То, что обычно воспринимается как частная сфера семьи, в России было не таким уж

16   [Там же: 94–100].

частным. Русское гостеприимство и щедрость вошли в легенды. Русская дворянская семья, независимо от того, проживала ли она в городе или в деревне, была многочисленной. Под крышей зажиточного дома могли обитать десятки обедневших родственников или соседей, сирот, домашних врачей, гувернеров и гувернанток, не считая прислуги. В обычае было ездить в гости к соседям или живущим отдельно родственникам, когда позволяло состояние проселочных дорог. Гостить могли неделями. Даже не слишком обеспеченные семьи проявляли подобное гостеприимство, хотя и в гораздо меньших масштабах. Хозяйке дома гости приносили не только радость, но и дополнительные хлопоты: нужно было заботиться об их нуждах, контролировать меню, поддерживать порядок в доме, способном вместить десятки человек. В окружении домочадцев и гостей женщинам трудно было улучить время, чтобы побыть в одиночестве. Как следствие, заключает Ольга Глаголева, «супружеские отношения и семейные дела проходили в значительной степени на всеобщем обозрении»[17].

В образованной и вестернизированной среде многочисленные дворянские семьи иногда организовывали и более культурный досуг. К концу XVIII века русские стали устраивать в своих домах салоны. Не столь официальный и влиятельный, как его французский аналог, русский салон представлял собой тесный круг «литераторов и других творцов, близких и дальних родственников и друзей», то есть людей близкого образа мыслей, собиравшийся в частных домах[18]. Женщины обычно председательствовали в этих салонах и посещали их как гостьи. Именно хозяйка салона подбирала круг гостей, и от нее зависело все: продолжительность существования салона, атмосфера в нем и его успех. Один из первых салонов в России был организован в конце 1780-х годов в Тульской губернии, в 200 километрах к югу от Москвы. Созданный Варварой Афанасьевной Юшковой (в девичестве Буниной), женщиной хорошо образованной, свободно владевшей французским и немецким языками, обладавшей выдающимся талантом

[17] [Glagoleva 2000: 13].
[18] [Hammarburg 1991: 94].

к музыке, он стал настоящим магнитом для местной знати и интеллигенции. В салоне Юшковой устраивались музыкальные вечера, чтения вслух и обсуждения литературных новинок.

Салоны имели большое влияние на интеллектуальную жизнь и развитие зарождавшейся общественной сферы России. Они давали писателям возможность общаться друг с другом и с читающей публикой. Поэты декламировали свои произведения, а хозяйки и гости выступали в роли критиков. Салоны были местом встреч и бесед, куда не дотягивалась рука государства. Интеллектуалы всего политического спектра, от консерваторов до радикалов, вынашивали свои идеи в благотворной атмосфере салонов. В одном из самых известных салонов председательствовала дочь Варвары Юшковой, Авдотья Елагина (1789–1877), которая в 16 лет вышла замуж за будущего славянофила Ивана Киреевского. Ее салон расцвел после неудавшегося восстания декабристов, которое заметно сказалось на российской интеллектуальной жизни. К концу 1820-х годов салон Елагиной в Москве стал местом встреч критически мыслящих людей, и именно там создалась атмосфера, в которой впервые обрели форму славянофильские идеи. Временами эти встречи напоминали университетские семинары на литературные, философские и моральные темы. Елагина сделала свой салон продолжением семьи, управляла им по-матерински и дружески относилась к посещавшей его молодежи. Ее салон просуществовал до 1840-х годов[19].

Таким образом, посредством салонов женщины способствовали совершенствованию русского языка и развитию русской мысли. Константин Кавелин, историк и философ XIX века, считал, что женщины сыграли важнейшую роль в нравственном и эстетическом формировании его поколения русской интеллигенции[20]. Принимая в своем доме зарождающуюся российскую интеллигенцию и создавая в нем соответствующую атмосферу, хозяйка салона вносила свой вклад в формирование ценностей литературной и общественной жизни.

---

[19] См. [Bernstein 1996b: 209–220].

[20] [Там же: 220].

Служение иного рода

Идеи и обычаи, привнесенные с Запада, так и не вытеснили до конца прежние взгляды и привычки в России, даже в среде дворянства. Частицы старого мира продолжали жить внутри нового — временами в гармонии, временами в конфликте, а чаще всего сливаясь с привнесенными новшествами в своеобразный гибрид. Женщины, которых тенденция к секуляризации, поддерживаемая Просвещением, затронула гораздо меньше, чем мужчин, зачастую находили источник смысла и ценностей прежде всего в религии. «Христианские семейные принципы» одухотворяли счастливое детство Натальи Грот, родившейся в 1825 году, и они же одухотворяли детство и направляли во взрослой жизни многих ее современниц[21]. Кроме того, религия приносила утешение перед лицом смерти, постоянное присутствие которой ощущалось в жизни дворянок так же, как и в жизни других женщин. Точной статистики для конца XVIII и начала XIX века нет, однако известно, что детская смертность на всех уровнях российского общества была очень высока. В мемуарах мужчин и женщин можно найти многочисленные описания детских смертей. По словам Сергея Аксакова, кончина обожаемой дочери-первенца привела его мать Софью в глубокое отчаяние. Но большинство дворян, судя по всему, переносило смерть младенцев более стоически, находя, по-видимому, утешение в религии. Вера в Бога, несомненно, придавала женщинам стойкости и перед лицом серьезной угрозы собственной смерти в родах. Исследование, проведенное в 1860-х и 1870-х годах, показало, что этот риск в течение детородного возраста составлял для женщин более 10 % вероятности. Как предостерегала русская поговорка — «У роженицы сорок дней смерть за плечами»[22].

Жития православных святых также служили для женщин источником вдохновения, побуждая их воспринимать свою жизнь как активную, а не пассивную жертву ради ближних. Влияние

---

[21] [Грот 2021].

[22] См. [Ransel 2000: 26].

агиографической литературы на женское самопозиционирование и образ действий можно наблюдать в первой автобиографии, опубликованной женщиной (в 1810 году). Наталия Долгорукова (1714–1771), урожденная Шереметева, в 15-летнем возрасте обручилась с поверенным царя Петра II Иваном Долгоруковым. Когда после смерти Петра II Долгоруков принял участие в неудавшейся попытке его родственников взять престолонаследие под свой контроль, Долгорукова решилась выйти за него замуж, несмотря на ожидавшее его наказание, а затем отправилась за ним в ссылку. Свои мемуары она начала писать по настоянию взрослого сына в 1767 году, через 27 лет после ареста и казни мужа и через 9 лет после того, как приняла постриг. В этих мемуарах она предстает набожной и самоотверженной женщиной, непоколебимой в своей верности мужу. Такую же самоотверженность проявила Елизавета Рубановская. Выпускница Смольного института, она приходилась свояченицей первому радикалу России, Александру Радищеву, которого Екатерина Великая сослала в Сибирь за его «Путешествие из Петербурга в Москву». Рубановская, которой не позволили выйти замуж за овдовевшего зятя из-за близкого родства, тем не менее решилась ехать за ним в сибирскую ссылку, пожертвовав собственным комфортом и здоровьем. В Сибири она прожила с Радищевым шесть лет, родила троих детей и умерла незадолго до его помилования в 1797 году. «Искусное перо могло бы написать целую книгу о добродетелях, несчастиях и твердости духа госпожи Рубановской...» — писала ее бывшая соученица — одна из немногих осознававших, какую жертву принесла Елизавета [Clyman, Vowles 1996: 14–15; Lang 1979: 211].

Духовные ценности иногда вызывали критическое отношение к постпетровской общественной сфере. Это можно увидеть в мемуарах Анны Лабзиной (1758–1828), которая, описывая собственную добродетель, тем самым выставляет в критическом свете ценности своего мужа. Она была замужем за Александром Карамышевым, который играл в азартные игры, распутничал и кутил, оправдывая все это с точки зрения философии Просвещения. Свою жизнь с ним Лабзина описывала как долгое и мучительное испытание, которое она переносила как «христианская мученица на земле». Не подвергая сомнению патриархальные порядки, Лабзина в описании своего брака, тем не менее, подчеркивает свою верность ценностям более высоким, чем у ее мужа. Пока муж предавался плотским удовольствиям, она была занята богоугодными делами. Она собственноручно раздавала милостыню и заботилась о бедных и обездоленных, ходатайствуя за них перед властями, как это делали благочестивые женщины в московский период. Религиозная вера, таким образом, становилась для женщин источником власти, способной соперничать с мирской властью мужчин и даже превосходить ее[23].

Наконец, духовные ценности открывали женщинам наиболее приемлемые пути для деятельности вне дома. Прежде всего, одной из немногих альтернатив семейной жизни для женщин оставалось монашество. Женщины, не имевшие возможности уйти в монастырь, неформально объединялись с другими незамужними женщинами и вдовами в общины. Они носили темную одежду, символизирующую отречение от мира, жили под одной крышей, вместе молились и вместе трудились в садах и огородах, обеспечивая себе пропитание. Таких неформальных объединений стало появляться все больше после 1764 года, когда Екатерина конфисковала церковные земли, лишив монашеские общины источника существования и вынудив маленькие монастыри объединяться в более крупные в целях экономии. Число женских монастырей резко сократилось: из 203, существовавших в 1762 году, после реформы 1764 года осталось только 67. На смену им пришли общины. Первая община образовалась в 1764 году в городе Арзамасе, на месте недавно упраздненного монастыря, чтобы дать приют изгнанным и будущим монахиням. Десять лет 270 женщин неофициально жили в кельях, которые было приказано закрыть. По аналогичной схеме образовывались и другие общины: местные женщины основывали их, стремясь удовлетворить свою потребность в духовной жизни и безопасности. С середины XVIII века и до 1917 года образовалось более 200 таких общин, практически все — в сельской местности. Эти общины,

---

[23] [Marker 2000: 384–386].

существовавшие на самообеспечении, были результатом местной инициативы и опирались на поддержку местных жителей. Некоторые из них формировались вокруг местночтимых святых — мужчин или женщин; другие же организовывали вдовы из самых разных социальных слоев, от дворянок до крестьянок. Иногда дворянки основывали религиозные общины в своих поместьях, жертвуя землю, имущество и капитал, которым могли распоряжаться с полным правом, поскольку закон позволял русским женщинам владеть собственностью. Однако, в отличие от монахинь, женщины, входившие в подобные общины, не принимали монашеских обетов. Они должны были соблюдать обет целомудрия до тех пор, пока состоят в общине, и могли свободно уйти оттуда при желании. Так же, как женские монастыри, общины приносили пользу обществу посредством благотворительной деятельности[24].

Женщины и благотворительность

Долг милосердия глубоко укоренен в русском православии. В православном мировоззрении богатство считалось даром Божьим, накладывающим обязанность трудиться для общего блага. В идеале благотворительность должна осуществляться напрямую, с глазу на глаз, она подразумевает личную жертву и готовность служить несчастным. Церковь возвысила некоторых женщин до статуса героинь за ту практическую помощь и утешение, которые они оказывали беднякам. Образцом такого поведения была Ксения Блаженная, жившая в Петербурге во второй половине XVIII века. Убитая горем после ранней смерти мужа, придворного певчего, она раздала бедным все свое имущество, бродила по городу в рваной юбке и кофте и заслужила почитание Церкви и простых людей за самопожертвование и щедрость по отношению к беднякам[25].

---

24 См. [Meehan-Waters 1986].
25 См. [Lindenmeyr 1993: 564].

Таким образом, благотворительность стала частью миссии праведной женщины. Практически все женские монастыри и общины вели благотворительную деятельность. Там ухаживали за больными, кормили бедняков, воспитывали сирот, давали приют бездомным, старухам и вдовам. Набожные замужние женщины тоже активно занимались благотворительностью. Мать Анны Лабзиной регулярно помогала бедным: посылала заключенным деньги и одежду, сшитую своими руками; кормила и одевала нищих. Талантливая целительница, она также лечила своих больных крепостных и утешала умирающих. Ее примеру последовала и дочь Анна. В течение 18 месяцев, проведенных с мужем в сибирском городе Нерчинске, к северу от китайской границы, она заботилась о ссыльных и утешала больных. «Всякий день Бог подавал мне случай делать добро для ближних», — вспоминала она [Лабзина 2010].

В конце XVIII века женская благотворительность стала приобретать светский характер. Раньше благотворительная деятельность императриц и других женщин императорской семьи служила демонстрацией набожности. В царствование Екатерины Великой само государство стало являть собой образец просвещенного милосердия, призванного содействовать не столько вечному спасению, сколько благоденствию людей на Земле. В 1764 году в Москве открылся первый воспитательный дом с самыми либеральными в Европе правилами приема. И он, и Санкт-Петербургский воспитательный дом, открытый в 1771 году, куда принимали практически всех детей, задумывались для взращивания людей нового типа, будущих представителей образованного городского сословия, которого так не хватало России. После смерти Екатерины Мария Федоровна, жена Павла I, взяла на себя управление уже созданными благотворительными учреждениями и сама реализовала многочисленные благотворительные инициативы. Ее особым вниманием пользовались вдовы, матери и дети из неимущих классов, которых она одаряла материнской заботой, дополняя таким образом отеческую фигуру императора. Мария установила стандарт для будущих императриц и других женщин императорской семьи:

покровительство благотворительным организациям стало основным видом их общественной деятельности. Отныне они поддерживали своим именем, а также собственными трудами и различными суммами денег самые заметные благотворительные начинания[26].

Наполеоновское возрождение

Наполеоновское вторжение, пробудившее сильные патриотические чувства, вызвало у женщин стремление служить своему народу как традиционными, так и новыми способами. Продвигаясь вглубь России и сея опустошение на своем пути, осенью 1812 года войска Наполеона заняли Москву, из которой к тому времени бежало 95 % жителей. Тягостное чувство от этого надругательства усугублялось слухами о том, что солдаты Наполеона насилуют и убивают русских женщин. Многие воспринимали вторжение как знак Божьего наказания за грехи России, и это стало для представителей высшего общества поводом отказаться от западного рационализма и материализма, а также от французского влияния, доминировавшего в культуре высшего света со времен Екатерины Великой. Такая травма побудила некоторых набожных женщин вновь принять на себя традиционную роль заступниц перед Богом за свой народ перед лицом опасности. «Французам обязаны мы развратом, — писала выпускница Смольного Мария Волкова своей подруге и бывшей соученице в 1812 году. — Подражая им, мы приняли их пороки, заблуждения... Они отвергли веру в Бога, не признают власти, и мы, рабски подражая им, приняли их ужасные правила, чванясь нашим сходством с ними...» В провинциальном городке, где Мария с семьей поселилась после бегства из Москвы, она регулярно посещала церковь, чтобы «умилостивить Бога за себя и своих соотечественников» [Волкова 1989: 297, 314]. Анна Римская-Корсакова дала обет уйти в монастырь, если Бог спасет русских

---

[26] См. [Ransel 1988: 31–41]; [Lindenmeyr 1993: 569–571].

от Наполеона. Привычная к суровости монашеской жизни, после победы русской армии она исполнила свою клятву[27].

Помимо этого, женщины стали участвовать в общественной жизни и иными способами. В 1807 году дворянка Надежда Дурова бежала из своего дома в Уральских горах, решившись отвергнуть свою женскую долю. Переодевшись юношей, она вступила в русскую кавалерию и геройски сражалась во время Наполеоновских войн. Мария Волкова и другие женщины ее семьи, пережидавшие войну в деревне, щипали корпию для перевязки раненых и отправляли в прифронтовые госпитали. Прасковья Ильинична Манзей, уже обремененная долгами и привыкшая экономить каждую копейку, пожертвовала на военные нужды солидные суммы, которых хватило на закупку снаряжения для 20 воинов. Кроме того, она отправила на войну четверых сыновей, и все они отличились в боях. За эти заслуги в 1814 году она была награждена бронзовой медалью. Захваченные общим подъемом национального самосознания во время наполеоновского нашествия, русские женщины почувствовали потребность доказать, что они, по выражению одной из них, «не уступают своим супругам, братьям, сыновьям в любви к Отечеству»[28].

Если Наполеоновские войны стали зерном, вокруг которого кристаллизовалось гражданское общество, то женщины тоже участвовали его создании[29]. В ноябре 1812 года они основали одну из первых в стране волонтерских ассоциаций — Женское патриотическое общество. «Желание быть полезным обществу не заключается в одном мужеском поле», — говорилось в «Приглашении» к вступлению в его члены [Жукова 1996: 41]. Общество, о создании которого было объявлено 15 ноября, привлекало участниц не только из Санкт-Петербурга, но и из других городов. Хотя сама инициатива исходила от знатных кругов, Общество принимало в свои ряды женщин не только дворянского звания,

---

[27] См. [Благово 1989: 238].

[28] См. [Гурьянова 1997: 28]; цит. по: [Жукова 1996: 50].

[29] См. [Raeff 1994: 136].

а и других сословий; в число его членов, которых в 1812 году насчитывалось 74 человека, входили жены богатых купцов и банкиров. Женщины из удаленных губерний — Пермской, Саратовской, Астраханской — присылали деньги на поддержку работы Общества. Первоначально созданное для помощи пострадавшим от Наполеона, Общество продолжало действовать и после того, как он был изгнан из России[30]. Присутствие членов Общества в публичном пространстве не вписывалось в представление Марии Волковой о надлежащей роли женщины: «Откровенно говоря, — неодобрительно замечала она, — если хотят делать добро и благотворить, то можно обойтись без гласности. В предприятии же этих дам я вижу желание выказаться. Это признак тщеславия, неприятного и в мужчине и которое вовсе не нравится мне в женщине, назначение коей держаться в стороне...» [там же: 318]. Однако многие охотно воспользовались возможностью взять на себя более заметную роль в обществе. В последующие годы такие благотворительные объединения сделались почти обыденными, «практически частью должностных обязанностей жен высокопоставленных чиновников» [Lindenmeyr 1993: 570]. Таким образом, благотворительные побуждения, первоначально исходящие из религиозных ценностей, в более секуляризированную эпоху обрели новую форму, открыв женщинам доступ к общественной жизни.

Женщины, гендер и зарождение оппозиции

Неудавшееся восстание декабристов пробудило к жизни еще один вид женского героизма, также основанного на смешении старых образцов женской самоотверженности и новых, мирских идеалов. Осужденные за попытку захвата власти как потенциальные цареубийцы, пятеро заговорщиков поплатились за это смертью через повешение, а сотни других — пожизнен-

---

[30] [Там же: 44–52].

ной сибирской каторгой. В числе особенно возмущенных таким наказанием были, по словам полицейского осведомителя, «ста двадцати одного преступника жены, сестры, матери, родственницы, приятельницы et les amies des leurs amies»[31]. Вопреки призыву правительства воспользоваться своим правом развестись с преступными мужьями, разорвать связи с братьями, жены и сестры приняли решение следовать за мужчинами в пожизненную ссылку в Сибирь. Большинство их были выходцами из аристократических семей. Женщинам пришлось оставить детей и отказаться от всех удобств и привилегий, которыми они пользовались как представительницы аристократических кругов.

Судя по их собственным сочинениям, большинство женщин привело к этому решительному шагу чувство глубокой и самоотверженной любви. «Я, право, чувствую, что не смогу жить без тебя, — писала Екатерина Трубецкая своему «милому другу», мужу Никите, автору проекта устава Северного общества. — Я все готова снести с тобою, не буду жалеть ни о чем, когда буду с тобой вместе. <...> Одно меня может радовать: тебя видеть, делить твое горе и все минуты жизни своей тебе посвящать». Мария Юшневская, прожившая с мужем 14 лет «счастливейшей женой в свете», тоже пожелала разделить судьбу мужа. «Я хочу исполнить священнейший долг мой и разделить с ним его бедственное положение, — поясняла она в своем обращении к властям. — По чувству и благодарности, какую я к нему имею, не только бы взяла охотно на себя все бедствия в мире и нищету, но охотно отдала бы жизнь мою, чтобы только облегчить участь его» [там же: 19, 20]. Мария Волконская выделялась среди прочих: ею руководило не столько глубокое чувство к мужу, сколько желание открыто поддержать человека, рисковавшего жизнью за свои убеждения. Она, прожившая с мужем до его ареста всего три месяца, отправилась за ним в Сибирь невзирая на противодействие не только государства, но и собственных родных. Предпочтя верность мужу верности

---

[31] Цит. по: [Павлюченко 1976: 15].

Рис. 3. А. Пахомов.
Портрет А. Муравьевой.
Государственный
Эрмитаж, Санкт-
Петербург

государству, эти женщины перевернули семейные ценности
Николая I с ног на голову. Супружеская преданность, бывшая
одним из столпов политического порядка, стала наградой бун-
товщикам.

Жены-декабристки, как стали называть этих женщин, пользовались огромным сочувствием. В царствование Николая I публично упоминать восставших или их жен было запрещено, однако после его смерти в 1855 году общество открыто заговорило
о них, а писатели и публицисты возвели этих женщин едва ли не
в ранг святых. Проявление женского героизма, сочетавшее в себе дух самопожертвования и преданности, нашло глубокий от-
клик в культурном сознании высшего общества, что отражало
некоторые аспекты наиболее возвышенных послепетровских
семейных идеалов.

Заключение

О том, в какой мере опыт жен-декабристок перекликался с повседневной жизнью большинства дворянок, судить, разумеется, труднее. Как заметил Юрий Лотман, декабрист представлял собой новый тип человека, чье стремление и в быту вести себя в соответствии с возвышенными идеалами оставалось необычным [Лотман 2021]. Взгляды женщин, мужья которых не могли служить моральными образцами и которые при этом не желали довольствоваться отведенным им местом, представлены в записках Марии Жуковой и Елены Ган, которые начали публиковаться в конце 1830-х годов. В них подчеркивалось тяжелое положение образованной и талантливой женщины, от которой общество требует подчинения мужчинам и лишает возможности выйти за пределы семьи. В своем рассказе «Идеал» героиня Ган оплакивает женскую судьбу: «Право, иногда кажется, будто мир божий создан для одних мужчин; им открыта вселенная со всеми таинствами, для них и слава, и искусства, и познания; для них свобода и все радости жизни. Женщину от колыбели сковывают цепями приличий... и если ее надежды на семейное счастие не сбудутся, что остается ей вне себя?» [Ган 1992]. Подобное инакомыслие шло вразрез с господствующими представлениями о женственности. Так, Мария Корсини в своей книге, опубликованной в 1846 году, наставляла читательниц, что обязанности, возлагаемые на жену, соответствуют ее характеру и возможностям. Ее власть заключается в доброте и нежности, а данное ей от природы «неистощимое терпение» помогает ей переносить детские крики, недостаток сна и многие другие бытовые неприятности[32]. Хотя писатели и интеллектуалы уже начинали ставить под сомнение отведенное женщинам место, в отсутствие других вариантов самореализации уделом дворянок по-прежнему оставалась семья. И для большинства, по-видимому, мир семьи — с вновь возвысившимися ролями жены и матери и расширенными обязанностями по ведению хозяйства, был достаточно богатым миром.

---

[32] См. [Корсини 1846].

Рекомендуемая литература

Дурова 2005 — Дурова Н. А. Записки кавалерист-девицы. М.: АСТ-Пресс Книга, 2005.

Лабзина 2010 — Лабзина А. Е. Воспоминания Анны Евдокимовны Лабзиной (1758–1828). М.: Государственная публичная историческая библиотека России, 2010.
Ценные мемуары.

Bernstein 1996b — Bernstein L. Women on the Verge of a New Language: Russian Salon Hostesses in the First Half of the Nineteenth Century // Russia. Women. Culture / ed. Goscilo H., Holmgren B. Bloomington, Ind.: Indiana University Press, 1996. P. 209–224.

Glagoleva 2000 — Glagoleva O. E. Dream and Reality of Russian Provincial Young Ladies, 1700–1850 // The Carl Beck Papers in Russian & East European Studies. N 1405. University of Pittsburgh, 2000.

Lindenmeyr 1993 — Lindenmeyr A. Public Life, Private Virtues: Women in Russian Charity, 1762–1914 // Signs. 1993. Vol. 18. N 3. P. 562–591.

Marker 2000 — Marker G. The Enlightenment of Anna Labzina: Gender, Faith, and Public Life in Catherinian and Alexandrian Russia // Slavic Review. 2000. Vol. 59. N 2.

Marrese 2002 — Marrese M. L. A Woman's Kingdom: Noblewomen and the Control of Property in Russia, 1700–1861. Ithaca, N.Y.: Cornell University Press, 2002.
Новаторская работа, основанная на обширных архивных исследованиях, где исследуется эволюция прав женщин на собственность и способы правоприменения.

Meehan-Waters 1986 — Meehan-Waters B. Popular Piety, Local Initiative and the Founding of Women's Religious Communities in Russia // St. Vladimir's Theological Quarterly. 1986. Vol. 30. N 2. P. 117–133.

Rosslyn 2002 — Women and Gender in Eighteenth Century Russia / ed. Rosslyn W. Aidershot, England: Ashgate Publishing, 2002.
Важный сборник статей по малоизученному вопросу.

Глава 3
За пределами привилегированного круга

Я думал, идут двое, ан мужик с бабой.
Курица не птица, а баба не человек.
Собака умней бабы: на хозяина не лает.
Русские народные пословицы и поговорки

Петровская революция и ее последствия сделали присутствие государства в жизни русского народа более повсеместным, чем когда-либо прежде. Для крестьянства, составлявшего к 1719 году более 90 % населения, и для мещан, составлявших всего 3,6 %, эффект петровских нововведений оказался почти полностью отрицательным, по крайней мере в краткосрочной перспективе. Эти два сословия стали для государства средством удовлетворения неуклонно растущей потребности в рабочей силе, солдатах и доходах. Тяжелее всего изменения сказались на крепостных крестьянах, число которых значительно увеличилось. Примерно половина крестьян принадлежала дворянам-землевладельцам; остальные были приписаны к землям, принадлежавшим царскому двору, государству или, до 1764 года, Церкви. Судебник 1649 года уже низвел до положения крепостных тех крестьян, которые жили в имениях дворян-помещиков. В XVIII веке частные крепостные утратили почти всякое подобие гражданского статуса. Женщины разделяли судьбу мужчин, но, помимо этого, для них эта судьба имела свои, гендерно обусловленные особенности.

Опыт женщин, живших вне привилегированного круга, трудно вычленить. До начала XX века подавляющее большинство из них не умели не только читать, но даже расписываться. Рассказывая о них, историк вынужден полагаться главным образом на вербальные свидетельства в пересказе третьих лиц. Рассказ о жизни этих женщин носит в некотором роде вневременной характер, и это показывает, что, несмотря на все перемены, о которых пойдет речь в этой главе, произошедшие в период от правления Петра Великого до отмены крепостного права в 1861 году, и даже позже, многие основные черты крестьянского уклада оставались неизменными. Женщины, не входящие в привилегированный круг, ощутили на себе изменения к лучшему вначале в городах, больших и малых, нежели в деревнях.

Крестьянки и их труд

Крестьянская жизнь была суровой. Крестьяне жили в мире, практически им неподконтрольном. Зависимость от распоряжений помещиков и управляющих, поборов царского правительства, неустойчивости погоды и требований земледельческого календаря вынуждала их приспосабливать свою жизнь к этим обстоятельствам. Такая жизнь требовала длительных периодов тяжкого, изнурительного труда. Труд женщин-крестьянок был точно так же необходим для выживания, как и мужской. Женщины выполняли всю работу по поддержанию крестьянского домашнего хозяйства. Они ухаживали за огородом, где выращивалась бо́льшая часть продовольствия для всей семьи, солили капусту, заводили квас. Женщины варили щи и борщи. Они же мололи зерно и пекли ржаной хлеб или варили каши, остававшиеся основным продуктом крестьянского стола. В лесистых северных местностях женщины собирали и заготавливали грибы и ягоды, чтобы разнообразить рацион своей семьи или продать и выручить немного денег. Летом женщины выгоняли скот на пастбище и приводили домой, а зимой ухаживали за ним. Они доили коров, сбивали масло, готовили творог и сметану. Во время сева и уборки урожая, когда нужда в рабочей силе была особенно острой, они выходили вместе с мужчинами в поле, где

Рис. 4. Муж плетет лапти, а жена прядет. Лубок

убирали рожь, озимую пшеницу и овес, вязали колосья в снопы для сушки, сгребали сено и грузили его на телеги. В самое горячее время сбора урожая — с середины июля до конца августа — крестьянки и крестьяне практически жили в поле и там же спали ночью — не более трех-четырех часов. Когда урожай был убран, женщины подбирали на полях оставшееся зерно.

Женщины одевали всю семью. Полотно делали из льна, который сеяли весной и собирали осенью. Выбив семена, они замачивали стебли в воде, а затем сушили, чтобы внешний слой разложился и потрескался. На это уходило до двух недель. Затем стебли мяли, чтобы размягчить, и раз за разом чесали волокна, чтобы разделить их на отдельные пряди. Эти волокна наматывали на прялку и, вытягивая по две-три нити за раз, накручивали на веретено, с которым женщины зимой почти не расставались. Полученную нить обычно не окрашивали — она оставалась естественного цвета. Тканье полотна, вышивка или другие способы украшения, а затем шитье одежды — работа, которой женщины тоже занимались в зимние месяцы. Превращение шерсти в шерстяную одежду происходило почти таким же путем. От женского трудолюбия и мастерства зависело благополучие семьи.

Замужество и приготовления к нему

Жизненный цикл крестьянки определялся ее ценностью как трудового ресурса. Брак был важнейшим событием, детство и юность — подготовкой к нему. К этой подготовке девочка приступала с ранних лет, обучаясь навыкам, которые будут необходимы ей во взрослой жизни, и одновременно помогая матери. Крестьянские «няньки» в шестилетнем возрасте уже присматривали за младшими братишками и сестренками или за соседскими детьми. Девочки кормили кур и собирали яйца. Подрастая, они постепенно приобретали различные умения, входившие в обязанности взрослой женщины. Примерно с 12 лет девочка начинала готовиться к браку уже всерьез. Она собирала приданое: одежду, простыни, подушки, полотенца и наволочки, по большей части сделанные ее собственными руками. Этих вещей ей должно было хватить на бо́льшую часть замужней жизни, и они оставались ее личной собственностью. Но, несмотря на все эти приготовления, замуж девица часто не спешила, и родители были только рады подержать ее дома подольше как рабочую силу.

По сравнению с обязанностями жены девичество было в жизни молодой женщины беззаботным временем. В это время отношения с парнями были для них веселым развлечением, дозволенным в определенных рамках. Девицы на выданье ходили на танцы и посиделки, где молодежь пела, плясала, устраивала игры с поцелуями. Однако девушкам приходилось проявлять сдержанность. По мнению этнографов, «женской чести» в деревне придавалось большое значение, и мужчины стояли на страже этой чести. В середине XIX века обычай демонстрировать окровавленную сорочку невесты в качестве доказательства ее девственности был все еще широко распространен. Родители, не сумевшие сберечь честь дочери, подвергались публичному унижению[1].

Время свадьбы чаще всего наступало рано. Для всех, кроме самой девушки и ее родителей, предпочтительными были ранние браки. Местные власти, помещики-землевладельцы и род-

---

[1] См. [Worobec 1991].

Рис. 5. Н. Шаховский,
Крестьянская
помолвка

ственники мужчин, ищущих невест, рассматривали женщин как демографический и экономический ресурс. Чиновники на местах тоже предпочитали ранние браки, поскольку при этом не только образовывалась новая податная единица (тягло), но и увеличивался прирост населения, что европейские правители XVIII века считали залогом национальной мощи. Стремясь переженить крестьян как можно раньше и всех поголовно, власти не останавливались и перед принуждением. В 1771 году, например, губернатор Д. И. Чичерин констатировал, что во многих западносибирских деревнях «крестьян великое число холостых проживает, от 30 до 40 лет, не имея невест; напротив, и девки до таковых же лет сидят, которых отцы держат по своим прихотям для работ». Полагая, что угроза ссылки убедит девиц выходить замуж, он приказал всех «девок» старше 25 лет, остававшихся незамужними на 1 января 1772 года, выслать в Барабу — рабочий поселок неподалеку от Уральских гор, где насильно выдать замуж за местных мужчин[2]. Дворяне-земле-владельцы тоже были заинтересованы в ранних браках: каждый брак означал образование тягла, новой рабочей единицы,

---

[2] См. [Миненко 1994].

и, следовательно, рост производительности в поместье. Помещики поощряли, а иногда и вынуждали своих крестьян вступать в брак. В 1777 году князь В. Г. Орлов приказал, чтобы все девушки его поместья в Сидоровском выходили замуж к 20 годам. Когда в 1779 году его приказчик пожаловался, что вдовцам бывает нелегко найти новых невест, Орлов приказал выбрать для них девушек в жены и «...непременно обженить приказывать несмотря ни на какие с тех девок отговорки». В имениях князя Юсупова на незамужних девушек старше 15 лет и вдов моложе 40 лет накладывали штраф. Одни помещики принуждали крестьян жениться по жребию, другие, как, например, А. Б. Голицын в 1772 году, — переселяли их в другие свои имения, где можно было найти им супругов[3].

Сами крестьяне тоже оказывали жесткое давление на женщин, пытавшихся уклониться от замужества. Крестьянин получал полный надел земли только после женитьбы, и только тогда община признавала его взрослым мужиком. Крестьянам-вдовцам нужно было жениться снова, чтобы было кому позаботиться о детях и взять на себя женскую часть сельскохозяйственных работ. Дополнительная работница означала прибыль в хозяйстве. Таким образом, если крестьянская девушка желала остаться незамужней, даже при поддержке родителей, со стороны общины сочувствия ей ждать не приходилось. Считая женщин важнейшим трудовым ресурсом, крестьянки и крестьяне были в этом вопросе единодушны. Если они были крепостными, то могли и обратиться к своему барину или управляющему, чтобы те помогли холостым или овдовевшим родственникам найти невест[4]. Последствиями такого единодушия были ранние и почти поголовные браки. К 20 годам бо́льшая часть крестьянок были уже замужем.

Последнее слово в этом важнейшем решении было не за самими молодыми, а за родителями. Чтобы облегчить родителям невесты расставание с дочерью и частично компенсировать им

---

[3]   См. [Bushnell 1993]; [Hartley 1999].

[4]   См. [Bushnell 1993: 435–436].

материальный убыток, во многих местностях родители жениха по обычаю дарили семье невесты «кладку», или выкуп, который также помогал покрыть расходы на свадьбу. Кладка была немалым расходом. Понятно, что родители жениха, желая, чтобы эти траты не пропали даром, искали девицу здоровую и работящую. Инициатива исходила от них: они засылали сваху (обычно кого-то из старших родственниц) взглянуть на потенциальную невесту. Если ее признавали годной, родители обследовали хозяйства друг друга. Затем, если обе стороны все устраивало, договаривались о составе приданого и размере выкупа за невесту и заключали уговор на словах, а отцы или главы семей ударяли по рукам, скрепляя принятые обязательства. Потом все вместе выпивали. Уговор носил прежде всего экономический характер: «У вас товар, у нас купец», — объявляла сваха родителям предполагаемой невесты. Свадьба, представлявшая собой сложный и тщательно продуманный ритуал, означала вхождение пары в общину. Непременной частью этого ритуала были откровенно непристойные шутки и символы супружеской плодовитости.

Ранние браки были многодетными. Выходя замуж рано, крестьянки (как и другие русские женщины) проводили в браке гораздо бо́льшую часть своего фертильного возраста, чем их западные современницы. Насколько можно судить по литературе, никаких понятий о регулировании рождаемости у них не было. Государство, заинтересованное в супружеской плодовитости, жестоко наказывало женщин, использовавших детоубийство в качестве средства такого регулирования: их подвергали медленной и мучительной казни[5]. Деторождение представляло опасность для матери, смертельно рисковавшей в каждых родах. Крестьянка, если ей удавалось дожить до конца детородного возраста, рожала в среднем семерых детей. Примерно половина этих детей с высокой вероятностью могли не дожить до совершеннолетия. Уход за младенцами и подросшими малышами волей-неволей отходил на второе или даже на третье место после работы, необходимой для выживания семьи. А некоторые мето-

---

[5] См. [Ransel 2000: 20].

ды ухода за детьми были откровенно вредными: вездесущая соска из жеваного хлеба или зерна, которую заворачивали в тряпку и совали в рот младенцу, чтобы тот мог хоть как-то утолить голод, пока мать занята работой; тугое пеленание; обычай начинать кормить ребенка твердой пищей в очень раннем возрасте[6]. «Мое раннее детство не сопровождалось особо выдающимися событиями, если не считать того, что я остался жив, — писал в своей автобиографии Семен Канатчиков. — Меня не съела свинья, не забодала корова, я не утонул в луже и не умер от какой-нибудь заразной болезни, как погибали в те времена тысячи крестьянских детей. <...> Моя собственная мать, по одним источникам, произвела на свет восемнадцать детей, а по другим — двенадцать, из коих выжило нас только четверо» [Канатчиков 1929: 3]. Канатчиков, родившийся в 1879 году, вырос в культуре, которая в плане заботы о детях мало изменилась по сравнению с прошлым столетием. Обычаи, подобные описанным в его книге, были одной из причин того, что уровень детской смертности в России стал одним из самых высоких среди когда-либо известных.

Женщины и крестьянский патриархат

Крепостное право усугубляло патриархальность уклада, царившего в крестьянской семье, основной экономической единице крестьянства. Большинство дворян-помещиков и их управляющих не вмешивались в жизнь крестьян сами, а оставляли руководство хозяйством его главе — так называемому большаку. В некотором смысле большак становился их орудием, даже если и пытался защитить домочадцев от управляющего и хозяина. Он распределял обязанности между всеми трудоспособными членами семьи, наказывал ослушников, следил за тем, чтобы домочадцы вели себя пристойно и усердно работали, и тем самым обеспечивал продуктивность хозяйства и порядок в общине. С этой

---

[6] См. [Ransel 1991: 114–119].

целью большак был наделен почти абсолютной властью над всеми остальными в доме — не только дочерьми и невестками, но и сыновьями. Для молодых брак редко означал создание собственного хозяйства; молодожены входили в семью родителей мужа, которая получала новую работницу (невестку) и прибавку к земельному наделу. Хозяйства крепостных часто представляли собой трехпоколенные семьи, живущие сообща. Собственный дом женатый мужчина обычно заводил уже в зрелом возрасте, чаще всего после смерти большака, а до тех пор оставался под его властью.

Место женщины в семейной структуре власти сильно зависело от ее возраста, детородного статуса и того, кем она приходилась главе семьи. В первое время после замужества, приходя в чужой дом женой мужчины, которого могла почти не знать, она начинала с самой нижней ступени. Ей приходилось делать самую черную работу, быть на побегушках у свекрови и золовок, жить в избе, где зимой все спят в одной комнате и нет никакой возможности уединиться. Если муж был несовершеннолетним или отлучался из дома, она могла даже столкнуться с сексуальными домогательствами тестя. Такую связь Русская православная церковь считала кровосмесительной, и крестьянская община ее осуждала. Однако это явление встречалось настолько часто, что получило в русском языке специальное название: снохачество. Мужчина, имевший половую связь с невесткой, назывался снохачом или сношником.

Эта картина выглядит довольно мрачной. Однако историки расходятся во мнениях относительно положения крестьянских женщин. Одни, обращая внимание на, безусловно, патриархальный характер крестьянского хозяйства, подчеркивают подчиненную роль женщины. Они отмечают, что крестьянский обычай предоставлял мужу право «учить» жену, при необходимости — кулаками, и крестьяне пользовались этим правом свободно, часто и обычно безнаказанно. Историки, изучавшие судебные протоколы начиная с 1870-х годов и позже, то и дело натыкались на страшные свидетельства об избиении жен. Во второй половине XIX века многие образованные наблюдатели в ужасающих подробностях описывали жестокое обращение крестьянских мужей с женами. Эти свидетельства привели их к выводу, что крестьянки были «рабынями рабов» [Glickman 1984].

Другие, однако, рисуют более сложную и оптимистичную картину. Не оспаривая характера распределения власти в крестьянском хозяйстве, они обращают внимание на многочисленные смягчающие факторы. Они указывают на то, что община устанавливала некие пределы допустимого в жестоком обращении с женами, и приводят примеры, когда она наказывала тех, кто выходил за рамки или бил женщину «без уважительной причины». Так, например, в 1741 году крестьяне одной сибирской деревни единодушно осудили одного из членов общины, который с женой «жил не в любви и бил ее… безвременно и безвинно». В 1782 году односельчане другого мужчины донесли на него властям, что он «жену свою бьет неизвестно за что». Некоторые женщины, столкнувшись с самодурством мужа, просто бежали от него или с одобрения общины уходили жить отдельно, даже выходили повторно замуж, не разводясь, — по крайней мере, имеются свидетельства о таких случаях в Сибири. Другие женщины давали мужьям отпор: в 1741 году, когда Савва Балашев в ссоре ударил свою жену Екатерину кулаком, она дала ему пощечину, схватила за волосы и била головой о стену, расцарапывая лицо ногтями. В 1818 году Домна Хвостова заявила местному суду, что не может жить со своим мужем Григорием, несмотря на предписание местных властей, так как он ее постоянно бьет. Иногда жены прибегали к магии — пытались «сглазить» суровых мужей, надеясь таким образом заставить их прекратить жестокое обращение, а то и вовсе избавиться от них [Миненко 1994].

Но в первую очередь такие историки акцентируют внимание на положительных сторонах жизни крестьянской семьи. Российская народная культура была очень далека от ханжества. Похабные песни, шутки и поговорки часто носили довольно явный сексуальный характер, а брачные ритуалы изобиловали эротическими символами и намеками на физическую близость. По утверждению этих историков отношения в крестьянских парах бывали теплыми и взаимно поддерживающими. Немногочисленные документы, оставленные грамотными крестьянами Сибири, действительно содержат примеры глубокой нежности и привязанности между супругами. В 1797 году крестьянин Иван Худяков, работавший в другом уезде, умолял свою жену Анну: «Прошу вас, как можно, писать, всепрелюбезная наша сожительница, о своем здравии...» Егор Тропин, тоже работавший далеко от дома, так тосковал по жене, что бежал обратно в деревню навестить ее. Еще один шутливо просил жену Катерину: «...истопи де мне, жена, баню и выпарь де меня, малова робенка, у себя на коленях» [Миненко 1979]. Эти судебные дела и письма относятся к Сибири, где крепостного права не существовало, а центральная власть была относительно слабой. Трудно сказать, были ли распространены подобные отношения в других местах.

Несомненно одно: терпеливую и трудолюбивую крестьянку, если только ее муж оставался жив, ждали другие вознаграждения. Положение замужней женщины со временем улучшалось. Рождение первого ребенка, предпочтительно сына, упрочивало ее место в доме мужа. Если она продолжала рожать сыновей, ее статус еще повышался, и на ее ответственности лежало первоначальное воспитание этих сыновей в традициях своей культуры. Примерно в возрасте 40 лет, обычно после смерти большака и его жены, они с мужем заводили собственное хозяйство. Теперь крестьянка сама становилась большухой, получала власть над женской половиной дома и солидное положение в общине. Она готовила еду, потчевала гостей, и ее гостеприимство было важной частью всех светских и религиозных праздников в деревне. В ее же обязанности входило распределение труда среди других женщин: она решала, кто будет готовить еду, ухаживать за скотом, присматривать за детьми и т. д. Однако эта награда, которую со временем могла заслужить жена, доставалась ей лишь в том случае, если ее муж был жив и сохранял свой статус в общине.

В этой патриархальной культуре, основу которой составляло семейное хозяйство, потеря мужа сразу же меняла статус женщины. При этом высокий уровень смертности означал, что вероятность остаться вдовой довольно высока. Главой собственного дома вдова остаться не могла, поскольку ее статус был ниже, чем у мужчины. Хотя большинство крестьянских общин признавало за вдовой право на долю в семейном имуществе, включая земельный надел, но этот участок земли был обычно слишком мал, чтобы позволить ей содержать хозяйство самостоятельно, особенно если у нее на руках оставались маленькие дети. Пользуясь уязвимостью вдовы, односельчане могли попытаться отнять у нее надел. Если у нее были взрослые сыновья, это означало больше земли и безопасности, но и больше проблем: сыновья могли и взбунтоваться против материнской власти в доме. Просьбы вдов о поддержке к поместным властям свидетельствуют о том, что справляться со взрослыми сыновьями женщинам часто бывало нелегко. Эти трудности, разумеется, заставляли задумываться о повторном браке. И, так или иначе, власти и односельчане, не желавшие допускать, чтобы женщины жили без мужей, подталкивали вдов к тому же. По этим причинам вдовы редко оставались жить в деревне самостоятельно. Некоторые просто уходили из поместья. Большинство же либо оставались жить в доме покойного мужа, либо вступали в повторный брак, часто с большаком, чтобы в доме нового мужа сразу стать большухой [Bohac 1991].

Дворяне и крепостные

Крепостные крестьяне целиком находились во власти хозяев. Некоторым дворянам эта власть внушала чувство отеческой (или, у женщин, материнской) ответственности, — во всяком случае, так это выглядит в некоторых мемуарах. «У нас в деревне, когда бывали больные, то мать моя, не требуя лекарской помощи, все болезни лечила сама», — вспоминала Анна Лабзина [Лабзина 2010: 5]. В праздники, которые иногда устраивались для крестьян, мать с дочерью собственноручно подавали им угощение. «Меня тревожит участь прислуги, оставшейся в доме нашем в Москве, — писала Мария Волкова в 1812 году. Прислуга осталась в Москве сторожить имущество, когда семья бежала в провинцию во время нашествия Наполеона. — Никто из нас не заботится о денежных потерях, как бы велики они ни были; но мы не будем покойны, пока не узнаем, что люди наши, как в Москве, так и в [нашем поместье в] Высоком, остались целы и невредимы» [Волкова 1989].

Хотя большинство дворян-землевладельцев старалось не вмешиваться в повседневную жизнь крестьян, несомненным фактом следует признать и то, что некоторые помещицы и помещики иногда грубо и опасно злоупотребляли своей властью над принадлежавшими им людьми. Немногие доходили до такой жестокости, как пресловутая Дарья Салтыкова, унаследовавшая от своего мужа 600 крепостных и за семь лет замучившая десятки человек до смерти. Через шесть лет после начала следствия, в 1768 году, Салтыкову лишили дворянства, приковали на час к позорному столбу в Москве и пожизненно заточили в монастырь в Архангельской губернии. Жестокость не столь ошеломляющая была более распространена, особенно по отношению к дворне, которой приходилось иметь дело с хозяйкой или хозяином гораздо чаще, чем полевым работникам. Авдотья Борисовна Александрова, владевшая несколькими сотнями крепостных, была для своих дворовых «бичом и страшилищем». Свою любимую горничную она колотила скалкой, другим отвешивала затрещины и всех крепостных девушек секла крапивой[7]. Мария Неклюдова, чтобы швеи не засыпали по вечерам, наносила им на шею раздражающий препарат шпанской мушки, а чтобы они не убежали, усаживала их в своей комнате и привязывала к стульям за косы[8]. Другие хозяйки и хозяева обходились с ними просто грубо и бездушно: они не хотели признавать, что их крепостные способны испытывать такие же чувства, как они сами. Объявления о продаже крепостных ярко отражают это: «Продается деревенская баба 35 лет, благопристойного поведения» или «Продается баба 27 лет с сыном десяти лет» [Hartley 1999]. Варвара Тургенева, мать писателя Ивана Тургенева, иногда насильно выдавала замуж своих дворовых. Когда рождался младенец, его отправляли подальше от дома, чтобы все внимание и забота его

[7] См. [Никитенко 2005].
[8] См. [Янькова 2014].

матери по-прежнему доставались самой Тургеневой. Хотя женщины-помещицы в целом были склонны к жестокости не более, чем мужчины, однако и свидетельств того, что принадлежность хозяйки и крепостной к одному и тому же женскому полу позволяла последней надеяться на какую-то защиту или чувство общности, тоже находится немного.

Сексуальность крепостных женщин делала их особенно уязвимыми перед хозяевами. Половые связи между дворянами и крестьянками были, по-видимому, почти повсеместным явлением. Шла оживленная торговля молодыми крепостными женщинами; за привлекательных девушек давали хорошую цену на рынке. В начале XIX века молодой человек в городе мог потратить на приглянувшуюся ему женщину до 500 рублей, а простые горничные продавались не более чем за 50. Даже писатель Иван Тургенев, противник крепостного права, оказался не в силах устоять перед искушением. В 1852 году, будучи сосланным в свое имение за сочинения о несправедливости крепостного права, Тургенев развлекался с молодой горничной, которую, как утверждали, купил за 700 рублей. Изредка мужчины заходили в злоупотреблении своей властью еще дальше, заводя целые крестьянские гаремы. Один из примеров — богатый помещик А. П. Кошкарев: он разделил свой дом на мужскую и женскую половины и содержал гарем из 12–15 крепостных женщин. Девушек наряжали в европейские платья, дарили им приданое, платили жалованье и учили грамоте. Помимо сексуальных услуг, их положение требовало, чтобы они читали своему хозяину вслух и играли с ним в карты. Хотя как крепостные они не были избавлены от пощечин и порки за действительные или мнимые проступки, все же большинство из них, очевидно, предпочитало такую жизнь тяжелому труду — обычному уделу крестьянки. Другой пример — Александр Яковлев, дядя Александра Герцена, который «завел... целую крепостную сераль» и которого крепостные «чуть не убили за волокитство и свирепости» по отношению к их дочерям [Герцен 2003].

Что касается крестьян-мужчин, то, поскольку их чувство чести в какой-то мере основывалось на способности хранить целомудрие жен и дочерей, неспособность защитить своих женщин от бесчинства хозяина, несомненно, усиливало в них чувство беспомощности и гнева. В 1828 году крестьяне помещика Иосифа Чесновского единогласно обвинили его в «насильственном блудодеянии» с их женами и в развращении девственности юных дочерей, в том числе младше десяти лет. Священник подал жалобу в Синод, который и постановил лишить Чесновского права распоряжаться своими крестьянами[9]. Однако немногим крестьянам удавалось найти столь могущественных покровителей. Добиться исходов, подобных этому решению Синода, было трудно.

Между дворянством и крестьянством

Во многих отношениях жизнь жительниц больших и малых городов почти не отличалась от жизни крестьянок. Как и все остальные, они были приписаны к тем или иным сословиям — в основном к ремесленникам, мещанам и купцам — согласно Жалованной грамоте городам, изданной Екатериной Великой в 1785 году. Мещане, составлявшие, согласно подсчетам Бориса Миронова, к концу XVIII века чуть более трети городских жителей (остальные относились к дворянству, крестьянству и другим сословиям), зачастую так же, как и крестьяне, сами обрабатывали землю, а купцы, обычно происходившие из крестьян или мещан, вступали с обеими группами в браки и поддерживали родственные связи[10]. Одно из различий между крестьянами и горожанами заключалось в том, что нуклеарные семьи, то есть состоящие только из мужа, жены и детей, в городах были более распространены и, судя по сохранившимся источникам, составляли от 50 до 90 % домохозяйств. Однако существовали и большие семьи. В начале XVIII века в доме богатой семьи Китаевых из Устюжны проживало 17 человек — в том числе дяди, тети, пле-

---

9   См. [Bisha et al. 2002: 125].

10   См. [Миронов 1990: 82].

мянники и племянницы. Крупные домохозяйства были, как правило, и более состоятельными[11].

Городская семейная жизнь была осознанно патриархальной и консервативной. Отец приказывает, все повинуются. Поначалу, несмотря на петровские законы, предписывавшие носить немецкую одежду, большинство представителей городских сословий оставалось мало затронутым западными обычаями. В начале XIX века один английский наблюдатель описывал сложные наряды, которые купчихи надевали на Пасху: «Жемчужные головные уборы и муслиновые шали, расшитые золотом и серебром, или шелковые, так же расшитые накидки из золотого шелка, подбитые самыми дорогими мехами, лица, раскрашенные белилами и румянами, вместе придавали им очень нарядный и красивый вид» [там же: 181]. В Рязани в 1830-е годы купчихи еще ходили в сарафанах (как и крестьянки) и длинных салопах. Жили купеческие семьи замкнуто. Сохранение купеческого жизненного уклада требовало домашнего воспитания детей, ограждения их от внешнего мира в сплоченной, обособленной жизни семьи и соблюдения весьма традиционных правил этикета, затруднявших общение с кем-либо за пределами круга ближайших родственников[12]. Жизнь женщин ограничивалась домашним хозяйством. Замужние посвящали себя главным образом поддержанию порядка в доме, шитью и заготовке продуктов. Если выдавались свободные от работы часы, женщины проводили их за рукоделием. Дочери редко выходили из дома — разве что по воскресеньям в церковь, а вечерами к подружкам, «где проводили время в разных крестьянских играх»[13]. Юлия, дочь зажиточного московского купца, жаловалась в своем дневнике в 1831 году: «...Теперь мы все время дома, а если и отпустят куданибудь, то только к родственникам, проживающим тут же, недалеко от нашего дома»[14].

---

[11] См. [Hartley 1999: 201–202].
[12] См. [Richer 1982: 24].
[13] См. [Кусова 1996: 112].
[14] См. [Полилов-Северцев 1907: 86].

Браки устраивали родители, часто рассматривая их в первую очередь как возможность приобрести выгодные связи. Купец Иван Толченов описывал в своем дневнике, как 6 января 1773 года с одобрения отца решил жениться и как 9 января они по этому поводу отправились в Москву. 14 января Толченов встретил там молодую женщину, дочь купца Алексея Ивановича Осоргина, и уже 17-го было заключено соглашение между отцом невесты и отцом жениха[15]. В Москве регулярно устраивались тщательно продуманные «смотрины» купеческих дочерей: вошедшие в возраст девушки с матерями медленно прохаживались по аллее в парке, позволяя подходящим для брака холостякам и сватам рассматривать их на досуге.

Хоть купчихи и мещанки и жили в некоторых отношениях так, как учил «Домострой» столетия назад, однако при этом они могли играть роль в бизнесе. Бизнес почти всегда был семейным делом. Иногда жены и дочери помогали управлять им закулисно: давали советы или вели счета, как вела их упомянутая выше Юлия по настоянию отца. Иногда они, так же как женщины во Франции или Великобритании на ранних этапах промышленного развития, стояли по очереди с другими за прилавком или за конторкой, — в особенности это касалось молодых и некрупных семейных предприятий. Благодаря необычайно высокому уровню грамотности в старообрядческих общинах и поддержке этих общин некоторые женщины среди старообрядцев стали заниматься предпринимательством и создавать семейные предприятия. Один из примеров — мануфактурная компания «Викула Морозов и сыновья», основанная тогда еще крепостным Саввой Морозовым. В 1837 году сын Саввы, Елисей, основал собственную красильню. Набожный старообрядец, бо́льшую часть времени посвящавший религиозной деятельности, Елисей Морозов оставил управление своим делом жене[16].

Другие женщины занимались торговлей самостоятельно. По подсчетам, в 1805 году в Москве было около 9000 женщин-раз-

---

[15] См. [Толченов 1974].

[16] См. [Joffe, Lindenmeyr 1998: 102].

носчиц и торговок (на 14 000 мужчин)[17]. Одной из таких независимых торговок была Катя Никитенко, жена крепостного. Поскольку муж неспособен был ее содержать, она сама зарабатывала крохи, покупая и продавая подержанные товары в Острогожске. Те женщины, что самостоятельно вели более прибыльный бизнес, обычно были вдовами, как, например, Евгения Расторгуева. Выйдя замуж за торговца золотом, серебром и бриллиантами, после смерти мужа в 1848 году Расторгуева управляла его бизнесом в течение девяти лет, пока не вышла замуж за своего главного приказчика и не передала дела ему. Большинство женщин, занимавшихся независимой торговлей, владели лишь мелким бизнесом или сразу несколькими мелкими бизнесами: они производили и продавали огромное количество товаров, от кирпичей до рыбы и от табака до стальных ведер. Они владели извозчицкими предприятиями, а также компаниями по импорту зерна и трактирами. Большинство женщин-торговцев, вероятно, были незамужними, потому что до 1863 года замужние женщины сталкивались с серьезными препятствиями при регистрации в качестве независимых торговок[18].

Государство вмешивается

В 1701 году одной крестьянке отрезали язык за распространение слухов о том, что Петр Великий — сын немца, которым подменили родившуюся дочь. Вера в то, что Петр — не кто иной, как Антихрист, была широко распространена, особенно среди старообрядцев. Как иначе было объяснить новые тяготы, которые Петр возложил на свой народ? Изменения, внесенные Петром и его преемниками, затронули женщин податных сословий России, как мещанок, так и крестьянок, во многих отношениях. Сильнее всего сказалось введение Петром военного призыва. Со времени его правления и до военной реформы 1874 года призыв отнял

---

[17] См. [Kelly 1996: 74].
[18] См. [там же: 65–66]; [Marrese 2002: 130–131].

у семей миллионы трудоспособных мужчин. Он породил новую социальную категорию — солдаток, солдатских жен. Во время войны рекрутский набор уводил из деревень значительное количество молодых мужчин. Например, в одном крупном имении Тамбовской губернии война 1812 года отняла мужей у более четверти женщин в возрасте от 25 до 29 лет. Вначале служба была пожизненной; в 1793 году ее срок был сокращен до 25 лет, а в 1834 году — до 20. Для женщины, оставшейся в одиночестве, это могло стать катастрофой. «Какой де он царь, он де их, крестьян, разорил з домами, мужей побрал в солдаты, а нас де з детьми осиротил и заставил плакать век», — жаловалась одна из этих женщин на Петра Великого [Голикова 1957: 174].

Если солдатка принадлежала к крестьянскому сословию, то часто оказывалась в самом маргинальном положении. Поскольку воинская повинность юридически освобождала крепостных от власти помещика, то его жена и дети тоже становились юридически «свободными», и в результате жены часто теряли долю мужей в общинных землях и все другие блага от имения. Некоторым приходилось просить милостыню в деревне; другие оставались жить в зависимом положении в семье мужа или у родственников. Однако, поскольку это были лишние рты и потенциальная угроза для других женщин в семье и общине, солдаток могли вовсе изгнать из деревни. Такие женщины становились очень уязвимыми. Их могли даже снова сделать крепостными вопреки закону, как это случилось с женой одного солдата, которая работала у государственного чиновника и родила ему нескольких внебрачных детей. Тот в конце концов продал ее другому дворянину, объявив женой своего дворового. Она получила свободу, после того как ее первоначальные владельцы подтвердили, что она жена солдата, но ее дети, воспитанные и выкормленные ее нанимателем, остались крепостными.

В городах, куда переселялись такие женщины, для них было мало достойной работы и много мужчин, готовых заплатить за интимную близость. Некоторые женщины занимались мелкой торговлей, многих нанимали в качестве домашней прислуги. Некоторые из них могли служить примерами скромного успеха:

они владели небольшими мастерскими или коммерческими предприятиями. Другие вступали в бигамные браки, как, например, «Евдокия Иванова дочь», вышедшая замуж за казенного крестьянина Михея Дорофеева в 1739 году, за десять дней до его ухода в солдаты. Не получая от него никаких известий в течение шести лет, она в 1745 году вышла замуж за другого мужчину [Bisha 2002: 236]. Однако к проституции как к временному или постоянному средству прибегало столько женщин, что солдатские жены приобрели сомнительную репутацию. В 1800 году, когда царь Павел I приказал провести облавы на проституток и сослать их работать на фабрики Дальнего Востока, половина этих женщин, арестованных в Москве, оказались солдатками. Солдатские жены также занимали большое место среди матерей внебрачных детей. В течение XVIII века рождение незаконных детей и детоубийство стали гораздо более заметными и, по-видимому, более распространенными явлениями, чем ранее.

Социальные проблемы, порожденные Петровской революцией, побудили государство к действию. Озабоченность демографией привела к первым попыткам сохранить жизнь незаконнорожденным детям. В 1712, а затем в 1714 и 1715 годах Петр Великий приказал учредить лечебницы, куда матерям разрешалось тайно отдавать своих внебрачных детей. Однако после смерти Петра эти лечебницы были закрыты. Когда в царствование Екатерины Великой государство вновь предприняло меры к решению проблемы внебрачных детей, его подход принципиально изменился. По инициативе Ивана Бецкого Екатерина Великая основала приюты для подкидышей — в 1764 году в Москве и в 1771 году в Санкт-Петербурге. По замыслу Екатерины эти приюты предназначались для сохранения жизни внебрачных детей и, что не менее важно, для создания совершенно нового типа личности — трудолюбивых граждан, впитавших в себя просвещенную мораль, которые будут укреплять благосостояние страны. В эти приюты, не ставившие никаких барьеров для приема воспитанников, стали свозить не только внебрачных детей, но и законнорожденных отпрысков матерей и отцов, не способных или не желающих о них заботиться. Такие родители оставляли детей в приюте в надежде забрать их позже, когда и если те достигнут трудоспособного возраста. Несмотря на проблемы с чрезвычайно высоким уровнем младенческой смертности и непрекращающееся злоупотребление системой со стороны родителей, стремившихся сбросить с себя бремя взращивания детей, российское правительство не желало каким бы то ни было образом ограничивать прием. Воспитательные дома представляли собой одно из очень немногих государственных благотворительных учреждений в России. Они служили символом трудов империи во имя благого дела, а также материнской или отеческой заботы правителей о самых беззащитных и обездоленных своих подданных [Ransel 1988: 31–83; 154–158].

Однако к матерям этих детей государство относилось далеко не столь заботливо, если про тех было известно, что они «предаются пороку». Напротив, империя оборачивалась к ним своей самой суровой и властной стороной, вводя мизогинные и репрессивные элементы массовой и религиозной культуры в государственную политику. Славянская духовная литература, считавшая греховным любое соитие без цели продолжения рода, не делала большого различия между женщиной, продающей секс за деньги, и той, которая спит с кем-то, кроме мужа, без материальной выгоды для себя. В обоих случаях ее именовали блудницей и распутницей, оскорбляющей нравственность и общественные приличия. Представление о женщинах как о сексуально ненасытных созданиях, умышленно склоняющих мужчин к греху, нашло отражение в лубках XVIII века: там изображается, как женщин бьют за то, что те заводят любовников. Однако эти популярные картинки также демонстрируют «какие-никакие равенство и открытость» в отношениях между полами, совпадающие с тем, что нам известно о крестьянской культуре. На лубках изображены мужчины и женщины, которые с удовольствием общаются друг с другом, поют, танцуют, катаются на салазках с ледяных гор, выпивают. В этих картинках соблазнение — игра, обман — часть игры, и отношения между мужчиной и женщиной веселы и лукавы[19].

---

[19] См. [Farrell 1991: 559].

По мере того как государство усиливало контроль над российским обществом, все более репрессивный и женоненавистнический взгляд на сексуальность стал отражаться в некоторых аспектах права и государственной политики. Физическая близость сделалась предметом политической озабоченности. Судебник 1649 года предписывал бить кнутом всех, кто устраивал «блудное дело» между мужчинами и женщинами. Следствием принятой Петром Великим идеи благоустроенного полицейского государства (Polizeistaat), добивающегося благополучия посредством активного вмешательства в социальную жизнь, стала усиленная забота государства о сексуальном поведении каждого человека.

В 1716 году Петр I приказал удалить «блудниц» из полков. Нарушившим этот приказ женщинам угрожала опасность «раздеты и явно выгнаны быть». Через два года Петр поручил полицмейстеру только что основанного города Санкт-Петербурга закрыть все «непристойные заведения» в городе — такие, как кабаки и игорные дома. За прелюбодеяние женщин приговаривали к принудительным работам, обычно на прядильных фабриках. Указ от 26 июля 1721 года предписывал «для ссылки в работу винных баб и девок отсылать в Берг- и Мануфактур-коллегию» и отдавать в качестве работниц промышленникам или отправлять в Москву. В 1736 году императрица Анна приказала всех «непотребных женок» бить плетьми и выгонять из дома[20].

Позволив незамужним матерям анонимно отказываться от младенцев, Екатерина Великая одновременно заложила основу для полицейского надзора над общественным поведением женщин и регулирования их нравственности. В 1762 году она выделила лечебницу в Санкт-Петербурге для принудительного содержания женщин «непотребного поведения». Ужесточение контроля над недозволенным сексуальным поведением проистекало из растущих опасений по поводу распространения венерических заболеваний. Женщин, на которых солдаты указывали как на источник их заражения, полагалось помещать в лечебницу,

---

[20] См. [Bernstein 1995: 13–14].

а после лечения, если они не имели средств к существованию, отправлять на работы в сибирские шахты. В 1800 году император Павел I приговорил к принудительным работам на сибирских фабриках всех женщин, «обращающихся в пьянстве, непотребстве и распутной жизни»[21]. Законы также предписывали полиции арестовывать «бродячих, подлых и подозрительных девок», если возникало опасение, что те могут быть носительницами венерических заболеваний[22].

Начиная с 1843 года правительство сменило подход к проблеме «блудниц». Следуя примеру французов, с целью борьбы с венерическими заболеваниями русские начали регулировать проституцию. Отныне недозволенное сексуальное поведение соглашались терпеть, но лишь в пределах, установленных государством. В нескольких крупных городах полиция организовала систему лицензированных «домов терпимости», где врачи регулярно осматривали женщин, чтобы убедиться в их здоровье. Женщины, «промышлявшие развратом» самостоятельно, также обязаны были зарегистрироваться в качестве проституток, иметь при себе справку о состоянии здоровья и проходить еженедельные медицинские осмотры. Если женщины продавали сексуальные услуги без этой официальной печати, они рисковали быть привлеченными к ответственности за «тайный разврат».

Такая политика была явно нацелена на женщин из низшего сословия, живущих вне патриархальной семьи. Женщины, которых считали ответственными за распространение сифилиса, были солдатками, живущими отдельно от мужей, домашней прислугой, уличными торговками, работницами фабрик и бродяжками. Для охраны здоровья населения полиция периодически проводила облавы поблизости от казарм и заводов, в трактирах и ночлежках, — во всех местах, где жили и искали увеселений представители низших сословий. Женщин, у которых обнаруживали венерическое заболевание, полиция вынуждала регистри-

---

[21] См. [там же: 15].

[22] См. [Engelstein 1988: 485].

роваться в качестве проституток. Таким образом, проституция стала допустимой, хотя и не вполне законной в строгом смысле слова. А «распутницы», охраняемые теперь полицией, превратились в «публичных женщин».

По ту сторону культурного разрыва

Перемены, пришедшие в XVIII веке, сделали мерилом элитарного статуса уже не только происхождение, но и образование, и культуру, одновременно увеличив социальный разрыв и открыв новые возможности для его преодоления. Женщины, не принадлежащие к высшим классам, впервые получили доступ к образованию. В 1750-х годах появились первые акушерские курсы для женщин; в Петербурге в 1785 году и в Москве в 1801 году открылись родовспомогательные заведения. При Смольном институте была школа, куда принимали дочерей мещан, хотя к 1791 году в нее хлынуло столько дворянок, что их число превысило количество учениц-простолюдинок. В 1786 году Екатерина также учредила государственные начальные и средние школы, куда принимали девочек на бесплатное обучение. Александр I продолжил ее начинания, учредив на базе образовательной системы церковно-приходские школы. Некоторые незнатные родители были готовы тратить деньги и на учебу дочерей в частных школах. Священнослужитель Дмитрий Ростиславов, родившийся в 1809 году, вспоминал, что во времена его детства многие мещане, священники и даже зажиточные крестьяне считали нужным учить своих дочерей грамоте[23]. В частной школе Анны Вирт в Москве в 1818–1820 годах наряду с девушками из семей чиновников, офицеров и иностранцев учились дочери мещан и духовенства. Их количество было по-прежнему невелико. Всего к 1792 году в России было 1178 учениц, а к 1802 году — 2007 (из 24 064 общего числа учащихся). В 1824 году, по подсчетам, в уездных училищах было 338 девочек,

---

[23] См. [Rostislavov 2002: 40].

а в частных — 3420. Большинство учениц, разумеется, принадлежали к высшему сословию[24].

Для подавляющего большинства женщин неблагородного происхождения образование оставалось недоступным. Уровень грамотности населения России был очень низким: в 1834 году читать и писать умел только один из 208 русских, в 1856 году — один из 143, и подавляющее большинство грамотных людей были мужчинами. И те немногие возможности для женского образования, которые существовали, были направлены в первую очередь на подготовку к семейной жизни. В Смольном юных мещанок учили быть «совершенными швеями, ткачихами, чулочницами и кухарками», а выйдя замуж, «разделять свое существование между детской и кухней, погребом, амбаром, двором и садом» [Пушкарева 1997: 209–210]. Частные школы, куда иногда отправляли своих дочерей мещане и купцы, ставили перед собой почти те же цели. То же касалось и образования дочерей духовенства, женщины которого во многом жили так же, как и их соседки-крестьянки. В 1843 году, в ответ на опасения духовенства об отставании от образованного общества и жалоб на невежественность жен, Русская православная церковь открыла специальную школу для дочерей священнослужителей с целью подготовки их к замужеству: их предполагалось учить составлять своим мужьям приятную компанию, помогать им содержать в порядке церковные здания, готовить лекарства для больных, заниматься воспитанием детей и поддерживать порядок в доме [Freeze 1983: 178]. Сферой женского предназначения оставалась семья.

Заключение

В некоторых отношениях влияние Петровской революции на женщин недворянского населения России было почти неощутимым. Крестьянки продолжали жить так же, как жили

---

[24] См. [Hartley 1999: 142].

веками: их образ действий формировался в ходе борьбы за выживание, мировоззрение — под влиянием их культуры, а их повседневную жизнь регулировали сельские структуры. Жизнь мещанок и купчих тоже мало чем отличалась от жизни их допетровских предшественниц. Однако верхушка этих сословий стала разделять некоторые аспекты нового мировоззрения высших кругов. В конце XVIII века богатый дмитровский купец Иван Толченов с женой принимали у себя в доме высокопоставленных чиновников и нередко встречались с представителями привилегированного класса. В 1812 году жены банкиров и богатых купцов вместе с некоторыми дворянками вступили в Женское патриотическое общество, стремясь «быть полезными обществу». Но большинство вело гораздо более традиционный образ жизни: эти женщины проводили свои дни в кругу семьи, готовились к свадьбе, а потом рожали и растили детей и вели домашнее хозяйство. По крайней мере до середины XIX века, а может быть и дольше, тенденции вестернизации, инициированные Петром, на жизнь большинства женщин практически не влияли.

Когда же государство все-таки вмешивалось в жизнь женщин, эффект этого вмешательства был в основном негативным. Крепостная зависимость усугубляла патриархальность жизненного уклада крестьянской семьи и общины. Распространение крепостного права сделало крестьянок уязвимыми как для экономической, так и для сексуальной эксплуатации. Государство забирало мужей крестьянок и мещанок в солдаты; оно обременяло низшие слои населения все новыми податями и повинностями. Те женщины, которые — по своей воле или вынужденно — пытались жить вне семьи, могли попасть под полицейский надзор и получить наказание, а после 1843 года рисковали быть заклейменными чиновниками и полицией как публичные женщины. Контроль над сексуальной моралью женщин стал государственным делом.

Рекомендуемая литература

Васильева М. Е. Записки крепостной девки. Новгород: Типография Л. С. Селивановой, 1912.

Кусова И. Г. Рязанское купечество: очерки истории XVI — начала XX века. Рязань: Марта, 1996.

Дает представление о семье и быте провинциальных купцов.

Миненко Н. А. Русская крестьянская семья в Западной Сибири (XVIII — первая половина XIX в.). Новосибирск: Наука, 1979.

Новаторское этнографическое исследование семейной жизни и женщин в XVIII — начале XIX века по архивным материалам.

Bisha R. Marriage, Church and Community in Eighteenth-Century St. Petersburg // Women and Gender in Eighteenth Century Russia / ed. Rosslyn W. Aldershot, England: Ashgate Publishing, 2002. P. 227–243.

Проливает свет на малоизученные стороны жизни женщин-простолюдинок.

Bohac R. Widows and the Russian Serf Community // Russia's Women: Accommodation, Resistance, Transformation / ed. Clements B. E., Engel B. A., Worobec C. Berkeley, Calif.: University of California Press, 1991. P. 95–112.

Czap P. The Perennial Multiple Family Household, Mishino, Russia, 1782–1858 // Journal of Family History. 1982. Vol. 7. N 1. P. 5–26.

Ransel D. Mothers of Misery: Child Abandonment in Russia. Princeton, N.J.: Princeton University Press, 1988.

Впервые изложенная история системы приютов для подкидышей и женщин, которые к ней прибегали.

Rostislavov D. I. Provincial Russia in the Age of Enlightenment / ed. and transl. Martin A. DeKalb, Ill.: Northern Illinois University Press, 2002.

В главе 10 содержится познавательное обсуждение повседневного труда жен и дочерей священнослужителей.

Глава 4
Реформаторки и бунтарки

> О какой дворянской семье ни спросишь в то время,
> о всякой услышишь одно и то же: родители поссори-
> лись с детьми ...А единственно из-за вопросов чисто
> теоретического, абстрактного характера. «Не со-
> шлись убеждения!» Вот только и всего... Детьми,
> особенно девушками, овладела в то время словно
> эпидемия какая-то — убегать от родительского до-
> ма... То у того, то у другого помещика убежала дочь.
> *Софья Ковалевская. Воспоминания о детстве*

Смерть царя Николая I в 1855 году и восшествие на престол
его сына Александра II (1855–1881) внесли существенные перемены в жизнь женщин и мужчин России. Цензура ослабла, границы публичного дискурса расширились. В 1861 году была
провозглашена отмена крепостного права; за ней последовали
и другие реформы. В 1864 году правительство начало вводить
новую судебную систему по западному образцу и учредило новый
выборный орган местного самоуправления — земство. Эти новые,
первые относительно независимые от самодержавия общественные институты способствовали развитию класса интеллигенции,
чья роль заключалась в том, чтобы служить обществу, а не государству. Реформы, целью которых было преодоление политической, экономической и социальной отсталости России, привели
к возникновению более энергичного, многообразного и напори-
стого гражданского общества. Кроме того, они породили новые
угрозы для традиционного гендерного и семейного уклада, все
чаще исходившие со стороны женщин.

«Женский вопрос»

В первые годы царствования Александра II образованное общество питало надежды на новые перемены. Механизмы принуждения ослабли, и общественные силы, долгое время остававшиеся под спудом, вырвались на волю. Начало складываться и играть заметную роль общественное мнение, подпитываемое распространением журналов. Бурные дискуссии на современные темы на неформальных собраниях в частных домах продолжались иногда далеко за полночь. В эти первые, полные надежд годы люди разных взглядов и опыта спорили между собой и в результате иногда объединяли усилия, чтобы вместе трудиться на благо общества. Стремясь к ослаблению произвола политической власти и расширению прав личности, социально ответственные россияне, в числе прочих изменений, подвергали переоценке все традиционные институты, включая патриархальную семью. Некоторые считали, что авторитарные семейные отношения воспроизводят и укрепляют социальную и политическую иерархию, и, следовательно, для демократизации общества семейные отношения также необходимо демократизировать.

Социальные критики надеялись, что принципиальную роль в создании нового общественного порядка сыграют женщины. Они считали женщин жертвами: жертвами образовательной системы, тормозившей интеллектуальную активность и личностное развитие; жертвами патриархального семейного уклада, калечащего человеческую индивидуальность. В то же время они полагали, что женщины обладают качествами, делающими их участие в социальных изменениях жизненно важными: в частности, способностью к нравственному подвигу, которой так не хватает в общественной жизни и которая так важна для социального возрождения. Однако критики расходились во мнениях относительно того, какой характер должен носить женский вклад. Сводится ли женская роль к тому, чтобы посвятить себя в первую очередь семье и достойному воспитанию будущих граждан, или же общество в целом тоже нуждается в приложении женских сил? Поскольку поиском ответов на эти вопросы для себя и для других было занято значительное число женщин и мужчин, «женский вопрос» стал одним из ключевых вопросов современности.

Дискуссия развернулась в 1856 году, когда Николай Пирогов (1810–1881), хирург и педагог, опубликовал сочинение под названием «Вопросы жизни», где прямо ставил вопрос о социальной роли женщины. Пирогов только что вернулся с Крымской войны (1854–1856), где под его началом служило около 160 женщин, добровольно записавшихся в сестры милосердия. Движимые патриотизмом и стремлением пожертвовать собой ради Отечества, женщины безвозмездно трудились на передовой, подвергаясь многим из тех же опасностей и лишений, что и солдаты. Пирогову эта образцовая женская работа показала, что «до сей поры мы совершенно игнорировали чудные дарования наших женщин» [Пирогов 1950]. Искать применения этим дарованиям, по его мнению, следовало главным образом в семье.

> Женщина эмансипирована и так уже, да еще, может быть, более, нежели мужчина, — утверждал в своем очерке Пирогов. — Хотя ей и нельзя по нашим законам сделаться солдатом, чиновником, министром, но разве можно мужчине сделаться кормилицей и матерью — воспитательницей детей до восьмилетнего их возраста? Разве он может сделаться связью общества, цветком и украшением его?.. Итак, пусть женщины поймут свое высокое назначение в вертограде человеческой жизни. Пусть поймут, что они, ухаживая за колыбелью человека, учреждая игры его детства, научая его уста лепетать и первые слова, и первую молитву, делаются главными зодчими общества [Пирогов 2008].

Ради того, чтобы дать женщинам возможность исполнять эти обязанности, Пирогов выступал за улучшение женского образования. Образованные женщины могут стать лучшими матерями для будущих граждан-мужчин, более надежными подругами своим мужьям и таким образом внесут более ценный вклад в мужские дела и борьбу. «Пусть мысль воспитать себя для этой цели, жить для неизбежной борьбы и жертвований проникнет все нравственное существование женщины...» — провозглашал Пирогов [там же]. Такая цель, поставленная им, оказалась приемлемой и для царя. В 1858 году Александр II одобрил предложение об учреждении средних школ для девочек. Цель — улучшить качество общественной жизни путем обеспечения того «религиозного, нравственного и умственного образования, которое необходимо для каждой женщины, и в особенности для будущих матерей». Новые школы, именуемые гимназиями, предполагалось сделать дневными учебными заведениями, открытыми для девочек всех сословий. Созданные по образцу мужских гимназий, они предлагали шестилетний курс обучения, включавший в себя русский язык, закон Божий, арифметику и сокращенный курс естественных наук. В том же году были открыты прогимназии с трехлетним курсом обучения и схожей учебной программой за вычетом естественных наук. Правительство предоставляло гимназиям лишь небольшую субсидию; оставшиеся расходы приходилось покрывать за счет платы за обучение и взносов общественных организаций. Такая поддержка появлялась, но медленно. К 1865 году во всей России было 29 женских гимназий и 75 прогимназий; к 1883 году их было 100 и 185 соответственно, и в них обучалось около 50 000 девочек. В 1876 году для гимназисток стал доступен дополнительный год педагогической подготовки. Его выпускницы получали квалификацию, необходимую для работы в качестве домашних учительниц или гувернанток, а также для преподавания в начальных школах и первых четырех классах женских гимназий.

Некоторые социальные критики занимали более радикальную позицию. Для критика Николая Добролюбова, как он писал в 1856 году, семья была «темным царством», самодурство которого самым тяжким бременем ложилось на плечи женщин. Хотя в его сочинении под таким названием речь шла о купеческой среде, изображенной драматургом Александром Островским, в представлении Добролюбова семейный деспотизм был явлением более масштабным. Он считал, что «женщина почти везде имеет совершенно то же значение, какое имели паразиты в древности». Принижение женщин настолько распространено, что даже те мужчины, которые, как говорят некоторые, «позволяют своим женам даже спорить с собой... просто... не могут поместить в голове мысли, что женщина есть тоже человек равный им, имеющий свои права. Да этого и сами женщины не думают» [Добролюбов 1986]. Новая озабоченность правами женщин в семье вызвала критику в адрес имперских законов, наделявших главу семьи практически неограниченной властью над ее членами. Не может быть истинно христианской любви или ненависти к пороку и деспотизму в семье, где царят тирания, произвол и принуждение и где жены отданы в рабство мужьям, заявлял либеральный юрист Михаил Филиппов в 1861 году [Wagner 1994].

Ожидаемое освобождение крепостных крестьян придавало «женскому вопросу» еще и экономический аспект. Потеря возможности использовать труд крепостных грозила лишить многих дворян легкого дохода и вынудить их дочерей, по обычаю остававшихся дома до замужества, самим зарабатывать себе на жизнь. Не менее важно и то, что прогрессивная молодежь этой эпохи, отвергая крепостное право как безнравственный институт, отвергала и ассоциирующуюся с ним дворянскую культуру — жизнь в праздности и роскоши за счет чужого труда. Для некоторых даже зависимость от мужа стала неприемлемой. Радикалы были убеждены, что женщина, замужняя или одинокая, никогда не должна «висеть на шее у мужчины» [Engel 2000].

Права женщин, возможности женщин

Обсуждение «женского вопроса» велось в университетских коридорах, на студенческих квартирах и в великосветских салонах, а также на страницах толстых журналов, которые выписывало образованное общество. Эти журналы имели огромное влияние даже в провинции, где чтение обеспечивало базовый контакт с большим миром. Эти идеи побудили некоторых читательниц изменить свой образ жизни. Анна Корвин-Круковская, дочь зажиточных провинциальных дворян, начав читать статьи о «женском вопросе» в журналах, которыми снабжал ее сын священника, вскоре отказалась от модных нарядов и стала одеваться просто. Она потеряла интерес к званым вечерам и целыми дними сидела, уткнувшись в книгу. Тетка Анны в письме к дочери критиковала чудачку-племянницу, жалуясь, что Анна выходит только к обеду, а все остальное время проводит за занятиями в своей комнате. «Никогда она ни к кому не подсаживается со своим рукоделием, никогда не принимает участия в прогулках» [Штрайх 1935].

Воодушевленные вниманием прессы, женщины высшего сословия начали искать общества друг друга, у них начало формироваться понятие об общих интересах и женской идентичности. В 1859 году дворянки Вологодской губернии учредили при губернских дворянских собраниях отдельные женские собрания. Чтобы свести к минимуму имущественные различия, они требовали, чтобы участницы приходили в простой одежде. Выступая в 1860 году в губернском городе Перми, молодая учительница Екатерина Словцова-Камская подчеркивала первостепенное значение общего женского самосознания.

> Нравственно развитая женщина нашего времени страдает за всякую несправедливость, нанесенную другой женщине. Чувство зависти, тщеславия, кокетства, рабское желание понравиться мужчине в ущерб своим сестрам должно быть чуждо ей... Всякое добро, которое делает женщина для своей сестры, делает для самой себя [Словцова-Камская 1881: 779–780].

В 1859 году возникло первое в России объединение, ориентированное именно на женщин, — Общество дешевых квартир. Инициативу взяли на себя три образованные дворянки. Это были Анна Философова (1837–1912), жена высокопоставленного чиновника; Надежда Стасова (1822–?), дочь придворного архитектора, крестница Александра I; и Мария Трубникова (1835–1897), дочь ссыльного декабриста Василия Ивашева, воспитанная теткой-аристократкой и ставшая женой основателя «Биржевых ведомостей». Стремление предоставить нуждающимся женщинам достойное жилье и помочь им другим образом сближало Общество с благотворительной деятельностью, которой издавна занимались женщины высших сословий. Однако оно пошло дальше. Общество основало швейную мастерскую, чтобы обеспечить занятость обитательницам своих квартир, а чтобы освободить их от домашних забот, организовало присмотр за малышами и общественную кухню для приготовления еды. В традиционную благотворительность эти женщины привнесли демократический дух новой эпохи.

Другие женщины отстаивали собственные интересы. В 1859 году женщины начали посещать университетские лекции, только что вновь открывшиеся для широкой публики. Первой такой слушательницей была Наталья Корсини, наполовину русская, наполовину итальянка, дочь архитектора. Просто одетая, с коротко остриженными волосами, Корсини была представлена залу, полному мужчин, ректором Петербургского университета. За ней последовали другие женщины. Всего за год присутствие женщин на университетских лекциях стало почти обычным явлением. Большинство стремилось лишь дополнить свое поверхностное образование, однако некоторые учились систематически и рассчитывали получить диплом. В 1861 году несколько ученых Петербургской медико-хирургической академии открыли свои лаборатории для женщин. Среди тех, кто стал посещать лекции по медицине, были Мария Бокова и Надежда Суслова. Суслова, дочь крепостного, продолжила медицинское образование в Цюрихе, где в 1867 году получила степень доктора медицины, став первой женщиной, получившей такую степень в европейском университете. Ее успех вдохновил сотни других женщин последовать ее примеру.

Стремление женщин к образованию и независимости нашло поддержку у многих мужчин. В целом профессора и студенты приветствовали появление женщин в лекционных залах и лабораториях и обращались к ним уважительно. В 1861 году университетские власти Санкт-Петербурга, Харькова, Казани и Киева, когда у них спросили об их мнении по этому вопросу, одобрили присутствие женщин в университетских аудиториях. Некоторые профессора даже выступали за присуждение женщинам ученых степеней наравне с мужчинами. Прогрессивные молодые люди иногда заключали фиктивные браки с девушками, чьи родители запрещали им идти к своим целям. Такие союзы не предполагали интимной близости: мужчина женился на женщине исключительно для того, чтобы дать ей свободу от родителей. Нередко «фиктивный брак» превращался в настоящий. Так было со студентом-медиком Петром Боковым, который заключил «фиктивный брак», чтобы его жена Мария могла продолжить свое медицинское образование. Однако, когда Мария Бокова влюбилась в известного физиолога Ивана Сеченова, ее муж не стал поднимать скандала [Stites 1990]. «Новые люди» не признавали права собственности на человека, а вместе с ним и сексуальной ревности. Втроем они образовали ménage à trois, один из двух известных в начале 1860-х годов.

Это был период, когда некоторые женщины стали откровенно пренебрегать общепринятыми гендерными ожиданиями. Они коротко стригли волосы, отказывались от кринолинов и предпочитали более простую одежду. Они курили в общественных местах, ходили по улицам без сопровождения и носили очки с синими стеклами. Некоторые даже надевали мужской костюм, чтобы пользоваться большей свободой. Молодые бунтарки получили от своих критиков наименование нигилисток — из-за их неприятия «устоев старины и всяких традиций». Их устремления иногда приводили к конфликтам с родителями. Одна мать вопрошала набравшуюся строптивости 18-летнюю дочь, как смеет та высказывать свои мысли без родительского позволения[1]. «Что за непочтение?! — риторически восклицала другая. — Помни, что тут сидят старшие» [Берви 1915: 122–124].

Некоторые заходили еще дальше. Считая, что семейная жизнь ограничивает свободу женщин, они стремились вообще отказаться от нее. Их взгляды отражает кредо Леленьки, героини повести Надежды Хвощинской «Пансионерка», вышедшей в 1860 году: «Я никогда не полюблю — некогда, глупо. <...> Я поклялась, что не дам больше никому власти над собою. <...> Напротив, я говорю всем: делайте как я, освобождайтесь все, у кого есть руки и твердая воля! Живите одни — вот жизнь: работа,

---

[1] См. [Казина 1875: 172].

Рис. 6. Софья Перовская
(Каторга и ссылка. 1925.
№ 17. С. 64)

знание и свобода...» [Хвощинская 1963: 185–186]. Надежда Суслова, столь же пренебрежительно относившаяся к радостям
личной и семейной жизни, признавалась другу в 1861 году: «Мне
в самом деле как-то гадко замкнуться в маленький мирок семьи,
где человек является рыцарем своих частных интересов...» (цит.
по: [Яновская 1959]).

Невероятно популярный роман Николая Чернышевского «Что
делать?» (1863) предложил свой ответ на «женский вопрос».
Опираясь на попытки современников отыскать новые способы
жить, любить и работать, Чернышевский создал модель, которой,
по его мнению, должны были следовать женщины и мужчины.
Его героиня, Вера Павловна, — дочь небогатых родителей. Угне-
таемая своей алчной и меркантильной матерью, которая выну-
ждает ее выйти замуж за дворянина, она спасается от этого
угнетения с помощью репетитора своего брата: тот женится на
Вере, чтобы освободить ее. Они выстраивают почти идеально

равноправные отношения. Вера получает свою отдельную комнату, уважение мужа и важную, общественно полезную работу. Она организует швейную мастерскую, основанную на коллективистских принципах, и делит прибыль с работницами, которые вскоре понимают, что им тоже лучше жить коллективом. Собственничеству нет места в жизни этих «новых людей», как называл их Чернышевский. Когда Вера Павловна влюбляется в другого мужчину, ее муж благородно уходит со сцены, чтобы она могла выйти замуж за этого другого. Ближе к концу романа Чернышевский поднимает вопрос о высшем образовании для женщин. Вера Павловна выучивается на врача и начинает заниматься врачебной практикой; кроме того, она становится матерью, хотя так и остается не вполне ясным, кто же заботится о детях, когда она на службе. Радостная и равноправная семейная жизнь, организация труда и быта на основе принципов коллективизма, труд на благо общества — вот формула освобождения женщины по Чернышевскому, вдохновлявшемуся сочинениями французских социалистов-утопистов и поступками своих современников. Описывая личные и производственные отношения, из которых должно складываться социалистическое будущее, роман Чернышевского связывает освобождение женщин с более широкими целями социальных преобразований и революции. Эта книга стала ключевым произведением в формировании мировоззрения этого и последующих поколений.

Женщины и радикальное движение

Консервативные чиновники по-своему разделяли веру Чернышевского в то, что освобождение женщин будет иметь радикальные последствия. Почти сразу же они связали попытки женщин строить жизнь по-новому с угрозой политическому порядку. Вспышка студенческих волнений в начале 1860-х годов положила конец присутствию женщин в университетских аудиториях, несмотря на то что женщины играли в этих беспорядках лишь самую незначительную роль. В июле 1863 года Министерство просвещения издало директиву университетским советам, изгонявшую женщин из университетов. Наступившей зимой женщинам запретили вход в аудитории. Еще через год Медико-хирургическая академия тоже исключила своих студенток. П. А. Дубовицкий, президент академии, назвал появление женщин-врачей первым шагом к «так называемой эмансипации», берущей, по его мнению, свое начало в коммунистических теориях Сен-Симона и других[2]. Варваре Кашеваровой-Рудневой, сироте еврейского происхождения, удалось остаться в академии, когда она пообещала, что поедет лечить башкирских женщин Оренбургской губернии: те отказывались лечиться у врачей-мужчин по религиозным соображениям. Один из врачей, поддерживавших ее, предупредил, что она должна любой ценой избегать студенческих собраний. Сознавая, что малейшая оплошность станет основанием для исключения, Кашеварова-Руднева последовала его совету буквально[3].

Такие женщины, как Кашеварова-Руднева, занимавшиеся научной деятельностью в тех областях, которые до сих пор были доступны только мужчинам, угрожали стереть грани между женской и мужской работой. В ответ правительство прочертило эти грани заново, впервые явным образом исключив женщин из сферы государственной службы и обозначив те области, которые считало для них подходящими. Императорский указ от 14 января 1871 года призывал женщин готовиться к работе в качестве акушерок и учительниц начальных школ, однако при этом выражал намерение ограничить женскую занятость в других профессиях, включая делопроизводство, стенографию и работу на телеграфе. Из некоторых профессий женщин предполагалось полностью исключить. Указ предписывал правительству и общественным учреждениям уволить всех женщин, которые на то время занимали должности, не входившие в число определенных указом как допустимые. В течение следующих 16 месяцев агенты политической полиции разыскивали сотни «лиц женского

---

[2] ЦГИАЛ. Ф. 1294. Оп. 6. Д. 48. Л. 5, 7.

[3] См. [Кашеварова-Руднева 1886].

пола», как это неизменно формулировалось в полицейских сводках, работавших, например, кассиршами и продавщицами билетов на вокзалах, библиотекарями в публичных библиотеках и секретарями в государственных учреждениях, и оказывали давление на начальство с тем, чтобы их уволили[4]. Указ стал законом. Хотя в последующие годы государственные и полугосударственные учреждения все чаще нанимали женщин на канцелярские и другие подобные должности, а закон пересматривался и нарушался, должности на государственной службе оставались для женщин закрытыми. Когда в начале 1880-х годов Кашеварова-Руднева попыталась выполнить взятые на себя обязательства перед оренбургскими чиновниками, поддержавшими ее в получении медицинского образования, закон воспрепятствовал ей в этом. Единственным, что местная военная администрация могла ей предложить, была должность в военном госпитале. Как часть государственной системы эта должность давала ей все привилегии, какими пользовались служащие-мужчины. Таким образом, в глазах властей это могло создать опасный прецедент. Поэтому, как вспоминала Кашеварова-Руднева, ей решили не давать места, несмотря на деньги, потраченные на ее образование[5].

О решительности и компетентности лидеров женского движения можно судить по тому, как много они добились — несмотря на такие преграды. К концу 1860-х годов они поставили перед собой цель учредить высшее образование для женщин. Дмитрий Толстой, консервативный министр просвещения, занимавший эту должность с 1866 по 1880 год, категорически противился этому. Прием женщин в университеты, по мнению Толстого, грозил подорвать серьезность университетского преподавания и снизить интеллектуальный и нравственный уровень высших учебных заведений[6]. Однако личные связи и политические способности помогали некоторым женщинам преодолеть сопро-

---

[4] ГАРФ. Ф. 109. Секция 3, 2-я экспедиция. 1870. Д. 685.

[5] См. [Кашеварова-Руднева 1886].

[6] См. [Johanson 1987].

тивление министра. Анна Философова пыталась воздействовать на Толстого на светских мероприятиях и балах, куда сопровождала своего высокопоставленного мужа. Хотя поведение Философовой создало ей репутацию «революционерки» в высших правительственных кругах, она, как и ее соратницы, сознательно придерживалась умеренной тактики и избегала жестких столкновений, все более характерных для студенческих и радикальных движений. Вместо этого женщины пытались достичь своих целей с помощью личных обращений и петиций. Они собрали сотни подписей за высшее образование для женщин, в том числе от представительниц высшего общества, от либеральных членов правительства и многих мужчин-профессоров. Эта тактика сработала. Благодаря ей женщины получили доступ к высшим средним курсам (Аларчинские курсы, 1869 год), к университетским подготовительным курсам (Лубянские курсы, 1869 год) и к курсам, готовившим женщин к преподаванию в средней школе (курсы Герье, 1872 год).

Опасения правительства по поводу женского радикализма фактически сыграли в пользу кампании за высшее образование для женщин, по крайней мере в краткосрочной перспективе. Разочарованные невозможностью получить университетское или медицинское образование дома и вдохновленные примером Надежды Сусловой, женщины стали искать пути к профессиональному обучению за границей. Большинство из них отправлялись в швейцарский кантон Цюрих, где женщин принимали в университет: к 1873 году туда было зачислено 104 женщины. Но Цюрих был также центром самой многочисленной и активной эмигрантской общины в Западной Европе. Правительство обеспокоилось тем, как бы студентки не нахватались в чужих краях опасных идей. Чтобы обеспечить им возможность получить образование в относительной безопасности на родине, а также удовлетворить насущную потребность России в квалифицированных медицинских кадрах, в 1872 году правительство учредило в Санкт-Петербурге четырехгодичные Курсы ученых акушерок. В следующем году правительственным указом женщинам, обучающимся за границей, было предписано вернуться в Россию под угрозой того, что ослушавшиеся будут лишены права сдавать в России экзамены для получения диплома. В 1876 году к Курсам ученых акушерок прибавили еще один год обучения, и они были переименованы в Женские медицинские курсы. Выпускницы получили право работать врачами. В том же году правительство санкционировало открытие «высших курсов» для женщин — по сути, женских университетов, не дававших, однако, ученых степеней. Казанский университет первым воспользовался этой возможностью; в 1878 году его примеру последовали Киев и Санкт-Петербург. Петербургские курсы, известные как Бестужевские, получили самую большую известность и просуществовали дольше всех. За десять лет возможности для женского высшего образования в России превзошли возможности любой другой европейской страны.

В погоне за знаниями

Многие женщины охотно ухватились за новые возможности получить образование. Когда в середине 1860-х годов Елизавета Ковальская организовала в Харькове бесплатные курсы для женщин, стремящихся к высшему образованию, желающих оказалось столько, что Ковальская с трудом разместила их в своем доме. В первый год открытия Лубянских курсов на них было принято 190 студенток; Аларчинские курсы приняли больше сотни. Цифры быстро росли. К 1878–1879 годам около 1300 студенток посещали высшие курсы в течение полного учебного года[7]. Хотя бóльшая часть этих студенток принадлежала к дворянскому сословию, встречались среди них и женщины более скромного происхождения. Прасковья Ивановская, дочь сельского священника Тульской губернии, давно мечтала поступить на Аларчинские курсы. Окончив местную церковно-приходскую школу, она вместе с сестрой отправилась в Петербург. Там она обнаружила, что «эти курсы со строго демократическими принципами пропускали — как воду песок — через свою лабораторию все живое, свежее...»

---

[7] См. [там же].

[Engel, Rosenthal 1992]. Рядом с дочерьми дворян и сановников, купцов, духовенства и интеллигенции сидели дочери мелких чиновников, мещан, ремесленников, солдат и крестьян. И, как ни широко был распространен в русском обществе антисемитизм, он, по-видимому, полностью отсутствовал в коридорах Женских медицинских курсов, где в конце 1870-х годов еврейки составляли почти треть студенток. Социальные различия, которые по закону продолжали выделять царских подданных, в коридорах женских учебных заведений словно растворялись.

За доступ к этим курсам женщинам часто приходилось платить огромную цену — финансовую, а иногда и личную. Безусловно, были и такие родители, которые поддерживали дочерей. Например, Софья, вдовая мать трех сестер Субботиных, дворянок по происхождению. Помимо оплаты учебы своих дочерей в Цюрихе, Софья Субботина платила еще и за обучение их подруги Анны Топорковой, дочери серебряных дел мастера. Отец Александры Корниловой, купец, руководивший процветающей компанией по торговле фарфором, принимал образ жизни своих четырех дочерей и их подруг благодушно. Тетке, которая возмущалась «нигилистским» видом девушек и тем, что они посещают Аларчинские курсы, откуда возвращаются домой поздно и без сопровождения, отец со смехом отвечал: «Не могу же я им нанять четырех гувернанток» [Engel 2000]. Однако другие родители относились к стремлениям своих дочерей с подозрением. Софья Ковалевская, столкнувшись с категорическим отказом отца разрешить ей продолжить углубленное изучение математики, в 1868 году заключила фиктивный брак. Она уехала учиться в Гейдельберг и стала первой в Европе женщиной, получившей докторскую степень по математике, и первой женщиной, занявшей университетскую кафедру (в Стокгольме). Анна Евреинова, дочь коменданта Павловска, презиравшего «лишние» знания и державшего ее под строгим надзором, нелегально пересекла границу, чтобы продолжить учебу в Лейпцигском университете[8]. У некоторых студенток остались шрамы на память о жестокой

---

[8] См. [Stites 1990].

борьбе, в которой им пришлось отстаивать свое право на учебу. Например, Теофилию Поляк, студентку Женских медицинских курсов и дочь мещанина-еврея, по словам знавших ее, эта борьба сделала язвительной и недоверчивой пессимисткой.

Ради образования курсистки терпели и материальные лишения. За посещение высших курсов взималась ежегодная плата в размере 50 рублей, что резко ограничивало доступ к ним для женщин из низших социальных слоев. Дочери дворян, в отличие от сыновей, не имели права на получение государственных пособий. Курсистки жили в сырых и тесных квартирках, по три-четыре в одной комнате, часто спали по очереди в одной постели, питались в дешевых харчевнях, обходясь колбасой, черным хлебом и чаем. Чтобы заработать какие-то копейки, они по целым ночам переписывали бумаги[9]. Не всем удавалось выжить: по крайней мере три слушательницы высших женских курсов умерли от голода. Из 89 курсисток, записавшихся на Курсы ученых акушерок в 1872 году, 12 умерли до окончания учебы в 1876 году. Одна из них, дочь солдата, пробившая себе путь в медицинский институт исключительно собственными усилиями, умерла прямо во время выпускного экзамена. В последующие годы улучшение финансирования повысило выживаемость студенток-медичек. Тем не менее к 1880 году смерть унесла еще 15 из них.

Но, несмотря ни на что, многие находили время учебы захватывающе увлекательным. В аудиториях и в городских студенческих кварталах курсистки встречались с такими же молодыми женщинами, с которыми можно было делиться идеями и опытом, что для многих было в новинку. Это был заряд энергии, в особенности для тех женщин, которые росли в провинциальной глуши или в закрытых пансионах. Кружки и дискуссионные группы множились. В Петербурге собрания женских кружков стали настолько частыми, что женщины едва успевали переходить с одного собрания на другое. В прокуренных комнатах, подкрепляя себя бесконечными чашками чая, девушки в простой одежде — униформе

---

[9] См. [Johanson 1987].

нигилисток — обсуждали «женский вопрос», обменивались мнениями о браке и семье, о положении женщин в обществе и их жизненном предназначении. Некоторые занимали крайние позиции, стремясь «освободиться от устоев старины и всяких традиций, от порабощавшей их родительской или супружеской власти», как Александра Корнилова и ее ближайшие соратницы[10]. Привлекали внимание женщин и социальные темы, отчасти под влиянием Чернышевского. В дополнение к обычной программе курсов женщины читали и обсуждали книги, посвященные социальным проблемам и их решению. Они читали Чернышевского, Джона Стюарта Милля, даже Карла Маркса — после того как «Капитал» был переведен на русский язык в 1872 году.

После окончания курсов большинство выпускниц искало работу в качестве акушерок, фельдшериц, фармацевтов, врачей, журналисток и, чаще всего, учительниц. Из 796 женщин, записавшихся на Женские медицинские курсы, окончили их 698, что дало России гораздо больше практикующих женщин-врачей, чем в других европейских странах. Большинство выпускниц Бестужевских курсов стали учительницами. Профессия учителя все более феминизировалась: в 1880 году женщины составляли 20 % всех сельских учителей, а к 1894 году — почти 40 %. Многие женщины рассматривали свою работу не только как средство заработка, но и в более широком плане. Для некоторых это было средством улучшить положение женщин: «...во имя движения нашего вперед — можно примириться и не с такими неудобствами: можно не только ходить по грязи, но и валяться в ней», — заявляла Варвара Некрасова, выпускница Женских врачебных курсов, служившая на фронте во время Русско-турецкой войны 1877–1878 годов. В 1885 году А. Ф. Жегина, ставшая первой женщиной, принятой в штат госпиталя, признавалась подруге, что если ей и не удастся больше сделать ничего стоящего в жизни, то в старости ее немного утешит, что она бросила хотя бы один камень из тех, что начали заполнять огромную пропасть, отделяющую одну половину человечества от другой [Щепкина 1896:

---

[10] [Engel 2000].

103]. Другие поступали в соответствии с религиозными и филантропическими принципами, которые их матери и бабушки проводили в жизнь более традиционными способами. Например, женщины-учительницы в своих дневниках обычно писали, что пожертвовали комфортной жизнью и покинули друзей и семью ради того, чтобы учить крестьянских детей[11].

Жизнь этих женщин, посвятивших себя профессии, редко была легкой. Спрос на должности, особенно учительские, часто превышал предложение. Платили женщинам меньше, чем их коллегам-мужчинам, и нанимали зачастую на менее престижные должности. Многие трудились в отдаленных деревнях или в самых бедных городских кварталах. Екатерина Сланская, работавшая врачом в трущобах Санкт-Петербурга, принимала пациентов в крошечной квартирке, поскольку лучшей не могла себе позволить. Пациенты ждали в прихожей, на кухне, на лестнице. В те дни, когда Сланская выезжала на дом, она работала с восьми утра до глубокой ночи.

Как женщины, они сталкивались с предубеждением со стороны начальства, а в деревне — со стороны тех, кому стремились служить. Крестьяне считали женщину-учительницу «барышней» и полагали, что она не сможет справиться с воспитанием их детей. Они не доверяли ее знаниям и считали, что ей следует платить меньше, чем учителю-мужчине. В некоторых случаях крестьяне даже пытались выжить учительниц из деревни, делая их жизнь совершенно невыносимой[12]. Стойко преодолевая подобные обстоятельства, эти профессионалки посвящали свою жизнь служению народу.

Служение нового типа

Другие предпочитали служить иначе. Как и опасались правительственные чиновники, возможности получения образования в итоге привели небольшую часть курсисток в ряды противников

---

[11] См. [Ruane 1994: 33, 71].

[12] См. [Eklof 1986: 188–189].

социального и политического порядка. Одной из них была Вера Фигнер. Она родилась в 1852 году, старшей из шести детей в зажиточной дворянской семье, детство провела в провинциальной казанской глуши, а отрочество — в Смольном институте. После ее выпуска из института либеральный дядя привлек внимание племянницы к неравенству между ее привилегированным дворянским статусом и нищетой крестьян, и она решила посвятить свою жизнь трудам на их благо. Пример Надежды Сусловой побудил ее стать врачом. Поскольку в то время изучать медицину в России женщине было невозможно, она решилась ехать в Цюрих. Когда отец не дал ей разрешения, она приняла предложение Алексея Филиппова, молодого кандидата права, и убедила страстно влюбленного мужа сопровождать ее за границу. К учебе Фигнер приступила весной 1872 года, в возрасте 19 лет. В Цюрихе беседы с другими женщинами ее склада в конце концов убедили ее в том, что ее собственное привилегированное положение держится на эксплуатации народа, то есть российского крестьянства, и что все интеллигенты, при всех их самоотверженных трудах, тоже живут за счет этого народа[13]. Был лишь один способ сблизиться с народом — отказаться от своего привилегированного положения и жить среди простых людей. Когда до получения диплома оставался всего один семестр, Фигнер бросила медицинский институт, вернулась в Россию и стала участницей радикального движения, к которому еще раньше присоединились ее сокурсницы.

Сотни молодых женщин шли тем же путем. Прервав или забросив учебу, они объединялись с мужчинами, чтобы вместе с ними служить общему благу. Радикалы, которых называли народниками, были убеждены в том, что русские крестьяне — социалисты по натуре, в силу общинного землевладения и управления, и стремились посвятить себя народу. Они считали себя в долгу перед ним и хотели этот долг вернуть. Некоторые из них рассчитывали рано или поздно помочь разжечь крестьянскую социалистическую революцию. Очень немногие из них сами принадлежали к крестьянству. Большинство активисток, напро-

---

[13] См. [Engel 2000: 138].

тив, происходили из знатных семей — чиновничьих или иных привилегированных; практически все они получили высшее образование. Большинство пришло к работе на благо русского крестьянства в очень раннем возрасте (до 20 лет). Они присоединились к движению, которое строилось как сознательно эгалитарное и основывалось на принципах честности и взаимного товарищеского уважения.

В 1874 году женщины заодно с мужчинами «пошли в народ» в надежде преодолеть гигантскую социальную пропасть, отделявшую их от крестьянства. Некоторые выдавали себя за крестьянок или фабричных работниц. Прасковья Ивановская косила и вязала снопы вместе с деревенскими бабами, ела на завтрак ту же жидкую кашу и спала вместе с ними под открытым небом после трудового дня, длившегося от восхода до заката. Бета Каминская, единственная дочь зажиточного купца-еврея, работала на канатной фабрике. Она тоже жила так же, как и другие работницы, в душном, грязном общежитии, кишащем насекомыми, так же выходила на работу в четыре часа утра и заканчивала ее в восемь вечера, причем работать приходилось сидя на сыром грязном полу. Другие брали на себя несколько менее тяжелый труд: становились сельскими учительницами, акушерками и санитарками. Одной из таких была Вера Фигнер, устроившаяся фельдшерицей в земство.

Всюду этих юных идеалисток ждало разочарование. Измученные после долгого дня работницы оставались глухи к пропаганде социалистических идей, которые отскакивали от них как от стенки горох. Двух-трех месяцев на канатной фабрике оказалось более чем достаточно для Прасковьи Ивановской, которая нашла условия работы тяжелыми и угнетающими. Помимо всего прочего, эти женщины навлекали на себя подозрения. Очень скоро Вера Фигнер обнаружила, что против нее сплотился целый союз местных чиновников.

> Про меня распространяли всевозможные слухи: и то, что я беспаспортная, тогда как я жила по собственному виду, и то, что диплом у меня фальшивый, и пр. <...> Вокруг меня

образовалась полицейско-шпионская атмосфера: меня стали бояться. Крестьяне обходили задворками, чтоб прийти ко мне в дом... [Фигнер 1933].

В попытках распространять социалистическую пропаганду женщины редко соблюдали необходимую осторожность. Они высказывались открыто, носили при себе листовки, почти не пытались скрывать свои идеи и цели. Между тем разговоры о социализме или хотя бы намеки на несправедливость существующего строя были достаточным поводом для ареста. К концу 1870-х годов в тюрьмах сидели уже сотни женщин-народниц.

Следующему этапу радикального движения тоже положила начало женщина. В январе 1878 года Вера Засулич, член революционного кружка с юга России, при полном зале свидетелей выстрелила в генерал-губернатора Петербурга генерала Трепова. Дочь обедневшего дворянина, Засулич до этого уже получила четыре года каторги и ссылки за участие в печально известном Нечаевском деле конца 1860-х годов. На суде по делу о расстреле Трепова она объяснила: она поступила так потому, что Трепов приказал высечь политзаключенного за отказ снять шапку в присутствии губернатора. «Я ждала, не отзовется ли оно хоть чем-нибудь, — заявила она, — но все молчало, и ничто не мешало Трепову или кому другому, столь же сильному, опять и опять производить такие же расправы. <...> Тогда, не видя никаких других средств к этому делу, я решилась, хотя ценою собственной гибели, доказать, что нельзя быть уверенным в безнаказанности, так ругаясь над человеческой личностью». Суд присяжных, рассматривавший дело Засулич, оправдал ее, что полностью отбило у правительства охоту передавать политические дела в новые суды.

Революционное движение расходилось в вопросе о допустимости насилия в политических целях. Некоторые (в том числе и сама Засулич) придерживались мирной народнической программы и отвергали применение террора. Другие же прибегали к терроризму с кровавыми последствиями. Причины для этого были как политические, так и личные. Кто-то хотел отомстить за страдания своих товарищей в тюрьмах, кто-то надеялся заставить правительство признать гражданские свободы — такие, как свобода слова, печати и собраний. У многих не хватало терпения ждать перемен. «Я считала, что единственный выход из того положения, в котором мы находимся, заключается в насильственной деятельности», — пояснила на суде Вера Фигнер. Мишенью для террора были сам царь и видные государственные деятели. Удачному покушению на царя 1 марта 1881 года предшествовали пять неудачных, и каждая такая попытка стоила жизни невинным людям. Успешное покушение на царя Александра II возглавила женщина — Софья Перовская. Она стала первой русской женщиной, казненной за политическое преступление. Перовская утверждала, что не жалеет о содеянном: «Я жила так, как подсказывали мне мои убеждения; поступать же против них я была не в состоянии; поэтому со спокойной совестью ожидаю все, предстоящее мне», — писала она матери накануне своей казни через повешение[14].

На взгляд из нынешнего дня, так же, как и в глазах их современников, эти женщины выглядят поразительно самоотверженными. Они привносили в свою радикальную деятельность энтузиазм и пыл, часто отличавшие их от товарищей-мужчин. Ради исполнения своего долга перед народом эти женщины пренебрегали традиционными социальными ролями или полностью отказывались от них. Они не желали быть послушными дочерьми или покорными женами. Вместо этого они заключали фиктивные браки, чтобы вырваться из-под власти родителей, стремившихся ограничить их свободу, и уходили от мужей из-за разницы во взглядах, что в итоге и сделала Фигнер. Опасаясь беременности или эмоциональных перипетий, некоторые старались вообще избегать сексуальных связей. Таковы были настроения в женском кружке, к которому Фигнер присоединилась в Цюрихе. Когда женщины договорились о союзе с группой мужчин для подготовки к работе в России, женщины настаивали на включении целибата в устав своей организации. Мужчины отвергли это предложение.

---

[14] См. [там же: 199].

Софья Перовская, чей роман с ее товарищем Андреем Желябовым начался в последний год их террористической деятельности, всего за год до этого уверяла брата, что никогда не свяжет себя с мужчиной, пока продолжается борьба. «Для меня лично эта доля счастья совершенно невозможна, потому что, как бы сильно и глубоко я ни полюбила мужчину, все-таки всякий момент увлечения будет отравлен преступным сознанием, что в то же время дорогие и близкие мне друзья гибнут на эшафотах и в крепостях, да и народ страдает под гнетом деспотизма» [Перовский 1927]. Ни Перовская, ни Желябов не допускали, чтобы любовь стала помехой революционной работе. Те женщины, что вступали в половые отношения с мужчинами и рожали детей, обычно оставляли этих детей на чье-то попечение и возвращались в революционное движение. Ярко и образно сформулировала эту проблему Ольга Любатович, бывшая участница цюрихского кружка Фигнер: «Да, грешно революционерам заводить семью; как воины под градом пуль, они — мужчины и женщины — должны стоять одинокими, но в молодости как-то забываешь, что жизнь революционеров считается днями и часами, а не годами» [Любатович 1906: 131]. Порой этот женский самоотверженный аскетизм грозил дойти до абсурда: стоило, например, Софье Бардиной, тоже участнице кружка Фигнер, признаться в любви к клубнике со сливками, как другие члены группы сочли ее «буржуйкой». Однако в большинстве случаев женское самоотречение выглядело со стороны не смешным, а напротив, неотразимо привлекательным.

Женский аскетизм радикалок был глубоко укоренен в русской культуре. Хотя эти женщины чаще всего были атеистками, в своих рассуждениях они иногда ссылались на принципы, уходящие корнями в русскую православную религиозную веру, которая оставалась важным элементом их культуры. Примером может служить Вера Засулич. Бежав за границу после оправдания по делу Трепова, она стала одной из основоположниц русского марксизма. Позже, размышляя о своей жизни, она приписывала свой первый нравственный урок Евангелию и заявляла, что в революционное движение ее привели поиски «тернового венца».

Вера Фигнер тоже утверждала, что Евангелие повлияло на нее и ее соучениц. «Источник был в высшей степени авторитетный, самый авторитетный, какой мы знали; авторитетный не только потому, что с детства привыкли смотреть на Евангелие как на книгу святую, священную. Нет! Пленяла внутренняя, духовная красота учения, невольно влекущая». Именно из Евангелия она и ее подруги извлекли урок, что «самопожертвование есть высшее, к чему способен человек» [Фигнер 1929: 98].

Самоотверженность радикалок, их готовность к самопожертвованию вызывали большую симпатию товарищей, которые считали их моральным образцом и источником вдохновения. Один из типичных отзывов: «Мы видели в ней воплощение всего высокого, прекрасного, альтруистического и идейного, она была самоотверженной в великих и малых делах» [Эльцина-Зак 1924: 126]. Такое поведение завоевало им также симпатии образованной публики. «Они святые!» — восклицали зрители на политическом «Процессе пятидесяти» (1877 год), в котором фигурировало много женщин, отказавшихся от своих привилегий ради работы на фабриках. Эти черты были гендерно нейтральными — в том смысле, что могли воплощаться и в мужчинах. Но, судя по рассказам знавших их людей, мужчины стремились к этому идеалу далеко не так активно, как женщины.

Заключение

Эпоха реформ породила серьезные угрозы для гендерного уклада в среде российского дворянства. Подчинение женщин мужчинам и семье сделалось объектом резкой критики; прогрессивные взгляды побуждали женщин вкладывать свою энергию прежде всего в возрождение общества в целом. Женщины впервые получили доступ к высшему образованию. Для них открылись новые возможности трудоустройства, особенно в области медицины и преподавания. Впервые тысячи образованных женщин обрели экономическую независимость и возможность свободнее, чем раньше, строить свою жизнь. Сотни присоединились к радикальным движениям, стремившимся революционизировать социальный и политический порядок в России. Социальные границы растворялись, когда дочери мещан, духовенства, крестьян, солдат и купцов встречались с дочерьми дворян и сановников в лекционных залах и тюремных камерах.

И все же, несмотря на все эти перемены, кое-что оставалось постоянным. Восставая против ограничивающих их аспектов традиционной женской роли, женщины зачастую опирались на идеалы альтруизма и самопожертвования, уходящие корнями в религиозную традицию — точно так же, как жены-декабристки за полвека до них. Они стремились, как вспоминала Вера Фигнер, к «святой жизни» и самосовершенствованию. Эти идеалы представляли собой привлекательную альтернативу идеологии семейного счастья, принятой среди некоторых дворян, и позволяли женщинам участвовать в современной общественной жизни. Радикально настроенные женщины играли наиболее заметную роль, однако их моральные устремления и обоснования их действий были близки и мировоззрению их законопослушных сестер. Учительницы, так же как революционерки, часто стремились служить народу и так же отказывались от собственной сексуальности во имя педагогической миссии. Учительницы считали, что, воспитывая детей, они исполняют свою религиозную и семейную роль, хотя и вне семьи.

Самоотречение и альтруизм (служение нового типа) открыли женщинам доступ к жизни за пределами дома. Они же установили стандарт поведения, которого люди последующих поколений ожидали от женщин в общественной жизни и которому сами женщины часто стремились соответствовать.

Рекомендуемая литература

Тишкин Г. А. «Женский вопрос» в России в 50–60-е годы XIX в. Л.: Изд-во ЛГУ, 1984.

Первое в России полноформатное исследование «женского вопроса».

Хвощинская Н. Д. Пансионерка // Хвощинская Н. Д. Повести и рассказы. М.: Московский рабочий, 1984.

Женский взгляд на изменения, произошедшие к 1860-м годам.

Чернышевский Н. Г. Что делать? Из рассказов о новых людях. М.: Художественная литература, 1985.

Curtiss J. S. Russian Sisters of Mercy in the Crimea, 1854–55 // Slavic Review. 1966. Vol. 25. N 1. P. 84–100.

Engel B. A. Mothers and Daughters: Women of the Intelligentsia in Nineteenth Century Russia. Evanston, Ill.: Northwestern University Press, 2000.

Five Sisters: Women Against the Tsar / ed. Engel B. A., Rosenthal C. New York: Routledge, 1992.

Мемуары пяти женщин-революционерок 1870-х годов.

Johanson C. Women's Struggle for Higher Education in Russia. 1855–1900. Montreal: McGill University Press, 1987.

Важное исследование о кампании за женское образование.

Koblitz A. H. A Convergence of Lives. Sofia Kovalevskaia: Scientist, Writer, Revolutionary. Boston: Birkhauser, 1983.

Биография Софьи Ковалевской — первой в Европе женщины, получившей докторскую степень по математике.

Stites R. The Women's Liberation Movement in Russia: Feminism, Nihilism, and Bolshevism, 1860–1950. Princeton, N.J.: Princeton University Press, 1990.

Новаторское исследование.

Глава 5
Крестьянки и пролетарки

Прихожу я из крестьянской семьи, имеющей оседлость в летнее время в Тверской губернии Весьегонского уезда, Кисемской волости в деревне Можаево, а зимой в городе Красном Колму. Мне же было полных 15 лет, когда я, не сформировавшаяся еще женщина, отдана была моими родителями... замуж за 19-летнего крестьянина Дмитрия Федоровича Куликова, уже испорченного... Я долго ему сопротивлялась...[а] в конце концов должна была, скрепя сердце, подчиниться воле горячо любимых родителей... [РГИА. Ф. 1412, Оп. 221. Д. 204, Куликова, 1897].

Так начиналось прошение на пяти машинописных страницах, которое Евдокия Ивановна Куликова подала царю 11 июня 1897 года. В нем Куликова утверждала, что пережила практически все виды насилия, какие крестьянская семья могла уготовить женщине: брак против воли с пьющим и жестоким мужем, который ее «тиранил», плохо обращался с ней и изменял ей с другими женщинами; тесть-вдовец, который, очевидно, пытался соблазнить ее, пока муж был на военной службе. Бежав из деревни, Куликова стала зарабатывать на жизнь швеей в Санкт-Петербурге. В конце своего прошения она просила официально предоставить ей собственный вид на жительство, дающий возможность жить отдельно от мужа. К концу XIX века десятки тысяч крестьянок, воодушевившись новыми экономическими и культурными возможностями, вызывающими надежду разорвать связь с прежним укладом жизни, завалили государственные и местные власти подобными прошениями. Однако, сколь ни внушительны эти цифры, они составляют лишь ничтожную долю от более чем 80-миллионного крестьянства (около 86 % населения по переписи 1897 года), рассеянного на бескрайних просторах Европейской России. Ходатайства крестьянок об отдельном виде на жительство свидетельствовали о том, как много и как мало в то же время изменилось в их жизни.

Деревня после отмены крепостного права

Освобождение крепостных, начавшееся наконец в 1861 году, поразительно мало изменило в жизни большинства крестьянок. Ни условия освобождения, ни его ближайшие последствия не затронули давних патриархальных устоев деревенской жизни. Более того, в некоторых отношениях отмена крепостного права даже укрепила их, передав крестьянским институтам ту власть, которой раньше обладали дворяне. Крестьянская жизнь оставалась суровой борьбой за выживание, требующей неустанного тяжелого труда и дающей большинству крестьян лишь минимальные средства к существованию. В этой борьбе коллективное «мы» стояло выше индивидуального «я». Хотя в последующие десятилетия после отмены крепостного права долгосрочные экономические и культурные изменения, охватившие Россию, стали сказываться и на деревенской жизни, крестьяне принимали эти новшества избирательно и лишь в тех случаях, когда их преимущества были очевидны, а угрозы крестьянскому образу жизни минимальны или вовсе отсутствовали. Ни освобождение, ни последующие изменения не поколебали гендерной иерархии.

Мужчины-крестьяне сообща решали, в чем состоит благо всей общины. В результате освобождения собрание мужчин — глав домохозяйств (сход) приняло на себя ответственность за поддержание мира и порядка, а также вытекающую из этой ответственности власть. Сход же распоряжался и землей, которая была коллективной, а не частной собственностью. Сход, выделявший землю каждому двору, а также назначавший подати и выкупные обязательства, стал главным распорядителем деревенской жизни.

Обычно сход выделял землю по числу взрослых мужчин. Таким образом, земля и формальная власть в обществе, если не считать исключительных обстоятельств, оставались «мужскими атрибутами» [Glickman 1984: 27].

Женская власть, в противоположность мужской, была неформальной. Как и мужчины, женщины приобретали власть с возрастом. Большуха, жена главы семьи, руководила женщинами, стоявшими ниже в домашней иерархии, распределяла работу, следила за ее выполнением и наказывала тех, кто не справился. Слова большух имели вес в обществе, где залогом чести оставалась репутация, которую женские разговоры могли создать или разрушить. Старшие женщины, обладающие необходимыми навыками, были целительницами или акушерками (бабками) и принимали практически все роды в деревне. В отличие от крестьян-мужчин, которые занимались ремеслом, продавали в деревне плоды своего труда и получали оплату наличными (например, кузнецы и плотники), знахарки и повивальные бабки обычно брали вознаграждение натурой: буханку хлеба, несколько яиц, отрез ткани. Тем не менее бабки занимали в деревенском обществе почетное место[1].

То, что положение женщин в общине могло открывать им определенные возможности, ясно видно из тех случаев, когда женщины защищали свою общину от внешних угроз. Возьмем, к примеру, поведение женщин деревни Архангельской Вятской губернии. В октябре 1890 года вся деревня поднялась против полиции, чтобы не дать ей провести инвентаризацию и конфискацию движимого имущества сельчан, не уплативших податей. Женщины оказались в числе самых ярых бунтовщиков. Одна из них облила полицейского грязью, а другому грозила палкой; еще одна женщина ударила полицейского. Две женщины толкали полицейского в грудь, третья сорвала еще у одного шарф с шеи, а толпа крестьян, окружившая незваных гостей, называла их ворами и разбойниками. Полиция была вынуждена поспешно, хотя и временно, отступить. Размахивая мотыгами и вилами,

---

[1] См. [Glickman 1991: 156–157].

Рис. 7. Заготовка сена. Предоставлено библиотекой Конгресса США

женщины бросались на полицейских, пытавшихся конфисковать деревенское имущество. Активно проявляли себя женщины и в других подобных случаях. Они преграждали дорогу своими телами, чтобы воспрепятствовать обследованию спорных земель. Женщины с топорами в руках присоединялись к мужчинам, вырубавшим деревья в помещичьих лесах. В первые десятилетия после отмены крепостного права женщины часто играли заметную роль в защите семьи и общины[2].

---

[2] См. [Engel 1994б: 41–45].

Однако защитить самих себя или утвердить себя как личность большинству женщин было труднее, и, насколько можно судить, мало кто из них предпринимал такие попытки. Необходимость коллективного выживания обуславливала выбор женщин, определяла их жизнь и жизненные циклы. Пока семья составляла основную производственную единицу, брак (в том числе повторный) оставался экономической необходимостью и ожидаемым образом жизни. Молодежь пользовалась уже несколько большей свободой в выборе супругов, чем во времена крепостного права: ухаживание превращалось в увлекательную игру, а в некоторых деревнях юноши и девушки даже сходились в пары и проводили ночь вместе — нечто вроде практики бандлинга, широко распространенной в колониальной Америке. Окончательное решение, однако, оставалось за родителями, которые превыше всего ставили интересы своей семьи. Возьмем случай Евдокии Куликовой, чьи обедневшие родители-крестьяне, желая обеспечить ее финансовое благополучие, а возможно, и свое собственное, устроили брак дочери с Дмитрием, отпрыском зажиточного семейства. Выбор невесты для Дмитрия затрудняла дурная репутация, которую он уже успел приобрести в деревне. Родители надеялись, что женитьба на порядочной и трудолюбивой девушке заставит его остепениться, а семья к тому же получит дополнительную работницу. Почти поголовные, ранние и патрилокальные браки по-прежнему оставались нормой. Большинство женщин выходило замуж до 22 лет; к 50 годам только 4 % крестьянских женщин оставались незамужними[3]. Некоторые из этих старых дев отказывались выходить замуж по религиозным соображениям — одна из немногих причин, к которым сельские жители относились с уважением. Эти женщины, называемые в народе черничками (из-за темной одежды, которую они обычно носили), жили одни в избах на окраине села. Соблюдая обет безбрачия и проводя жизнь в молитве, они зарабатывали свое скудное пропитание прядением, ткачеством, сдачей жилья внаем посуточно или приготовлением умерших

---

3   См. [Worobec 1991: 124–128].

к погребению и чтением над ними Псалтири. Они, как и овдовевшие женщины — главы домохозяйств, пользовались уникальной свободой от мужской власти.

Однако большинство всю жизнь оставалось в прямом подчинении мужской воле. Считая женщин потенциальными своевольницами и разрушительницами, крестьяне были убеждены, что женщина нуждается в мужском контроле. Обычай предоставлял мужу право «учить» жену, при необходимости силой, если та согрешит или проявит непослушание. «Чем больше жену бьешь, тем щи вкуснее», — гласила народная поговорка. Непристойное или развратное поведение женщины грозило запятнать честь семьи; сварливые или вечно недовольные жены могли нанести ущерб ее финансовому благополучию. Если многопоколенные семьи разделялись раньше положенного, крестьяне обычно приписывали это бабьим сварам или стремлению молодой жены выйти из-под власти свекров. Когда семейное благополучие и интересы женщины вступали в противоречие, деревенские власти почти всегда оказывались на стороне семьи.

Такая расстановка приоритетов видна из постановлений волостных судов, введенных правительством в 1864 году для разрешения споров между крестьянами на основе общего права. В отличие от судов, учрежденных судебной реформой 1864 года, где председательствовали образованные мужчины, в волостных судах судьями выступали сами крестьяне. В отношении прав женщин в браке крестьянские и официальные суды зачастую выносили очень разные решения. Историки обнаружили, что в течение первых десятилетий после своего создания пореформенные суды часто выносили решения, расширявшие права женщин. Еврейским женщинам они помогали отстоять их права на алименты и имущество, в которых им до тех пор было отказано, и тем самым делали развод более дорогим и сложным предприятием для мужчин. Защищали эти суды и права крестьянок. Ближе к концу XIX века Государственный Сенат, исполнявший по сути функции Верховного суда, стал выносить постановления, позволявшие расширить перечень оснований, по которым крестьянки могли уйти от жестокого или нерадивого мужа.

Это давало судам, как обычным, так и крестьянским, дополнительные возможности удовлетворять подобные женские ходатайства.

Противоположность этим тенденциям представляли собой решения волостных судов, куда чаще всего обращались крестьянки. Правда, крестьянские женщины и тут добивались значительных успехов, когда стремились защитить свои права собственности от чьих-то посягательств. Однако гораздо менее успешными были их попытки оградить себя от физического насилия со стороны мужа. Во многих делах об избиении жен, которые рассматривались волостными судами, речь шла о поистине чудовищном обращении: муж привязывал жену к телеге вместе с лошадьми, бил ее кнутом и заставлял бежать всю дорогу обратно в деревню; муж безжалостно избивал жену железным инструментом и прочее. Однако даже в тех случаях, когда женщина могла представить доказательства ужасающей жестокости, приведя необходимых свидетелей, суд чаще всего наказывал мужа отсидкой в карцере, штрафом или поркой. После этого жену обязывали вернуться в его дом и призывали мужа впредь обращаться с ней должным образом. Изредка волостной суд или деревенский старейшина могли удовлетворить просьбу женщины и дать ей разрешение жить отдельно; в таких случаях от нее обычно требовали выплатить определенную сумму денег (оброк), которая позволила бы семье мужа нанять на ее место работницу[4]. Выживание семьи оставалось для общины наивысшим приоритетом.

Даже благополучие младенцев стояло на втором месте. Вследствие этого процент младенческой смертности у русских крестьян был необычно высок, даже по сравнению с их соседями — мусульманами-татарами, отчасти потому, что русские матери, в отличие от татарских, не были избавлены от полевых работ даже на то время, пока кормили детей грудью. Летом, уходя на работу в поле, русские женщины обычно оставляли своих младенцев дома, на попечение стариков или маленьких детей, чтобы те, когда малыш проголодается, накормили его соской (заверну-

---

4 См., однако, [Farnsworth 1986: 49–64].

тым в тряпку пережеванным хлебом или зерном), которая быстро протухала в жаркую погоду. В результате желудочные болезни уносили «поразительное количество» деревенских детей[5]. В период с 1887 по 1896 год детская смертность в европейской части России составляла 432 случая на 1000 живорождений. Однако, когда врачи в конце XIX века попытались улучшить эти условия, они столкнулись с сопротивлением крестьянок. С помощью научных брошюр, ориентированных на крестьянскую аудиторию, врачи проводили кампанию в том числе против широкого использования соски и родовспоможения с помощью «отсталой» деревенской повитухи. Однако эта кампания потерпела крах, столкнувшись с взаимозависимостью и поддержкой среди крестьянских женщин: эта поддержка каким-то образом уживалась с конфликтами, иногда разрывавшими семью. Молодая женщина, когда ей приходило время рожать, обычно обращалась за помощью и советом к старшим женщинам своей семьи. Когда советы специалистов-медиков приходили в противоречие с методами женской родни, матери отвергали мнение специалистов. В результате врачи, пытавшиеся изменить укоренившуюся практику, потерпели поражение в этой борьбе.

Вторжение внешнего мира

И все же в первые десятилетия после отмены крепостного права замкнутость крестьянской жизни стала постепенно давать трещину. Работа по распространению народной грамотности принесла в деревню внешние культурные влияния; растущая денежная экономика отражалась на сфере потребления и характере труда. Однако крестьяне приспосабливались к этим изменениям осторожно и избирательно, и касались они в гораздо большей степени мужчин, чем женщин.

Хороший пример — образование. После отмены крепостного права количество школ в деревне неуклонно росло. С 1856 по

---

[5] См. [Ransel 1991: 115–119].

1896 год количество начальных школ выросло с 8227 до 87 080, а количество учеников — приблизительно с 450 000 до 3,8 миллиона, что составляло 3,02 % населения. Однако, хотя доля учениц тоже выросла с 8,2 до 21,3 %, девочки все же оставались в явном меньшинстве. Признавая грамотность необходимой для будущего сыновей, давать образование дочери большинство родителей-крестьян считали блажью. «К чему девку учить читать и писать? — рассуждали они. — Солдатом ей не быть, в лавке не торговать, а книжки читать крестьянкам некогда, это дело господское». «Посылать ее в школу — только деньги тратить, а если дома оставить, она будет зарабатывать». Крестьяне считали, что девочке достаточно приобрести традиционные навыки — например, умение ткать и вязать. Результаты такого подхода отражались в показателях грамотности. В конце XIX века читать и писать по минимальным нормам царских переписчиков умело менее 10 % крестьянок — при более четверти грамотных крестьян-мужчин. Однако даже такой низкий уровень грамотности представлял собой прогресс по сравнению с прежними временами, и в младших возрастных группах эти показатели росли. Нежелание крестьян отправлять дочерей в школу преодолевалось медленно. К 1911 году, когда количество учащихся начальных школ достигло более 6,6 миллиона (4,04 % населения), доля девочек составляла немногим менее трети[6].

Распространение денежной экономики после отмены крепостного права тоже повлияло на людей по-разному в зависимости от пола. Для женщин оно означало прежде всего перемены в сфере потребления: они стали носить яркие шерстяные или шелковые платья, дорогие шали, пояса и кожаную обувь, а в особых случаях даже шляпы. Фабричная одежда и городская мода все явственнее становились маркером престижа в деревне. Девушки, вошедшие в брачный возраст, иногда устраивались на сезонную летнюю работу, чтобы позволить себе одеться по-городскому. Но изначально чаще всего участвовали в рыночной деятельности, как организованной, так и индивидуальной,

[6] См. [Brooks 1985: 13]; [Eklof 1986: 279, 310–313].

не женщины, а мужчины. Крестьяне испытывали растущую потребность в деньгах — для уплаты податей и выкупа земли, а также для покупки товаров массового спроса: керосина, гвоздей, чая, сахара или одежды для дочерей. Все больше крестьян в дополнение к сельскому хозяйству или вместо него занимались другими промыслами, особенно в прилегающих к Москве областях — так называемом центральном промышленном регионе. Некоторые мужчины работали дома, в своих избах, но все чаще уезжали, оставляя землю на жену. Муж приезжал по большим праздникам или в неприбыльный сезон и часть своего заработка отсылал домой. Поскольку женам в отсутствие мужей приходилось иметь дело с местными властями и вести переписку с мужьями по домашним делам, грамотность приобрела важное значение. В тех районах, где миграция мужчин была частым явлением, уровень грамотности женщин был заметно выше среднего. Но такие женщины взаимодействовали с рынком в основном через посредство мужчин. «Любезный мой супруг... ты спрашиваешь о нужде; нужды у меня нет и денег нет. Если надумаешь ехать в деревню, то вези денег на расход, а если останешься зимовать в Питере, то побольше пришли денег, да гостинцев, о которых я тебе писала раньше, чтобы нам не так скучно было... Милый мой супруг... привези с собой чаю», — писала жена мужу-переселенцу в 1880-х годах [Engel 1994a: 42].

В некоторых отношениях отсутствие мужчин осложняло жизнь женщин. Если жена осталась в доме свекров, конфликтные отношения могли обостриться, как это произошло в семье Куликовых. Если жена жила отдельно, на ее плечи целиком ложилось бремя сельскохозяйственных работ и домашних обязанностей. Помимо привычной работы в поле и по дому, ей приходилось выполнять и работу мужа, в том числе пахать, что было очень тяжело физически. Но с другой стороны, в чем-то жизнь женщины могла и улучшиться. В тех селах, где значительная часть мужчин не жила дома, избиения жен стали реже и более жестко осуждались односельчанами. Как и в казачьих станицах Донской области, где в отсутствие мужчин, несущих воинские обязанности, женщины оставались на хозяйстве, зависимость мужчинкрестьян от женского труда давала женщинам необычайную степень независимости[7]. Некоторые даже брали деревенские дела в свои руки. В тех деревнях, где значительное число мужчин — глав семей уходило на заработки, их жены могли участвовать в решениях схода — института, как правило, исключительно мужского. Как писал один сельский корреспондент, женское право голоса было и необходимо, поскольку мужчины отсутствовали, и справедливо, поскольку вся работа лежала на женщинах [там же: 54]. Если семья не могла обойтись без женского заработка, женщины поначалу старались найти работу поближе к дому.

Многие из тех ремесел, которыми женщины занимались у себя в избе — например, изготовление домотканого льняного и конопляного полотна на продажу, выкармливание детей из воспитательных домов в Москве или Санкт-Петербурге и уход за ними, — были продолжением той работы, которую они выполняли испокон веков. Работа в крестьянском хозяйстве теперь, когда результаты ее шли на продажу, придавала женскому крестьянскому труду новое значение. Десятилетия, последовавшие за отменой крепостного права, ознаменовались быстрым ростом числа женщин и девочек, работавших по найму подобным образом — некоторые начинали с шести лет. Безвыездно жившие в деревне крестьянки представляли собой безграничный резерв дешевой рабочей силы. Сидя в избе, они наматывали хлопчатобумажную нить на катушки для фабрики или шили лайковые перчатки, или скручивали трубки для папирос из материалов заказчика, который платил им за работу, а потом продавал готовую продукцию. Даже независимые мастерицы, например кружевницы и вязальщицы, часто зависели от посредников, когда речь шла о сбыте товаров.

Во многих отношениях эти женщины получали все худшее из обоих миров. Промежуточное положение между домохозяйством и рынком делало их уязвимыми для эксплуатации со стороны посредников или, гораздо реже, посредниц (часто вдов), которые пользовались неспособностью других женщин уйти из дома

---

7 См. [O'Rourke 2000: 161].

в поисках лучшей доли. Статус женщин в доме их скромный финансовый вклад в семейное благосостояние тоже не повышал сколько-нибудь заметно[8]. Связанные с рынком, поскольку их деятельность приносила доход, они тем не менее работали в рамках традиционного патриархального хозяйства. Часто в подобном же положении оказывались даже те десятки тысяч крестьянок, которые работали на близлежащих фабриках. Почти две трети российской промышленности, бо́льшая часть которой относилась к текстильному производству, располагались в деревнях или поблизости от них. Во Владимиро-Костромском текстильном регионе к северо-востоку от Москвы женщины к концу XIX века составляли более 40 % сельской промышленной рабочей силы. Однако трудовой цикл большинства крестьянок по-прежнему определялся семейными нуждами. Женщины работали на фабрике, пока были молоды и одиноки, и увольнялись после замужества или после родов, если только в доме не было пожилых женщин, которые могли бы взять на себя воспитание детей. Часть своего жалованья женщины неизменно отдавали главе семьи. Пока женщины жили в деревне или около, их жизнью руководили все те же патриархальные устои. Подавляющее большинство крестьянок никогда не отваживалось отлучаться далеко от дома.

Однако растущее меньшинство крестьянских женщин все же уезжало искать счастья в других местах. Многие из них действительно нуждались в деньгах — либо для себя, либо, чаще, чтобы помочь оставшимся дома родным. Зарабатывать деньги в деревне становилось все труднее. Товары, которые женщины когда-то изготавливали вручную, стали производить на фабриках, вследствие чего они упали в цене, так что теперь на них можно было заработать сущие гроши. Незамужним пожилым женщинам и вдовам уехать было относительно легко, поскольку они были самыми маргинальными членами деревни. Для девушки на выданье или замужней женщины препятствий было гораздо больше. Женское целомудрие оставалось важным для чести семьи. Освободившись от патриархального контроля деревенско-

---

8   См. [Glickman 1984: 34–52].

го уклада и пристального надзора односельчан, женщина могла поддаться сексуальному искушению, могла «невольно» пасть[9]. Замужние женщины должны были получить разрешение мужа на отъезд, а если у них были дети, обычно оставляли их на чье-то попечение.

В большинстве случаев женщины уезжали не одни. Женщины из одной деревни или района могли объединяться в артели и вместе ездить работать на чужих полях, рубить торф на подмосковных болотах, делать кирпичи, собирать табак или выполнять множество других низкооплачиваемых и изнурительно тяжелых работ. Женщины, работавшие круглый год, чаще всего нанимались домашней прислугой, как это сделала Евдокия Куликова, впервые уйдя от мужа. Как и большинство женщин-мигранток, Куликова сначала поехала туда, где у нее были знакомые, — в Красный Холм. Затем перебралась в более крупный город, что тоже было распространенным явлением. К началу XX века женщины составляли значительное меньшинство переселенцев из крестьян как в Санкт-Петербурге, так и в Москве. Однако, в отличие от Куликовой, бо́льшая часть женщин-мигранток проводили в городе несколько лет, а затем, накопив денег на приданое, возвращались в деревню, чтобы выйти замуж и осесть там.

В городе

Переезд из деревни в город иногда резко менял жизнь женщин-мигранток, хотя к переменам ради перемен стремились очень немногие. Историки расходятся во мнениях относительно того, как влияла на женщин миграция и наемный труд. Крестьянки обыкновенно уходили из дома, чтобы прокормиться, заработать на приданое и по возможности внести свой вклад в содержание семьи. Женщинами, с которыми встретилась на одесской канатной фабрике в конце 1870-х годов Прасковья Ивановская, двигала экономическая необходимость: им некуда

[9] См. [Engel 1994a: 65].

Рис. 8. Место найма женщин на работу, Санкт-Петербург.
Предоставлено библиотекой Конгресса США

было идти, разве что на улицу. По заключению Ивановской, на фабрику их привела жесточайшая беда и нужда[10]. Получая жалованье, крестьянки, в том числе и Куликова, часть его отсылали родителям или свекрам.

Большинству работниц приходилось жить и работать в деморализующих условиях. Доля женщин в растущей фабричной рабочей силе выросла примерно с одной пятой в 1885 году до одной трети к 1914 году. До 1897 года, когда фабричное законодательство предписывало рабочий день в 11,5 часа, работницы часто трудились по 14 и более часов в день, шесть дней в неделю. Жили они в фабричных общежитиях, где теснились по несколько десятков человек в одной большой комнате, или снимали угол, куда можно было кое-как втиснуть кровать. О собственной комнате фабричные работницы могли только мечтать: при их скудном заработке это была непозволительная роскошь. Условия труда и быта домашней прислуги были еще суровее. В переполненных городских квартирах ей зачастую не могли выделить

---

[10] См. [Engel, Rosenthal 1992: 104].

даже скромного уголка, как таким же служанкам на Западе. Вместо этого приходилось ночевать за ширмой в коридоре или на кухне, или даже подле хозяйской кровати. Заработок служанки был скудным, положение часто ненадежным, работа нескончаемой. Многие практически не видели жизни за пределами хозяйского дома. Правда ли, что работницы на производстве были изолированы и угнетены, а оплата их труда была столь низка, что не давала им доступа к развлечениям, которыми пользовались их коллеги-мужчины, как утверждала Роуз Гликман?[11] Были ли служанки просто «белыми рабынями», выполняющими самую унизительную и неприятную женскую работу, легкой добычей для сексуальной эксплуатации? Или миграция все же открывала женщинам новый путь к независимости и свободе от патриархального контроля?

Можно привести доказательства в пользу обеих сторон в этом споре. Жизнь трудящихся женщин, особенно в первые годы после отмены крепостного права, была действительно мрачной, о чем, к своему ужасу, узнавали революционерки, пытавшиеся организовать фабричных работниц. Женщины, работавшие бок о бок с Прасковьей Ивановской, все перерывы среди рабочего дня спали, свернувшись калачиком на грязных мотках веревок, там же, где и работали, дыша воздухом, густым от смолы и мыла. О своих сослуживицах Ивановская писала, что только женщины в отчаянном положении могли мириться с постоянной грубостью, пренебрежительным отношением мужчин, щипками и обысками на выходе с фабрики[12]. Уровень грамотности среди работниц был ниже мужского, и получали они лишь часть жалованья, положенного мужчинам. Зарабатывая едва на пропитание, они, судя по всему, выживали на одном хлебе с огурцами. При этом их пол лишал их многих доступных мужчинам возможностей общаться и обмениваться идеями. Мужское общение проходило под выпивку, в кабаках, закусочных и пивных, то есть в сугубо мужских заведениях. Оказавшаяся там женщина рисковала бы прослыть

---

[11] См. [Glickman 1984: 80–81, 105–132].

[12] См. [Engel, Rosenthal 1992].

проституткой. Домашняя прислуга была еще более изолирована и уязвима, чем фабричные работницы. Возможно, именно поэтому доля служанок была непропорционально высока среди женщин, бросавших своих незаконнорожденных детей в приютах для подкидышей.

Женщины-мигрантки сталкивались и с мужской мизогинией, отчасти похожей на деревенскую, но, пожалуй, еще более жесткой в силу относительной свободы женщин от патриархального контроля и изменившегося статуса мужчин-мигрантов. Живя и работая отдельно от женщин, мужчины уже не могли черпать сознание собственной мужественности в своей роли патриарха в семье. Взамен, всеми силами пытаясь компенсировать свою беспомощность на капиталистическом производстве, они формировали предельно маскулинизированную культуру. Брань, сальные анекдоты и похвальба сексуальными достижениями были для рабочего способами выпустить пар и показать, что он «свой парень» [Smith 2002: 99]. Когда работы было мало, типографские рабочие собирались у окна и оценивали ноги проходящих мимо женщин. В рассказах о сексуальных похождениях обо всем говорилось открыто, бесстыдно, в мельчайших подробностях[13]. Исключение женщин составляло важный компонент этой рабочей культуры, что делало совместный труд в цеху неприятным и даже опасным для женщин. Рабочие-мужчины иногда преследовали своих коллег-женщин сексуальными домогательствами или обращались с ними как с проститутками. Работницы жаловались, что слышат одни оскорбления и непристойные предложения[14]. Мужчины, пришедшие к политической и социальной «сознательности», избегали такого поведения и старались строить братское сообщество. Однако у некоторых из них женоненавистничество обрело новую грань: работница считалась «отсталой», существом низшего порядка, элементом крестьянской среды и препятствием для мужского развития. Мужчины, избравшие путь революции, зачастую рассматривали отрицатель-

---

[13] [Steinburg 1992: 78].

[14] [Glickman 1984: 205].

ное отношение к семье, браку и даже в целом к женщине как необходимость[15].

И все же в городах перед крестьянками открывались определенные возможности. Получая на руки собственное жалованье, женщины могли расширить свой кругозор и изменить свою судьбу так, как в деревне и помыслить было нельзя. Евдокия Куликова была одной из тех, кто воспользовался такими возможностями, чему способствовало ее умение читать и писать. Проработав несколько лет прислугой, она записалась на портновские курсы, где освоила ремесло пошива женской одежды, мужского и женского белья и стала работать квалифицированной швеей. Другие женщины тоже, по словам ткачихи Таисы Словачевской, «почувствовали под ногами почву самостоятельности». Стремясь внешне подражать высшему социальному кругу, работницы тратили свое жалованье на одежду городского покроя. Они экономили на еде, чтобы позволить себе пару ботинок или красивое платье, за которое платили швее, чтобы она скопировала его с витрины или из журнала. Другие, как Куликова, шили себе одежду сами. Вернувшись в деревню к мужу за новым паспортом при часах и в модном платье, Куликова произвела на односельчан впечатление настоящей барыни [там же]. В свободное время работницам хотелось развлечься. На городских ярмарках и в летних садах можно было найти недорогие увеселения. Женщины охотно участвовали в спектаклях самодеятельных рабочих театров, распространившихся на рубеже веков, и это увлечение не стоило им ни копейки. Некоторые работницы бывали и в профессиональном театре: недорогие билеты туда распространял Народный дом — организация, созданная, чтобы нести просвещение в массы. Гораздо чаще ходили в кино, которое стало более доступным в годы перед началом Первой мировой войны. Давая работницам возможность одеваться и развлекаться так, как это было свойственно женщинам других классов, городская жизнь размывала социальные границы, и социальные различия начинали казаться не столь существенными.

---

[15] [Engel 1994a: 137].

Опыт городской жизни мог также вызывать у женщин неудовлетворенность теми условиями жизни, которые они когда-то воспринимали как сами собой разумеющиеся. Молодые крестьянки, отправленные в провинциальные города учиться на квалифицированных акушерок, отказались вернуться в деревню после окончания учебы. Вместо этого они сдали экзамены, подтвердив свою готовность к городской врачебной практике, и тут же перебрались в город. Некоторые женщины-мигрантки отвыкли от полевых работ и пристрастились к городским удобствам. После жизни в городе социальные различия начинали казаться более обременительными и несправедливыми. Близость к более обеспеченным людям, осознание новых возможностей заставляли работающих женщин ожидать от жизни большего, но не давали финансовых средств для удовлетворения этих ожиданий и не меняли фабричных обычаев, оскорбляющих и принижающих женщин. Растущие ожидания способствовали бунтарским настроениям.

Работающие женщины обрели чувство собственного достоинства и начали чаще давать отпор насилию и оскорблениям. Хотя в подпольных рабочих кружках, в стачечных комитетах и рабочих организациях, которые оставались нелегальными до 1905 года, женщины играли незначительную роль, в 1890-х годах несколько женщин из рабочего класса пытались организовать свои кружки. Одной из таких женщин была Вера Карелина, родившаяся в 1870 году и брошенная в приюте вскоре после рождения. После смерти приемной матери-крестьянки Карелина устроилась на работу в больницу, а затем на хлопкопрядильную фабрику. В рабочем кружке она читала революционную литературу — по ночам, после 14–16-часового рабочего дня, и по воскресеньям. Еще одна активистка, Анна Болдырева, крестьянка из Тверской губернии, родилась в том же году, что и Карелина, и начала свой трудовой путь в девятилетнем возрасте. Ткачиха Павловской суконной фабрики в Петербурге, в середине 1880-х она стала посещать воскресную школу для рабочих и была вовлечена в рабочий кружок подпольщиков. В начале 1890-х две женщины совместно организовали небольшой кружок работниц, которые вместе читали и обсуждали социалистическую литературу. Их образ жизни вписывался в обычаи радикальной интеллигенции 1870-х годов. Живя совместно с мужчинами из рабочего класса, они делили жалованье, готовку и работу по дому. Традиционные половые роли заменялись равноправием и товариществом. По словам Карелиной, между ними не было ни глупых шуток, ни кокетства, а лишь чистые отношения[16].

Каков бы ни был опыт каждой конкретной женщины и характер ее отношений с мужчинами, многих их современников-мужчин, в том числе царских чиновников, возмущали прежде всего не ограничения женской свободы, а сама эта свобода как таковая. Наиболее заметным и тревожным знаком женского своеволия служил рост проституции. Подозревая всех женщин низшего сословия в том, что они «промышляют развратом», государство пыталось заменить отсутствующих мужей и отцов собственной патриархальной властью. Женщины из низших классов, стекавшиеся в российские города во второй половине века, почувствовали на себе всю тяжесть законов, регулирующих проституцию, которые еще ужесточились после отмены крепостного права. Расплывчатое определение проститутки как женщины, «промышляющей развратом», означало, что женщины, занимавшиеся этим «промыслом» от случая к случаю, периодически, а то и вовсе не занимавшиеся, рисковали оказаться в полиции и попасть на учет в качестве «профессиональных» проституток. Зарегистрированная проститутка должна была сдать свой внутренний паспорт в обмен на «желтый билет», который недвусмысленно определял ее профессию и означал, что она подлежит полицейскому надзору и еженедельным медицинским осмотрам на предмет сифилитической инфекции.

Система регулирования серьезно ограничивала автономию и свободу передвижения женщин из низших слоев общества. Чтобы пресечь подпольный «промысел развратом», специальные полицейские агенты призывали дворников и квартирных хозяек следить за одинокими женщинами, подозреваемыми в проституции. Простые граждане писали письма во врачебную полицию,

---

[16] См. [Glickman 1984].

анонимно обвиняя женщин в проституции. В одном из таких анонимных писем, написанном, как и большинство подобных, мужчиной из низшего сословия, занимавшегося сексом с женщиной, на которую донес, говорится, что такие женщины распространяют болезни, а потому нужно выдать им желтый билет, чтобы все знали, кто они такие[17]. Особенно вероятными жертвами такой принудительной регистрации были незамужние женщины, временно оставшиеся без работы. Женщинам, зарегистрированным в качестве проституток, было трудно уйти из этой профессии: этот процесс был длительным и обременительным. Одним из самых простых способов вырваться были отношения с мужчиной, что поощряло женскую зависимость от мужчин.

Период ухаживания и семейная жизнь

Женщины-мигрантки принесли с собой в город множество свойственных крестьянкам ожиданий, в том числе ожидание замужества. Экономика прибавляла к этому и практическую сторону. К примеру, Куликова, талантливая швея, зарабатывала около 25–30 рублей в месяц — примерно вдвое больше, чем в среднем другие женщины в портновском деле. Большинство женщин едва сводили концы с концами. В любой профессии мужчины зарабатывали гораздо больше. Доступ к мужскому заработку означал такой уровень комфорта и материального благополучия, какого в большинстве случаев женщины не могли достичь самостоятельно, и это становилось важным дополнением к возможному эмоциональному удовлетворению. Помимо этого, брак был социальной страховкой в обществе, где не существовало систематического обеспечения по случаю болезни или старости. Некоторые женщины лелеяли романтические устремления — возможно, потому что образы романтической любви сопровождали многие новые городские увеселения. «Я хотела выйти замуж по любви», — вспоминала Таиса Словачевская

---

[17] См. [Engel 1994a: 190].

[Словачевская, Удаленкова-Крицына 1921]. Другие просто искали убежища от житейских тягот. Но ухаживание, до мелочей ритуализированное в сельской местности, могло оказаться проблемой в городских условиях.

Городская жизнь сама по себе была нелегкой для семей. По стоимости жилья Москва и Санкт-Петербург оставались одними из самых дорогих городов Европы. Большинство мужчин были просто не в состоянии заработать достаточно, чтобы прокормить жену, не говоря уже о том, чтобы растить детей в большом городе, а их отношение к женщинам иногда делало ситуацию еще хуже. Ставя женщин ниже себя, некоторые мужчины склонны были рассматривать отношения с ними как состязание, в котором мужчина должен по возможности взять свое. Как писал Максим Горький — «Для живого мужика баба — забава, но забава опасная, с бабой всегда надо хитрить, а то она одолеет и запутает всю жизнь» [Горький 1927]. Поскольку в городе женщинам-мигранткам часто не хватало поддержки семьи или общины, которая могла бы гарантировать благородные намерения мужчины, в отношениях между полами мужчины зачастую брали верх. Точно так же, как успешные ухаживания отражаются в количестве браков, неудачные можно количественно оценить, хотя и грубо, взглянув на процент незаконнорожденных детей в городах. В рабочих районах Москвы и Санкт-Петербурга в конце XIX и начале XX века женщин, родивших вне брака, было обычно больше, чем вышедших замуж.

Мужчины, перебравшиеся на заработки в Москву и Санкт-Петербург, чаще всего женились на деревенских женщинах и оставляли их дома с семьей. Таким образом, они оставались «сердцем в деревне», и такое положение было предпочтительным для их родителей-крестьян. В конце XIX века около 95 % женатых рабочих в столичных городах жили отдельно от жен и детей. Хотя деньги, которые муж зарабатывал на стороне, помогали поддерживать жизнеспособность крестьянского хозяйства, и у мужчины был дом, куда можно было вернуться в трудные времена, все же длительные разлуки были тяжелым испытанием для обоих партнеров. Эмоциональные связи между деревенской женой и мужем-мигрантом могли его не выдержать.

Городская семейная жизнь

Совместная супружеская жизнь в городе часто складывалась немногим лучше. К концу XIX века семьи низшего сословия стали более распространенным явлением в крупных городах России. Почти всегда замужняя женщина продолжала зарабатывать сама: расходы были слишком велики, а заработки большинства мужчин слишком малы, чтобы устроить жизнь как-то иначе. Кроме того, крестьяне традиционно ожидали, что женщина будет работать и вносить свой вклад в семейный бюджет — иначе какой смысл вообще жениться? Однако замужней женщине, продолжающей работать, строить совместную жизнь с мужем бывало нелегко. Некоторые женщины работали в качестве домашней прислуги — как, например, Ольга Митрофанова, которая вместе с мужем Павлом покинула свою деревню в Новгородской губернии в 1901 году, поскольку там больше невозможно было заработать на жизнь. Павел устроился сторожем в одном районе города, Ольга работала в семье в другом. Виделись они по выходным. Не легче складывалась семейная жизнь и у фабричных работниц. Домна Максимова, крестьянка из Рязани, проработала шесть лет, а затем, в 1887 году, в возрасте 21 года, вышла замуж за рабочего с другой московской фабрики. После свадьбы супруги по-прежнему жили раздельно — до пасхальных каникул, когда они уезжали в родную деревню мужа, чтобы провести там какое-то время вместе. Даже тем супругам, что работали на одной фабрике, иногда далеко не сразу удавалось поселиться вместе. До тех пор женщина ночевала в женском общежитии, ее муж — в мужском, и вся их «супружеская жизнь» состояла из случайных краденых ночей под его койкой, за задернутой занавеской, обеспечивающей хоть какое-то уединение[18]. Дороговизна жилья, отсутствие дешевого и доступного транспорта и работа в разных местах чрезвычайно затрудняли супружескую жизнь в крупных городах России. Для многих семья и личная жизнь казались недоступной роскошью.

---

[18] См. [там же: 203–204].

В результате к началу XX века чувство своего права на комфорт семейной жизни стало частью самоутверждения рабочих. «Я не для деревни женился, а для себя», — заявил отцу один рабочий-крестьянин, когда они спорили, оставаться ли его жене в деревне или переехать в Москву, где работал муж [Чаадаева 1932]. Столыпинские реформы, облегчившие крестьянам разрыв связей с деревней, усилили тенденцию привозить жен в город: в Петербурге к 1918 году около 71 % женатых рабочих жили вместе с семьями[19]. Женитьба решала для мужчин проблему бытового обслуживания: стирки, уборки, приготовления пищи. Большинству одиноких мужчин приходилось либо платить за эти услуги, либо обходиться без них. Женщины, работавшие вне дома, вставали раньше мужей, чтобы перед уходом успеть выполнить часть работы по дому; в обеденный перерыв фабричные работницы, если они жили поблизости, мчались домой, готовили еду, подавали, убирали со стола, а затем мчались обратно на фабрику и работали до конца дня. Ночью, когда женщины возвращались домой, их ждали новые хлопоты. Работающая семейная женщина не имела ни секунды свободного времени и редко высыпалась.

Беременность и роды усугубляли тяготы жизни замужней женщины. До 1912 года ни одна женщина не пользовалась декретным отпуском; после этого отпуск стал доступен ограниченному их числу. Большинство работниц оставались на рабочем месте до последней минуты. Большой семьи, которая могла разделить обязанности по уходу за детьми в деревнях и фабричных поселках, в городах обычно не было рядом. Некоторые женщины в первые годы отправляли своих детей в родную деревню на воспитание. Другие оставляли младенцев и подросших малышей на попечение 12-, 13-, 14-летних нянек, квартирных хозяек, старух или просто запирали одних в комнате. Такая практика в сочетании с перенаселенностью, отсутствием санитарии и плохим питанием приводила к тому, что уровень детской смертности в городе был даже выше, чем в деревнях. Рабочие обоих полов, стремившиеся улучшить качество жизни своих

---

[19] См. [Smith 2002: 103].

детей, пытались контролировать свою фертильность. Судя по уровню рождаемости, применяемые ими методы редко оказывались эффективными.

В городской семье у женщин мог возникнуть конфликт между работой и домом, с которым они редко сталкивались в деревне. Когда детей становилось все больше, они требовали больше забот, занимавших все время женщины до последней минуты. При этом мало кто из мужчин зарабатывал достаточно для того, чтобы содержать жену и детей. Большинство женщин принимали то же решение, что и женщины рабочего класса в других странах Европы: меняли надомные заработки от случая к случаю на постоянную и лучше оплачиваемую работу вне дома. Ольга Онуфриева, мать четверых детей и жена слесаря с Балтийского судостроительного завода в Санкт-Петербурге, вносила свой вклад в семейный бюджет, стирая белье и моя полы в богатых семьях. Александрова, жена путиловского слесаря и мать семерых детей, сдавала комнаты в своей трехкомнатной квартире жильцам, оставив для семьи лишь кухню и темную кладовую. Как и многие другие хозяйки, Александрова убирала квартиру, носила дрова и воду, топила печь и заботилась о жильцах.

Отношения между полами в городских семьях оставались такими же, как и в деревне. Мужчины рабочего класса унаследовали привилегии своих крестьянских отцов и братьев: распоряжаться делами семьи, финансовыми и другими сделками на стороне. «Мой отец был хозяином в доме», — вспоминал сын одного московского рабочего [Engel 1994a: 227]. Правда, женщины часто налаживали личные связи, заводили подруг по соседству и на рынке, однако в городе замужние женщины не пользовались такой неформальной властью, как в деревне. Не могли они рассчитывать и на укрепление своей власти в семье в будущем, учитывая тот факт, что городская семья чаще всего была нуклеарной. Кругозор замужней женщины, как правило, был более ограничен, чем у ее мужа, вероятность остаться неграмотной была для нее почти в два раза выше, а значит, она не могла даже разобрать, что написано на уличной вывеске, прочитать рекламное объявление или нацарапать свое имя на бумаге. Стесненные обстоятельства и многочисленные обязанности оставляли ей мало возможностей для развлечений и отдыха.

Различный жизненный опыт также временами приводил к разногласиям между мужьями и женами. Мужчины тоже много работали, но у них была возможность, которой они и пользовались, — сбежать из тесной квартиры, от хнычущих младенцев и унылой рутины в кабак или пивную, которые оставались важными местами мужского общения и самоопределения. Алкоголь (обычно водка) был существенным элементом многих ритуалов на работе. Немногие мужчины, женатые или холостые, полностью воздерживались от выпивки. Убежденные в своем праве распоряжаться собственным заработком, рабочие-мужчины часто отстаивали свое жалованье от посягательств жен, которые пытались требовать долю на содержание семьи, пока все деньги не остались в кабаке. По воспоминаниям московского слесаря, в каждый день получки жены поджидали мужей и «экспроприировали» их заработок. Как писал рабочий Бузинов, иногда дело в таких случаях доходило до драки, а товарищи-мужчины стояли в стороне и подбадривали «угнетенного» мужа [Бузинов 1930: 25–26]. Типографские рабочие называли таких жен «буксирами». В российской рабочей среде, где мужчины формировали связи на основе пола, работы и ремесла, женщины олицетворяли домашние и семейные обязанности и становились «теми фигурами, в сравнении с которыми эта мужская рабочая общность определяла себя» [Steinburg 1992: 79]. Однако в кругу «сознательного» меньшинства рабочих, проявлявших более уважительное, хотя и не обязательно эгалитарное отношение к своим женам, возникла компенсирующая тенденция к товарищеским бракам.

Заключение

Именно в городах и фабричных слободах, а не в крестьянских деревнях женщины чаще всего ощущали на себе те перемены, которые охватили Россию в последние десятилетия XIX века. В деревнях основной единицей производства оставалась патриархальная семья. За ее пределами урбанизация и бурно развивающаяся рыночная экономика расширяли выбор женщин, давая им возможность зарабатывать, получать независимый доход, одеваться по новой моде и при случае даже баловать себя. Жизнь в городе могла побудить женщину больше заботиться о своих потребностях и благополучии и вызвать у нее неудовлетворенность традиционными гендерными, социальными и даже политическими иерархиями.

Однако степень этой свободы не следует преувеличивать. Уезжала из дома лишь малая часть женщин, и их мобильность всегда зависела от того, согласятся ли домашние и деревенские власти отпустить их. Видимая свобода женщин от патриархального контроля вызывала тревогу у мужчин во всем социальном спектре. Женоненавистничество низшего класса усугубилось и приняло новые формы. Женщины, которые вели себя «непристойно» или развлекались в «неподходящих» местах, рисковали привлечь внимание дворника или, хуже того, врачебной полиции. Большинство женщин, переселившихся в город, становились либо домашней прислугой, либо работницами на фабриках, где на них тяжело сказывался долгий рабочий день, низкая заработная плата и деморализующие условия.

Кроме того, в новых обстоятельствах женщины не всегда отказывались от своих традиционных устремлений. Брак и семья оставались для большинства крестьянских мигранток целью жизни. Городская жизнь создавала огромные препятствия для тех, кто стремился выйти замуж и остаться в городе. Подавляющее большинство женщин уходили из дома лишь на время, чтобы заработать на приданое и помочь близким в деревне, а затем они возвращались домой и выходили замуж. В результате, хотя некоторых женщин город и соблазнял строить новую жизнь, другие и после опыта миграции продолжали жить так же, как жили до них их матери и бабушки. И все же немногие женщины остались вовсе не затронуты преобразованиями, произошедшими во второй половине века. Перевороты начала XX века могут свидетельствовать как о преемственности традиций, так и о переменах в жизни женщин.

Рекомендуемая литература

Bernstein L. Sonia's Daughters: Prostitutes and Their Regulation in Imperial Russia. Berkeley, Calif.: University of California Press, 1995.

Engel B. A. Between the Fields and the City: Women, Work and Family in Russia, 1861–1914. New York: Cambridge University Press, 1994.

Frieden N. M. Child Care: Medical Reform in a Traditionalist Culture // The Family in Imperial Russia: New Lines of Historical Research / ed. Ransel D. Urbana, Ill.: University of Illinois Press, 1978. P. 236–259.
Исследование конфликта между врачебной и крестьянской культурами ухода за детьми.

Glickman R. Russian Factory Women: Workplace and Society, 1880–1914. Berkeley, Calif.: University of California Press, 1984.
Новаторское исследование о крестьянках и их труде.

Meehan-Waters B. To Save Oneself: Russian Peasant Women and the Development of Women's Religious Communities in Prerevolutionary Russia // Russian Peasant Women / ed. Farnsworth B., Viola L. New York: Oxford University Press, 1992. P. 121–144.
Исследование духовной жизни крестьянок.

Pallot J. Women's Domestic Industries in Moscow Province, 1880–1900 // Russia's Women: Accommodation, Resistance, Transformation / ed. Clements B., Engel B. A., Worobec C. Berkeley, Calif.: University of California Press, 1991. P. 163–184.

Ransel D. Abandonment and Fosterage of Unwanted Children: The Women of the Foundling System // The Family in Imperial Russia: New Lines of Historical Research / ed. Ransel D. Urbana, Ill.: University of Illinois Press, 1978. P. 189–217.

Smith S. A. Masculinity in Transition: Peasant Migrants to Late-Imperial St. Petersburg // Russian Masculinities in History and Culture / ed. Clements B., Friedman R., Healey D. New York: Palgrave, 2002, P. 92–113.
Новаторское исследование меняющейся маскулинности.

Worobec C. Peasant Russia: Family and Community in the Post-Emancipation Period. Princeton, N.J.: Princeton University Press, 1991.
Крупное исследование крестьянского жизненного уклада, богатое информацией о жизни крестьянок.

Глава 6
Расширение сферы

«Лучше вынести эту домашнюю тюрьму три года, и потом получить свободу, нежели из-за минуты отчаяния заплатить целой жизнью», — признавалась в своем дневнике 18-летняя Елизавета Дьяконова в 1892 году [Дьяконова 1905: 84]. Отвергая брак как средство вырваться из провинциальной купеческой среды, Дьяконова искала для себя более широкой сферы деятельности. Ее мир, мир средних слоев больших и малых городов России, остался по большей части незатронутым культурными потрясениями 1860–1870-х годов. Ее перспективы были почти такими же, как и у ее матери в свое время: ранний брак — вероятнее всего, по договоренности — затем материнство и домохозяйство. Дьяконовой, как и бесчисленному множеству других молодых женщин с подобными же перспективами, высшее образование представлялось надеждой обрести нечто большее: возможности для интеллектуального развития, больше свободы, способы участия в общественной жизни. Такие устремления способствовали признанию роли женщин — как личностей и как символов — в формирующемся российском гражданском обществе, вопреки политике правительства, направленной на ограничение их присутствия.

Смерть царя Александра II от рук террористов-народников и восшествие на престол его сына Александра III (1881–1894) повлекли за собой масштабные меры по восстановлению дореформенного политического, социального и гендерного порядка. Контрреформы подорвали и без того ограниченную власть земств и урезали полномочия новой судебной системы. Правительство стремилось ограничить доступ низших классов как к образованию выше элементарного уровня, так и к литературе, способствующей развитию критического мышления. Помимо этого, оно пыталось вытеснить женщин из общественной жизни и вернуть на традиционное место, лишив их доступа к высшему образованию и укрепив патриархальную семью. Рассматривая собственную семью как «священную частную сферу», а себя самого как «блюстителя святости и непоколебимости семейных начал», царь Александр III стремился обеспечить нерушимость брачных уз[1].

Однако то, что пыталось осуществить одной рукой, правительство само же подрывало другой. Тенденция к индустриализации получила достаточно мощный толчок в последние годы царствования Александра III и продолжилась в царствование его сына Николая II (1894–1917). Индустриализация оторвала от корней сотни тысяч крестьянских женщин и мужчин и побудила их приобщиться к новым жизненным укладам. Индустриализация, урбанизация и рост рыночной экономики подняли спрос на образование и способствовали увеличению числа школ. Кроме того, новая рыночная экономика породила культуру потребления, размывающую социальные границы, которые автократия стремилась сохранить, и поощряющую стремление к удовольствиям у населения, издавна привыкшего подчинять свои индивидуальные потребности семье и обществу. Люди начали решительнее отстаивать как свои собственные интересы, так и интересы других. Хотя контрреформы сильно сковывали зарождающееся гражданское общество, полностью подавить его не удавалось. Те, кто стремился играть роль в общественной жизни, ушли в тень и начали искать другие способы выразить и реализовать свои стремления.

Определение места женщины

В реакционные годы царствования Александра III «женский вопрос» приобрел новые смыслы. Для консервативных чиновников, в первую очередь Константина Победоносцева, обер-проку-

---

[1] См. [Wortman 1995: 176]; [Писарев 1909: 163].

рора Святейшего Синода, бывшего наставника царя и его ближайшего доверенного советника, символом веры было строгое ограничение роли женщины домашней сферой. Как и другие консерваторы, имевшие теперь беспрепятственный доступ к царскому уху, Победоносцев считал патриархальную семью основой общественного устройства России. Патриархальная семья, где царили иерархические отношения, дисциплина и уважение к власти и жесткое подчинение женщин мужчинам, служила своего рода дамбой: предполагалось, что она должна сдержать поток перемен, грозящий смыть правящие элиты России. Обязанностью государства было укреплять эту дамбу в меру своих возможностей.

Основным средством для достижения этой цели стало ограничение доступа женщин к высшему образованию. Считая высшее образование источником женского политического радикализма, консервативные чиновники пытались запретить его. В 1882 году Женские медицинские курсы перестали принимать новых студенток, а в 1887 году закрылись вовсе. Прием на все прочие женские курсы прекратился в 1886 году, и правительство начало обдумывать следующие шаги. Только Бестужевским курсам было позволено продолжать работу. Они выжили главным образом благодаря Елене Лихачевой, председательнице Общества по доставлению средств Курсам, которая сумела искусно отразить политические опасения царя. Она утверждала, что женские курсы в России удержат женщин от поступления в зарубежные университеты, распространяющие идеалы и установки, несовместимые с российским жизненным укладом. Лихачева также сумела связать женское образование с консервативными ценностями, утверждая, что по-настоящему образованная женщина станет вернейшей хранительницей религиозности, нравственности и порядка в семье и обществе[2]. Лихачевой удалось таким образом отстоять Бестужевские курсы от нападок консерваторов, однако из этой борьбы они вышли не без потерь. Весь штат теперь назначало Министерство образования, и нани-

---

[2] См. [Bisha and oth. 2002: 319–320].

мать профессорско-преподавательский состав без его одобрения было нельзя. Учебную программу пришлось сократить: из нее исключили преподавание физиологии человека и животных, а также естествознания. Нехристиане (под которыми имелись в виду евреи) попали под трехпроцентную квоту; доступ для женщин из низших классов был затруднен. Набор ограничили 400 курсистками. Слушательницам теперь требовалось письменное разрешение родителей или мужа. Новый директор В. П. Кулин в своей речи в честь начала занятий в 1889 году наставлял новоиспеченных курсисток, что им надлежит готовиться не к профессиональной деятельности, а к жизни — и к жизни преимущественно семейной[3].

Чиновники пытались также поддержать патриархальную семью и помочь ей выстоять перед лицом непрекращающихся угроз. В начале 1880-х годов прогрессивные юристы предприняли попытки реформировать семейный уклад, пересмотрев законы, регулирующие брак. Предложенные ими поправки должны были облегчить вынесение судебных решений о раздельном проживании супругов и расширить основания для развода, включив в них супружеское насилие. Провозглашая стремление оградить женщин от произвола мужей, прогрессивные юристы преследовали при этом и другие, более амбициозные цели: изменить структуру семьи в соответствии с более эгалитарными и демократическими принципами, расширить права отдельных ее членов и ограничить произвол главы. Тем самым прогрессисты надеялись изменить также общество и политику. Консерваторы успешно сопротивлялись. Попытки пересмотреть брачное законодательство раз за разом натыкались на скалу противодействия Русской православной церкви во главе с Победоносцевым[4]. Хотя в 1914 году все же был изменен закон о внутренних паспортах, и замужние женщины получили разрешение иметь собственный паспорт, брачное право вплоть до падения самодержавия в 1917 году запрещало раздельное проживание супругов, огра-

---

3   См. [Johanson 1987: 95–101].
4   См. [Wagner 1994: 101–105].

ничивало возможность развода и предоставляло мужьям и отцам практически неограниченные полномочия.

И все же реакционеры оказались не в состоянии повернуть время вспять, особенно в сфере образования. Общественный запрос на женское образование был достаточно высок. В царствование Александра III количество женских гимназий — средних школ, существующих на благотворительные взносы и устанавливающих высокую плату за обучение, — увеличилось почти вдвое. В разгар реакции сотни русских женщин уехали за границу, чтобы поступить в швейцарские университеты. Женщины продолжали требовать расширения своих возможностей, и после смерти Александра III чиновники стали восприимчивее к их призывам. В 1894 году на Бестужевские курсы пожелало поступить столько абитуриенток, что потолок приема был поднят; шесть лет спустя набор увеличился почти до 1000 человек. В 1895 году царь утвердил создание Санкт-Петербургского женского медицинского института. Московские высшие женские курсы (курсы Герье) вновь открылись в 1900/1901 учебном году. В 1903 году в Одессе открылся специальный Женский педагогический институт, где на первых двух курсах обучалось 600 студенток. Со временем социальный состав учащихся становился все более разнообразным. Например, в середине 1880-х годов из семей купцов или ремесленников происходило около трети из 851 курсистки-бестужевки, а большинство остальных составляли дочери дворян и чиновников. Двадцать лет спустя, когда количество курсисток увеличилось впятеро, доля дворянок среди них упала ниже 45 %, а дочери мещан и крестьян составили более трети[5]. В аудиториях и читальных залах молодые женщины из семей священников, купцов, ремесленников и даже крестьян сидели рядом с дочерьми привилегированной элиты.

Курсисткам недворянского происхождения приходилось иногда преодолевать огромные препятствия, чтобы получить

---

[5] [Johanson 1987: 74–75, 99–101]; [Санкт-Петербургские высшие женские курсы 1912: 4]; [Morrissey 1998]. Многие из беднейших курсисток не смогли завершить обучение.

образование. Когда Елена Андреева, дочь видного московского купеческого рода, изъявила желание поступить на Бестужевские курсы, мать поначалу воспротивилась этому, опасаясь, как бы впечатлительная Елена не попала под влияние «стриженых нигилисток, что отрицают Бога и нравственность» [Андреева-Бальмонт 1997: 229]. Мать дала свое разрешение только убедившись, что времена нигилизма прошли и теперь в курсистки идут девушки из хороших семей, которые относятся к учебе серьезно. Но и после того как купеческая элита приняла идею высшего образования для женщин, ниже по социальной лестнице и за пределами крупных городов отношение к образованию выше начального еще долго оставалось двойственным. Елизавете Дьяконовой удалось поступить на Бестужевские курсы только по достижении совершеннолетия, то есть 21 года, и только после того, как Министерство просвещения убедили отменить требование родительского разрешения. Курсистки из бедных семей по-прежнему страдали от жестокой нужды, снимали сообща комнаты в холодных, темных, кишащих тараканами квартирах и с трудом могли прокормить себя во время учебы. Последние страницы газет были усеяны объявлениями от таких студенток, ищущих работу гувернанток, переводчиц, компаньонок, переписчиц, личных секретарей на полставки и тому подобное. Таким образом, все увеличивающаяся доля женщин-учащихся из низших слоев общества может служить свидетельством не только растущего признания идеи женского высшего образования, но и силы женского стремления пробить себе «окно в мир»[6].

В конце XIX — начале XX века произошел резкий рост занятости женщин на должностях, требующих образования. Около 750 женщин в России в 1906 году занимались медициной, многие из них работали в государственном секторе в качестве земских врачей или служащих городских управ. Число женщин, преподающих в сельских школах, выросло с 4878 в 1880 году до 64 851 в 1911 году, и их социальное происхождение становилось все разнообразнее. К 1911 году более 20 % учительниц составля-

---

[6]   [Там же: 177].

ли мещанки, еще 21,6 % — крестьянки. Их число едва не превысило число дочерей священников и дворян, преобладавших в этой профессии в прежние годы. Около 60 % учительниц имели среднее образование[7]. Как и в других странах Европы и в Соединенных Штатах, женщины все чаще занимали должности конторщиц, секретарей и машинисток в частных и даже государственных учреждениях. Правительство постепенно отступало от закона 1871 года, запрещавшего женщинам занимать государственные должности. Несмотря на то что женщинам по-прежнему не позволялось занимать должности, за которые присваивались чины, в 1880–1890-х годах женщины работали в Государственном Сенате и канцелярии Государственного Совета, в Государственном банке, кассирами и начальниками станций на железной дороге, а также секретарями у местных чиновников. Женщины брались и за перо: они становились прозаиками, поэтами, критиками, драматургами и журналистами, даже редакторами и издателями журналов. Ронда Кларк насчитала не менее 53 женщин-редакторов и издательниц в Москве и Санкт-Петербурге в 1880-е годы[8]. Женское литературное творчество стало по-настоящему популярным в конце XIX века, чему способствовала готовность издательниц, прежде всего Любови Гуревич, редактора «Северного вестника», открыть двери своих издательств для неизвестных русских писательниц. Более краткие и доступные по цене курсы, готовившие медсестер, акушерок и санитарок, обеспечили работой еще тысячи женщин, многие из которых происходили из бедных семей. В конце 1870-х годов в российской провинции действовало более 20 акушерских школ; к 1905 году их насчитывалось более 50, в них обучалось около 4000 человек, и не менее 10 000 акушерок уже работали по своей специальности.

Образование могло расширять горизонты и вызывать более высокие ожидания. Вымышленной героине Саше, дочери кухарки из рассказа Ольги Шапир «Авдотьины дочки» (1898 год),

---

[7] [Eklof 1986: 189, 195].

[8] См. [Lindenmeyr 2001: 126].

профессия акушерки дала «свободное и благообразное существование», а также избавление от домашнего рабства[9]. Та же профессия помогла заложить основу для экономической независимости реальной женщине — мещанке Марии Больших. В 1887 году, через два года после ухода из несчастливого брака, Больших окончила курс в Повивальном институте при Московском воспитательном доме и занялась практикой. Совместно с другой акушеркой она заведовала маленьким родильным отделением у себя на квартире, а также помогала штатной акушерке в Воспитательном доме и иногда сопровождала врача, проводившего венерологические осмотры фабричных работниц[10]. Другие женщины, способные обеспечить себя, также были уже менее склонны терпеть жестокое обращение мужей. В последние десятилетия XIX века десятки тысяч женщин требовали для себя права уйти от мужа и жить отдельно, вопреки брачным законам, строго запрещавшим подобное. Обращаясь с ходатайствами к местным чиновникам, судам и, наконец, к самому царю в надежде на облегчение, женщины всех социальных слоев заявляли, что не желают больше жить с пьющими, распутными и жестокими мужчинами и хотят сами «зарабатывать свой кусок хлеба», как выражались многие из них. Давая женщинам возможность зарабатывать себе на жизнь, экономические изменения конца XIX века разрушали те институты, которые реакционеры стремились сохранить, и в частности — патриархальную семью.

Растущий рынок имел схожий эффект. Побочный продукт растущей индустриализации в России, рынок поощрял тягу к личным удовольствиям и наслаждениям и способствовал формированию моделей потребления, размывающих социальные барьеры. Рекламная индустрия соблазняла женщин модной одеждой и другими товарами, красовавшимися в витринах универмагов и на страницах популярных журналов, а также косметикой, краской для волос и другими средствами для украшения себя. Появилось множество книг с полезными советами, задачей

---

[9]   См. [Шапир 1988: 25].

[10]   РГИА. Ф 1412. Оп. 21. Ед. хр. 98. Мария Больших, 1886, 19.

которых было научить «новых богатых» изящно одеваться, обставлять и содержать дом и вести себя в обществе. Новые развлечения, такие как езда на велосипеде, повысили мобильность женщин и их личную независимость. Строгая цензура не мешала популярным журналам распространять информацию о женских способностях и достижениях. Стремясь в первую очередь развлечь грамотных горожанок среднего достатка, широко читаемый «Вестник моды» предлагал читательницам популяризированную версию «женского вопроса», ставил под сомнение представления о неполноценности женщин и превозносил женские достижения, например в медицине. «Нива» — самый популярный журнал в России, выходивший тиражом 100 000 экземпляров, — тоже отдавал дань женщинам, осмелившимся выйти за пределы привычной сферы. Среди женщин, упоминавшихся в журнале в 1890 году, была певица Александра Кочетова, которой пришлось преодолеть предрассудки своей семьи на пути к музыкальной карьере и которая в течение 13 лет была профессором Московской консерватории, а также американки мисс Нелли Блай и мисс Элизабет Вейланд, которым удалось обогнуть земной шар за 72 дня — быстрее Финеаса Фогга[11]. Трудно отделаться от впечатления, что для большей части образованного общества, в отличие от консервативных чиновников, участие женщин в общественной жизни стало казаться вполне приемлемым.

Большинство женщин, вносивших свой вклад в общественную жизнь, действовали более умеренными методами. Основным направлением женской общественной деятельности оставалась благотворительность. В первое десятилетие после воцарения Александра III создавать новые благотворительные организации стало гораздо труднее: они рассматривались как потенциальные прикрытия для революционной подготовки. Однако женщины по-прежнему могли действовать от себя лично. Историк Галина Ульянова разыскала данные о 79 женщинах-благотворительницах из числа московского купечества: в годы, предшествовавшие

[11] [Marks 2001]; Нива. 1890. № 6, 7.

Первой мировой войне, они пожертвовали миллионы рублей на благотворительные проекты и в городские организации, содействовавшие общественному благосостоянию. Среди них была и Агриппина Абрикосова (1833–1901), жена главы знаменитой кондитерской фабрики «Абрикосов и сыновья» и мать 22 детей, 17 из которых выжили. В 1889 году Абрикосова учредила в Москве бесплатный родильный дом и гинекологическую клинику, а также завещала городу 100 000 рублей на второй родильный дом после своей смерти в 1901 году. Более известной, хотя и далеко не самой щедрой благотворительницей была купчиха Варвара Морозова, которая с 1883 до 1892 года, после смерти мужа, была главой семейной фирмы — Тверской мануфактуры. В период с 1883 по 1914 год Морозова пожертвовала Москве почти 280 000 рублей, в том числе на финансирование читальни, начальной школы для девочек, а после революции 1905 года — народного университета [Ульянова 1999: 406–408]. Пользуясь тем, что российские законы наделяли даже замужних женщин правом самостоятельно распоряжаться своим имуществом, и в соответствии с православными религиозными традициями, призывающими делиться своим богатством с бедняками, такие женщины основали и поддерживали ряд благотворительных начинаний. Женские религиозные общины также занимались благотворительностью в пользу бедняков, образованием молодежи и уходом за больными, особенно в сельской местности, где такая организованная деятельность оставалась относительно свободной от вмешательства правительства даже во времена самой жесткой реакции. Число таких общин резко увеличилось к концу века, что стало частью более широкого религиозного возрождения[12].

По мере ослабления ограничений в начале 1890-х годов перед женщинами открывались беспрецедентные возможности вносить свой вклад в общественное благо и определять, в чем оно должно состоять. Женщины стали активнее настаивать на открытии женских курсов. Новые благотворительные организации возни-

---

[12] См. [Lindenmeyr 1993: 574–578]; [Meehan-Waters 1990: 142–156].

кали в невиданных ранее количествах. Городские власти стали принимать гораздо более широкие меры поддержки необразованных деревенских масс, наводняющих городские кварталы. В 1894 году во всех крупных городах были созданы муниципальные попечительства о бедных — своего рода система социального обеспечения. Стремительно росло количество частных благотворительных организаций, осуществляющих самые разные виды помощи. Женщины участвовали в их деятельности почти на всех уровнях. Они руководили благотворительными организациями, входили в руководящие и консультативные советы, работали в благотворительных учреждениях либо в качестве добровольцев, либо в качестве наемных служащих, оказывая влияние на цели и направления этих организаций. Многие из таких проектов были посвящены нуждам матерей и детей. Интересно, что большинство из них избегали матерналистского дискурса, доминировавшего в подобных благотворительных начинаниях на Западе, а вместо этого делали упор на важности заведений по уходу за детьми, таких как ясли и приюты, и роли женщин как работниц. Общество Елизаветы, названное в честь сестры императрицы, организовало даже детские сады для трудящихся женщин среднего класса — задолго до того, как подобные учреждения были созданы на Западе[13].

Кроме того, записывая впечатления о своих встречах с представителями низших классов, образованные женщины помогали формировать восприятие в обществе как их самих, так и «других», кого они описывали. Результаты массовых исследований Мины Горбуновой о московских крестьянках и их ремеслах были опубликованы в 1882 году под эгидой Московского статистического бюро. Этнографическое исследование Александры Ефименко «Исследования народной жизни» вышло в свет в 1884 году. В 1894 году в популярном «Вестнике Европы» появилась книга врача Екатерины Сланской «По визитам: день думского женщины-врача в Санкт-Петербурге». Спустя четыре года врач Мария Покровская опубликовала аналогичный отчет под названием

---

[13] [Lindenmeyr 1993a: 119–120].

«Моя думская практика» в другом толстом журнале. Российские журналистки рассматривали прессу как площадку для общественного действия и средство преобразования общества, в отличие, например, от их британских коллег[14]. Описывая положение низших классов, многие из этих пишущих женщин уделяли особое внимание опыту и потребностям женщин и детей, к ним принадлежащих. Выступая от имени тех, кому повезло в жизни меньше, чем им самим, образованные женщины стремились влиять на задачи и мировоззрение зарождающегося гражданского общества.

Новая женщина?

К 1890-м годам, отчасти благодаря влиянию рынка, новообретенная склонность женщины заботиться о самой себе стала все чаще соперничать с побуждениями помогать «другим». Публикация в 1892 году дневника Марии Башкирцевой отразила и укрепила эти тенденции. Дневник, который Башкирцева вела с 13 лет до своей преждевременной смерти в 1884 году, оказал огромное влияние на некоторых читательниц. Вначале озабоченная лишь собственной внешностью и эротическими переживаниями, Башкирцева позже обратилась к искусству как к средству самовыражения и достижения славы, к которой она стремилась. Ее готовность пожертвовать всем ради искусства и борьба за самосовершенствование предложили новую модель женского поведения. Любовь Гуревич, девушка из либеральной и интеллигентной петербургской семьи, впервые прочитала Башкирцеву еще гимназисткой. Она убежденно заявляла, что этот дневник помог ей отказаться от господствующих культурных ожиданий от нее как женщины и жить более полной и насыщенной жизнью[15], чем она могла бы, не прочитав его. Столь же глубокое впечатление дневник произвел на Елизавету Андрееву, проис-

---

[14] [Gheith 1995: 7].
[15] См. [Rabinowitz 1998: 240–241].

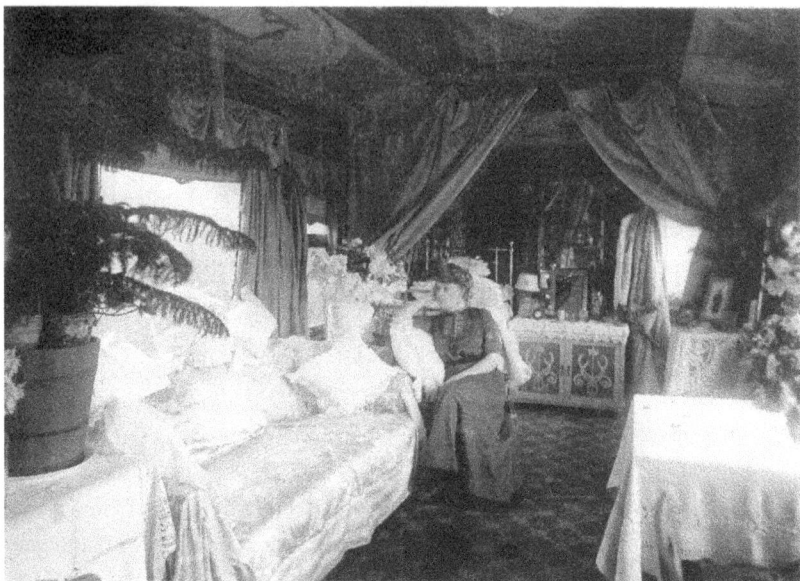

Рис. 9. Анастасия Вяльцева в вагоне. Предоставлено Санкт-Петербургским государственным музеем театрального и музыкального искусства

ходившую из зажиточной купеческой семьи. Двадцатилетняя Андреева понимала, что хочет быть независимой и «делать что-нибудь», однако понятия не имела, что именно. Феминизм, воплощенный в предыдущем поколении феминисток, она находила непривлекательным: «Все они были уже старые, некрасивые, стриженые, курили, одевались в какие-то серые балахоны. Я не хотела быть похожей на них». «Смелое утверждение себя», отразившееся в дневнике Башкирцевой, представлялось более привлекательной моделью. Андреева выработала для себя программу: вначале преодолеть собственную робость и неуверенность в себе, а затем научиться игнорировать устоявшиеся авторитеты и предрассудки своей купеческой среды. Цель? «Быть до конца собой» [Андреева-Бальмонт 1997: 227].

Образы, тиражируемые популярными журналами, подпитывали индивидуалистические тенденции. В массовой прессе начала XX века большое значение приобрели яркие личности, в том числе популярные писательницы, такие как Анастасия Вербицкая и Лидия Чарская, кумиры девочек-подростков. Используя собственные образы для продвижения своих произведений среди широкой женской публики, писательницы обрели новую известность и популярность. Хотя многие из них принимали традиционные для женщин стандарты, ни одна не примеривала на себя образ счастливой жены и домохозяйки, «сурово одомашненной» женственности, все еще преобладавшей на Западе[16]. Культура потребления зачастую ставила потворство личным желаниям выше семейных ценностей. Это новое течение ярко олицетворяла Анастасия Вяльцева. Родившаяся в 1871 году в крестьянской семье, дочь дровосека и прачки, Вяльцева на рубеже веков стала знаменитостью: она пела душещипательные романсы о любовном желании и зарабатывала баснословные суммы денег, которые тратила на себя — щедро и напоказ. Сочетавшая в себе женское обаяние и эффективную саморекламу, Вяльцева привлекала толпы поклонников. Ее популярность, как и реклама писательниц, отражала новое признание женщин в общественной сфере[17].

Новый индивидуализм соседствовал с исконными ограничениями в отношении женщин и враждебностью к тем из них, кто занимался профессиональной деятельностью. Работая в деревне или в городе, женщины-врачи сталкивались с предубеждением со стороны властей и коллег и зарабатывали меньше, чем мужчины на сопоставимых должностях. Женщины, окончившие женские высшие курсы, получали лишь аттестат об их окончании, а не диплом, для получения которого требовалось сдать государственный экзамен. Эти экзамены, как и государственная служба и табель о рангах, предназначались лишь для мужчин. Женщинам запрещалось состоять на государственной службе и работать в юриспруденции, вследствие чего у девушек, окончивших высшие курсы, почти не оставалось иных вариантов карьеры поми-

---

[16] См. [Holmgren 1996: 334–341].
[17] См. [McReynolds 1996: 273–291].

мо преподавания. При этом учительницы вынуждены были мириться с ограничениями, не распространявшимися на их коллег-мужчин. Власти требовали от женщин чистоты — как в половом, так и в политическом смысле, и контролировали личную жизнь женщин строже, чем мужскую: по крайней мере, в одном школьном округе от учительниц требовали даже представить доказательства девственности. Указом от 1897 года Петербургская городская управа запрещала учительницам выходить замуж, вынуждая их выбирать между замужеством и карьерой[18]. В Архангельской и Тобольской губерниях женщин, вышедших замуж, тоже увольняли с преподавательских должностей.

Но если обстоятельства женской жизни изменились очень мало, то сами женщины теперь были менее склонны их терпеть. Представления о правах личности, широко циркулировавшие в литературе этого периода, отражались в манере речи женщин, стремившихся улучшить свое положение. Возражая против снисходительного обращения со стороны университетских должностных лиц и студентов мужского пола, студентки на рубеже веков все чаще формулировали требования перемен «с точки зрения права личности на самовыражение и самоопределение»[19]. Надежда Румянцева на учительской конференции заявила, что запрет на брак ущемляет свободу личности учительниц[20]. Профессионалки брались за перо, используя его как средство повышения своего статуса. Описывая свой опыт в толстых журналах, распространявшихся среди образованных людей, они подчеркивали свою компетентность и способность преодолевать препятствия и утверждали, что справляются ничуть не хуже мужчин, а то и лучше.

Новое присутствие женщин в общественной жизни в конце XIX века вновь пробудило к жизни «женский вопрос», или, пожалуй, точнее — «женские вопросы». Помимо давних проблем с образованием, работой и отношениями между полами, «жен-

---

[18] [Ruane 1994: 73, 76–81].

[19] [Morrissey 1998: 84].

[20] [Ruane 1994: 115].

ский вопрос» теперь включал в себя вопросы сексуального желания и власти. По мере увеличения числа женщин, проникавших в общественное и до тех пор исключительно мужское пространство, женские тела становились частью территории, на которой в образованном обществе шла борьба за власть. Однако ограничения, введенные для женщин, не позволяли им в полной мере определять свою судьбу. Маргинализированные вследствие исключения из государственных органов, женщины редко имели возможность влиять на решения, отражавшиеся на их жизни. Так, юристы-мужчины, пересматривая законы о сексуальных преступлениях и проституции, подчеркивали зависимость и уязвимость женщин, отрицали их способность к самостоятельным действиям и делали все для того, чтобы личная автономия оставалась прерогативой мужчин. Выступая против государственного регулирования проституции, врачи-мужчины редко требовали полной отмены системы надзора и регулирования; им хотелось, чтобы система была реформирована, а власть полиции над женщинами сменилась властью медицины[21]. Хотя женщины тоже весьма решительно высказывались по этим вопросам, до тех пор, пока они оставались исключенными из сфер, в которых формировался политический курс, они могли влиять на общественную политику лишь путем воздействия на мужчин.

Революция 1905 года

Революция 1905 года вызвала надежды, что это положение изменится. В этом году давно подавляемое недовольство наконец вспыхнуло. Заводские рабочие, студенты, интеллигенция, даже дворяне и промышленники оказались подхвачены волной сопротивления, захлестнувшей Россию после Кровавого воскресенья (9 января 1905 года), когда царские войска расстреляли мирную демонстрацию рабочих — женщин и мужчин, в результате чего погибли более 100 человек и многие получили ранения. В ходе

---

[21] См. [Engelstein 1992: 28–95].

последующих беспорядков женщины из самых разных социальных слоев в огромных количествах объединялись с мужчинами, требуя расширения политических прав и социальной справедливости. Фабричные работницы, женщины-клерки, фармацевты, интеллигентки, даже домашняя прислуга вступали в профсоюзы и шли, бросив работу, на митинги и демонстрации с призывами к свержению самодержавия и установлению представительной формы правления. Резкая политизация и повсеместное использование языка прав побуждали женщин говорить от собственного имени и претендовать на собственное место в расширяющейся общественной сфере.

Женщины рабочего класса подняли голос одними из первых. В конце января 1905 года они протестовали в печати, когда правительство потребовало созыва комиссии Шидловского для изучения причин недовольства рабочих и разрешило женщинам голосовать за представителей в этой комиссии, однако избирать было позволено только рабочих-мужчин. Работницы утверждали, что по-настоящему представлять себя могут только они сами. Они выступали за то, чтобы у них не отнимали возможность громко говорить об угнетении и унижении, которых ни один рабочий-мужчина понять не в состоянии[22]. Кроме того, женщины рабочего класса выходили на улицы с протестами по еще одному, более острому для них поводу: они инициировали бойкот кабаков и винных лавок в Санкт-Петербурге, а в ноябре организовали огромную демонстрацию с требованием закрыть кабаки, где продавали спиртное рабочим. В течение 1905 года разгром питейных заведений в Петербургской губернии обошелся государству более чем в 30 000 рублей[23].

Работницы также принимали активное участие во все более политизирующемся стачечном движении, которое стало основным средством выражения рабочими своего недовольства и своих чаяний. На тех фабриках, где среди работников преобладали женщины, особенно в текстильной промышленности,

---

[22] См. [Glickman 1984: 190].

[23] См. [Phillips 1999: 108–109].

их присутствие недвусмысленно отражалось в характере требований забастовщиков. Фабрика за фабрикой требовали детских садов и яслей, отпуска по беременности и родам, перерывов для кормления и защиты работниц, что отражало не только преобладание женщин, но и влияние марксистской социал-демократической рабочей партии (СДРП) и либералов: те и другие уже давно поддерживали льготы для матерей. Однако, притом что такие требования должны были значительно расширить женские права на рабочем месте, они в то же время усугубляли гендерные различия и гендерное разделение труда: практически все требования, касающиеся женщин, были связаны с их материнской ролью, а не с реальными условиями их труда, и лишь в нескольких известных случаях рабочие заявляли, что женщина должна получать равную с мужчиной оплату за равный труд. Чаще всего существующая разница в заработной плате и неравный статус женщин отражались и в требованиях забастовщиков, призывавших к пропорциональному повышению платы, то есть предполагалось, что женский заработок по-прежнему будет составлять лишь часть мужского. В некоторых случаях из соображений гендерной солидарности рабочие-мужчины шли еще дальше: они стремились полностью исключить работниц из «мужских» профессий[24]. Тем не менее огромное количество работниц восприняло рабочее движение как свое. Это стало очевидно в декабре 1905 года, во время последнего отчаянного противостояния с властями, когда женщины и мужчины рабочего класса вышли на баррикады. Женщины без устали трудились наряду с мужчинами: рубили бревна, ломали телеграфные столбы и разбирали трамвайные вагоны, чтобы строить баррикады против правительственных войск, которым, однако, все же удалось подавить рабочее движение.

Женщины из образованных классов во время революции 1905 года вели политическую деятельность другого рода. Феминистские движения возродились в гораздо более значительном масштабе, чем ранее, и охватили гораздо большее количество

---

[24] См. [Glickman 1984: 190–194].

людей. Основной целью было избирательное право для женщин: этот вопрос стал насущным, как только мужчины потребовали для себя политического голоса. Самой крупной и известной феминистской группой, единственной, сыгравшей существенную роль в 1905 году, был Всероссийский союз равноправия женщин — национальная женская политическая организация, созданная 30 либералками через месяц после Кровавого воскресенья. Их первый публичный митинг 10 апреля стал первым женским политическим митингом в России и собрал 1000 человек. Ко времени первого съезда организации, состоявшегося в Москве 7–10 мая 1905 года, у нее образовалось 26 отделений. Активистки-феминистки происходили в основном из среднего класса. Но при этом и независимых профессионалок — журналисток, врачей и учительниц — там оказалось, по мнению историков, гораздо больше, чем в других современных им феминистских организациях.

С самого начала Союз равноправия женщин связывал свою деятельность с более широким освободительным движением, придерживаясь идеи о том, что освобождение женщин неотделимо от освобождения общества в целом. Платформа Союза, принятая в мае 1905 года, повторяла требования освободительного движения в дополнение к призыву отдельно обеспечить права женщин: равенство полов перед законом, равные права крестьянок на землю, законы о защите работниц и совместное обучение на всех уровнях школьного образования. Общая почва борьбы против самодержавия побудила женщин из Союза равноправия сотрудничать с либеральными и левыми мужчинами гораздо шире, чем другие феминистки. Они участвовали в радикальных демонстрациях и открыто поддерживали рабочих, собирая деньги для помощи бастующим и безработным. В своих петициях и демонстрациях они требовали не только прав для женщин, но и амнистии политзаключенным и отмены смертной казни.

Кроме того, отражая чувствительность к социальным проблемам, издавна отличавшую образованных женщин, Союз работал над созданием альянсов, способных преодолеть социальные различия, по-прежнему отделявшие привилегированных россиян от рабочего класса, и поощрял женщин из низшего класса говорить самим за себя. В Петербурге члены Союза помогли работницам сформулировать протест против исключения женщин из комиссии Шидловского. На своей первой конференции Союз предложил «трудящимся женщинам» сформулировать собственные требования и обязался поддерживать их, надеясь тем самым преодолеть недоверие, которое женщины низшего класса «неизбежно» питали к требованиям, высказываемым за них другими[25]. Феминистские требования включали в себя законы о социальном обеспечении, защите и страховке для работниц. Отмена регулирования проституции стала феминистским требованием в 1905 году. Феминистки также пытались обратиться к крестьянкам, которые, как и крестьянские мужчины, в 1905–1907 годах стали гораздо воинственнее и агрессивнее, хотя по-прежнему проявляли эти качества в основном на благо семьи и общины. Феминистки вошли в Крестьянский союз и убедили его принять пункт о женском избирательном праве[26].

Попытки феминисток расширить свою социальную базу принесли некоторые плоды. Служанки Москвы и Санкт-Петербурга вступали в профсоюзы, организованные феминистками, и посещали клубы, финансируемые феминистками. Фабричные работницы подписывали петиции за предоставление женщинам избирательного права. Сформировался ряд женских крестьянских групп, и несколько петиций, подписанных мужчинами-крестьянами, включали требование избирательного права для женщин. В 1906 году крестьянки Тверской и Воронежской губерний направили петиции во вновь избранный законодательный орган — Думу, где выдвигали независимые требования для себя политических прав, недавно предоставленных их мужьям, и опровергая господствовавший стереотип о крестьянках как об отсталых и безгласных.

Оспаривая утверждение крестьянского депутата Думы, что крестьянки не заинтересованы в праве голоса, 55 воронежских

---

25 ГИАгМ. Ф. 516. Оп. 1. Ед. хр. 5, 11: 45–50.
26 См. [Edmondson 1984: 38–47].

женщин подписали письмо, в котором говорилось о том, что, пока в Думе нет женщин-депутатов, мужчинам неоткуда знать об их настроениях. Он говорит, что крестьянкам не нужны права — а их он спросил? Крестьянки Воронежской губернии, утверждалось в письме, прекрасно понимают, что права и земля нужны им не меньше, чем мужчинам[27].

И все же 1905 год почти не принес феминисткам весомых политических достижений. Безусловно, предоставление гражданских прав, пусть и ограниченных, давало больше возможностей для организации. В 1904 году врач Мария Покровская начала издавать феминистский «Женский вестник», который в 1905 году неустанно пропагандировал права женщин и продолжал издаваться до 1917 года. Были и другие феминистские газеты, хотя им удалось продержаться не столь долго. Кроме того, революция стала переломным моментом в истории женского образования. Учебный план высших женских курсов расширился, и в 1906–1910 годах во многих губернских городах открылись новые женские курсы. Был также основан ряд частных университетов с совместным обучением, которые предлагали новые учебные программы и факультативы. Прием студенток рос в геометрической прогрессии: в 1900–1901 годах в высшие учебные заведения России поступило 2588 студенток; к 1915–1916 годам их число составляло 44 017 человек. Однако статус женского образования оставался зыбким, а возможности продвижения в карьере были по-прежнему ограничены, что приводило к огромному разрыву между уровнем образования и возможностями трудоустройства[28].

Более того, феминистская поддержка, щедро оказанная освободительному движению, была далеко не столь щедро вознаграждена. Октябрьский манифест предоставил избирательные права только мужчинам, оставив женщин в зависимости от лояльности их бывших союзников-мужчин. Либеральная партия кадетов, доминировавшая в первой Думе, разошлась во мнениях

---

27 ГИАгМ. Ф. 516. Оп. 1. Ед. хр. 4, 1: 42.

28 См. [Morrissey 1998: 161].

по вопросу об избирательном праве для женщин; левые партии
хотя и выступали последовательными защитниками прав женщин, но из-за своей ориентации на рабочий класс с подозрением
относились к «буржуазному феминизму» и не слишком охотно
его поддерживали (за единственным заметным исключением).
Кроме того, данные свидетельствуют о том, что работницы
и крестьянки чувствовали себя ближе к мужчинам своего класса,
чем к феминисткам среднего класса, при всем своем страстном
желании тоже иметь модную одежду и при всем восхищении
женщинами творческих профессий, которые могли тратить
деньги не считая. Даже когда феминисткам удалось организовать
работниц, за их лояльность приходилось бороться. Как жаловалась одна феминистка, создать кружки работниц было относительно несложно, но стоило им развить свое политическое сознание, как они предпочитали работать с мужчинами своего
класса. Они быстро вступали в ряды какой-нибудь из социалистических партий и становились партийными работниками.
В нескольких городах Союз равноправия женщин стал своеоб-
разной школой подготовки женщин к партийной работе[29]. Таким
образом, социальные разногласия, ослаблявшие оппозицию са-
модержавию, разделили и женское движение.

Однако решающее значение имела не мужская амбивалент-
ность и не социальные разногласия, а то, что революция закончилась и царь остался у власти. Когда первая Дума через три
месяца была распущена, ее члены готовились рассмотреть плод
феминистского лобби — проект закона о женском равноправии.
Результатом отката назад гражданских свобод и «переворота»
3 июня 1907 года, придавшего еще больший электоральный вес
имущим слоям общества, стала политическая деморализация:
число членов женского движения, как и радикальных политических партий в целом, резко сократилось. Но, несмотря на отсутствие конкретных феминистских достижений, женский опыт
1905 года и, в частности, участие в акциях протеста и использо-

---

29 ГИАгМ. Ф. 516. Оп. 1. Ед. хр. 5: 73. Отчет Третьего конгресса, 22 мая
1906 года.

вание языка прав, оставил неизгладимый след в сознании тысяч людей во всех слоях общества — от самых привилегированных до самых обездоленных. Ярче всего это отразилось в необычном письме, подписанном проститутками провинциального города Вологды и опубликованном в бюллетене Союза равноправия женщин за июнь–июль 1907 года. Подписавшие отстаивали свои права, включая право покидать публичный дом по собственному желанию, подвергать своих клиентов-мужчин венерологическим осмотрам и ограничить число клиентов до пяти человек за ночь. Однако прежде всего эти женщины хотели положить конец государственному регулированию проституции, которое сильно ограничивало возможности женщин из низших слоев распоряжаться своей жизнью. В случае такой отмены, как говорилось в письме, любая девушка могла бы «продавать себя» лишь тогда, когда захочет, и прекратить, когда захочет[30].

Последствия

После провала 1905 года традиционные феминистские вопросы оказались заслонены новыми проблемами. В период с июня 1907 года и до начала Первой мировой войны деморализованное женское движение растеряло и членов, и энергию. Женщины по-прежнему были разделены по идеологическим мотивам. В то время как либералы стремились расширить женские права в общественной сфере, радикалы, в первую очередь марксистские партии, считали, что обеспечить равноправие женщин может только радикальная идущая до победного конца революция. Наиболее значительное достижение движения, Всероссийский женский съезд, состоявшийся 10–16 декабря 1908 года, раскололся по этим линиям противостояния. Кроме того, внимание публики привлекали и другие проблемы, в особенности «половой вопрос». Относительно свободные от цензуры газеты и журналы предоставляли возможности для личных и коммерческих связей.

---

[30] [Там же: 311–312].

Они рекламировали услуги адвокатов по бракоразводным процессам и акушерок, принимавших роды с соблюдением полной конфиденциальности, публиковали объявления от мужчин и женщин, ищущих пару. Реклама предлагала женщинам сделать себе более красивый бюст, предлагала лекарства от половых недугов и противозачаточные средства. На последних полосах газет «натурщицы», гордо демонстрирующие «соблазнительные фигуры», предлагали позировать за плату[31]. Женщины не реже, чем мужчины, искали себе пару по объявлениям в газетах с такими названиями, как «Любовная почта» или «Московская брачная газета», которые помогали одиночкам встретиться и сойтись. Образованная общественность смирилась с присутствием женщин на улицах — без сопровождения, без мужской защиты, которая была так важна в западном либеральном представлении. В 1910 году популярная среди обывателей «Нива» опубликовала урок женской самообороны с фотографиями (рис. 10), демонстрирующими соответствующие позы. Автор объяснял, что, изучив джиу-джитсу, женщины смогут противостоять опасностям городских улиц, не нуждаясь в защите мужчины[32].

«Новая женщина» символизировала новую эру. Освободившись от ограничений общепринятой морали, она покоряла воображение читающей публики. Чрезвычайно популярный бульварный роман Анастасии Вербицкой «Ключи счастья» (опубликован в 1908–1913 годах) был одним из самых продаваемых произведений того времени. В шести томах, на 1400 страницах автор исследует жизнь сексуально раскованной современной героини, Мани, прекрасной танцовщицы, которая заводит нескольких любовников и борется за сохранение своей независимости и творческих амбиций наперекор непобедимой страсти. Роман был адресован женщинам всех классов, которые чувствовали, что их угнетают социальные и профессиональные ограничения, и подчеркивал их право на любовные приключения

---

[31] См. [Engelstein 1992: 360].
[32] Нива. 1910. №. 32. С. 568.

и профессиональные успехи[33]. Те, кто не читал книг, могли встретиться с «новой женщиной» на киноэкране. Поскольку билеты были достаточно дешевыми, чтобы их могли позволить себе зрители из рабочего класса, кино приобрело в послереволюционные годы большую популярность. Кинематографическая версия «Ключей счастья» сделала сенсационные кассовые сборы в 1913 году, установив стандарт, по которому оценивались все прочие фильмы. «Новая женщина» фигурировала и в фильмах режиссера Евгения Бауэра, героини которых за свои желания чаще вознаграждались, чем наказывались[34]. Популярность «новой женщины» побудила марксистку-феминистку Александру Коллонтай пересмотреть марксистскую теорию в эссе 1913 года под соответствующим названием — «Новая женщина». Исследуя женскую психологию и рассматривая сексуальность и половые отношения как подходящие темы для политической дискуссии, Коллонтай подчеркивала историческое значение феномена женщины без мужа, которая сама зарабатывает деньги и находит смысл жизни в независимости и работе. Не стесненная «буржуазной моралью» и ее двойными стандартами, новая женщина, по словам Коллонтай, следовала своим сексуальным импульсам и требовала новых прав в общественной жизни, шагая по улицам «деловитой мужской походкой»[35].

Однако стремление ограничить женщин никуда не исчезло, и вдобавок его подхлестнули страхи, порожденные революцией. Дебаты по вопросу абортов приобрели еще бóльшую остроту: прогрессивные врачи безуспешно пытались декриминализовать аборты, которые в российском законодательстве рассматривались как убийство. Можно предположить, что их число резко возросло после революции 1905 года. На профессиональных заседаниях женщины-врачи громко выступали в защиту репродуктивной свободы. В числе самых активных была врач-феминистка Мария Покровская, осуждавшая российские карательные законы об

---

[33] См. [Вербицкая 1993].

[34] См. [McReynolds 2000: 139].

[35] См. [Коллонтай 1919].

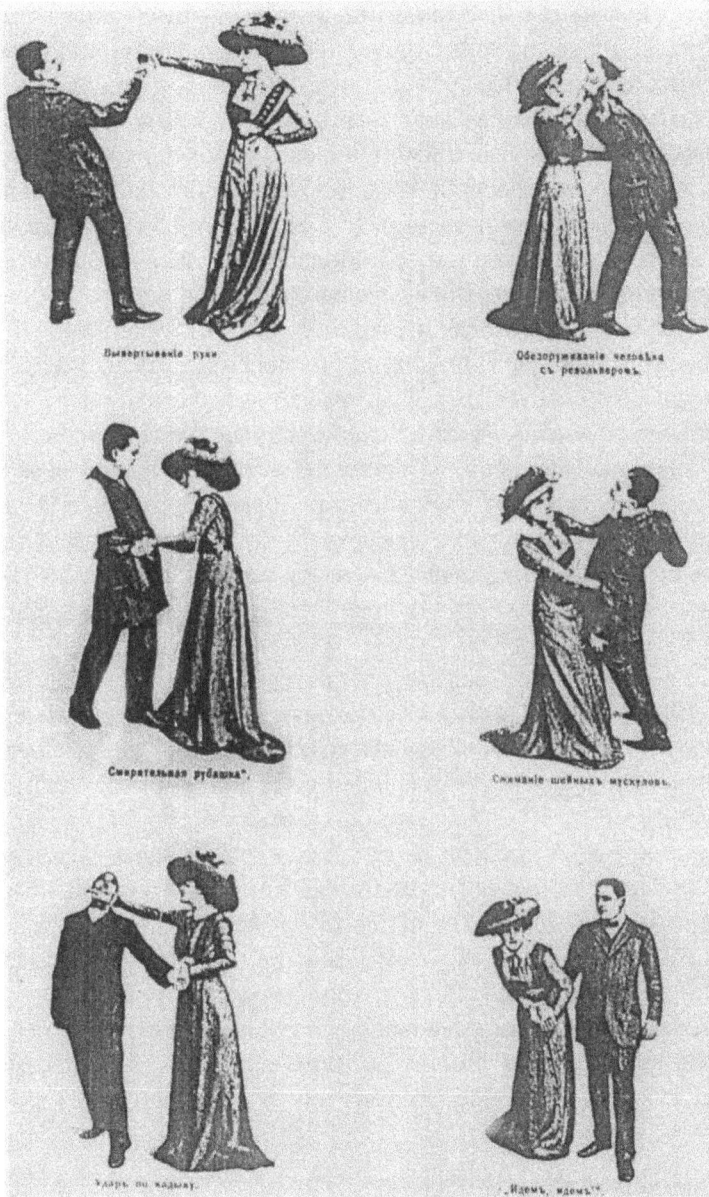

Рис. 10. Урок самообороны (Нива. 1910. № 32)

абортах как ничем не оправданные ограничения женской автономии. Ссылаясь на концепцию добровольного материнства, она призывала к полной декриминализации абортов, утверждая, что только женщины могут знать, что им нужно. Для нее, как и для других сторонников декриминализации, аборт символизировал женскую автономию. Однако для других он был символом женской сексуальной распущенности и подчеркивал опасные стороны освобождения женщин. Свобода женщины от юридических и карьерных ограничений — это одно, а сексуальное освобождение — совсем другое! Врач Дмитрий Жбанков, сторонник женских прав и женского образования, тем не менее считал, что женщина из высшего общества, желающая сделать аборт, испорчена и идет на поводу у своих желаний. Если женщины хотят добиться равных прав, настаивал он, они должны перестать гоняться за бесплодным сексуальным удовлетворением и вернуться к своей «природной» функции материнства[36]. В это же время были реализованы новые инициативы в области социального обеспечения, направленные на укрепление семьи за счет поддержки женщин как матерей.

Сами женщины выражали очень разные мнения. В ходе опроса в 1909 году курсистки-бестужевки заявили, что отвергают новую «порнографическую» литературу в пользу классических произведений. Вопреки утверждению Вербицкой, что ее самыми преданными читательницами были именно курсистки, только 5 % опрошенных отнесли Вербицкую к числу своих «любимых» писательниц, и то с оговорками. Не в восторге они были и от феминизма. Большинство исповедовало традиционные для интеллигенции ценности, в том числе цель служения обществу и «народу»[37]. Большинство феминисток также продвигали более консервативный взгляд на женскую сексуальность, чем тот, который воплотился в «новой» женщине. Одобряя саму возможность сексуального выбора, они тем не менее видели женщин

---

[36] См. [Engelstein 1992: 341–344].

[37] См. [Санкт-Петербургские высшие женские курсы 1912: 124]; [Morrissey 1998: 171–172].

в сексе скорее жертвами, чем субъектами. Мария Покровская, сторонница декриминализации абортов, пропагандировала не сексуальную свободу, а, напротив, «половую чистоту», и призывала мужчин тоже блюсти целомудрие. Русское общество защиты женщин продвигало еще более радикальное пуританство в вопросах секса. Созданное в 1900 году в рамках борьбы с «белым рабством» и состоящее из женщин высшего социального круга, Общество стремилось спасти девушек рабочего класса не только от «падения», но и от секса как такового[38].

Заключение

Несмотря на все усилия реакционных чиновников и опасения критиков-консерваторов, к началу Первой мировой войны казалось очевидным, что «новая женщина» пришла надолго. Во многом она была продуктом перемен, происходивших в России начиная с царствования Александра III. Расширение женского образования, рост рыночной экономики, новый акцент на собственном «я» и удовлетворении его потребностей подорвали основы патриархальной семьи сильнее, чем радикальная критика 1860–1870-х годов, хотя отголоски этой критики и продолжали звенеть в воздухе. Хотя многие расходились во мнениях относительно того, куда «новой женщине» следует направить свою энергию и как использовать собственное тело, но само ее право играть роль в обществе ставили под сомнение лишь самые консервативные из современников. Примечательно, что роли жены и матери в женском дискурсе в начале XX века играли минимальную роль, хотя после 1905 года эти темы зазвучали громче. В 1920-е годы, когда революция полностью изменит политический, но пока еще не культурный контекст, новое правительство будет всеми силами пытаться использовать «новую женщину» в своих целях и загнать джинна сексуальности обратно в бутылку.

---

[38] См. [Bernstein 1995: 203].

Рекомендуемая литература

Edmondson L. H. Feminism in Russia, 1900–1917. Stanford, Calif.: Stanford University Press, 1984.
Добросовестное исследование возрождения и характера женского движения.

Engelstein L. The Keys to Happiness: Sex and the Search for Modernity in Fin-de-Siecle Russia. Ithaca, N.Y.: Cornell University Press, 1992.
Блестящее исследование роли пола и гендера в эволюции русской мысли.

Glickman R. Russian Factory Women: Workplace and Society, 1880–1914. Berkeley, Calif.: University of California Press, 1984.
Наиболее полное исследование деятельности женщин рабочего класса в 1905 году и позже.

Holmgren 1996 — Holmgren B. Gendering the Icon: Marketing Women Writers in Fin-de-Siecle Russia // Russia. Women. Culture / ed. Goscilo H. and Holmgren B. Bloomington, Ind.: Indiana University Press, 1996. P. 321–346.

Lindenmeyr 1993a — Lindenmeyr A. Maternalism and Child Welfare in Late Imperial Russia // Journal of Women's History. 1993. N 5. P. 114–126.

Lindenmeyr A. Public Life, Private Virtues: Women in Russian Charity, 1762–1914 // Signs. 1993. Vol. 18. N 3. P. 562–591.
О женской благотворительной деятельности в указанный период.

McReynolds L. The Incomparable' Anastasiia Vial'tseva and the Culture of Personality // Russia. Women. Culture / ed. Goscilo H., Holmgren B. Bloomington, Ind.: Indiana University Press, 1996. P. 273–294.
Исследование о популярной певице, ее культе и его значении.

Rabinowitz S. J. No Room of Her Own: The Early Life and Career of Liubov' Gurevich // Russian Review. 1998. Vol. 57. N 2. P. 236–252.
Показательный портрет первой российской издательницы.

Ruane C. Clothes Shopping in Imperial Russia: The Development of a Consumer Culture // Journal of Social History. 1995. N 28. P. 765–782.

Сланская Е. В. День думского женщины-врача в С.-Петербурге: Рассказ женщины-врача Е. Сланской. СПб.: Амер. скоропеч., 1904.
Женщина-врач описывает свою практику лечения городской бедноты.

Вербицкая А. А. Ключи счастья. М.: Планета, 1993.

Глава 7
Война и революция

Начало Первой мировой войны в августе 1914 года подготовило почву для революции и глубоких преобразований, которые большевики предприняли после 1917 года. Миллионы мужчин ушли на фронт. К концу 1916 года число призванных на военную службу достигло ошеломляющей цифры в 14 600 000 человек. В это число входили молодые мужчины, единственные кормильцы своих семей. Чуть менее половины (47,8 %) трудоспособного сельского мужского населения было призвано на фронт; около трети всех крестьянских хозяйств осталось без работников. Унеся миллионы мужских жизней, Первая мировая война изменила жизнь женщин. Она пошатнула гендерную иерархию и впервые вынудила тысячи, если не миллионы женщин выйти на работу. Значительно расширившаяся роль женщин на общественной арене подкрепила их претензии на равные гражданские права. Однако большинству российских женщин война и ее революционные последствия принесли не новые возможности, а дополнительные тяготы.

Первая мировая война и женщины

Если когда-либо образованная российская элита чувствовала себя «частью Отечества», так это в начале Первой мировой войны. Большинство женщин из среднего и высшего классов были захвачены общей вспышкой патриотического рвения. Среди них были и феминистки, которые когда-то называли себя пацифистками. К примеру, умеренный феминистский журнал «Женское дело» с самого начала принял тон возвышенного патриотизма, призывая женщин в дни испытаний исполнять свой «великий долг» и «священные женские обязанности», помня, что потеря на войне мужей и сыновей — это «священная жертва за наши грехи, принесенная на алтарь Отечества» [Edmondson 1984: 160].

Тысячи женщин стремились внести свой вклад в общее дело в роли сестер милосердия. Некоторых толкало на это не только чувство долга перед Отечеством, но и поиски приключений. По воспоминаниям жительницы Чернигова Надежды Якушевой, практически в каждой образованной семье дочери, если у них не было необходимости зарабатывать на жизнь, шли добровольцами в госпитали[1]. В первые месяцы войны в добровольцы стремилось столько женщин, что многим приходилось отказывать. Даже женщины императорской семьи носили форму сестер милосердия. Императрица Александра и ее дочери стали сестрами милосердия в Царскосельском дворцовом госпитале, помогали во время операций и перевязывали раненых. О великой княжне Ольге Александровне, невестке императрицы, служившей рядовой сестрой милосердия в госпитале в Ровно, в безопасном тылу, в «Петроградской газете» восторженно писали, что она ухаживает за ранеными, не зная «ни дня ни ночи»[2].

Женское участие в войне отчасти размывало гендерные границы. На фронте женщинам часто приходилось проявлять храбрость и твердость — качества, которые среди их современников считались мужскими. Готовясь к отъезду на фронт, Лидия Захарова, дама из высшего общества, приобрела пару крепких крестьянских сапог и мужскую кожаную куртку. По ее признанию, она сама не знала, радоваться или печалиться тому, что женского в ней остается все меньше[3]. На фронте сестры милосердия переносили все те же тяготы, что и солдаты. Они работали в полковых медпунктах, таскали носилки, иногда даже выхо-

---

[1] См. [Якушева 1993: 55].

[2] Петроградская газета. 1914. № 272. 4 октября.

[3] См. [Meyer 1991: 209].

дили на ничейную полосу, чтобы подобрать раненых. Близость
к войне и солдатам, а также, возможно, сексуальные похождения
некоторых из них создали фронтовым сестрам милосердия репутацию любительниц беспорядочных половых связей. Одну из
новеньких, по ее воспоминаниям, спрашивали, известно ли ей,
какой дурной славой пользуются фронтовые сестры[4]. Однако
пресса редко писала о рисках, с которыми многие из этих женщин
сталкивались ежедневно, и даже не намекала на сексуальный
подтекст. Вместо этого пресса военного времени подчеркивала
гендерные различия, изображая сестер милосердия заботливыми
матерями, платоническими возлюбленными и неприкосновен-
ными в своей чистоте красавицами. Сестры милосердия стали
гендерными символами патриотической добродетели — женским
аналогом мужественного воина.

Женщин, взявшихся за оружие, было нелегко классифициро-
вать. Поначалу большинство из них маскировались под мужчин:
они коротко стриглись, перенимали мужские манеры, одевались
в военную форму и пытались записаться в армейскую часть.
Чаще всего им отказывали, однако некоторым удалось заручиться согласием командира роты или полка и присоединиться
к боевой части. Эти женщины происходили из всех слоев русского общества. Княгиня Евгения Шаховская, имевшая лицензию
пилота, стала военной летчицей. Другая состоятельная женщина
пожертвовала армии свои автомобили и ездила на одном из них
вдоль линии фронта с разведывательными целями. После свержения царя в феврале 1917 года женщин-солдат стало больше.
Самой известной из них была Мария Бочкарева, дочь бывшего
крепостного крестьянина из Новгородской губернии. Бочкарева
находила притягательной саму идею сражения: «Мое сердце
стремилось туда — в кипящий котел, принять крещение в огне,
закалиться в лаве», — вспоминала она позже в характерной для
нее пылкой манере [McDermid, Hillyar 1998: 141]. Неоднократно
награжденная за храбрость, Бочкарева специализировалась на
спасении раненых солдат из-под огня. Некоторых женщин ее

---

4   См. [Farmborough 1975: 151].

действия вдохновляли. Узнав о подвигах Бочкаревой, другие фронтовые сестры милосердия «были, конечно, взволнованы до глубины души» [Farmborough 1975: 300].

Но большинство женщин участвовали в военных действиях более традиционными способами. Женщины из высшего общества вместо балов и вечеринок собирались и вязали шарфы для раненых, делясь за работой новостями с фронта. «Как можно было веселиться, когда на фронте льется кровь и все больше траурных вуалей появляется на петербургских улицах?» — говорила Ирина Еленевская, дочь чиновника из Министерства иностранных дел. Жена министра иностранных дел обратилась к женам всех высокопоставленных чиновников, служивших в министерстве ее мужа, с просьбой два раза в неделю приходить к ней домой, чтобы готовить перевязки для раненых[5]. В провинциальном Чернигове молодые женщины, не имевшие необходимой подготовки для работы сестрами милосердия, сматывали бинты на специальной машине. Зимний дворец тоже превратился в гигантскую мастерскую, где женщины готовили белье и бинты для фронта. Другие женщины шили одежду и собирали солдатские продуктовые пайки. Кроме того, они работали в чайных и столовых для солдат, где те могли подкрепиться по пути на фронт, и всевозможными способами помогали раненым и инвалидам.

Мобилизация женщин для оказания помощи беженцам добавила еще одну грань к их общественной роли. Немецкое вторжение в западные окраины России вынудило миллионы людей покинуть свои дома. Беженцы, по преимуществу женщины и дети, сталкивались с огромными трудностями в поисках жилья и работы и в попытках заново наладить хоть какое-то подобие нормальной жизни. По всей России в помощь им возникали «дамские комитеты» и «дамские кружки». Дамы собирали деньги на содержание беженцев, устраивали для них кухни и столовые, находили жилье, создавали швейные кружки, чтобы обеспечить беженок работой. В соответствии с самопровозглашенной ролью женщин среднего класса — нравственной опеки тех, кому в жиз-

---

5 См. [Еленевская 1968: 57–63].

ни дано меньше, чем им самим, — эти дамы брали на себя ответственность и за моральное состояние своих подопечных. Обеспокоенные «защитой» беженок от опасностей изнасилования и проституции, благодетельницы следили за их сексуальным поведением, стремясь уберечь их от «искушений»[6]. Взятая на себя ответственность за заботу о беженцах расширила роль женщин в общественной сфере даже значительнее, чем участие в войне и работе для фронта.

Война открыла женщинам новые возможности и в других сферах. Когда мужчины ушли на фронт, на фабриках освободились рабочие места: общая доля женщин в промышленности России в целом выросла с 26,6 % рабочей силы в 1914 году до 43,2 % к 1917 году. За эти годы в промышленность влилось более четверти миллиона работниц, в результате чего общее число работающих женщин составило более миллиона. Хотя большинство, как и прежде, было занято в качестве домашней прислуги или прачек — работа, не требующая особых навыков и низкооплачиваемая, — небывалое до тех пор число женщин получило доступ к высокооплачиваемым должностям в мужских сферах, особенно в химической и металлургической промышленности. В Петрограде (бывшем Санкт-Петербурге), сердце элитной российской металлообрабатывающей промышленности, женщины к концу 1916 года составляли 20 % рабочих-металлистов. Женщины пришли и в другие профессии, до сих пор закрытые для них, такие как почтовая служба и транспорт. Увеличилось их число и на должностях для «белых воротничков»: в бухгалтерии, в конторах и на телеграфе[7]. Учительницы наконец получили право преподавать в средних школах. Под давлением войны официальные меры по ограничению трудовой деятельности женщин сферами, отведенными для их пола, почти полностью провалились.

Эти перемены пробудили у феминисток новые надежды на будущее. Стремясь убедить других в значимости роли женщин, феминистские газеты восторженно писали о тех новых обязан-

---

6   [Gattrell 1999: 115–126].
7   [Meyer 1991: 213–214].

ностях, которые женщины взяли на себя. «Согласно отжившей, мужской морали, уделом оставшейся дома женщины должны были бы быть печаль и беспомощные слезы. Но в исторический момент, переживаемый теперь Россией, женщина доказала, что ей некогда плакать», — заявляла журналистка газеты «Женщина и война». Она обращала внимание на ту огромную работу, которую стали выполнять женщины (купеческие жены вели торговые дела, крестьянки обрабатывали землю, появились женщины — кондукторы трамваев, стрелочницы, извозчицы, носильщицы, дворничихи и даже женщины-солдаты), и утверждала, что женщины, несмотря на их нынешнее бесправие, сильны и теперь им остается лишь проявиться и укрепиться в новой работе, чтобы и после войны удержать завоеванные позиции[8].

Деятельность женщин во время войны подкрепила доводы феминисток в пользу женских прав. В то же время ожидаемые успехи в послевоенном будущем помогали сохранить феминистский энтузиазм по поводу военных действий еще долго после того, как надежда на быструю победу была потеряна. Намного меньше известно о первоначальной реакции на начало войны женщин из низших слоев общества. Существуют свидетельства, что некоторые, так же как и их сестры из высшего сословия, стремились стать «частью Отечества» — некоторые даже шли в армию, как та же Мария Бочкарева. Но гораздо больше было тех, кто относился к войне равнодушно или отрицательно. Когда забирали в армию крестьянских мужей-кормильцев, их жены иногда устраивали бунты. А потом, когда стали учащаться случаи дезертирства, крестьянки прятали бежавших с фронта мужей, сыновей и братьев. Как бы то ни было, война неизбежно вовлекала миллионы деревенских женщин в государственную политику. Крестьянки в невиданных ранее количествах записывались на взрослые курсы обучения грамоте: она была необходима, чтобы переписываться с мужьями-солдатами и быть в курсе новостей. Когда мужчины ушли на войну, все тяжелые полевые работы легли на плечи женщин, детей и стариков, которым

---

[8] См. [Яковлева 1915].

иногда помогали политические заключенные. В отсутствие мужчин женщины получили больше прав в сельском сходе.

Военное время всколыхнуло и вскоре развеяло ожидания солдатских жен (солдаток). В 1912 году правительство взяло на себя заботу о семьях мужчин, призванных на действительную военную службу, введя обязательное государственное пособие для их жен и детей. 11 августа 1914 года под председательством императрицы Александры был основан Верховный Совет по призрению семей лиц, призванных на войну, а также семей раненых и павших в войне. Однако в отсутствие необходимых кадров и достаточных финансов правительство оказалось не в состоянии выполнить свои обещания. И все же, несмотря на эту неудачу, общественное признание того, что солдатки имеют свои специфические потребности, а их мужья — определенные права, дало женщинам новое ощущение своего права на общественные ресурсы. Во время этой войны активность солдаток стала беспрецедентной. Как частные лица они забрасывали чиновников письмами и петициями, описывая свое финансовое положение и требуя, чтобы государство выполнило свои обещания. Десятки, а иногда и сотни солдаток устраивали беспорядки в малых городах и районных центрах, куда иногда приезжали и деревенские жительницы, чтобы пожаловаться на халатность чиновников или получить пособие.

Какой бы ни была первоначальная реакция женщин из низшего сословия на начало войны, вскоре большинство уже было против нее. Серьезные экономические трудности заметно усилили политическое недовольство городских низших классов. Цены на потребительские товары резко возросли; продуктов первой необходимости, таких как хлеб и сахар, стало не хватать. Когда стало очевидно, что война потребует от рабочих огромных жертв, а пользы принесет немного, стачечное движение возобновилось и быстро приобрело антивоенный оттенок. Ежедневно бастовали тысячи рабочих; в период с осени 1915 по осень 1916 года стачечное движение обошлось примерно в 4,5 миллиона потерянных рабочих дней, при этом ведущую роль в забастовках играли квалифицированные работники, например металлисты.

Женщины по-прежнему были настроены менее воинственно, чем мужчины. Отрасли, в которых преобладали женщины, такие как текстильная, табачная и пищевая промышленность, куда во время войны хлынули новые и совсем молодые работницы (многим было всего по 12–14 лет), принимали в протестах военного времени относительно мало участия. Однако на металлообрабатывающих заводах и в других связанных с войной отраслях женщины и мужчины бастовали вместе. По мере того как стачечное движение политизировалось, некоторые из работниц, более образованные и опытные, чем их сестры в других профессиях, начинали говорить уже отчетливо женским голосом. Сотни из них призывали к уравниванию женской заработной платы с мужской на двух собраниях, состоявшихся в конце февраля 1916 года, что свидетельствует о растущей уверенности и настойчивости работниц.

В домашних ролях женщины низшего сословия тоже стали решительнее. Дефицит товаров и растущие цены в городах резко усложнили им задачу обеспечения семей. Весной 1915 года они начали протестовать против этих лишений — иногда сами по себе, иногда вместе с мужчинами или подростками. Продовольственные бунты прокатились по российским городам и поселкам. Работницы, солдатки и домохозяйки — жены рабочих, возмущенные ростом цен на товары первой необходимости, возглавили протесты. Обозленные отчаянием, они громили лавки торговцев, подозреваемых в спекуляции, и самовольно забирали товары по тем ценам, которые считали справедливыми. Женщины сопротивлялись попыткам полицейских и казачьих отрядов пресечь бунты, иногда защищались, бросая камни и кирпичи. Гнев женщин на купцов и торговцев, которых они считали грабителями народа, отражал растущее отчуждение низших классов России, а гнев на «богачей», пользующихся, по их мнению, привилегированным доступом к дефицитным товарам, усугублял растущую социальную поляризацию[9].

Народное недовольство приняло политическую направленность. Когда женщины стали требовать от гражданских властей

---

[9] См. [Engel 1997: 696–717].

обеспечить их доступными товарами, власти ничего не ответили. В результате, по мере ухудшения ситуации с продовольствием, настроения в народе сделались резко антивоенными и антиправительственными. Согласно полицейским отчетам, между собой на базаре женщины горько жаловались: «На войне колотят мужей и детей, а дома хотят голодом уморить»[10]. Не менее тревожным для властей было и то, что протесты женщин на рынке часто перекидывались в заводские цеха. На волне продовольственных беспорядков иногда тысячи мужчин и женщин на фабриках останавливали работу, требуя повышения заработной платы, снижения цен и прекращения войны.

Февральская революция

Критической точки положение достигло в Международный женский день, 23 февраля (8 марта) 1917 года. За зиму резко возросло количество как забастовок, так и их участников. Росло и число женщин, примкнувших к бастующим. Тон забастовок зачастую был отчетливо политическим. 23 февраля в Петрограде разгневанные женщины из рабочего класса — фабричные работницы и домохозяйки — устроили гигантскую демонстрацию, требуя хлеба и мира. Останавливаясь у тех заводов, которые еще работали, они призывали остальных присоединиться к ним. Рабочий Нобелевского машиностроительного завода в густонаселенном Выборгском районе Санкт-Петербурга вспоминал:

...утром 23 февраля, 8 марта по новому стилю, в переулке, куда выходили окна нашего цеха, раздались женские голоса: «Долой войну! Долой дороговизну! Долой голод! Хлеб рабочим!»
Я и еще несколько товарищей мигом оказались у окон. Ворота 1-й Большой Сампсониевской мануфактуры были широко распахнуты. Массы по-боевому настроенных работниц залили переулок. Те, что заметили нас, стали махать

---

[10] См. [там же: 717].

руками, кричать: «Выходите! Бросайте работу!» В окна полетели снежки. Мы решили примкнуть к демонстрации [Гордиенко 1957].

В течение следующих нескольких дней еще сотни тысяч рабочих последовали их примеру. Критический момент наступил, когда царские войска отказались стрелять по демонстрантам, после чего женский протест перерос в полномасштабную революцию. 2 марта 1917 года (по старому стилю) царь Николай II отрекся от престола. Вакуум во власти заполнило Временное правительство.

Женщины с самого начала претендовали на гражданские права в новой политической системе. Феминистские лидеры, с восторгом встретившие свержение царя, начали успешную избирательную кампанию. Когда Временное правительство не включило гендерное равенство в свою первоначальную политическую программу, феминистки мобилизовались. Они проводили конференции и встречи, которые иногда оказывались настолько популярными, что кому-то приходилось отказывать в участии. 20 марта 1917 года они устроили огромную процессию численностью до 40 000 человек, которая двинулась от Петроградской городской думы к Таврическому дворцу, где заседало Временное правительство, чтобы лоббировать избирательное право для женщин. Шествие сопровождала женская конная милиция, а участницы марша несли транспаранты с надписью: «Место женщины — в Учредительном собрании».

Шествие возглавляли Вера Фигнер, освобожденная из тюрьмы после революции 1905 года, и Поликсена Шишкина-Явейн, врач, с 1910 года руководившая Всероссийским союзом равноправия женщин. Обращаясь к новым правителям России, Шишкина-Явейн заявила: «Мы пришли напомнить вам, что женщины были вам верными товарищами в гигантской борьбе за свободу русского народа, переполняли тюрьмы, смело шли на каторгу, и лучшие из нас бесстрашно смотрели смерти в глаза». Она требовала признания женщин гражданками, заявляя, «что Учредительное собрание, на котором будет представлена только одна половина населения, никоим образом не может считаться выразителем воли всего народа, а только половины его» [Закута 1997].

В конце концов Временное правительство уступило. В июне 1917 года женщины-юристы наконец получили право выступать в качестве поверенных и представлять клиентов в суде. Женщины также получили равные права с мужчинами на государственной службе, что было особенно важно для учительниц. 20 июля все люди старше 20 лет, как мужчины, так и женщины, получили право голосовать за кандидатов в новое Учредительное собрание. Такая готовность Временного правительства согласиться с феминистскими требованиями обеспечила ему осторожную поддержку феминисток, в том числе поддержку дальнейшего участия России в войне.

Сама война, которая теперь представлялась подлинно народной (в противовес царско-имперской), вновь стала вызывать в некоторых кругах энтузиазм. В военное министерство начали поступать запросы о формировании целиком женских воинских частей. В надежде, что появление женщин-солдат пристыдит новобранцев-мужчин, уже отказывающихся воевать и дезертирующих в рекордных количествах, в конце мая 1917 года министр дал Марии Бочкаревой добро на набор в первый Петроградский женский «батальон смерти»; был сформирован и второй, Московский женский «батальон смерти». Тысячи женщин вступали туда добровольцами. Другие формировали независимые женские воинские части. Женщина-солдат не была чем-то необычным в русской армии, как заметила летом 1917 года одна фронтовая медсестра. Чтобы получить контроль над этими подразделениями, а также удовлетворить запрос женщин на расширение их возможностей участвовать в войне, правительство вынуждено было увеличить количество женских воинских формирований. Число женщин, вовлеченных в боевые действия и связанную с ними деятельность, возросло настолько, что в августе 1917 года в Петрограде был проведен Женский военный съезд для координации их работы[11]. К концу войны в боях участвовало около

---

[11] См. [Farmborough 1975: 300]; [Stuff 2000: 69–78].

Рис. 11. Санитарки. Предоставлено библиотекой Конгресса США

6000 русских женщин — рекорд, уникальный для Первой мировой войны (рис. 11–12).

Хотя женщины низших классов и разделяли общую послереволюционную эйфорию, их потребности и стремления часто не совпадали с потребностями и стремлениями либеральных феминисток. Когда одна из феминисток после победы в борьбе за избирательные права подошла к толпе женщин, стоявших в очереди у булочной, и заявила: «Поздравляю вас, гражданки, мы, русские женщины, получим права», — ее встретили равнодушие и непонимание[12]. После Февральской революции, когда женщины из низших слоев общества стали увереннее и напористее, они редко отстаивали политические права женщин как таковые или боролись за право держать оружие. Возьмем, к примеру, солдатских жен, одну из самых влиятельных групп после Февральской революции. Ворвавшись в середине марта 1917 года на женское собрание в портовом районе Петрограда с требованием увеличить им паек, солдатки настаивали на первоочередной важности своих потреб-

---

[12] См. [Stites 1990: 294].

Рис. 12. Петроградский женский батальон. Предоставлено
библиотекой Конгресса США

ностей. Их возмутило, что все говорят о работницах, о прислуге,
о прачках, а о солдатках ни слова[13]. Гнев солдаток утих только после
того, как собрание приняло резолюцию о пайках. 11 апреля 1917 года около 15 000 солдатских жен вышли на улицы, устроив массовую
демонстрацию на Невском проспекте. «Прибавку пайка семьям
солдат — защитникам свободы и народного мира!», «Кормите
детей защитников Отечества!» — гласили их самодельные плакаты.
В июне женщины образовали Союз солдатских жен; подобный же
союз организовался и в Туле. Заявляя о связи своих требований
с интересами страны, солдатки добивались не политических,
а экономических прав и говорили о себе как о женах и матерях,
а не как об автономных гражданках (рис. 13).

---

[13] См. [Wade 2000: 121–122].

Рис. 13. К. Булла. Марш солдатских жен. Предоставлено Библиотекой Конгресса США

Среди рабочих в 1917 году наибольший вес в риторике приобрел не гендерный, а классовый язык. В прокламации Смоленской инициативной группы женщин и матерей, опубликованной в независимой социалистической газете в мае 1917 года, группа заявляла, что присоединяется к протесту трудящихся против войны, и призывала прекратить бессмысленное кровопролитие, не несущее никакой пользы рабочим и лишь приносящее их сыновей в жертву ненасытной пасти капитализма[14]. Ободренные новой свободой, дающей возможность объединяться, работницы тех профессий, которые до сих пор стояли в стороне, продемонстрировали беспрецедентную готовность отстаивать свои интересы. В мае более 3000 прачек начали забастовку, организованную их новым профсоюзом. На их требования восьмичасового рабо-

---

[14] См. [Steinberg 2001: 98].

чего дня и минимальной заработной платы в четыре рубля в день наниматели отвечали угрозами отправить их в тюрьму и выселить из квартир. К некоторым пикетчицам применили физическую силу, другие были арестованы. Владельцы организовали свой союз; широко распространилось штрейкбрехерство. Однако прачки упорно стояли на своем и через месяц одержали хоть и скромную, но все же победу.

Еще одна забастовка, в которой главную роль играли женщины-красильщицы, продлилась с 13 мая по сентябрь 1917 года. Забастовка, возглавляемая новым профсоюзом рабочих химической промышленности, получила широкую поддержку рабочих организаций и все же закончилась неудачей. Однако большинство работниц не проявляли большого желания бастовать, а когда все же бастовали, то их акции чаще всего носили оборонительный характер. Осознавая, как малы шансы на победу, женщины опасались, что заводы закроются, и тогда они лишатся возможности содержать себя и своих детей. Их опасения только усиливало то, что работники-мужчины при угрозе увольнения иногда предлагали уволить в первую очередь женщин.

Экономические проблемы в течение 1917 года не только не исчезли, но усиливались. Инфляция перекрывала рост заработной платы, и в городах исчезла еда. Тяжелая нагрузка сказывалась на внешнем виде женщин. «Все посерело, озабочено, лица вытянулись, — рассказывала петроградская жительница в своем дневнике в начале октября. — В особенности поражают лица простых женщин... и забота, забота на их лицах» [Рогалина, Телицын 1997]. Улицы опустели, если не считать бесконечных очередей перед продовольственными лавками. В конце лета и начале осени при активном участии женщин вновь вспыхнули продовольственные беспорядки.

Признавая новую значимость женщин, в течение 1917 года все социалистические партии, и особенно большевики, участили попытки заручиться женской поддержкой. Под давлением активисток в марте большевики, вопреки своему первоначальному нежеланию, утвердили Бюро работниц для агитации среди женщин, а вскоре после этого возобновили издание журнала

«Работница», недолго выходившего в 1914 году. Его редколлегия вскоре стала непризнанным центром большевистской работы среди женщин: организации митингов, создания школы агитаторов, попыток популяризации большевистских идей и повышения женского самосознания. Активистки стремились убедить женщин низших классов, что их интересы связаны с их товарищами по работе, а не с «буржуазными» феминистками и Временным правительством, и что только социалистическая революция может принести подлинное освобождение. Большевистская пресса публиковала сообщения о женских забастовках и уличных протестах, о конкретных женских трудностях. На митингах и демонстрациях, собиравших тысячи женщин-рабочих, а также на страницах «Работницы» организаторы указывали на причины непрекращающихся страданий женщин из низших слоев общества — войну и дороговизну продуктов — и обещали покончить с ними, когда большевики придут к власти. Большевики с энтузиазмом поддержали забастовку прачек и требования солдаток повысить заработную плату[15]. Меньшевики, более умеренные марксистские соперники большевиков, тоже издававшие журнал для работниц, были менее активны. Еще менее активной была партия социалистов-революционеров, несмотря на присутствие в ее левом крыле известной женщины — Марии Спиридоновой.

Однако сказать, в какую сторону склонялись политические симпатии женщин низших классов, довольно сложно. Женщины низшего сословия редко оказывались в авангарде организованных политических акций. Источники того времени, включая газеты, женщин, как правило, игнорировали — за исключением тех случаев, когда их активизм, например благотворительность и забота о беженцах, оставалась в рамках традиционной женской сферы деятельности или когда они участвовали в забастовках и протестах, как это часто делали солдатки. Вследствие этого в источниках за восемь месяцев между Февральской и Октябрьской революциями — время широкой активности народных масс и ожесточенной политической борьбы — на удивление трудно расслышать

---

[15] См. [Donald 1982: 142–148].

голоса женщин из низшего сословия или понять их устремления. Когда же голоса женщин все же становятся слышны, то чаще всего это голоса тех, кто посещали собрания, вдохновленные или организованные какой-нибудь из социалистических партий, в частности, большевиками, или писали в большевистскую газету. Работая вместе, рука об руку, женщины могли «делать эту жизнь красивее, чище и светлее для нас самих, для детей наших и для всего рабочего класса», как писала Мария Куцко в «Работнице»[16]. Из сборника документов, опубликованных в Советском Союзе, можно узнать, что 17 марта собрание работниц в Петрограде приняло резолюцию с требованием не только полного равноправия женщин, законов об охране труда женщин и детей, отмены ночных смен, но также демократической республики, восьмичасового рабочего дня и земли крестьянам. Позже, в том же месяце, работницы города поддержали аналогичную резолюцию, в которой также выражали солидарность с рабочим движением и отделяли себя от «женщин буржуазного движения» [Революционное движение 1957: 470, 578]. Однако насколько репрезентативными были такие заявления, понять трудно.

С уверенностью можно сказать одно: женщины из низших классов с энтузиазмом пользовались открывшимися политическими возможностями, однако чем больше при этом требовалось ответственности или самоотдачи, тем меньше женщин было задействовано. В митингах и демонстрациях приняло участие рекордное количество женщин. На муниципальные выборы в Москве женщин пришло столько, что это удивило наблюдателей. Однако лишь немногие из тех заводов, где среди работников преобладали женщины, выносили резолюции по насущным экономическим и политическим вопросам, получившие повсеместное распространение в 1917 году. Женщины были слабо представлены в профсоюзах и фабрично-заводских комитетах, выступавших от имени рабочих. Несмотря на высокую долю женщин среди фабричных рабочих, на I Конференции фабрично-заводских комитетов, состоявшейся в Петрограде в конце мая,

---

[16] Работница. 1917. № 6. С. 14

женщины составляли лишь 4 % делегатов, представлявших отдельные фабрики. Немногие предлагали себя в качестве кандидатов или выдвигались для участия в выборах в местные советы, и еще реже избирались — даже там, где женщины составляли больше половины всех рабочих.

Низкая политическая активность женщин была, несомненно, результатом отсутствия у них политического опыта, а также исконной привычки к смирению. Кроме того, она вытекала из гендерной природы самоидентификации рабочего класса. На фабричных собраниях мужчины часто перебивали женщин или не слушали их. Представители рабочего класса говорили о себе как о братстве, а не сестринстве, даже в тех случаях, когда сами говорящие были женщинами. В упомянутом выше обращении Смоленской инициативной группы содержится призыв к русским женщинам и матерям гордиться тем, что они первыми протянули свою братскую [sic] руку матерям всего мира[17]. Давние различия между мужчинами и женщинами, основанные на различных навыках, привязанности к деревне и культурных обычаях, приобрели символическое значение. Женщины редко фигурировали даже как символы социалистического движения, а если и появлялись в этом качестве, то никогда не в образе фабричных работниц. Образы мужчин-рабочих, напротив, присутствовали повсеместно — «либо как брата мужчины-крестьянина и/или солдата... либо как освободителя мира, разбивающего цепи и короны». Мужская идентичность рабочего, сформировавшаяся на дореволюционном заводе или фабрике и необходимая для развития революционного движения, укрепляла представление как мужчин, так и женщин низших классов о политической деятельности как о мужской прерогативе[18]. Вследствие этого в организациях, боровшихся за политическую власть и контроль над повседневной жизнью в эти восемь месяцев после падения царя, за исключением феминистских, мужчин было намного больше, чем женщин.

---

[17] См. [Steinberg 2001: 98].

[18] См. [Figes, Kolonitskii 1999: 110].

Порождение революции

Захват власти большевиками не отменил эту гендерную иерархию, а лишь ввел ее в систему. 24–26 октября 1917 года (по старому стилю) петроградские большевики свергли Временное правительство и объявили власть Советов, но фактически захватили власть сами. Через несколько недель большевики взяли под свой контроль Москву и другие города Центральной и Северной России. Хотя на самом деле эта акция представляла собой не что иное как государственный переворот, она тем не менее имела значительную поддержку со стороны рабочего класса, от имени которого действовали большевики, о чем свидетельствуют полученные ими около четверти голосов на ноябрьских выборах в Учредительное собрание. Однако, исключив либералов и другие партии левого толка и дав новое определение гражданства — на основе классовой, а не национальной принадлежности, — большевистское руководство существенно сузило круг своих сторонников и создало себе врагов там, где могло бы обрести друзей. С самого начала новое правительство столкнулось с массовым противодействием, которое бывшие союзники России в войне поддержали деньгами и войсками. Весной 1918 года разгорелась Гражданская война.

Масштабы участия женщин в этих военных действиях говорят о значительном ресурсе поддержки большевистского правления. В отличие от трудящихся мужчин, которые поголовно подлежали призыву на военную службу, женщины участвовали в войне добровольно. К осени 1920 года в Красную армию вступило от 50 до 70 тысяч женщин, что составило около 2 % вооруженных сил. Многие участвовали непосредственно в боевых действиях — в качестве стрелков, командиров бронепоездов, даже пулеметчиц. Некоторые женщины фактически командовали мужчинами. Другие стали политруками и вели агитацию и пропаганду среди красноармейцев. Но большинство назначалось на канцелярскую работу или в медицинские части в качестве сестер милосердия — роль, которую женщины уже играли до этого во время Первой мировой войны. Около 20 000 женщин оказывали медицинскую помощь на фронте[19]. Участвуя в борьбе за революцию, эти женщины отстаивали тем самым и свое место в новом социальном и политическом порядке.

В тяжелых условиях Гражданской войны большевики впервые попытались осуществить концепцию социальных преобразований, включающую в себя эмансипацию женщин. Дореволюционный феминизм, заклейменный как буржуазный, перестал существовать как самостоятельное политическое и интеллектуальное течение. Однако большевистская разновидность феминизма, опирающаяся на марксистскую теорию, стала частью политического дискурса. Большевики предлагали уравнять отношения между полами путем обобществления домашнего труда, то есть передачи домашних дел наемным работникам; это позволило бы женщинам выйти на рынок наемного труда и получать заработную плату наравне с мужчинами, что марксисты считали залогом их освобождения. Лидер партии В. И. Ленин особенно подчеркивал необходимость освобождения женщин от домашних забот, чтобы они могли участвовать в «общественно полезном» производстве. «Ее (женщину) давит, душит, отупляет, принижает мелкое домашнее хозяйство, — писал он, — приковывая ее к кухне и к детской, расхищая ее труд работою до дикости непроизводительною, мелочною, изнервливающею, отупляющею, забивающею» [Ленин 1958: 24]. Некоторые большевистские феминистки пошли еще дальше: они призывали к освобождению женщин от всех социальных ограничений, включая семью, за исключением тех, которые женщины захотят принять по собственному выбору. Те и другие сходились на том, что, освободившись от необходимости обменивать бытовые и сексуальные услуги на мужскую финансовую поддержку, женщины могли бы взаимодействовать с мужчинами на равных. В конце концов сама семья отомрет, и женщины и мужчины будут соединять свои жизни исключительно по любви. Историки расходятся во мнениях относительно мотивации большевиков. Некоторые склонны доверять их словам: они указывают на предпринятые теми новые инициативы и на множество

---

[19] [Wood 1997: 56].

дверей, открывшихся перед женщинами; другие, однако, ставят под сомнение искренность большевистской приверженности женской эмансипации, отмечая ее утилитарный характер и устойчивость гендерных стереотипов. В документах того времени можно найти свидетельства в поддержку обеих позиций.

Новое правительство почти сразу же предприняло шаги по демократизации семьи. В 1918 году оно разработало Семейный кодекс, в котором воплотились некоторые из давних стремлений прогрессивных юристов. Кодекс уравнивал статус женщины с мужским, выводил брак из ве́дения Церкви, разрешал вступающим в брак принимать фамилию мужа или жены по выбору, а внебрачным детям предоставлял те же юридические права, что и законным. Развод, чрезвычайно затрудненный в царский период, стал легко достижим по желанию любого из супругов. Трудящиеся женщины получили восемь недель оплачиваемого отпуска по беременности и родам — до и после родов. В 1920 году аборт стал легальным при условии, что его производит врач. В новых постановлениях по возможности намеренно использовались гендерно-нейтральные формулировки. «Супруги» могут сохранять свою национальность после заключения брака. «Нетрудоспособный супруг» может рассчитывать на помощь «второго супруга». Декрет о заработной плате гласил, что женщины и мужчины, выполняющие труд равной ценности, должны получать равную оплату[20]. Совместное обучение стало правилом.

Революция также открыла новые двери для женщин из низшего класса и стремилась устранить политические, социальные и гендерные иерархии, где их статус был самым низким из всех. Рабочие, находившиеся ранее внизу общества в социальном и политическом отношении, теперь были объявлены верхушкой, новым «правящим классом». Гендерные и половые отношения были открыты для переоценки и обсуждения. На митингах и собраниях, больших и малых, партия призывала женщин мечтать о лучшем будущем, хотя сама при этом стремилась использовать женские мечты для политических целей революции.

---

[20] См. [там же: 50].

Кристина Суворова, домохозяйка из далекого северного городка, вспоминала о том, какое чувство причастности она испытывала во время еженедельных встреч таких же солдатских жен, как она, с местным большевистским партийным секретарем, где они беседовали о свободе и равенстве женщин. По ее словам, райкомовские работники относились к женщинам с искренним вниманием, уважительно выслушивали их, деликатно указывали на ошибки, понемногу учили житейской мудрости. На этих встречах все чувствовали себя одной счастливой семьей[21].

В ноябре 1918 года состоялась первая Всероссийская конференция работниц, организованная Александрой Коллонтай и Инессой Арманд, главными поборницами большевистского феминизма. В конференции приняли участие 1147 женщин — намного больше, чем ожидали организаторы, рассчитывавшие на 300 участниц. Организаторы повторяли, что эмансипация женщин — необходимая составляющая социализма, что женщины должны построить для себя новую жизнь. Арманд говорила о необходимости государственных детских садов, прачечных и кухонь, которые освободят женщин для участия в общественной жизни. В августе 1919 года ЦК Коммунистической партии, как теперь называли себя большевики, дал разрешение на создание Женотдела для координации партийной работы среди женщин. Первой его заведующей была назначена Арманд, менее воинственная, чем Коллонтай. Партия задумывала Женотдел как агентство по мобилизации женщин для поддержки партийных целей и информирования о новых женских правах. Он должен был стать проводником политики партии, инструментом донесения воли руководства до низов[22]. Однако лидеры Женотдела смотрели на это иначе, и поэтому он вскоре перерос в нечто гораздо большее. Несмотря на постоянную нехватку средств, Женотдел делал все возможное, чтобы создать основу для освобождения женщин: открывал детские сады, общественные столовые и другие учреждения.

---

[21] См. [Королёва 1982: 142–143].

[22] См. [Elwood 1992: 236–239, 242–244].

Рис. 14. Делегатки первой Всероссийской конференции работниц

Кроме того, Женотдел мобилизовал фабричных работниц, призывая их отстаивать свои права самостоятельно. Избранные в качестве делегатов Женотдела, женщины оставляли на время рабочие места, чтобы набраться политического опыта, который должен был позволить им потом активнее работать в местных советах, профсоюзах и партийных организациях. Делегатки посещали курсы по обучению грамоте и собрания, где слушали доклады по политическим вопросам и учились организовывать условия для работающих женщин, например фабричные детсады. Через три–шесть месяцев делегатка возвращалась к полноценной работе на фабрике, рассказывала о своем опыте коллегам, и на ее место заступала новая делегатка[23]. Таким образом, Женотдел расширил кругозор миллионов женщин и побудил их принимать активное участие в общественной жизни. Тысячи женщин вступали в партию. К 1922 году число женщин — членов партии превысило 30 000 человек, хотя они все еще оставались в меньшинстве, составляя в ней около 8 %.

---

[23] См. [Stites 1990: 336–338].

Рис. 15. Женщины готовят на кухне в коммунальной квартире

Однако материальные условия послереволюционных лет никак не благоприятствовали чьему бы то ни было освобождению. Гражданская война принесла с собой лишения и горе. Около миллиона мужчин погибло в этой войне, в дополнение к двум с половиной миллионам, павшим на полях сражений Первой мировой. Экономика была почти полностью разрушена. Когда ситуация с продовольствием, критическая уже во время большевистского переворота, стала катастрофической для горожан, большевики взяли управление экономикой на себя. Они отменили торговлю и закрыли частные предприятия. Вернувшись в 1919 году в Россию, чтобы помочь своему заключенному мужу, аристократка Софья Волконская с ужасом обнаружила: «Гостиниц не существовало, комнат в наем не сдавали. Ни ресторанов, ни магазинов, ничего не было... Дикое время. Кошмарная сказка Уэллса» [Волконская 193?: 70]. Кто мог, бежал из города: к концу гражданской войны Москва потеряла половину населения, Петроград — две трети. Большинство оставшихся были женщинами, которые оказались в отчаянном положении без всякой помощи. Женщинам из ранее привилегированных классов, официально лишенным государственных пайков, приходилось хуже всех: они вынуждены были продавать одежду и другие вещи, чтобы хоть как-то прокормить себя. Однако и положение женщин из низших классов было немногим лучше. У кого-то из них мужья умерли, у кого-то сражались на Гражданской войне. Сами женщины весь день трудились ради заработка, а по ночам рыскали по городу в поисках еды и топлива. Зинаида Жемчужная вспоминала, как они, закутанные во что придется, мерзли в очередях перед продуктовыми лавками в ожидании очередного жалкого пайка[24]. Люди умирали от голода и замерзали насмерть. Эпидемические заболевания убивали миллионы людей: один только сыпной тиф с 1918 по 1919 год унес жизни полутора миллионов человек. Миллионы бездомных детей бродили по улицам: их родители умерли или не в состоянии были о них заботиться.

Попытки государства взять на себя домашние обязанности были парализованы чудовищной материальной нуждой тех лет, а также непродуманной организацией. Чтобы прокормить городское население, правительство насильственно реквизировало у крестьян зерно и открывало общественные столовые и кухни. Большевистская власть создавала приюты и детские дома для беспризорных детей. Но вместо того чтобы служить ярким примером социалистического будущего, эти убогие и плохо финансируемые заведения производили угнетающее впечатление на тех, кому приходилось иметь с ними дело. Если это и есть обобществление домашнего труда, то кому оно нужно? Революция и Гражданская война ухудшили жизнь большинства женщин и детей — по крайней мере в краткосрочной перспективе. Гибель миллионов мужчин оставила жен без мужей, а детей без отцов и разрушила хрупкую семейную экономику[25].

Более того — волна перемен с самого начала столкнулась с сопротивлением гендерного порядка. Тяготы многолетних войн

---

[24] См. [Жемчужная 1987].

[25] См. [Goldman 1993: 60–67].

оставили свой отпечаток на психике людей. Хотя образы домашнего очага в пропаганде Первой мировой войны играли небольшую роль, война обострила ностальгию по дому, и эта ностальгия воплощалась в идеализированных картинах семьи и деревни, которые в глазах простых солдат стали образом родины. Однако и новое руководство также внесло свой вклад в восстановление гендерных различий. В годы Гражданской войны Красная армия сделалась горнилом гражданственности и структурным элементом нового государственного порядка. Однако решение властей отказаться от обязательной военной службы для женщин привело к тому, что армия стала представляться мужской вотчиной. Даже присяга новобранцев обрела мужской голос: «Я, сын трудового народа, гражданин Советской Республики, принимаю на себя звание воина рабочей и крестьянской армии» [Wood 1997: 53].

Кроме того, ожесточающе грубая обстановка Гражданской войны требовала традиционно мужских качеств. Суровость и жесткость необходима была не только тем, кто участвовал в боях, но и тем, кто занимал ответственные административные должности, поскольку претворять какие-то решения в жизнь нередко удавалось лишь под дулом пистолета. Многие женщины были готовы к этой суровости, однако еще больше было тех, кто проявлять необходимую жесткость не мог или не хотел. К тому же подобные попытки женщин, в отличие от мужских, вызывали двойственное отношение. Красноармейцы были недовольны присутствием в их среде женщин и оскорбляли их словесно и физически. Сама власть тоже подавала женщинам противоречивые сигналы, подчеркивая уникальность вклада, который могут внести только женщины, и одновременно пытаясь стереть гендерные различия. Гражданских женщин призывали приносить подарки раненым солдатам, шить для них белье, помогать тем, кто не мог сам читать и писать письма. Декрет о трудовой повинности от 30 октября 1920 года фактически обязывал всех горожанок в возрасте от 16 до 45 лет шить белье для Красной армии. Лозунги подкрепляли представление о том, что женщины должны заботиться о воинах, а мужчины — защищать женщин и детей: «Женщина-пролетарка! Боец Красной армии защищает тебя и твоих детей. Облегчай ему жизнь! Позаботься об уходе за ним!»[26]. Сами женщины часто принимали традиционное гендерное определение своей роли. Анна Анджиевская, член партии, ушедшая на фронт врачом, вызвалась организовать коммунистическую швейную мастерскую, где коммунистки и жены коммунистов шили для бойцов обмундирование и белье[27]. Крайне милитаризованная атмосфера, царившая во время Гражданской войны, не подрывала, а скорее укрепляла традиционные гендерные стереотипы.

Заключение

Беспорядки, начавшиеся в феврале 1917 года, завершились победой большевиков в Гражданской войне. По мере того как политическая борьба принимала все более институционализированные формы, женщины, занимавшие в феврале центральное место, отходили на задний план. Их места заняли мужчины. Тем не менее, хотя видимость женщин и уменьшилась, но лишь относительно их недавней выдающейся роли во время революции и Гражданской войны. Никогда еще столько российских женщин не чувствовало такой заинтересованности в политике. Столь же беспрецедентной была потребность политических лидеров в женской поддержке. Даже после того, как либеральных поборниц женских прав лишили слова, большевистские феминистки продолжали настаивать на женской эмансипации в рамках марксистского дискурса. Если традиционные гендерные стереотипы и всплыли вновь, то теперь они сосуществовали с другими идеями, воодушевлявшими женщин и побуждавшими их менять свою жизнь в соответствии с собственными желаниями.

Однако вместо хлеба и мира, за которые боролись в 1917 году, Гражданская война принесла женщинам из низших слоев общества годы голода и гибель близких. Работницы жаловались руко-

---

[26] [Там же: 58–59].

[27] [Fitzpatrick, Slezkine 2000: 77].

водству, что их предали: обещали, что всего будет вдоволь, а вышло наоборот. Жизнь становилась все труднее[28]. Когда в феврале 1921 года разъяренные городские толпы, состоявшие в основном из женщин и подростков, вновь начали выступать против правительственных войск, требуя увеличения хлебного пайка, стало ясно, что в некоторых отношениях поразительным образом почти ничего не изменилось.

Рекомендуемая литература

Clements B. E. Bolshevik Feminist: The Life of Alexandra Kollontai. Bloomington, Ind.: Indiana University Press, 1979.

Биография основоположницы марксистского феминизма.

Clements 1997 — Clements B. E. Bolshevik Women. New York: Cambridge University Press, 1997.

Коллективный портрет женщин — членов большевистской партии.

Donald M. Bolshevik Activity Amongst the Working Women of Petrograd in 1917 // International Review of Social History. 1982. 27. Pt. 2. P. 131–160.

Elwood R. C. Inessa Armand: Revolutionary and Feminist. New York: Cambridge University Press, 1992.

Исследование важной и обойденной вниманием революционной фигуры.

Engel B. A. Not by Bread Alone: Subsistence Riots in Russia During World War I // Journal of Modern History 69. December 1997. P. 696–717.

In the Shadow of Revolution: Life Stories of Russian Women from 1917 to the Second World War / ed. Fitzpatrick S., Slezkine Y. Princeton, N.J.: Princeton University Press, 2000.

Первая часть содержит воспоминания о 1917 годе, написанные женщинами из самых разных социальных слоев.

Meyer A. The Impact of World War I on Russian Women's Lives // Russia's Women: Accommodation, Resistance, Transformation / ed. Clements B., Engel B. A., Worobec C. Berkeley, Calif.: University of California Press, 1991. P. 208–224.

Smith S. Class and Gender: Women's Strikes in St. Petersburg, 1895–1917 and in Shanghai, 1895–1927. // Social History 19. 1994. № 2. P. 143–168.

---

[28] См. [Wood 1997: 43].

Прослеживает эволюцию женского трудового активизма до событий 1917 года.

Stoff L. They fought for Russia: Female Soldiers of the First World War // A Soldier and a Woman: Sexual Integration in the Military / ed. DeGroot G. J., Peniston-Bird C. Essex, England: Pearson Education, 2000. P. 69–78.

Wood E. The Baba and the Comrade: Gender and Politics in Revolutionary Russia. Bloomington, Ind.: Indiana University Press, 1997.

Исследуется, как гендер структурировал ранний большевистский язык и политику.

Глава 8
Создание
«новой советской женщины»

В 1922 году Софья Павлова вступила в Коммунистическую партию. Павлова родилась в 1904 году и выросла в семье железнодорожников. Некоторые ее родственники стали большевиками еще в те времена, когда партия действовала подпольно. Павлова поддерживала революцию с самого начала. Она участвовала в Гражданской войне: «У меня маузер был, и мы ходили на подавление банд, которых было полно». После войны местная партийная организация отправила ее вместе с подругой в ближайший город, Томск, учиться на рабфак — специальные курсы для рабочих. Они оказались двумя из очень немногих женщин в классе, состоявшем в основном из мужчин — ветеранов Гражданской войны. Павлова училась хорошо и, как член партии, участвовала во многих внеклассных мероприятиях, главным образом политических. Частью этой работы была мобилизация женщин. «Я была организатором и руководителем женделегатских собраний в городе, — вспоминала Павлова. — Собирали мы женщин, рассказывали им, что такое Советская власть, что она делает. Если стояла конкретная задача вроде сбора сухарей, мы, значит, призывали их к этому» [Engel, Posadskaya-Vanderbeck 1998: 58, 63].

В 1924 году партия направила Павлову в Москву, где она четыре года училась в Академии коммунистического воспитания имени Н. К. Крупской. Академия, названная в честь жены Ленина, готовила коммунистические кадры. После академии Павлова стала учительницей, затем постепенно продвинулась по партийной линии до Международного отдела ЦК КПСС, где проработала 23 года. Павлова, одна из десятков тысяч женщин, извлекших пользу из революции, однако при этом не сторонница женской эмансипации, собственным примером демонстрировала противоречивое отношение революции к женщинам и помогала закрепить его.

Новая экономическая политика

В конце 1920 года Гражданская война подошла к завершению, а вместе с ней и семилетний период непрерывных сражений. Победившие коммунисты остались с разрушенной экономикой, способной поддерживать лишь незначительную долю довоенного производства. Рабочего класса, от имени которого большевики захватили власть, почти не осталось: отчасти он полег на полях сражений Гражданской войны, отчасти заново влился в крестьянство, из которого когда-то вышел. Это крестьянство бунтовало против насильственной реквизиции хлеба. В Петрограде, колыбели революции, временное сокращение хлебного пайка в феврале 1921 года вызвало самые серьезные за многие годы волнения. Толпы женщин и подростков забрасывали снежками и осыпали бранью солдат, которых послали их сдерживать. По воспоминаниям очевидца, женщина лет 50 в развевающемся на ледяном ветру пальто упрекала матроса, говоря, что он должен не винтовку нацеливать на протестующих, а идти вместе с ними в Смольный, требовать хлеба [McAuley 1989: 159].

Чтобы выйти из экономического кризиса и подавить массовое недовольство, новый режим предпринял шаги, которые невольно подорвали его способность выполнить обещания, данные женщинам. В марте 1921 года Ленин ввел первую из серии мер, получивших название «Новая экономическая политика» (НЭП) и направленных на улучшение отношений с крестьянством. НЭП заменил продразверстку продналогом на сельскохозяйственную продукцию, восстановил свободу частной торговли, ликвидировал государственную монополию на мелкое и среднее производство и розничную торговлю. Сохраняя за собой «командные высоты» экономики, режим допустил господство капиталистических экономических отношений на нижних ее уровнях и стал требовать от руководителей государственных предприятий отчета о затратах. Отступление было лишь частичным. Коммунисты сохранили за собой монополию в органах политической власти. Хотя в этот период средства массовой информации могли высказываться более свободно, и публичное обсуждение экономических, культурных, а иногда и политических вопросов было гораздо шире и разнообразнее, чем в последующие десятилетия, однако цель построения коммунизма оставалась по-прежнему неоспоримой, подчиняя себе весь общественный дискурс. Вопросы заключались лишь в том, какими темпами будет строиться коммунизм, как и кем.

В 1920-е годы, когда по этим вопросам велись жаркие дебаты — как внутри партии, так и вне ее, — гендер и быт приобрели новое значение. Гендер был центральной точкой для многих ключевых вопросов десятилетия: кто будет пользоваться плодами победы социализма и в каком виде? Какими чертами должен обладать «новый советский человек»? Как ему строить свою жизнь, к чему приложить силы? Кому принадлежит право решать такие вопросы? От ответов зависело место женщины в новом порядке.

Однако в борьбе за формирование нового советского уклада женщины с самого начала оказались в невыгодном положении. Они находились не в центре, а на периферии гражданского порядка, в котором «новый советский человек» в целом конструировался как мужчина, а общественное имело приоритет над частным. Символическое «братство» рабочих, выкованное еще в дореволюционных цехах, закалилось в огне революции и Гражданской войны — по крайней мере так это преподносили послереволюционные художественные образы. Революционная иконография неизменно изображала героического рабочего мужчиной. Всякий, кто ездил в московском метро, видел эти изображения: молодой, мускулистый, часто вооруженный, торжествующий в своей победе над капитализмом. Он воплощал в себе коммунистический идеал «сознательного» рабочего: квалифицированного, грамотного, трезвого, преданного делу революции и построения коммунистического будущего. Его предшественники появились на пропагандистских плакатах в первое послереволюционное десятилетие. Прославляя рабочий класс, такие плакаты доносили до неграмотной или малограмотной публики новые идеалы. Они изображали мужчин в центре событий — сражающимися с врагами революции, меняющими мир. Когда же изображались женщины, то они нередко представали «отсталой массой» — фоном, который подчеркивал превосходство идеального рабочего, а также отражал распространенные среди руководства (как женского, так и мужского) предрассудки о сознании женщин низших классов и об опасности их для дела революции. На плакатах, как и в жизни, женщины в лучшем случае выполняли второстепенные роли, которые революция им отводила. Единственным исключением из общего правила — маргинального статуса женщин — были плакаты и пропагандистские материалы, предназначенные специально для женской аудитории: призывающие женщин поддержать революцию или изображающие те блага, которые революция им даровала. Но даже в этих случаях женщины чаще всего выступали в роли пассивных бенефициаров перемен, а не их творцов. Таким образом, пролетарское господство было риторически и визуально связано с мужским господством и укрепляло гендерную иерархию[1]. Несмотря на все декларации о равноправии полов, мужчины оставались мерилом человеческой ценности.

Эта символическая иерархия имела важные практические последствия для женщин, стремившихся воспользоваться теми возможностями, которые обещала им революция. Во-первых, она поддерживала исключение женщин из квалифицированных профессий. Революция и ее образная система давала рабочим-мужчинам возможность и право защищать свои интересы. Стремясь отстоять свое высокостатусное положение на рабочем месте и сохранить монополию на квалифицированные «мужские» профессии, мужчины обычно саботировали попытки женщин

---

[1] См. [Bonnell 1997: 72–77].

повысить свою квалификацию и статус как работниц. В таких профессиях, как полиграфия, где до революции доминировали мужчины, цеховая культура оставалась откровенно и агрессивно маскулинной. Женщины, заходившие в цех, подвергались словесным, физическим и сексуальным оскорблениям, из-за чего им трудно было удержаться на работе[2]. К тому же склонность руководителей, даже стремившихся «повышать женскую сознательность», игнорировать способности женщин подрывала у тех уверенность в своих силах и лишала возможности определять собственное будущее. А главное — маргинальное положение женщины в новом гражданском порядке и выдвижение работы и общественной жизни на первый план придавали пренебрежительный оттенок всему связанному с женщинами, домом и семьей. Таким образом, гендерные ожидания действовали как некое подводное течение, ограничивающее и подрывающее декларируемую властью приверженность женской эмансипации. Это мешало женщинам найти свое место среди пролетариата, в интересах которого якобы свершилась революция.

Пустые обещания?

Экономические условия эпохи НЭПа подорвали и стремление к женской эмансипации. После окончания Гражданской войны началась острая конкуренция за рабочие места. Около четырех миллионов демобилизованных солдат вернулись домой и пытались вновь закрепиться на прежних позициях. Когда стала восстанавливаться экономика и повышаться заработная плата, те рабочие-мужчины, что бежали в деревню, тоже потянулись в город, надеясь вернуться на прежнюю работу. Руководители часто предпочитали нанимать именно их. Мужчины, как правило, превосходили женщин в уровне мастерства. Беспокоили руководство и дополнительные расходы в случае найма женщины, которой может потребоваться дорогостоящий отпуск по бере-

---

2   См. [Koenker 1995: 1438–1464].

менности и родам и сад для детей (и то и другое было завоеваниями революции). Директора заводов и фабрик, от которых в условиях нэповской экономики требовали отчета о затратах, стремились избежать этих дополнительных расходов, на которые у государства не было средств. Поэтому, несмотря на все запрещающие указы, руководители дискриминировали работниц и увольняли беременных и кормящих женщин, находившихся в отпусках. Законы, запрещающие работу женщин в ночное время, они использовали как предлог для увольнения работниц. Дискриминировали замужних женщин, которых, как считалось, должны содержать мужья. Сокращение количества детских садов и других детских учреждений в попытках государства снизить расходы тоже ударило по женщинам. В результате работающим матерям не с кем было оставить детей, а персонал, в основном женский, оставался без работы[3].

Тысячи женщин потеряли рабочие места. Доля женщин в рабочей силе упала с 45 % в 1918 году до менее чем 30 % и оставалась на этом уровне до конца 20-х годов, несмотря на то что общее число рабочих медленно росло. К концу 1928 года женщины составляли 28,6 % рабочей силы в крупной промышленности — лишь немногим более, чем в 1913 году. Больше всего женщин потеряли работу в традиционно мужских, высококвалифицированных и хорошо оплачиваемых отраслях, куда они пришли во время войны: уголь, железная руда, металлообработка. Единственными отраслями, где женщины по-прежнему преобладали, были те, где они и работали всегда — например, текстильная и пищевая промышленность, где уровень требуемой квалификации и заработная плата оставались низкими. В этих низкооплачиваемых сферах женщины, по крайней мере, сохранили за собой рабочие места. Десятки тысяч других безуспешно искали работу. Женщины составляли от трети до половины из сотен тысяч рабочих, зарегистрированных в качестве безработных в 20-е годы, и их доля продолжала расти до самого конца десятилетия. При этом фактическое число безработных женщин, несомненно,

---

[3] См. [Goldman 1993: 126–131].

было намного выше, чем можно заключить из этого показателя. Официальные данные о безработице занижали число женщин, поскольку учитывали только тех, кто уже работал раньше и был зарегистрирован на биржах труда[4] . Биржи труда, созданные в 1922 году, монополизировали доступ к рабочим местам.

Решающим здесь стало определение того, кто может и кто не может считаться «пролетарием». При регистрации на бирже труда пролетарием считался сам наемный рабочий, но не его жена. Женщине, до сих пор не работавшей, например жене рабочего, брошенной мужем-кормильцем, получить регистрацию на бирже труда было практически невозможно. Без регистрации в качестве официальной «безработной» она не имела права на получение пособия от биржи и доступа к рабочим местам, находившимся в ведении той же биржи. Профсоюзы, роль которых заключалась в защите интересов рабочих, на защиту женщин вставали неохотно, поскольку стремились поддержать своих сторонников-«пролетариев» и сохранить право мужчин на труд в период высокой безработицы. Таким образом, хотя Комиссариат труда и требовал предоставить женщинам равный доступ к работе в соответствии с идеалами власти относительно женского равноправия, институты, которым было поручено реализовать этот идеал, на практике дискриминировали женщин в пользу мужчин.

В результате женщины часто доходили до предела отчаяния. Чем еще можно объяснить их попытки попасть в «трудовые клиники» для проституток? Клиники, созданные для лечения проституток, зараженных венерическими заболеваниями, попутно ставили задачу перевоспитать их в политическом и культурном плане и дать им профессию. Они гарантировали женщинам, прошедшим программу, работу на фабрике. Когда в 1928 году такое заведение открылось в Ленинграде, туда подали заявки 700 женщин, в то время как свободных мест было всего 100. Многие из них выдавали себя за проституток только для того, чтобы получить работу[5]. Такое же отчаяние проявлялось и в решении тысяч других женщин,

---

4   [Там же: 109–115].

5   См. [Bernstein 2000: 117].

не имевших другого выхода — тех, что действительно занялись проституцией, чтобы прокормить себя и детей.

Нестабильность семьи усугубляла экономические проблемы женщин. В послереволюционный период миллионы россиян с легкостью пользовались новым правом на развод: в начале 1920-х годов 14 % советских браков заканчивались разводом — огромная цифра по тем временам. Уровень разводов был в два раза выше, чем в Германии, и почти в три раза выше, чем во Франции — следующих по количеству разводов странах. Когда разводилась пара с детьми, определение размера алиментов оставалось на усмотрение суда. Суды были завалены исками об алиментах, многие из которых подавали незамужние женщины, родившие детей в незарегистрированных браках. Даже когда решение суда было в пользу женщины — а такой вердикт выносился в значительном числе дел, возбуждаемых женщинами, — получить деньги часто было затруднительно. И какое соглашение мог предложить суд, когда мужчина пытался расторгнуть четвертый или пятый по счету брак? Существовали свидетельства, что некоторые мужчины женились и разводились до 15 раз, бросая бывших жен с детьми на произвол судьбы. Многим женщинам из рабочего класса трудно было рассчитывать даже на ту относительную защищенность, какая была в жизни их матерей, не говоря уже о том, чтобы воспользоваться возможностями, которые предоставила им революция[6].

В деревне, где процент разводов оставался сравнительно низким, семейная жизнь женщин была более стабильной. Однако перед крестьянками, стремившимися начать новую жизнь, вставало гораздо больше препятствий, чем перед горожанками. Правда, Земельный кодекс, введенный большевиками в 1922 году, многое обещал на бумаге. Он уравнивал правовое положение женщин в крестьянской семье с мужским, наделял женщин равными правами на землю и другое имущество, предоставлял им право участвовать в сельском самоуправлении, обеспечивал защиту беременных, вводил отпуск по беременности и родам для сельскохо-

---

6   См. [Goldman 1993: 103–109; 133–143].

зяйственных работниц. Пресса проводила кампании, направленные на просвещение сельских женщин и их мобилизацию, побуждая их действовать в своих интересах самостоятельно: вступать в клубы, открывать ясли для своих детей, отказываться от «отсталых» методов ухода за детьми, перенятых у женщин старшего поколения, которых пресса изображала настоящими ведьмами. Но бо́льшая часть этих инициатив ни к чему не привела. В деревне еще сильнее, чем в городе, ощущалась нехватка у власти средств для их реализации или подкрепления своих обещаний материальными ресурсами, способными реально изменить жизнь женщин. Более того — уклад крестьянской жизни, практически не изменившийся с дореволюционного периода, оказался крайне невосприимчивым к эгалитарным и индивидуалистическим элементам большевистской политики. Владельцем земли и прочего имущества по-прежнему оставалась семья, а не отдельный крестьянин. Пользуясь двусмысленностью законов, крестьяне успешно перекрывали женщинам, ушедшим из дома, доступ к семейному имуществу. Отсутствие экономической альтернативы патриархальной семье затрудняло самостоятельную жизнь крестьянки в деревне. Когда брак распадался, возникало столько трудноразрешимых проблем, что они вполне способны были привести судей новых «народных судов» в отчаяние. Как могла крестьянская семья выделить бывшей жене кого-то из своих членов средства для содержания ребенка, если хозяйство было совместным и состояло в основном из надела земли и коровы или лошади[7]? Для многих женщин, городских и деревенских, не столько освобожденных, сколько ставших жертвами социальных перемен, обещания равенства полов часто оказывались пустыми.

Выполненные обещания?

Однако были и такие женщины, которые добивались успехов уже в эти первые годы советской власти. Большевистский режим проводил кампании по борьбе с неграмотностью и поддержке

---

[7] См. [там же: 152–163; 171–182].

образования. Женщины, среди которых не умеющих читать и писать было в три раза больше, чем среди мужчин, особенно нуждались в такой помощи. Большую роль в этих кампаниях, распространившихся на волне послереволюционного идеализма, играла работа грамотных добровольцев. В начале 20-х годов Софья Павлова с подругой в свободное время отправлялись пешком в близлежащие села, где учили взрослых людей грамоте. Взамен крестьяне давали им молоко и хлеб, которые и составляли на это время все их пропитание. Женщин рабочего класса, таких как Павлова, убеждали ходить в школу и повышать квалификацию, а также занимать выборные и административные должности. Если женщины демонстрировали преданность власти и ее идеалам, им предлагали вступить в коммунистическую партию.

Женское бюро (Женотдел), утвержденное партией в 1919 году, особенно усердно работало над тем, чтобы обещания революции остались на повестке дня. С 1920 по 1922 год организацию возглавляла Александра Коллонтай (урожденная Домонтович, 1872–1952), самая активная защитница прав женщин в партии. Женщина благородного происхождения и воспитания, Коллонтай в 24 года, уже будучи замужем за инженером и родив сына, осознала положение российских трудящихся масс и увлеклась марксистскими идеями. Стремясь реализовать эти новые интересы, Коллонтай уехала учиться в Цюрихский университет, оставив сына с няней в доме своих родителей. К мужу она больше не вернулась. Она с головой ушла в политику и с 1905 года бо́льшую часть своего времени посвящала попыткам организовать пролетарское женское движение и заручиться поддержкой социалистов. Помимо этого, Коллонтай была плодовитой писательницей и оригинальной мыслительницей: она добавила к марксистской мысли феминистское измерение, исследовала женскую психологию и сделала темы сексуальности и сексуальных отношений нормой для обсуждения в политических дискуссиях.

По мнению Коллонтай, только при социализме люди могли научиться любить как равные. Коллонтай настаивала также на своем праве следовать собственным сексуальным желаниям даже в то время, когда идет борьба за социальную революцию.

Тем самым она бросала вызов радикальной политической культуре, десятилетиями превозносившей способность женщин к самопожертвованию и самоотречению. Став главой Женотдела, Коллонтай отбросила всякую сдержанность: она пела восторженные оды миру будущего, где все будут жить в коммунах, женщины будут свободны выбирать любые виды романтических отношений, отвечающие их потребностям, а преданность «большой трудовой семье» — коллективу — станет важнее родственных связей[8]. Попытки Коллонтай включить интимные аспекты женского опыта в систему марксистского мировоззрения привлекали молодых женщин, однако среди более опытных товарищей находили мало сторонников. Ее агрессивная пропаганда женской эмансипации вызывала раздражение у других членов партии. В 1922 году, после участия в провалившейся Рабочей оппозиции, Коллонтай была смещена с поста главы Женотдела. Ее сменила более управляемая Софья Смидович — тоже дочь дворянина, как и Коллонтай. В 1924 году Смидович сменила Клавдия Николаева, бывшая печатница и многолетняя активистка работы с женщинами. В 1925 году на место Николаевой пришла Александра Артюхина и руководила организацией до ее упразднения в 1930 году. Артюхина, начавшая свою трудовую жизнь с шитья воротничков для рубашек, вела долгую активную и деятельность и оказалась способной руководительницей. Решительная, но при этом политически дальновидная, она отстаивала интересы женщин, не разжигая мужские страхи.

Под этим меняющимся руководством организаторы Женотдела сделали все возможное, чтобы приспособить марксистское мировоззрение к женским потребностям, как они их понимали. Активистки этой организации сыграли ведущую роль в борьбе с женской неграмотностью. Они старались привлекать крестьянок к занятиям по обучению грамоте и обеспечивали уход за детьми на то время, пока женщины учатся. Они организовывали кружки, где грамотные крестьянки могли делиться своими умениями с другими. Они продолжали обучать делегаток методам полити-

---

8   См. [Clements 1997: 227].

ческой организации: в 1926–1927 годах около 620 000 женщин посетили организованные Женотделом конференции. Активистки Женотдела серьезно относились к своей роли — выдвижению женщин на передовые позиции. Не обходили они своим вниманием и экономическую и культурную политику, ставящую женщин как работниц в невыгодное положение. Они высказывались против дискриминации женщин на работе, неравной платы за равный труд, сексуальных домогательств и массовой безработицы среди женщин. Они критиковали политику НЭПа, которая сократила количество спонсируемых государством учреждений, таких как детские сады и столовые, переложив бремя домашней работы на женские плечи. Желая, чтобы домашние обязанности не мешали женщинам реализовывать свой потенциал, активистки боролись за то, чтобы перевод быта из индивидуальной сферы в коллективную оставался одной из первоочередных задач революционных изменений. В конце 1920-х годов, когда обсуждались планы строительства социализма, Александра Артюхина, глава Женотдела с 1925 года, требовала, чтобы в числе критериев оценки этих планов учитывались их последствия для женской эмансипации[9].

Призывы Женотдела доходили до сотен тысяч женщин низшего класса через журналы «Крестьянка» и «Работница», которые к 1930 году выходили раз в два месяца тиражом 265 000 экземпляров. В середине 1920-х годов «Работница» с гордостью живописала истории успехов революции, приводя в пример читательницам женщин из рабочего класса, которые научились читать и писать, овладели новыми навыками, а затем нашли хорошо оплачиваемую работу. В художественных текстах писатели изображали дерзких героинь, борющихся за свои права и дающих отпор притеснениям руководства или коллег-мужчин. Такие образы, имеющие целью придать читательницам журнала — женщинам рабочего класса — больше уверенности в своих силах, предлагали модели поведения «новой советской женщины», которая должна была составить конкуренцию мужскому типу «нового советского человека»[10].

9   См. [Goldman 1996: 52–60; 65].
10 См. [Vavra 1986: ch 5].

Однако борьба, которую приходилось вести активисткам Женотдела, была неравной. За пределами их круга феминизм подобного направления не имел серьезной поддержки. Большинство партийных лидеров предпочли бы, чтобы Женотдел просто транслировал указания верхов и проводил их политику. Другие, в том числе женщины — давние члены партии, активно выступали против создания отдельных женских организаций в принципе. Сами члены Женотдела расходились во взглядах на тактику и цели; некоторые даже потеряли охоту заниматься «всего лишь женскими вопросами» и перешли в другие организации. В региональных и местных организациях предубеждение против Женотдела и его работы было повсеместным. Члены партии часто вели себя не лучше беспартийных: многие партийные кадры противились женской эмансипации и почти не скрывали своего презрения к Женотделу, называя его то «центробабой», то «бабкомом». Профсоюзные лидеры тоже часто не проявляли желания сотрудничать с Женотделом или предоставлять помещения для его собраний. Организаторы профсоюзов, даже женщины, склонны были рассматривать массу работниц как безнадежно отсталую — «застойное болото», которое невозможно расшевелить[11]. В течение 1920-х годов финансирование Женотдела сократилось; организация работала в условиях ограниченного бюджета; многие из его активисток были волонтерками. Сам факт, что Женотдел концентрировался на женских проблемах, способствовал его маргинализации[12]. К концу 1920-х годов давление на Женотдел с целью его полной ликвидации усилилось и добилось своей цели.

Женщины новые, мужчины старые

В 1920-е годы смысл женской эмансипации сам по себе стал предметом споров. Это был период экспериментов, утопических мечтаний, когда обычные люди чувствовали себя вправе опреде-

---

[11] См. [Koenker 1995: 1443].

[12] См. [Wood 1997: 127–139, 181–193].

лять, что для них значит революция. Для молодых и свободных коммунистическое будущее часто означало возможность руководствоваться исключительно собственными желаниями, пренебрегать традиционными авторитетами, экспериментировать с новыми условиями жизни. Молодые люди основывали коммуны. Кто-то бегал голышом по трамвайным вагонам. Софья Павлова с подругой в сибирские морозы ходили в театр с непокрытыми головами и босыми красными ногами. «Мы ходили гордо во время перерыва босиком. На нас все обращали внимание...» [Engel, Posadskaya-Vanderbeck: 62]. Другие молодые работницы перенимали моду «буржуазного» Запада. Некоторые дочери рабочего класса копировали модели из последних модных журналов: ярко-красная губная помада, остроносые туфли на высоких каблуках, короткие юбки, коротко остриженные волосы. Для них эмансипация означала не скучные собрания и лекции, а танцы под американский джаз.

Для власти такие женщины стали таким же символом опасности женской эмансипации, каким была «новая женщина» до революции. Руководство осуждало их предпочтения как «мещанство», демонстрацию чрезмерного внимания к личности в ущерб новому социалистическому коллективу. Настоящей молодой коммунистке полагалось не наряжаться, а посвящать себя «здоровым» развлечениям: комсомольскому клубу, лекциям по политическим вопросам, участию в антирелигиозной деятельности. Если женщины отказывались делать правильный выбор, считалось, что они отвергают социалистическую повестку и, следовательно, революцию. В ходе кампании против «буржуазных» увлечений чиновники часто упоминали женщин как главный источник опасности. Молодых людей, чрезмерно следящих за модой, изображали в виде женщин, словно считая, что женственность как таковая ведет к «декадансу»[13]. Показательно, что журнал «Работница», ориентированный на женщин из рабочего класса, в этом вопросе придерживался линии партии. Напоминая читательницам, что интересы общества важнее модной одежды,

---

[13] См. [Gorsuch 2000: 66–75].

авторы утверждали, что здоровые трудящиеся женщины, в отличие от буржуазных, хороши и без косметики и вычурных нарядов.

Показательно также и то, что руководство Женотдела и «Работницы» поддерживало упор власти на общественность и коллектив. Мечтам о личном или семейном счастье не было места в 1920-е годы — не только потому, что материальные условия оставались весьма суровыми, но и потому, что сама частная жизнь впала в немилость. Многие члены партии, как мужчины, так и женщины, разделяли презрительное отношение своих предшественников-радикалов к личному и семейному и сделали это презрение частью идеологии. Обещания преобразовать быт в целях эмансипации женщин слишком часто выливались в нападки на домашний обиход как на рассадник «мелкобуржуазных» ценностей и на семью как на угрозу революции. «Нет личной жизни потому, что все время и силы отдаются общему делу», — сетовала в дневнике Инесса Арманд, главная поборница большевистского феминизма, незадолго до своей смерти в 1920 году. «Большевизм ликвидировал частную жизнь», — писал критик Вальтер Беньямин после своего визита в Москву в 1927 году[14]. Наблюдение Беньямина, скорее провокационное, чем правдивое, тем не менее отражает важную сторону культуры 20-х годов. Отдавая предпочтение общественной жизни, коллективу и производству, новая культура принижала частную жизнь и семью.

Эти «низкие» сферы неизменно отождествлялись с женщинами. Теоретики Пролеткульта, массовой организации, претендовавшей на то, чтобы представлять культуру нового рабочего класса, рассматривали семью как враждебную силу, угрожающую коллективизму. С целью подорвать власть семьи Пролеткульт стремился привлечь женщин в свои ряды и изменить их образ мышления. В своих обращениях он призывал женщин не отсиживаться «по углам и подвалам», а смело вступать в Пролеткульт. Комсомольцы (члены ВЛКСМ), придерживавшиеся схожих

---

[14] См. [Clements 1997: 221; Boym 1994: 73].

взглядов на семью, были гораздо менее склонны приветствовать женщин в своих рядах. Хотя освобождение женщин и заявлялось как одна из целей, комсомол демонстрировал по отношению к женским проблемам активную враждебность. Идеализируя кипучую энергию, ничем не стесненную свободу и коллективизм, свойственные прежде всего юношам, женщин комсомол считал поголовно отсталыми и опасными, поскольку они ассоциировались с частной сферой. Как Пролеткульт, так и комсомол мало что могли предложить женщинам, особенно обремененным семейными обязанностями. В комсомольской среде для маргинализации молодых женщин достаточно было уже одного их пола, сконструированного мужчинами-комсомольцами по собственному усмотрению. Женскому полу приписывалось все что угодно, кроме того, чем эти молодые люди хотели быть сами[15].

Такие взгляды ставили женщин в невыгодное положение во всех сферах, включая сферу сексуальных отношений. В 1920-е годы в Советском Союзе наблюдалось смягчение сексуальных нравов, очень похожее на то, что происходило в других странах послевоенной Европы; однако в советском обществе сексуальные отношения, как и практически все остальное, приобрели идеологическое значение. Для молодых людей секс был способом выразить свою враждебность к традиционным верованиям и презрение к буржуазным обычаям. Некоторые представители «передовой» молодежи вообще отвергали любовь как нечто отдающее буржуазной сентиментальностью. «Любви у нас нет, — утверждает героиня скандального романа Пантелеймона Романова "Без черемухи", вышедшего в 1926 году, — у нас есть только половые отношения, потому что любовь презрительно относится у нас к области "психологии", а право на существование у нас имеет только одна физиология». На вопрос анкеты 1927 года для студентов университета, существует ли любовь, около половины респондентов мужского пола и 39 % женского ответили отрицательно, а треть студентов и вовсе проигнорировала этот вопрос, по-видимому, сочтя его недостойным даже пренебрежительного

---

15 См. [Mally 1990: 179; Gorsuch 1996: 660].

ответа[16]. Некоторые, считая секс не более чем вопросом физиологического удовлетворения, свободно меняли партнеров. Многие другие, отвергая понятие святости брака как буржуазное лицемерие, тем не менее предпочитали более прочные союзы, хотя и не санкционированные законом. Распространились «свободные союзы». Некоторых женщин это раскрепощало. «Но тогда даже не регистрировались... знаете, это не имело никакого значения», — вспоминала Софья Павлова, которая начала вести общее хозяйство со своим «мужем» в 1927 году, а потом, через несколько лет, когда влечение остыло, воспользовалась своим правом и ушла от него к другому мужчине[17]. Однако других женщин крах традиционной морали сделал более уязвимыми. Отказ от сексуальных отношений был чреват риском получить ярлык «мещанки» со стороны отвергнутых ухажеров. «В партии нет места буржуазной морали. Партия выбросила ее в окно», — заявлял секретарь райкома, пытаясь навязать свое сексуальное внимание строптивой комсомолке[18].

Еще больше усложняло ситуацию то, что полемика вокруг сексуальности носила отчетливо гендерно обусловленный характер. В 1920-е годы ученые и специалисты, негодовавшие по поводу сексуальной жизни только ради удовольствия, отождествляли сексуальность с женщинами. Например, плакаты о здоровье, направленные на искоренение венерических заболеваний и предостерегающие от случайных половых связей, представляли мужчин жертвами венерической инфекции, а женщин — ее источником. На таких плакатах женщины, забывшие свое место, изображались больными и опасными для мужчин. Большинство «старых большевиков» считали, что сексуальные эксперименты отвлекают от серьезного дела революции. Сам Ленин занимал в этом вопросе консервативную позицию. В своем интервью немецкой коммунистке Кларе Цеткин, получившем широкую огласку после его смерти в 1924 году, Ленин якобы заявил: «Ре-

[16] См. [Fitzpatrick 1992: 70, 87].
[17] См. [Engel, Posadskaya-Vanderbeck 1998: 65].
[18] См. [Fitzpatrick, Slezkine 2000: 214].

волюция требует от масс, от личности сосредоточения, напряжения сил. Она не терпит оргиастических состояний...» Женщинам, «у которых личный роман переплетается с политикой», нельзя было доверять борьбу[19]. Александра Коллонтай, оттесненная на обочину политической жизни из-за своей принадлежности к Рабочей оппозиции, стала символом опасности сексуального распутства. Коллонтай не скрывала своих романов. В ее повести «Любовь трех поколений», опубликованной в 1923 году, изображена молодая женщина, удовлетворяющая свое сексуальное желание так же, как удовлетворяла бы любую физическую потребность. По словам ее критиков, Коллонтай учила, что заняться сексом — все равно что выпить стакан воды, чтобы утолить жажду. Эта «теория стакана воды», пародирующая мысль Коллонтай, стала отождествляться с ее идеями и служила для их дискредитации.

Рабочие с матками?

Как бы ни относилась власть к своим обязательствам относительно женской эмансипации, она в любом случае нуждалась в услугах женщин для воспроизводства рабочего класса и восполнения убыли населения после войны и революции. Вот почему пронатализм, то есть политика, направленная на то, чтобы убедить женщин рожать, занимал видное место среди множества зачастую противоречивых посылов, адресованных женщинам в первое послереволюционное десятилетие. Пронатализм ощущался даже в подтексте декрета, который в 1920 году сделал Советский Союз первой в мире страной, легализовавшей аборты. Указ, направленный на защиту здоровья женщин путем предоставления им возможности сделать аборт в гигиеничных больничных условиях, тем не менее осуждал эту процедуру как опасное «зло», порожденное «моральными пережитками» прошлого и тяжелыми экономическими условиями. До тех пор, пока

---

[19] См. [Carleton 1997: 235].

материнство и младенчество не станут достаточно безопасными
для того, чтобы нужда в абортах отпала, новое правительство
намеревалось бороться с этим «злом» с помощью пропаганды[20].
Плакаты, адресованные горожанкам, давали понять, что здоровая
женская сексуальность связана с репродукцией, и предлагали
зрителям образы женщин-матерей, окруженных здоровыми
детьми. Медицинские советы крестьянкам подчеркивали, что
основная цель полового акта — зачатие. Крестьянским женщинам, которые спрашивали в местных газетах советов по поводу
контрацепции, могли ответить что-нибудь вроде: «Женщина
должна помнить, что ее призвание — рожать», и предостеречь,
что ценой отказа от этого призвания могут стать «постоянные
болезни», особенно если прибегать к аборту как к методу контроля[21]. Впрочем, крестьянки и сами считали аборт грехом и не
стремились к нему. В отсутствие контроля над рождаемостью
они, как и их матери когда-то, регулярно рожали детей, обращаясь за помощью к деревенским повитухам, как ни старалась
власть демонизировать таких женщин. И все так же они продолжали терять около трети детей в возрасте до года.

Городские женщины были более склонны сопротивляться
пронаталистскому давлению. В тяжелых материальных условиях,
при отсутствии надлежащего государственного обеспечения
ухода за детьми и их воспитания многие рассматривали материнство как бремя, которого следует избегать, а не стремиться
к нему. Несмотря на нехватку противозачаточных средств,
женщины пытались контролировать свою фертильность всеми
возможными способами. Они обращались за советами к специа-
листам по контролю над рождаемостью и при содействии мужа
практиковали прерывание полового акта. Но чаще всего прибегали к абортам. По мере роста числа абортов рождаемость пада-
ла. К концу 1920-х годов аборты стали настолько обычным явлением, что в некоторых городах их число значительно превышало
число рождений. Врачи и другие эксперты выражали глубокую

---

[20] См. [Wade 1991: 145].

[21] См. [Frank 1990: 102].

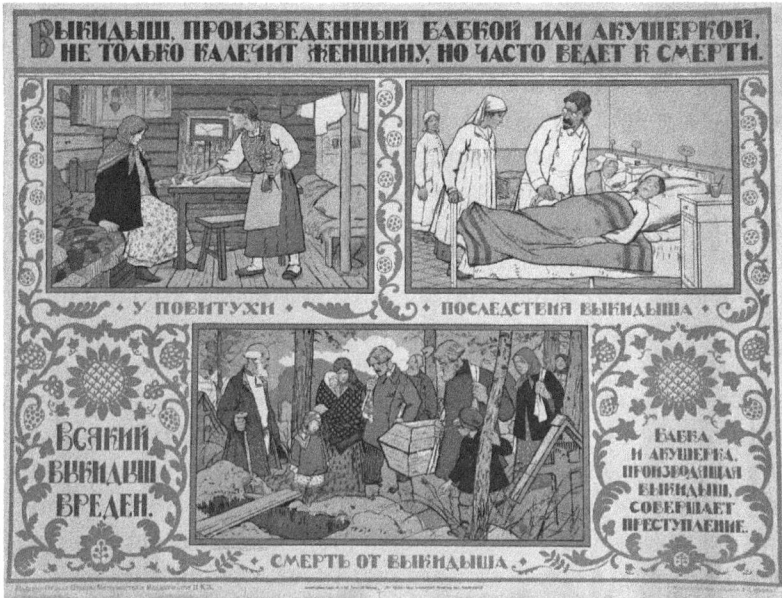

Рис. 16. Плакат, посвященный абортам

озабоченность по поводу широкого распространения абортов, которые они рассматривали как угрозу приросту населения. Ссылаясь на «антиобщественный» характер абортов и их «эпидемические» масштабы, они делали упор на потребности государства в детях, а не на потребности женщин в контроле над своей фертильностью[22].

Женщины отвечают

В какофонии голосов, обсуждавших семью, сексуальность и женскую эмансипацию на протяжении 1920-х годов, голоса низших классов, и особенно женщин низших классов, едва слышны. Однако в 1925 и 1926 годах руководство предложило им вы-

---

[22] См. [Goldman 1993: 257–295].

сказать свое мнение о новом Семейном кодексе, который после
его разработки был распространен для обсуждения среди общественности. Стремясь уменьшить роль государственного принуждения и учесть потребности женщин, живущих в незарегистрированных союзах, кодекс предлагал разрешить развод по требованию одного из партнеров, даже если второй против, и обеспечить
женщин в незарегистрированных браках такой же правовой защитой, как и в зарегистрированных, включая возможность истребования алиментов. Против этих положений выступили работницы и крестьянки, чьи ответы сохранились в записях. Они
выражали консервативные взгляды на сексуальные вопросы
и настаивали на том, что участь женщин нужно облегчать за счет
укрепления, а не ослабления брака. Они считали, что женщины
не должны страдать от социальных последствий новой сексуальной свободы мужчин[23]. Если среди этих женщин и были сторонницы сексуальной свободы, то они либо не осмеливались высказываться, либо их голоса оставались без внимания.

Большинство работниц и крестьянок, высказавших свое
мнение, выступили с резкой критикой той цены, которую женщинам приходилось платить за нестабильность семьи и мужскую
безответственность. Именно на женщинах лежало бремя воспитания детей и заботы о них, а зачастую и экономическое бремя
их содержания. Понимая, что, по крайней мере сейчас, женщинам
с детьми не до сексуальной свободы, эти женщины требовали не
смягчения, а ужесточения законов о разводе. Как говорила одна
женщина из рабочего класса, женщины в большинстве случаев
более отсталы, менее квалифицированы и, следовательно, менее
независимы, чем мужчины. Выйти замуж, родить детей, попасть
таким образом в кухонное рабство, а потом остаться брошенной — это очень тяжелая участь для женщины. Поэтому она
выступала против упрощения развода. Женщины указывали на
то, что те преимущества, которыми пользуются мужчины-рабочие, их женам могут, наоборот, вредить. Часто мужчины, воспользовавшиеся новыми возможностями, начинали смотреть на

---

[23] [Там же: 224].

своих жен сверху вниз, как на отсталых. Фабричная работница замечала, что на фабрике можно видеть очень неприглядную картину. Пока парень не участвует в политической работе, он работает и относится к жене как следует. Но стоит ему чуть продвинуться вверх — и тут же что-то встает между ними. Муж начинает сторониться семьи и жены, она для него уже нехороша. Другая соглашалась, что нельзя простить мужчину, который живет с женщиной 20 лет, имеет пятерых детей, а потом вдруг решает, что жена ему не нравится. Как это понимать — раньше нравилась, а теперь разонравилась? «Позор вам, товарищи мужчины!» — восклицала она, осуждая мужчин, которые предают своих жен и объявляют, что полюбили другую. «Это не любовь, — утверждала она, — это свинство!»[24]

Женщины выступали за более ответственный подход к сексу и гораздо более строгий подход к браку. Они хотели не столько обеспечить сексуальную свободу женщин, сколько ограничить свободу мужчин. В этом вопросе их взгляды, очевидно, прямо противоречили взглядам Александры Коллонтай, главного теоретика большевистского феминизма. Прочитав статью Коллонтай в местной газете, сельская работница Женотдела вступила с ней в полемику. Она считала, что взгляды Коллонтай, агитировавшей за «свободную любовь» и «свободный союз», направлены на разрушение семьи. Коллонтай утверждала, что духовную жизнь человека, обширную и сложную, не может удовлетворить союз с одним партнером. Сельская читательница же замечала, что в деревне это называется просто-напросто развратом[25]. Считая алименты или зависимость от мужчины унизительными, Коллонтай разработала план обеспечения женщин другими средствами поддержки. Она предлагала создать общий фонд путем взимания двухрублевого налога, который пойдет на поддержку матерей-одиночек, на устройство яслей и детских домов. Этот план, который сильнее всего ударил бы по консервативному крестьянству, нашел мало сторонников. Более простым решени-

---

24 [Там же: 242–244].

25 [Там же: 245].

ем было возложить ответственность за сексуальное поведение мужчин на них самих. Как лаконично выразилась одна женщина: «Любишь кататься, люби и саночки возить».

Эти перепалки происходили вскоре после смерти Ленина в январе 1924 года. Через несколько лет Иосиф Сталин закрепил свою победу над соперниками в борьбе за политическую власть. В некоторых отношениях взгляды этих женщин из рабочего класса напоминали идеи партийных консерваторов, которые рассматривали сексуальный вопрос как маргинальный и делали упор на упорядоченном и ответственном супружеском сексе. Как выразился Арон Залкинд, ведущий апологет точки зрения об ограниченности сексуальной энергии и ее использовании для служения обществу: «Очень боюсь, что при культе "крылатого Эроса" [отсылка к идеям Коллонтай] у нас будут плохо строиться аэропланы». При Сталине эти консервативные взгляды одержали победу.

Оценка 1920-х годов

Несмотря на все проблемы первых лет и на гендерные предрассудки, как явные, так и скрытые, революция все же предоставила женщинам низших классов беспрецедентные возможности. Наиболее доступны они были для молодых горожанок, особенно одиноких и не обремененных ответственностью за детей. Если такие женщины были готовы принять новые ценности и способны преодолеть или игнорировать барьеры гендерных предрассудков, перед ними открывался новый мир. Последствия можно измерить в цифрах: доля женщин в сельсоветах выросла с 1 % в 1922 году до 11,8 % к 1927 году. С 30 547 женщин — членов партии в 1922 году, что составляло около 8 %, к 1929 году количество женщин в Коммунистической партии выросло до 13,7 %, притом что сама партия численно увеличилась почти втрое. Эти женщины стали авангардом новых советских женских трудовых ресурсов. Они работали администраторами, учительницами, врачами, юристами, судьями, университетскими преподавательницами, редакторами, библиотекаршами, инженерами. Софья Павлова была лишь одной из тысяч таких бенефициарок большевистской революции. «Нигде больше в европейском мире не было такого количества женщин-юристов, профессоров, ученых и художников, а также судей и партийных секретарей, как в Советском Союзе к 1930 году», — писала Барбара Клементс [Clements 1997: 250]. Имеет ли значение в свете таких достижений, был ли истинный мотив чисто утилитарным, был ли он направлен на то, чтобы сломить сопротивление и гарантировать поддержку режиму, как утверждают многие? Или то, что в трудный момент власть предпочла направить свои ограниченные ресурсы на другие цели? Или то, что женщины занимали в основном должности нижнего звена и нигде в советском обществе конца 1920-х годов не пользовались настоящей властью? Или маргинализация женщин в послереволюционной культуре?

То, как историки оценивают 1920-е годы, во многом зависит от того, какими источниками они пользуются и на чем делают акцент. Двадцатые годы были временем невероятной текучести и переменчивости. Государство еще не выработало четкой линии по гендерному вопросу (как и по многим другим, следует заметить). Феминистские элементы марксистского мировоззрения позволили в отдельных случаях добиться реальных изменений в интересах женщин. Особенно в начале 1920-х годов те, кто принял революцию, ощущали такие возможности для самовыражения, каких не имели никогда раньше. Среди них была не только молодежь, но и художники, писатели, критики, профессионалы и ученые, которые стремились влиять на политику правительства в тех вопросах, в которых считали себя компетентными. Многие двойственные послания того периода — а их было множество — возникли в результате борьбы за влияние и власть. Воздействие этих посланий на реальных женщин варьировалось в зависимости от их характера, возраста, социального и семейного положения. В целом сильнее всего отличает этот период от последующих тот факт, что женщины имели право голоса в дебатах и собственную организацию (Женотдел), стремившуюся включить их в революционный процесс, а также то, что сама эта полифония оставляла женщинам пространство для маневра. Разница будет ясно видна в 1930-е годы, когда исчезнут и полифония, и простор для маневра, и Женотдел.

Рекомендуемая литература

Коллонтай А. М. Избранные статьи и речи. М.: Изд-во политической литературы, 1972.
Дает возможность ознакомиться со взглядами этой оригинальной мыслительницы.

Bernstein F. Envisioning Health in Revolutionary Russia, 1921–1928 // Russian Review. 1996. Vol. 55. N 3. P. 191–217.
Исследует влияние гендера на формирование методов искоренения венерических и других болезней.

Bonnell V. The Representation of Women in Early Soviet Political Art // Russian Review. 1991. Vol. 50. N 3. P. 267–288.

Farnsworth B. The Rural Batrachka (Hired Agricultural Laborer) and the Soviet Campaign to Unionize Her // Journal of Women's History. 2002. Vol. 14. N 1. P. 64–91.
Анализирует ограниченность большевистской политики применительно к беднейшим жительницам села.

Goldman W. Women, the State and Revolution: Soviet Family Policy and Social Life, 1917–1936. New York: Cambridge University Press, 1993.
Важное исследование попыток проведения эмансипационной политики в условиях 1920-х годов.

Gorsuch A. "A Woman Is Not a Man": The Culture of Gender and Generation in Soviet Russia, 1921–1928 // Slavic Review. 1996. Vol. 55. N 3. P. 636–660.

Gorsuch A. Moscow Chic: Silk Stockings and Soviet Youth // The Human Tradition in Modern Russia / ed. Husband W. Wilmington, Del.: Scholarly Resources, 2000.

Koenker D. Men Against Women on the Shop Floor in Early Soviet Russia // American Historical Review. 1995. Vol. 100. N 5. P. 1438–1464.
Исследование мужского противодействия женщинам на производстве.

Tirado I. The Komsomol and the Krest'ianka: The Political Mobilization of Young Women in the Russian Village, 1921–1927 // Russian History. 1996. Vol. 23. N 1–4. P. 345–366.

Глава 9
Вторая революция

Волна перемен, прокатившаяся по Советскому Союзу в конце 1920-х годов, не обошла практически ни одну женщину. Новые фабрики, шахты и стройки, обеспечившие работой миллионы людей, положили конец бремени безработицы, несравнимо тяжело ложившемуся на плечи женщин. Переходить в ряды трудящихся женщин из рабоче-крестьянской среды побуждала как пропаганда, как и политика заработной платы: заработки были по большей части настолько низкими, что семье для выживания требовалось как минимум два добытчика. Десятки женщин из рабочего класса и крестьянства пришли в традиционно мужские отрасли или стали первыми в своих семьях, кто обучился профессии. Сделав из обычных женщин «героинь труда», эта вторая революция, как утверждалось, выполнила обещания большевиков и принесла россиянкам свободу. Но этому утверждению противоречили трудности повседневного быта, восстановление более консервативного гендерного и семейного порядка, а также патриархальная политическая культура, отождествляемая с культом личности Сталина. Сторонников альтернативных взглядов на женскую эмансипацию вынудили замолчать. Периодические вспышки террора разбивали миллионы семей, разлучали жен с мужьями, детей с родителями. Тем не менее многие женщины приняли новый порядок с неподдельным энтузиазмом.

Коллективизация

Экономический кризис конца 1920-х годов оказался прелюдией к грядущим потрясениям. В 1927 году государство закупило гораздо меньше зерна, чем предполагалось, что привело к острой нехватке продовольствия в городах. В который раз измученные, истощенные и все более озлобляющиеся женщины выстаивали круглосуточные очереди за хлебом. «Масла нет, мука только недавно стала, керосину нет, обманули народ», — говорилось в листовке, перехваченной спецслужбами в декабре того же года[1]. Чтобы преодолеть кризис, режим предпринял шаги, вскоре положившие конец НЭПу. Мишенью для нападок стал кулак (зажиточный крестьянин), который якобы «зажимал» хлеб, чтобы навредить власти. Однако введение более жесткой тактики по отношению к крестьянству только усугубило проблему, и в феврале 1929 года хлеб, а затем сахар, мясо, масло и чай стали выдаваться по норме. Чтобы раз и навсегда покончить с проблемой поставок, осенью 1929 года правительство развернуло кампанию по коллективизации сельского хозяйства, а затем по «ликвидации кулачества как класса». Одновременно, приняв весной 1929 года первый пятилетний план, оно ввело масштабные меры по индустриализации и модернизации экономики в попытке буквально вытянуть себя за волосы на новый уровень — за какие-нибудь несколько лет. Эти кампании привели к новому пересмотру гендерных ролей и коренным образом изменили материальные условия жизни почти каждого советского человека.

Коллективизация разрушила традиционный крестьянский уклад. Нанятые в городах активисты конфисковывали имущество так называемых кулацких семей и выгоняли их из собственных домов, наводя ужас на деревню. Миллионы кулацких семей были сосланы в Сибирь или на Крайний Север, где им пришлось с нуля поднимать хозяйство без орудий и ресурсов и строить жилье посреди зимы. В ужасных условиях, без достаточного питания, без каких-либо санитарных мер и медицинской помощи

---

[1] См. [Manning 2001: 7].

люди, особенно дети, болели и умирали десятками тысяч. Другие кулаки стали подневольными работниками на новых промышленных стройках. Большинство оставшихся крестьян были вынуждены вступить в колхозы — иногда под дулом пистолета. Скот и инвентарь у них отнимали и передавали в коллективное пользование. Крестьяне, ставшие колхозниками, больше не могли распоряжаться продуктами своего труда. Они работали в колхозе и, как предполагалось, должны были получать оплату по числу трудодней, то есть в соответствии с объемом работы, которую выполняли в коллективном хозяйстве, и с требуемыми для нее навыками. Однако в действительности оплата была редкостью. Параллельно с коллективизацией шла антирелигиозная кампания. Активисты закрывали церкви, арестовывали священнослужителей и заставляли крестьян сдавать иконы. Иконы выбрасывали, жгли, а над теми, у кого они были, глумились: «Критиковали, у того там иконы: "Бабки, вы что там развешали?"», как вспоминала Анна Дубова, женщина из семьи раскулаченных [Engel, Posadskaya-Vanderbeck 1998: 41]. Власти запрещали отмечание религиозных праздников и отправление религиозных обрядов, в том числе крещения, без которого, по православному поверью, человек не мог попасть в рай.

Коллективизация вторглась в женскую сферу, перевернула быт и домашний уклад. Когда активисты конфисковывали имущество так называемых кулаков, они, прежде чем выгнать людей из домов, часто забирали их одежду, кастрюли, сковородки, даже еду со стола. Отнимали в коллективную собственность кур и домашний скот, за которым обычно ухаживали женщины, а самое страшное — корову, которая давала молоко детям. «Забрали у нас и скотину, и все, и дом», — вспоминала Ирина Князева, раскулаченная вместе с семьей в начале 1930-х годов. Коллективизаторы арестовали ее отца, после чего он провел несколько лет в тюрьме, а всех остальных выгнали из дома. Князева, ее мать, бабушка и трое детей жили в сарае, пока кто-то не уехал из села и семья не перебралась в освободившуюся крохотную избушку. Бабушка ослепла от горя и слез [там же: 122]. Разбивая семьи, разлучая родных, коллективизация ослабила, хотя и не разорвала окончательно связи между поколениями женщин — основу общей женской культуры. Кроме того, лишая мужчин — глав семей контроля над домашним имуществом и трудом, коллективизация подрывала патриархальный крестьянский уклад.

Активистки расценивали это изменение как положительное — еще один шаг к коммунизму. Эти женщины, составлявшие незначительное меньшинство среди десятков тысяч комсомольских активистов, членов партии и рабочих, проводивших коллективизацию, так же, как и мужчины, видели в коллективизации прогресс, а в кулаке — врага. Антикулацкая кампания преподносилась как классовая борьба. Елена Пономаренко, сама из обедневших крестьян, вспоминала, что кулаки жили хорошо, лучше других. У них были коровы, овцы, свиньи, лошади, добротные бревенчатые избы, и еда у них была лучше. Пономаренко, отучившаяся всего семь лет и ставшая журналисткой, в своих статьях указывала на предполагаемых кулаков, подлежавших аресту и преследованию [там же: 151]. Антонина Соловьева, работница свердловского завода имени Воеводина, откликнулась на призыв партии отправиться в деревню агитировать за коллективизацию и против кулацкого саботажа. Она была убеждена, что, когда кулаки будут раскулачены, а их имущество передано в коллективную собственность, бывшие бедняки, которые много трудятся, наконец-то заживут хорошо. Помимо продвижения государственных целей кампания коллективизации была для женщин возможностью испытать приключения, подобные тем, которые переживало предыдущее поколение во время Гражданской войны. Несмотря на снисходительное отношение некоторых товарищей-мужчин, Соловьева и ее подруги одевались так же, как мужчины, по-военному, чтобы подчеркнуть свою решимость[2].

Большинство крестьянок выступали категорически против коллективизации. В деревнях ходили слухи, что коллективизация знаменует приход Антихриста и приближение Апокалипсиса. Для властей сопротивление крестьянок коллективизации служило доказательством их отсталости и, следовательно,

---

[2] См. [Fitzpatrick, Slezkine 2000: 236].

подверженности манипуляциям предполагаемых кулаков. «В своей агитации против колхозов кулаки в первую очередь используют женщин как наиболее отсталую часть деревни», — говорилось в типичном официальном докладе[3]. Находя выгоду в таком отношении, огромное количество женщин участвовали в акциях коллективного сопротивления — так называемых бабьих бунтах. Женщины стояли в первых рядах враждебно настроенных толп, выступающих против коллективизации; они визжали во весь голос и преграждали путь активистам, когда те пытались конфисковывать скот. Иногда женщины поджигали колхозные конюшни, амбары и стога сена, ломали тракторы и нападали на местных представителей власти. «Вы, грабители, дайте нам бумагу центральной власти, на основании которой вы отбираете у крестьян скот. У нас нет кулаков!» — кричали 50 женщин уполномоченному, руководившему коллективизацией в одном сибирском селе. Когда тот отказался выходить из дома, в котором укрылся, женщины стали грозить вытащить его силой или облить дом керосином и поджечь[4]. Часто женщины выходили на акции протеста, вооружившись вилами, палками, ножами и другими сельскохозяйственными орудиями, которые были вполне готовы пустить в ход. Они даже вставали на защиту так называемых кулаков: преграждали путь к хатам крестьян, намеченных к высылке, требовали освобождения уже арестованных. Выступали женщины и против закрытия церквей и продолжали крестить своих детей, несмотря на запрет этого обряда. Крещение стало «явной точкой сопротивления» официальным ценностям, хотя и в значительной степени скрытого[5]. Сопротивление крестьян сыграло важную роль в изменении некоторых элементов партийной политики. Оно на какое-то время приостановило насильственную коллективизацию, навсегда положило конец обобществлению домашнего скота и помогло крестьянам получить право на собственный приуса-

---

[3] См. [Данилов и др. 1999–2006: 187].

[4] См. [там же: 23–42].

[5] См. [Ransel 2000: 164].

дебный участок. Однако не прекратилась ни коллективизация, ни нападки на религию.

Чтобы преодолеть сопротивление женщин, государство мобилизовало пропаганду и кадры. В 1929 году правительство поручило Женотделу поработать с этим «отсталым слоем» и активнее организовывать крестьянок в поддержку коллективизации. Журнал «Крестьянка» повторял линию партии: называл женщин, противящихся коллективизации, темными и отсталыми, утверждал, что ими манипулируют кулаки и попы. В материалах журнала женщины изображались ярыми сторонницами коллективизации. Плакаты и фильмы воспевали те блага, которые коллективизация принесла женщинам.

Пропаганда, рассчитанная на неграмотную аудиторию, перекраивала образ крестьянки, представляя ее колхозницей — в противовес отсталой бабе, выступающей против коллективизации. Улыбчивая, веселая, она зазывала односельчан в колхоз или уверенно усаживалась за руль трактора, демонстрируя новые возможности, которые открыл ей социализм. Иногда ее фигура принимала героические размеры, возвышалась над классовыми врагами — кулаком и попом — и заслоняла собой окружающий пейзаж. Молодая и стройная колхозница не имела ничего общего с пышногрудой материнской фигурой, представлявшей крестьянку раньше[6]. Теперь это была новая женщина — деревенский аналог ее только что освобожденных городских сестер. Она с энтузиазмом строила социализм, зарабатывала собственные деньги, ценила свою независимость и была всей душой предана целям советской власти.

Те крестьянки, которые принимали официальные ценности, получали широкую известность. «Сейчас наши колхозницы стали свободными, — провозглашала женщина-бригадир, "героиня социалистического труда". — Сейчас они иногда зарабатывают больше, чем мужья. А когда зарабатываешь больше, чем муж, как он сможет угнетать? Тогда у него язык становится короче» [Fitzpatrick, Slezkine 2000: 336]. Деревенские женщины, перевыполнявшие производственные нормы, — те, кого называ-

---

[6] См. [Bonnell 1997: 100–123].

Рис. 17. Участницы конференции трактористок, Кремль, 1935 год

ли ударницами, а после 1935 года стахановками, — часто подчеркивали свою свободу от традиционных женских ограничений и от подчинения мужчинам. Доярка Наталья Терешкова в статье, вышедшей в 1935 году, заявляла, что теперь, когда она известная доярка, стахановка, она «стала человеком»: стоит на собственных ногах, растит детей, ведет хозяйство и чувствует себя вдвое счастливее любого мужчины[7]. Столкнувшись с внешними сомнениями в том, что женщины способны водить трактор, Паша Ангелина, создавшая первую чисто женскую тракторную бригаду и ставшая самой знаменитой женщиной — героиней труда в советской истории, решила организовать других женщин. «Будем работать ударно, пусть тогда осмелятся сказать, что нам не место за рулем трактора!» [Fitzpatrick, Slezkine 2000: 312].

Государство прибегало и к более практичным методам поощрения женщин. Помимо встреч с высокопоставленными чинов-

---

[7] См. [Siegelbaum 1998: 129].

никами и фотографий на плакатах и в газетах, такие женщины
получали право на дефицитные товары: качественное жилье
и мебель, швейные машины, ситцевые платья, приличную обувь
и бесплатный отдых в специальных санаториях. М. К. Разина
рассказывала, что, пройдя испытания в 1934 году, стала дояркой
первого разряда и теперь живет хорошо: имеет отдельную квартиру с электричеством, патефон и радиоприемник [там же: 339].
Как в преимущественно мужских профессиях вроде тракториста,
так и, гораздо чаще, в преимущественно женских, таких как доярка, примерные работницы вроде Ангелиной и Разиной становились олицетворением новой эры в деревне, яркими символами
успеха сталинской революции и ее уверенного курса на поддержку женщин.

Однако у подавляющего большинства сельских женщин не
было ни приличного жилья, ни качественной мебели, ни ситцевых
платьев. Деревенские жители не имели доступа даже к самым
основным потребительским товарам, например мылу или обуви.
Большинство едва сводило концы с концами. К концу 1930-х
годов женщины составляли бóльшую часть крестьян, работавших
в колхозах, а миллионы мужчин бежали в город в поисках лучшей
доли. Вместо модернизации колхозники в основном получили
эксплуатацию. Власть присваивала зерно, выращенное крестьянами, платила им за него сущие гроши или не платила вовсе
и почти ничего не оставляла для их собственного пропитания.
В 1932–1933 годах, когда часть СССР охватил искусственно созданный голод, миллионы людей умерли от него и связанных
с ним болезней. Сельскохозяйственный труд оставался в значительной мере ручным и в непропорциональной степени женским.
Составляя примерно 58 % работников колхозов, женщины выполняли две трети изнурительных колхозных работ. Господство-
вало жесткое разделение труда по гендерному признаку. Местные
власти препятствовали доступу женщин к нетрадиционным
видам занятий; односельчане ругали, а иногда и преследовали
женщин, которые становились ударницами или стахановками[8].

---

[8] См. [Manning 1992: 214–225].

В 1930-е годы государство не выполнило своих обещаний улучшить доступ к здравоохранению и охране материнства, а также к учреждениям, призванным освободить крестьянок от бремени домашней работы, хотя и предприняло некоторые шаги в этом направлении. К 1939 году во всем СССР насчитывалось всего 7000 больниц, 7503 родильных дома, 14 300 поликлиник и 26 000 фельдшеров, обслуживавших сельское население численностью более 114 400 000 человек[9]. Хотя это количество и представляло собой немалый прогресс по сравнению с предыдущим десятилетием, все же это по-прежнему была капля в море. Единственно доступной медицинской помощью, особенно в маленьких и удаленных деревнях, оставались народные целители и народные средства. Сеть сельских детских садов, которые должны были освободить женщин от заботы о детях, далеко не выполняла задач, поставленных пятилетним планом. Бремя домашней работы ложилось, как всегда, на плечи женщин, причем при отсутствии самых элементарных удобств: водопровода, сантехники в доме, электричества. Женщины же брали на себя и основную часть ухода за приусадебным участком, с которого кормилось большинство семей. В результате рабочий день у женщин длился намного дольше, чем у мужчин. Однако при этом женский труд ценился ниже мужского, потому что считался в основном неквалифицированным и потому что его вклад в коллективное производство был меньше. И в любом случае, как ни воспевали новую независимую колхозницу с ее самостоятельным заработком, заработная плата колхозников, если ее вообще выплачивали, шла обычно в семью, а не поступала в чье-то личное распоряжение.

Первоначально лишь незначительное меньшинство сельских женщин воспользовалось возможностью повысить квалификацию или выдвинуться на руководящие должности. Такие возможности, безусловно, существовали. В 1930-е годы власти активно стремились увеличить представительство сельских женщин на административных должностях и в нетрадиционных для них

---

[9] [Там же: 208].

профессиях. В результате число женщин на профессиональных должностях, требующих специальной подготовки, таких как бухгалтеры, счетоводы и агрономы, значительно выросло. Тем не менее к концу 1930-х годов лишь незначительная часть женщин занимала административные должности в колхозах или председательствовала в сельских советах. Продвижению сельских женщин препятствовали многие факторы: загруженность работой, противодействие родственников, а возможно, и собственное нежелание менять образ жизни. Женщине, занимавшей в 1930-е годы руководящую должность — например, председательнице колхоза или сельсовета, — приходилось проявлять необычайную твердость. Она сталкивалась с враждебным отношением односельчан, которые могли распространять сплетни о ее сексуальной жизни или о протекции, которую она якобы оказывала родственникам-мужчинам. Следующее поколение женщин, более свободное от бремени семьи и, вероятно, от традиционных ожиданий, оказалось более готовым к переменам: в середине и конце 1930-х годов сельские женщины составляли более 30 % всех студентов, обучавшихся в высших сельскохозяйственных учебных заведениях[10]. Многие при первой же возможности уезжали в город насовсем — при поддержке родителей, потерявших надежду на достойное будущее в деревне.

Индустриализация, женщины и гендер

Индустриализация оказала на женщин столь же неоднозначное воздействие. Во время первой пятилетки руководство полностью отказалось от курса на женскую эмансипацию как самоцель. В декабре 1928 года правительство сняло с должностей всех женщин-организаторов в профсоюзах, тем самым отменив все меры, предпринимавшиеся для обучения, продвижения и защиты работниц в цехах. 5 января 1930 года и сам Женотдел был упразднен, а вместе с ним прекратилась пропагандистская дея-

---

[10] [Там же: 224–225].

тельность в пользу женщин и «женских вопросов» в партийных кругах. Женщины в других официальных органах пытались, но не могли восполнить этот пробел. Отсутствие стабильной защиты женских интересов давало руководству свободу использовать женскую рабочую силу по собственному усмотрению и с наименьшими затратами.

Сначала медленно, а затем с головокружительной скоростью индустриализация побудила женщин заниматься новыми профессиями и открыла ворота промышленных предприятий для женщин, которым в 1920-е годы запрещали работать в цехах. Жены и дочери рабочих оказались особенно привлекательными в качестве новой рабочей силы. Поскольку они уже жили в городе или фабричном поселке, их наем не требовал дополнительных расходов на жилье или расширения городской сферы услуг, которые понадобились бы приезжим крестьянкам. По словам тогдашних экономистов, хотя использование женщин всегда было связано с большими расходами на детские сады и прочее, эти расходы значительно компенсировались экономией на жилье. Использование женщин помогало обеспечить наличие постоянной рабочей силы на фабриках[11]. Такой утилитарный язык (обратите внимание на повторяющееся «использование женщин») никак не сочетался с заявленной целью женской эмансипации. Так же далека от нее была и мотивация многих женщин, впервые влившихся в ряды рабочей силы в 1930-е годы. Они искали работу по самой прозаической причине: инфляция, поднявшая цены на продукты, привела к тому, что заработков мужа, отца или брата просто не хватало, чтобы обеспечить еду на столе.

Несмотря на все декларации обратного, индустриализация не предоставила женщинам равных возможностей. В течение первой пятилетки увеличилась доля женщин во всех отраслях промышленности, включая такие как химическая, металлургическая и горнодобывающая, где традиционно доминировали мужчины. После того как производство было механизировано, отсутствие навыков и образования у женщин было уже не таким серьезным

---

[11] См. [Goldman 2002: 143–179, 244].

препятствием для их найма, что позволило государству нанимать женщин вместо мужчин, а мужчин направить туда, где они были нужнее. Старые линии гендерной сегрегации стерлись, однако вместо них появились новые. Планировщики определяли отрасли и секторы экономики, которые считали наиболее подходящими для женского труда, и тем самым перераспределяли рабочую силу сверху. Целые отрасли экономики, включая хлопок, лен, шерсть и швейное производство, а также низшие и средние должности «белых воротничков» и обслуживающего персонала стали считаться «женскими». Некоторые должности — в том числе стенографистки, секретарши, парикмахеры, поварихи, прачки и фармацевты — были зарезервированы исключительно для женщин[12] .

Враждебное отношение к женщинам в цехах не исчезало. Там, где женщины заменили мужчин, реорганизация рабочей силы даже усугубила проблему. Руководители цехов не хотели обучать женщин и назначать их на должности, которые раньше занимали мужчины. Женщин нанимали и тут же лишали их возможности выполнять свою работу. Руководство отказывалось продвигать их даже в таких отраслях, как текстильная промышленность, где женщины преобладали. Работники-мужчины тоже держались по-прежнему враждебно. Защищая свои рабочие и мужские привилегии, они яростно восставали против попыток подорвать их власть над трудовым процессом, поставив женщин на их место. Квалифицированные рабочие-мужчины отказывались обучать женщин. Они не готовы были смириться с тем, что женщина может зарабатывать столько же, сколько мужчина, не говоря уже о бо́льших суммах. Поскольку рабочие-мужчины отказывались работать вместе с женщинами, на некоторых московских заводах женщины вынуждены были создавать специальные женские бригады. Мужчины пускали в ход сексуальные домогательства и нецензурную лексику, чтобы женщины чувствовали себя неуютно на рабочем месте. На металлообрабатывающем заводе «Красный путиловец» двое рабочих-мужчин приставали к каж-

---

[12] См. [там же: 149–156, 169–176].

дой женщине, заходившей в цех: осыпали их нецензурной бранью и распускали руки. Когда женщины обращались к мастерам с какой-нибудь просьбой, мужчины могли ответить предложением сексуального характера. Такое обращение затрудняло женщинам доступ к рабочим местам в цехах, обозначенным как «женские», и вследствие этого «мужские» профессии оставались мужскими почти в прежней степени[13].

Несмотря на широко известные достижения некоторых женщин, большинство работниц по-прежнему занимали самые низкооплачиваемые и самые физически тяжелые должности. Сосредоточенные в легкой промышленности — пищевой, текстильной и других, связанных с производством потребительских товаров, — женщины оказывались в невыгодном положении из-за инвестиционной политики, которая благоволила тяжелой промышленности и пренебрегала сферой потребления. У некоторых условия труда и уровень жизни настолько ухудшились, что они стали устраивать акции протеста. В 1932 году около 16 000 рабочих, в основном женщины, объявили забастовку в Ивановском промышленном районе, безуспешно протестуя против урезания пайков и требуя восстановить их в прежнем размере. «Хлеба... хлеба нам дайте, тогда будем работать! — кричали они партийным и профсоюзным чиновникам, подавлявшим их протест. — Долой трепача!»[14]

И все же тем, кто имел доказанную принадлежность к «рабочему классу», перемены 1930-х годов открыли возможности для беспрецедентной социальной мобильности. Доля женщин в высших учебных заведениях выросла с 31 % в 1926 году до 43 % в 1937 году. Успехи женщин были особенно заметны в таких областях, как экономика и право, промышленность, строительство и транспорт, где доля студенток до тех пор оставалась довольно низкой[15]. Большинство женщин, воспользовавшихся новыми возможностями, были выходцами из низших классов.

[13] См. [там же: 207–231].
[14] См. [Rossman 1997: 48–49].
[15] См. [Lapidus 1978: 148–149].

Одной из таких бенефициарок стала Вера Малахова, родившаяся в рабочей сибирской семье в 1919 году. Отучившись при поддержке государства на рабфаке, в 1936 году она поступила в медицинский институт и стала одной из десятков тысяч молодых людей, в основном девушек, изучавших медицину в рамках расширенной системы медицинского образования. Ее родители были в восторге: «Вообще считалось, педагог и врач — это такие специальности, перед которыми... ну, вот такие простые семьи, как наша семья — все-таки рабочий папа — преклонялись. И вдруг я буду врачом!» [Engel, Posadskaya-Vanderbeck 1998: 186]. Женщины, на которых равнялись, побуждали и других выбирать новые пути. В сентябре 1938 года Валентина Гризодубова, Марина Раскова и Полина Осипенко установили мировой рекорд беспосадочного полета среди женщин. Во время их полета по радио ежечасно передавались сообщения об их передвижении, и их слушала вся страна. Прозвучал призыв: «Девушки, за руль! Девушки, в авиацию!» [там же: 37]. Эти три женщины вдохновили тысячи других пойти по их стопам.

Повседневная жизнь

В 30-е годы повседневные трудности стали рутиной. Несмотря на амбициозные цели обобществления традиционной «женской» работы — готовки, уборки, стирки, ухода за детьми, — как в первой, так и во второй пятилетке прогресс был весьма скромным. Инвестиции перенаправлялись в тяжелую промышленность; здания, предназначенные для детских садов, руководители предприятий конфисковывали для других целей. По официальным данным, количество детей в детских учреждениях в 1936 году составляло 1 048 309 человек, что было в десять раз больше, чем в 1928 году, но все еще далеко от поставленных целей. Очереди на места в детских садах росли[16]. Вести домашнее хозяйство стало труднее. Коллективизация сельского хозяйства серьезно

---

[16] См. [Goldman 2002: 274].

подорвала производство продуктов. Более того, отменив с введением пятилеток частную торговлю, государство столкнулось с большими проблемами при распределении товаров.

Результатом стала нехватка всего необходимого для ведения хозяйства, в том числе продуктов. Нехватка хлеба зимой 1931 года сделалась серьезной, достигла масштабов настоящего голода в 1932–1933 годах и вновь стала проблемой в 1936–1937 и 1939–1940 годах. Женщины иногда по целым дням стояли в длинных очередях перед пекарнями. Зимой 1936/1937 года одна колхозница писала мужу в Ярославль: «Мы стоим в очереди за хлебом с 12 часов ночи, а дают только по килограмму, даже если умираешь с голоду». Домохозяйка из Поволжья писала в письме Сталину в 1939–1940 годах: «Хлеба, и то надо идти в 2 часа ночи стоять до 6 утра, и получишь 2 кг ржаного хлеба» [Фицпатрик 2008]. Столь же дефицитными были и другие основные продукты: мясо, молоко, масло, овощи. Стало почти невозможно найти одежду, обувь, предметы домашнего обихода. Единственными доступными приборами были электрические утюги. Распределение в городах улучшилось после 1935 года, когда отменили нормирование. Однако качество товаров оставалось крайне низким. У рубашки или платья могло не хватать рукавов, спички не хотели зажигаться, у кастрюли отваливались ручки. Вещи не выполняли своих функций. Например, высокие и широкие чашки с неровным дном, купленные на промтоварном складе в середине 1930-х годов, раскачивались туда-сюда, как маленькие лошадки-качалки, расплескивая содержимое и обжигая руки тем, кто пытался из них пить. Чтобы компенсировать эти недостатки, чашки украсили символикой первой пятилетки: тракторами, кранами, шестеренками и гаечными ключами[17].

Ситуация с жильем была почти так же запущена, как и с товарами народного потребления. Миллионы крестьян, хлынувших в города, создали чудовищную скученность. Люди жили в бараках и общежитиях; рабочие семьи теснились в коридорах, углах или комнатах коммунальных квартир, всей семьей в одной комнате.

---

[17] См. [Fitzpatrick, Slezkine 2000: 296].

Кухни и уборные приходилось делить с другими жильцами. Даже крошечная комнатка иногда казалась роскошью. Анне Дубовой, квалифицированному кондитеру в Москве и дочери так называемого кулака, в начале 30-х просто негде было жить, она ночевала у подруг. Брак с комсомольцем позволил ей не только скрыть свое кулацкое происхождение, но и получить собственную комнату. «Я когда легла в эту кровать, думаю: "Боже ты мой, я на своей кровати лежу!" Это такое счастье было, я прямо на седьмом небе была, не знаю где, вот такая я была счастливая» [Engel, Posadskaya-Vanderbeck 1998: 32].

Женщинам чрезвычайно трудно было удовлетворить предъявляемые к ним противоречивые требования: работать на производстве и одновременно заботиться о муже, детях и доме. Некоторые прибегали к помощи собственных матерей или домашних работниц (слово «прислуга» осуждалось). Домработницами становились женщины и девушки, слишком пожилые или слишком юные, чтобы воспользоваться открывшимися возможностями для работы, или крестьянки, в отчаянии бежавшие из деревни. В 1930-е годы возродилась дореволюционная модель миграции молодых крестьянских девушек, едущих в город, чтобы найти место прислуги в доме. В 1929 году домработницами было около 527 000 советских женщин, что составляло 15,9 % всей женской рабочей силы. В начале 1930-х годов в Москве их числилось 50 000, по данным городской переписи, наверняка занижавшей их количество. Даже рабочие семьи в 1930–1940-х годах могли нанять домработницу. Обычно она спала на раскладушке на кухне или в прихожей. Однако в конечном счете большинству замужних женщин приходилось самим компенсировать дефицит потребительских товаров и услуг. Они спешили уйти с работы, чтобы отстоять очередь в продовольственных магазинах, забрать детей из детских садов, потом дома до поздней ночи готовить, убирать, мыть полы, стирать и чинить одежду, а на следующий день начинать все сначала[18]. В 1936 году такие женщины тратили на работу по дому почти в пять раз больше своего внерабочего

---

[18] См. [Leder 2001: 44].

времени, чем их мужья: 147 часов за год в сравнении с 30 часами, потраченными мужьями. На домашние дела у женщин уходило почти столько же времени, сколько и на оплачиваемую работу.

Новая социалистическая семья

В середине 1930-х годов произошел еще один сдвиг в семейной политике и официальном отношении к женской роли в семье. В начале десятилетия бесконечные требования, теснота и отсутствие социальной поддержки заставляли женщин ограничивать количество детей. Большинство прибегало к аборту. В период с 1927 по 1935 год рождаемость неуклонно снижалась: с 45 рождений на 1000 человек в 1927 году она упала до 30,1 в 1934–1935 годах. Рабочая семья уменьшалась в размерах. Власти находили это изменение тревожным. Подобно другим европейским государствам, принявшим демографическую политику в период между двух мировых войн, Советское государство стремилось увеличить численность своего населения, чтобы удовлетворить потребности промышленности и современного военного дела. Рождение и воспитание детей окончательно перестало быть частным делом и стало долгом женщины перед обществом и государством. Как выражался Иосиф Сталин, «советская женщина имеет те же права, что и мужчина, но это не освобождает ее от великой и почетной обязанности, которой наделила ее природа: она — мать, и она дает жизнь. Это, конечно же, не личное дело, а дело государственной важности». Средства массовой информации начали изображать рождение детей как естественную часть жизни женщин и подчеркивать счастье и удовлетворение, которые им приносят дети. Стремление уклониться от материнства стало для женщины «ненормальным».

Используя законодательство и пропаганду, так же как и в других европейских странах, Советское государство старалось укрепить семью. Глава комсомола заявлял: «Чем крепче, чем гармоничнее семья, тем лучше она служит общему делу... Мы за серьезные, стабильные браки и большие семьи. Одним словом, нам нужно новое поколение, здоровое физически и морально» [Хоффман 2018]. В 1934 году гомосексуальные отношения между мужчинами по обоюдному согласию стали уголовным преступлением; женскую гомосексуальность, которая меньше бросалась в глаза и не привлекала внимания милиции, государство не запрещало. В 1936 году правительство распространило проект нового закона о семье, согласно которому должны были признаваться только зарегистрированные браки; развод должен был стать сложнее и дороже; аборты предполагалось запретить полностью, за исключением случаев, когда беременность угрожает жизни или здоровью матери. Проект также предусматривал стимулирование для поощрения женщин к деторождению, подобно тому, какое существовало в католических странах и нацистской Германии. Женщины, родившие более шести детей, должны были получать ежегодные выплаты в размере 2000 рублей на каждого дополнительного ребенка, а начиная с десяти детей — в размере 5000 рублей на каждого. Тот же закон повышал как размер алиментов, так и штрафы для мужчин-неплательщиков.

Месяц общественного обсуждения, последовавшего за распространением законопроекта, породил самые разные отклики, судя по опубликованным и сохранившимся в советских архивах письмам. Многие крестьянки поддержали запрет. Они считали аборт грехом, к тому же их доступ к нему все равно был ограничен. Женщины Днепропетровской области писали в коллективном письме, что за аборт женщине нужно давать три месяца тюрьмы, поскольку аборты стали очень частым явлением, и удушение новорожденных продолжается[19]. Однако для более образованных сельских женщин принудительное вынашивание и рождение детей означало потерю новых возможностей. Зоотехник Н. И. Ивлева, прочитав законопроект, задумалась о том, сможет ли она работать так, как сейчас, если аборты будут запрещены. Она писала, что любит детей, что у нее есть дочь, после рождения которой ей пришлось прервать учебу. Прекрасно осознавая, по ее словам, вред абортов, она тем не менее выступа-

---

[19] См. [Siegelbaum, Sokolov 2000: 199].

ла против запрета, понимая, что такой закон потребует от нее смены работы или риска своим здоровьем[20]. Другие городские женщины разделяли опасения Ивлевой, ссылаясь на упущенные возможности и материальные обстоятельства, не позволяющие им иметь детей, хотя детей они как женщины, «естественно», любят и хотят. Даже выступая против запрета, женщины изъяснялись в пронаталистских терминах, и ни одна из них не выразила протеста, во всяком случае публично, против сталинского утверждения об исчезновении грани между личной и общественной жизнью.

С другой стороны, многие женщины, судя по всему, только приветствовали перспективу ограничения разводов и ужесточения наказаний для мужчин, уклоняющихся от уплаты алиментов. Одобряли они и возвращение к более традиционному семейному укладу. В 1934 году в суды РСФСР было подано около 200 000 дел об алиментах против «беглых отцов», которые просто исчезли, что сделало взыскание с них алиментов практически невозможным. Поэтому женщины, как когда-то работницы, обсуждавшие Семейный кодекс 1926 года, радостно одобряли те положения, которые в их понимании были направлены против сексуально распущенных или безответственных мужчин. «Теперь он уже не отвертится. Новый закон заставит таких отцов заботиться о детях», — говорила стахановка, уже пять лет как брошенная мужем[21].

Давление на мужчин с целью заставить их выполнять свои «семейные обязанности» действительно усилилось, хотя при этом женщинам стало труднее избегать деторождения. Проект стал законом в 1936 году. Формулировка, запрещающая аборты, осталась без изменений. В 1936 году секретным приказом Наркомздрава было предписано изъять из продажи противозачаточные средства, легализованные в 1923 году. После 1936 года мужчин стали порицать за неуважительное отношение к женам и невыполнение супружеских обязанностей. Комсомол можно было обвинить в том, что он считал мужскую неверность личным

---

[20] См. [Manning 1992: 208].

[21] См. [Фицпатрик 2008].

делом и воздерживался от критики заблудших мужей[22]. В газете Коммунистической партии «Правда» в 1936 году фотографии отцов с маленькими детьми появлялись чаще, чем фотографии матерей. Валерий Чкалов, известнейший советский летчик, который «всей душой любил детей», на вопрос о его мечте ответил полушутя-полусерьезно: «Иметь много детей, не меньше шести!»[23] Образцом в этом отношении был сам Сталин. Часто изображаемый на пропагандистских плакатах в окружении сияющих и благодарных детей, Сталин был самым великим, самым лучшим отцом из всех. Таким образом государство стремилось приспособить «личное», «частное» к своим целям.

Однако пронаталистские усилия государства имели лишь кратковременный успех. Рождаемость выросла с 30,1 на 1000 в 1935 году до 39,7 в 1937 году, но затем снизилась, и в 1940 году уже была ниже, чем в 1936-м, отчасти из-за мобилизации на войну. Причиной снижения рождаемости были в первую очередь подпольные аборты. Они были обычно мучительными и опасными. Несмотря на представление о «греховности» абортов, сельские женщины нередко прибегали к этому средству, учась делать их самим себе или прибегая к помощи местных специалистов по криминальным абортам. Так же поступали и городские жительницы. Анна Дубова, перенесшая несколько абортов, с особым ужасом вспоминала один, едва не стоивший ей жизни подпольный аборт, сделанный медсестрой детского сада. «Медсестра... вытащила кучу из-под кровати белья грязного — и, дескать, ложись. И тут вот, где руки моют, типа такого умывальника, там вот хозяйственное мыло и такая грязь, вот настрогали вот это все, и спринцевать этим» [Engel, Posadskaya-Vanderbeck 1998: 34]. У Дубовой началось заражение крови, и ее пришлось госпитализировать. Она была одной из сотен тысяч женщин, попавших в больницы из-за неудачных подпольных абортов после 1936 года. Нелегальные аборты, к которым прибегали женщины, представляли собой форму сопротивления требованию сочетать

---

[22] См. [Hoffman 2000: 39, 45].

[23] См. [Geldern, Stites: 262].

продуктивный и репродуктивный труд без какой-либо поддержки со стороны государства. Страшной физической, а в случае крестьянок — еще и моральной ценой женщины, как могли, контролировали свою фертильность[24].

Новая культура

И все же часто — хоть и неизвестно, насколько часто, — самые настоящие лишения и страдания сочетались с искренней приверженностью делу строительства нового порядка. Одним из элементов этой конструкции была психологическая перековка самих себя с целью стать живым воплощением сталинской модернизации и избавиться от неподобающих мыслей. Надпись-посвящение на обороте фотографии Антонины Бережной, сделанной в 1932 году, гласит, что только упорная борьба и длительная работа над собой может помочь человеку достичь высот науки[25]. «Формировались люди нового типа», — писала Алла Кипаренко, комсомолка, помогавшая строить город Комсомольск на Дальнем Востоке. По ее словам, это был истинный духовный рост, настоящее стремление стать лучше и достичь подлинной культуры во всем, от отношения к работе до личных отношений[26]. «Подлинная культура» (культурность) приобрела огромное значение как цель, к которой стремился советский народ. Это означало подобающее коммунисту поведение: трезвость, чистоплотность, хорошие манеры — все, чего не хватало «темным» и «отсталым» крестьянам, наводнявшим в то время города. Слово «некультурно» выражало резкое неодобрение. Мэри Ледер, родившаяся в США, вынужденно оставшаяся в Москве в середине 30-х годов и жившая как советская гражданка, иногда забывалась и начинала насвистывать, и ей тут же говорили, что это «некультурно». «Свист в помещении считался дурным тоном не

---

24 См. [Ransel 2000: 115].

25 См. [Engel, Posadskaya-Vanderbeck 1998: 107].

26 См. [Fitzpatrick, Slezkine 2000: 279].

только для женщин, но и для мужчин ("ты же не в чистом поле!")»
[Leder 2001: 47]. В 30-е годы к культуре стали относиться и заботы о собственности и статусе, «устройство и манеры образа
жизни, подобающие новым хозяевам Советского государства»
[Fitzpatrick 1992: 218].

Гендер влиял как на создание, так и на проявления новой
культуры. Женская физическая привлекательность и ухожен-
ность стали одним из ее аспектов. Журнал «Работница» в 1939 году разъяснял своей рабочей женской аудитории, что советская
женщина, ведущая разнообразную общественную деятельность,
должна при этом научиться сохранять женственность и следить
за собой, должна заботиться о своей внешности[27]. Стахановки,
привлекавшие внимание прессы, были неизменно молоды
и привлекательны; работницы на картинах тоже, как правило,
изображались привлекательными физически. Новый женский
идеал стал более мягким и женственным, чем в 20-е годы. Незамужним женщинам полагалось быть «скромными» и «милыми»,
замужним — заботливыми матерями и верными женами. Их
«женские ценности» должны были способствовать созданию
более культурной общественной жизни, где царил бы порядок,
а мужчины вели себя как джентльмены. Во время строительства
города Комсомольска работницы требовали лозунгов вроде
«Содержи рабочее место и одежду в чистоте!» и «Нет ругатель-
ствам на работе и дома, особенно при женщинах!» Мужчины
ворчали, а женщины настаивали: «Ничего, привыкнете. Еще
спасибо нам будете говорить» [Fitzpatrick, Slezkine 2000: 279].
Женщины стали носительницами новой, цивилизаторской
миссии государства.

Сам дом и роль женщины в нем впервые после революции
приобрели однозначно положительное значение. Для замужних
работниц, а особенно для образованных женщин (в отличие от
колхозниц), важной целью стало посвятить себя мужу. Чествуя
советского героя, пресса расточала похвалы и его жене. Рассказывая, как она сумела создать благоприятную и «культурную»

---

[27] См. [Reid 1998: 152].

Рис. 18. Конференция жен инженеров тяжелой промышленности, 1936 год

среду для своего мужа-стахановца, А. В. Власовская с гордостью отмечала, что к приходу мужа с работы у нее все было готово, и она уже не нуждалась в его помощи. Раньше он помогал ей по дому, носил дрова и тому подобное, а теперь приходил на все готовое, ему не приходилось ни о чем заботиться и волноваться из-за домашних дел — можно было думать только о работе [там же: 361]. Власовская была редким явлением — женой-домохозяйкой. Однако даже тогда, когда женщина получала собственную зарплату, роль мужа как работника стояла на первом месте. В 1939 году, например, в ответ на кампанию по привлечению женщин на работу в шахты шахтерка с Донбасса отчиталась о том, что домохозяйки еще два месяца назад откликнулись на призыв Л. М. Кагановича *помочь мужьям* в борьбе за уголь (выделено мной. — Б. Э.)[28]. От этой обязанности были освобождены только те женщины, чьи мужья препятствовали их вкладу в обще-

---

[28] [Reid 1998: 141].

ственную жизнь. Такие мужья заслуживали только порицания. Таким образом, дом и семью стали приспосабливать к производственным задачам государства.

Апофеозом общественной сознательности жен стало движение жен-активисток (общественниц), начавшееся в 1936 году. Это движение призывало домохозяек вносить свой вклад в создание нового общества неоплачиваемым трудом. Поддержанное в самом начале заместителем Сталина, наркомом тяжелой промышленности Серго Орджоникидзе, на пике своего развития, в 1936–1937 годах, оно мобилизовало десятки тысяч домохозяек на социальную, культурную и просветительскую работу. Общественницам полагалось уделять первостепенное внимание мужьям и детям. Как напомнил им Лазарь Каганович, о мужьях женщины всегда должны думать в первую очередь. Галина Штанге, жена преуспевающего инженера, записала его наставления. Каганович говорил, что мужья выполняют трудную и ответственную работу и жены должны обеспечивать им дома полноценный отдых от этих трудов, создавать в семье атмосферу покоя, уюта и радости[29]. Но общественницы также вносили вклад в социум за пределами своих семей. Они организовывали детские сады, ясли и лагеря для детей, обставляли рабочие общежития и казармы, следили за порядком в фабричных столовых, сажали деревья и цветы, устраивали дискуссионные кружки. Движение давало женщинам достойную возможность реализовать свою энергию и навыки, способ внести свой вклад в новый порядок, положить свою «маленькую» жизнь «на алтарь Отечества». Галина Штанге, по ее словам, нашла в женском движении свою стихию, и это было прекрасное чувство[30]. В первую очередь это движение служило сталинскому государству. В нем преобладали жены руководителей предприятий и инженеров, и оно очень напоминало филантропическую деятельность дореволюционных дам. Движение распространило домашние обязанности женщин на общественную сферу и предоставляло социальные услуги, кото-

---

29 См. [Garros, Korenevskaia, Lahusen 1995: 172, 186].

30 См. [там же: 172].

рыми пренебрегали в своих планах экономисты. В то же время неизменно ухоженные и модно одетые общественницы не только пропагандировали «культурное» общество будущего, но и сами служили его образцами. Государственная политика поощряла таких женщин развивать собственный изысканный вкус. В 1936 году открыл двери первый советский Дом моделей, и в СССР начали издаваться французские модные журналы. Книги полезных советов учили женщин готовить изысканные блюда и красиво накрывать на стол. Женщины из рабочего класса часто недолюбливали общественниц, поскольку восторги в их адрес свидетельствовали о растущей готовности принять существование классовых различий.

К середине 1930-х годов роль домохозяйки была в Советском Союзе в такой чести, как никогда прежде в советской, а может быть, и в российской истории. В некотором смысле этот новый акцент представлял собой компромисс с «буржуазными» устремлениями новой советской элиты. Однако семейные добродетели также оказались неразрывно связаны с более масштабным проектом построения социализма. Отличие от «буржуазного» образа семьи, с которым так схожи были новые идеалы во всем остальном, заключалось в конечной цели: она заключалась не в самом по себе семейном благополучии и не в воспитании независимых личностей. Целью оставалось служение общественному благу и интересам государства. Ничто другое не свидетельствует об этом яснее, как прославление матерей, доносивших на своих детей за неподобающее поведение, — таких, например, как домохозяйка Парфенова, сообщившая властям, что ее сын вышел на работу пьяным и сорвал производственный процесс[31]. Подобно знаменитому Павлику Морозову, убитому якобы за то, что выдал властям отца-кулака, такие женщины прекрасно понимали, кому и чему они должны быть преданы в первую очередь.

С середины 1930-х годов брак стал мерилом женской лояльности или противостояния государству. Вторая половина 1930-х

---

[31] См. [Neary 1999: 396–412].

годов была временем террора, затронувшего жизни сотен тысяч, а может быть, и миллионов людей, в подавляющем большинстве — мужчин. По подсчетам Барбары Клементс, женщины составляли 11 % тех, кто формально преследовался по закону в конце 1930-х годов, и 8 % заключенных в 1940 году[32]. Такое относительно малое количество не имело ничего общего с благородством, а было связано с недостаточным представительством женщин в высших эшелонах партийной, профессиональной и интеллектуальной жизни, а также в управлении промышленностью — сферах, сильнее всего пострадавших от террора. Однако женщины несли свое бремя страданий — как матери, дочери, сестры и, чаще всего, жены врагов народа. Ольга Адамова-Слиозберг, арестованная в 1936 году и содержавшаяся в Лубянской тюрьме в Москве, отмечала, что подавляющее большинство женщин-заключенных были членами партии или женами членов партии. В 1937 году было арестовано столько жен старых большевиков, репрессированных ранее, что для их содержания пришлось создавать специальные лагеря. То самое материнство, которое воспевал теперь режим, усугубляло страдания женщин-заключенных. Их детей часто отправляли в детские дома, меняли им имена, стирали прошлое. В общих тюремных камерах, описанных Евгенией Гинзбург и Ольгой Адамовой-Слиозберг, женщины, выдерживавшие жестокие допросы и карцеры, при мысли о детях срывались в истерические рыдания. Но и избежавшие ареста жены врагов народа тоже страдали. Они теряли работу. Они и их дети подвергались чудовищному давлению с целью заставить их отречься от «преступника». Люди избегали их, боясь обвинений в соучастии. По словам заместителя Сталина Вячеслава Молотова, жен репрессированных мужчин необходимо было изолировать, чтобы они не распространяли жалобы и недовольство[33]. (Когда в конце 1940-х годов была арестована жена самого Молотова, он остался на свободе, продолжая служить

---

[32] См. [Clements 1997: 280].

[33] См. [там же: 284].

в ближайшем окружении Сталина.) Такие женщины исчислялись десятками тысяч. Даже для тех, кому удалось избежать тюрьмы, лагерей или казни, террор часто становился губительным, разъедая отношения.

Заключение

Сталинская революция, во многом противоречивая, отмеченная как выдающимися достижениями, так и чудовищными страданиями людей, отразилась со всеми этими противоречиями и в гендерном вопросе. Она усугубила гендерные различия на всех уровнях: в рабочей среде, намеренно разделенной по половому признаку; в визуальных образах, подчеркивавших теперь «женственные» черты даже у героинь труда; в общественной жизни, где на женщин была возложена исключительно женская миссия — украшать и окультуривать, и наконец, в семье, где женщины должны были играть особую роль как жены и матери. Но главное, гендер пронизывал саму структуру политической культуры. Советское общество представлялось «одной большой семьей». Однако это была не та эгалитарная семья, к которой стремились революционеры, не братство, рисовавшееся в мечтах рабочих, не реформированная семья, как ее представляли себе либералы, и даже не теплая домашняя идиллия из пропаганды поздних царских времен. Вездесущие портреты Сталина, на которых его жена Надежда Аллилуева ни разу не появлялась рядом, даже до того, как покончила с собой в 1932 году, олицетворяли совершенно иной тип семьи, уходящий корнями в религиозную и крестьянскую культуру. Сталин стал одновременно светским святым, соблюдающим обет безбрачия, и «большаком» в доме, хотя в реальности крестьянская семья без помощницы-«большухи» была немыслима. Это был «глава семьи», только в масштабах всей страны — суровый, но благожелательный, для которого все трудились, которого все слушались и который обещал всем заботу и обеспечение — во всяком случае, тем, кто не утратил его благосклонность.

Рекомендуемая литература

Гинзбург Е. С. Крутой маршрут: Хроника времен культа личности. М.: Книга, 1991.
Живой и яркий рассказ о скитаниях одной женщины по тюрьмам и лагерям.
Bonnell V. The Peasant Woman in Stalinist Political Art of the 1930s // American Historical Review. 1993. Vol. 98. N 1. P. 55–82.
Goldman W. Women at the Gates: Gender and Industry in Stalin's Russia. New York: Cambridge University Press, 2002.
Важное исследование гендерной составляющей советской индустриализации.
Hoffman D. Mothers in the Motherland: Pronatalism in its Pan-European Context // Journal of Social History. 2000. Vol. 34. N 1. P. 35–53.
Рассматривает сталинскую семейную политику в более широком контексте европейской демографической политики в период между двумя мировыми войнами.
Ilic M. Women in the Stalin Era / ed. Ilic M. New York: Palgrave, 2001.
Manning R. T. Women in the Soviet Countryside on the Eve of World War II // Russian Peasant Women / ed. Farnsworth B., Viola L. New York: Oxford University Press, 1992. P. 206–235.
Исследуется положение сельских женщин после коллективизации.
Neary R. B. Mothering Socialist Society: The Wife-Activists Movement and the Soviet Culture of Daily Life // Russian Review. 1999. Vol. 58. N 3. P. 396–412.
Исследование движения общественниц, подчеркивающее противоречивость посылов, адресованных женщинам.
Reid S. All Stalin's Women: Gender and Power in Soviet Art of the 1930s // Slavic Review. 1998. Vol. 57. N 1. P. 133–173.
Исследует роль гендера в формировании культуры тридцатых годов.
Viola L. Bab'i Bunty and Peasant Women's Protest During Collectivization // Russian Review. 1986. Vol. 45. N 1. P. 189–205.

Глава 10
Империя и гендер

Вплоть до 1920-х годов российский имперский проект был почти исключительно мужским делом. Территориальные аннексии Екатерины Великой представляют собой редкое исключение. Агрессивно проводя имперскую экспансию, Екатерина руководила разделом Польши и завоеванием обширных земель на юге, включая Крымский полуостров и Северное побережье Черного моря. Сотни тысяч евреев и латышей, а также миллионы украинцев, белорусов и поляков были включены в состав империи, в результате чего доля этнических русских в населении сократилась, составив чуть менее половины[1]. Однако Екатерина была уникальным явлением. До и после ее правления строили планы, исследовали, завоевывали и управляли землями, ставшими «русскими», исключительно мужчины. Женщины стали действующей силой имперского проекта только в 1920-е годы, когда гендер приобрел центральное значение в преобразовании народов Севера, Юга и Востока.

К концу XIX века царь, «император всероссийский», правил более чем сотней разных народов. Помимо русских, среди них были немцы, евреи, поляки, армяне, грузины, азербайджанцы, татары, казахи, киргизы, узбеки, туркмены, финны и различные малые народы Севера. Этнически нерусские, если считать родственных русским по языку и культуре украинцев и белорусов, составляли на рубеже XX века большинство населения империи. Экономика, культура и образ жизни народов империи были

---

[1] См. [Кабузан 1990: 230].

чрезвычайно разнообразны: туда входили промышленно разви-
тые города стран Балтии, крестьяне Украины, кочевые и полуко-
чевые народы среднеазиатских степей, оленеводы Северной
Сибири. Столь же сложна история взаимодействия Российского
государства с покоренными им народами. В центре внимания
этой главы находится гендерный аспект имперской миссии.

Гендер в империи

В XIX веке в самом имперском господстве обнаружился гендерный аспект. Именно мужчины, а не женщины отправлялись открывать и наносить на карту новые земли на юге, на севере и на
востоке и завоевывать местных «других». Рассказы о подвигах
мужчин в иноземье, будораживавшие воображение публики, прославляли мужественность завоевателя и представляли его по
своей природе выше побежденного. В начале XIX века читатели
жадно глотали чувственные романы о любви между мусульман-
ками и русскими мужчинами, действие которых происходило
в экзотических горах Кавказа, где русские вели захватническую
войну. Русский колонизатор представал благородным и доблест-
ным мужчиной, носителем прогресса, а «хорошая» аборигенка —
заботливой, сексуально доступной и пылкой женщиной. Местные
мужчины, в отличие от русских, изображались дикарями, фана-
тиками и похотливыми животными, которые покупали и продавали своих женщин и могли даже убить за любовь к русскому
мужчине. Задачей россиянина было спасти угнетаемую женщину
от ее соотечественников-мужчин. Пылкий союз между русским
завоевателем, представляющим собой высший тип человека,
и заботливой местной женщиной отражал парадигму отношений
между колонизатором и колонизируемыми. Так гендерные образы
подкрепляли и рационализировали имперскую миссию России[2].
    Той же цели служила тенденция представлять колониальные
земли как нечто женственное, феминизированное. Писатели

---

[2]   См. [Layton 1994: 166–172].

1830–1840-х годов помогали популяризировать завоевательные войны, описывая отношения между завоевателем и завоеванными в отчетливо гендерных терминах. Они изображали земли Юга и Востока как своего рода феминизированного «другого», сексуального и соблазнительного, но отсталого и потенциально опасного, отчаянно нуждающегося в руководстве и контроле со стороны России. Так, в повести А. А. Бестужева-Марлинского Грузия представала роскошной и манящей, но нетронутой дикой местностью, расстилающейся перед наступающим русским завоевателем: «О моя душечка, ты обворожительна теперь!.. Я готов кинуться на грудь твою с седла и обнять тебя, расцеловать тебя», — восклицает вымышленный герой Бестужева-Марлинского, пришедший со своей армией в Грузию. Работы исследователя, естествоиспытателя и писателя Николая Пржевальского увековечили это гендерно обусловленное представление о завоевании. Пржевальский во второй половине XIX века приобрел огромную популярность. Агрессивно-мужественный представитель «конкистадорского империализма», он гордился превосходством России и считал народы Востока пассивными и беспомощными, жаждущими гегемонии и защиты России. Таким образом, имперская миссия определялась как мужская по своей сути[3].

Когда женщины участвовали в имперском проекте, то делали это с куда меньшим размахом. Они принимали участие в цивилизаторской миссии, следовавшей за имперским завоеванием, и даже в этом качестве часто сталкивались с препятствиями, незнакомыми мужчинам. Так, например, Варвара Кашеварова-Руднева поступила в медицинский институт и училась на стипендию, выплачиваемую оренбургскими властями, поскольку выразила готовность заниматься врачебной практикой среди башкирок Оренбургской губернии, которым мусульманская вера запрещала обращаться к врачам-мужчинам. Однако, когда она наконец получила диплом, ей не дали выполнить свою миссию. После безрезультатных запросов о должности в Оренбурге она сама поехала туда, чтобы получить официальный ответ — и по-

---

[3] См. [там же: 182, 179–211].

лучила. Ей сказали, что женщины не могут поступать на службу, а в ее случае в особенности, поскольку ее диплом давал обладателю право на государственный чин, который женщинам присваивать запрещалось. Местное военное командование не представляло, что с ней делать. Единственная доступная вакансия в военном госпитале была связана с государственной службой, а это давало привилегии, которыми могли пользоваться исключительно мужчины. Поэтому ей решили не давать места, несмотря на деньги, потраченные на ее образование[4]. В последние десятилетия XIX века несколько женщин стали православными миссионерками-учительницами в школах Волго-Уральского региона и Сибири. Но даже в этом качестве присутствие женщин вызывало у мужчин двойственное отношение. На съезде миссионеров в 1910 году было предложено привлечь к миссионерской работе больше женщин и пригласить делегаток на следующий съезд; однако, несмотря на одобрительные голоса, это предложение провалилось.

Однако в художественной литературе можно увидеть и другую историю. Приключения героинь Лидии Чарской (1875–1937) на кавказских и сибирских рубежах снискали писательнице восторженное обожание русских девочек. Среди более чем 80 книг, опубликованных Чарской в период с 1901 по 1918 год, самыми популярными были те, в которых рассказывалось о приключениях княжны Нины (в конце концов Нин стало две). Первая Нина была единственной дочерью грузинского князя, помогавшего русским покорять мусульманские народы Кавказа, и татарской девушки, принявшей христианство, — она умерла, когда Нине было девять лет. Воспитанная в христианском духе, пользующаяся потворством безмерно любящего отца, привыкшая руководствоваться в своих поступках армейскими правилами, Нина ввязывалась в такие приключения, о которых обычные девочки могли только мечтать. Она скакала по горам на своем любимом коне, выслеживала разбойников в их тайном укрытии и даже защищала двоюродного брата, поскольку тот был слабее

---

[4] [Clyman, Vowles 1996: 184].

ее. Как заметила Бет Холмгрен, «помещая своих героинь на Кавказ, самую экзотическую и экзотизированную культурой для русских читателей приграничную землю, [Чарская] освобождает их от строгих рамок городского европейского общества Москвы и Санкт-Петербурга и явно связывает с романтической традицией отважных кавказских *героев* [курсив автора]» [Holmgren 1995: 1998]. Но Чарская идет еще дальше. Украинка Люда, еще одна героиня Чарской, стремится распространять христианскую веру среди татар-мусульман, хотя это грозит ей гибелью от рук мусульманских «фанатиков». Героини Чарской не только бросают вызов сложившемуся стереотипу о туземной женщине как о пассивной и жертвенной, но и изображают женщин бесстрашными проводниками имперской миссии.

Встреча с женским «другим»

В большей части существующих исследований нерусских народов империи приводятся лишь разрозненные примеры отдельных реальных женщин, но не женщин как объектов имперской политики или как символов зарождающегося национализма. Историки только начинают исследовать жизнь женщин в семье и на работе[5]. Наиболее известны женщины образованные и умеющие выражать свои мысли, чей особый статус позволял им говорить и действовать в собственных интересах и в интересах других женщин.

Гендер отсталости

В регионах, которые русские считали отсталыми, якобы приниженное положение женщин иногда служило основным поводом для государственного вмешательства в дела коренных народов. Представляя имперскую экспансию на Юг, Север и Восток как цивилизаторскую миссию, русское чиновничество воспринима-

---

[5] См. [Freeze 1994].

ло культуру не столько с точки зрения различий, сколько с точки зрения уровней и стадий развития. Согласно этому взгляду, «передовые» культуры, такие как русская, были ответственны за то, чтобы помочь более «отсталым» догнать их. Одним из важных критериев отсталости был статус местных женщин. Политика царизма по отношению к мусульманским народам Поволжья и Средней Азии во второй половине XIX века — показательный пример такого подхода.

В глазах имперских чиновников женщины в этих регионах (за некоторым исключением среди кочевых народов, таких как туркмены) были угнетены по сравнению с русскими женщинами[6]: они представлялись жертвами деспотизма шариата — исламского права, санкционированного имперской политикой. Русские реформаторы конца XIX века стремились положить конец целому ряду обычаев, в частности обручению вдов с родственниками мужа, выплате калыма, или выкупа за невесту, детским и подростковым бракам, ущемляющим, по мнению русских, права женщин. Существуют свидетельства, особенно в отношении поволжских татар, рисующие более сложную картину, чем это одномерное представление об угнетении женщин. Татарские женщины Среднего Поволжья, противившиеся влиянию русских православных миссионеров, играли важную роль в борьбе против религиозной ассимиляции и в ряде случаев активно проповедовали свою мусульманскую веру. В этом регионе религиозные школы посещало почти столько же девочек, сколько и мальчиков: девочки готовились передавать веру своим детям[7].

Татарки и другие мусульманки были также вполне способны защитить себя от посягательств в семье. В мусульманских районах Поволжья и в Туркестане, зоне имперского управления, охватывавшей бо́льшую часть Средней Азии, семейные дела оставались в ведении исламского права. Пользуясь правовыми

---

[6] Чиновники и некоторые специалисты склонны были считать и русских крестьянок угнетенными и применять к ним подобную же, хотя и более сдержанную, цивилизаторскую миссию.

[7] См. [Kefeli 2001: 252–253, 263–265, 272–273].

средствами, доступными им после реформы 1864 года, мусульманские женщины, так же как еврейские и русские, успешно обращались в исламские суды, чтобы пресечь насилие со стороны мужа, защитить свою честь и даже инициировать развод. Согласно исламскому праву, «жестокое обращение» мужа давало жене право требовать развода — право, которого не было у русских православных женщин. Несмотря на эту практику, противоречащую стереотипам об угнетенном положении мусульманских женщин, к концу XIX века российские чиновники пришли к выводу: чтобы улучшить положение женщин-мусульманок, «цивилизованному государству», такому как Россия, пора избавить мусульманские территории от исламского права, принявшего «самую грубую и бесчеловечную форму» и нарушавшего «человеческие права» женщин[8]. Лишь опасение, что поспешное введение российских законов вызовет сопротивление местного населения, помешало чиновникам осуществить свои планы. Тем не менее взгляды реформаторов на местные обычаи отразились на устремлениях как мусульманских националистов, так и советских последователей этих реформаторов.

Гендер и нация

Стремление расширить свою национальную автономию у народов, входивших в состав Российской империи, часто имело гендерную окраску. С одной стороны, как и везде, национальная общность представлялась в виде братства. С другой — стремясь дистанцироваться от российской гегемонии, мужчины этих народов в то же время сами иногда принимали русскую роль «носителей прогресса» по отношению к своим женщинам. Отражая иерархию уровней развития, характерную для русских колонизаторов, те народы, которые русские считали «отсталыми», включали повышение статуса женщин в националистическую повестку дня. Там же, где «отсталость» не привлекала внимания к положению женщин, например на территориях к западу, женщины

---

[8] См. [Crews 1999: 433, 435].

сами невольно вносили свой вклад в процесс гендерной дифференциации. Стараясь показать, что их тоже необходимо включить в политику «братства», они использовали риторику о «матерях-воспитательницах», призванных служить нации, тем самым отстаивая место для себя и своих проблем в зарождающихся националистических движениях. Однако связь между гендером и нацией иногда оказывалась палкой о двух концах. Национализм предоставлял образованным женщинам новые возможности для высказывания своего мнения, но он же мог и ограничивать их в том, что они чувствовали себя вправе высказать.

Среди мусульман Кавказа, Поволжья и Крымского полуострова статус женщины занял важное место в национальной повестке дня. Националистические движения возникли в наиболее урбанизированных районах к концу XIX века под действием тех же модернизирующих сил, которые вызвали волнения среди русских. Инициативу взяли на себя реформаторы-джадиды. Измеряя прогресс критериями западноевропейского «просвещения», реформаторы джадидизма стремились направить свои народы по пути современности путем реформирования самого ислама. Мужчины — лидеры движения, в основном поволжско-татарская и азербайджанская интеллигенция, не просто включали «женский вопрос» в свою повестку дня, но придавали ему ключевое значение. Татарский реформатор Исмаил-бей Гаспралы (в некоторых источниках — Гаспринский) писал в 1913 году: «Кто любит свой народ и желает ему [светлого] будущего, тот должен позаботиться о просвещении и воспитании женщин, вернуть им [их] свободу и независимость и дать широкий простор для развития их ума и способностей» [Rorlich 2000: 147]. Реформаторы в Баку определили основные женские проблемы как неграмотность, изоляцию, ношение чадры и полигамию. Поддержка женщин в преодолении этих проблем стала мерой прогрессивности политики. Когда родители-мусульмане обратились в Бакинский городской совет с ходатайством об открытии школ для их дочерей, азербайджанские делегаты решительно поддержали их просьбу и воспользовались этим случаем, чтобы открыть дебаты о месте женщин в обществе и поддержать отмену чадры и женской сегрегации. Один из делегатов произнес воодушевляющую речь «Долой чадру»: он говорил, что образование необходимо женщинам, чтобы стать хорошими гражданками и хорошими матерями, причем эти две роли были явно неразделимы в его сознании[9]. Влиятельный и популярный азербайджанский журнал «Молла Насреддин» (1906–1930) под редакцией Мирзы-Джалила Мамедгулизаде (1866–1932) и его жены Хамиды Джаваншир (1873–1955) также затрагивал ряд женских проблем. Посредством сатиры и карикатур журнал порицал обязательное ношение чадры, изоляцию женщин, многоженство, избиение жен и насилие в отношении женщин[10]. Рассматривая эмансипацию женщин как «возвышение» их до уровня их европейских сестер в образовании и просвещении, джадиды видели в ней необходимую предпосылку для возрождения мусульманской цивилизации и формирования современного государства.

Акцент на женской эмансипации побуждал и самих женщин высказываться от собственного имени. Вначале лишь объекты реформы, проводимой просвещенными мусульманскими интеллектуалами, они вскоре стали признанными партнерами мужчин. Эти женщины, как и мужчины, происходили из семей образованной, привилегированной и урбанизированной элиты. По большей части они приводили доводы в пользу образовательного и социального прогресса женщин в рамках, установленных мужчинами, связывая будущее нации с тем вкладом, который внесут в него просвещенные матери: «Сестры, нам нужны школы, где мы сможем получить образование; мы сможем быть в какой-то степени полезны нашей Родине, если сумеем [правильно] воспитать наших детей»[11]. После революции 1905 года в крымском городе Бахчисарае, в Казани и в Баку начали издаваться журналы, адресованные женской аудитории, и другие журналы открыли свои страницы для женщин-авторов. Женские журналы информировали своих читателей о правовом статусе женщин, давали

---

[9] См. [Altstadt 1992: 56].

[10] См. [Tohidi 2000: 276].

[11] См. [Rohrlich 2000: 155].

им советы по поводу их домашних обязанностей и публиковали информацию о положении женщин в других местах. Подчеркивая необходимость перемен, сторонники женской эмансипации, тем не менее, продолжали отстаивать в качестве идеалов для женщин традиционные исламские ценности: преданность, целомудрие и покорность воле Аллаха. Таким образом, националисты восприняли ценности Запада избирательно. Женщины, особенно в роли матерей, должны были играть важную роль в сохранении всего лучшего из национального наследия. Мусульманские интеллектуалы, как мужчины, так и женщины, рассматривали женскую эмансипацию с точки зрения блага нации.

Точно так же на это смотрели и большинство их западных коллег. На Западе кампании страны за женскую эмансипацию сопровождались различными взглядами на то, что составляет благо нации. Примеры балтийских немцев, финнов, украинцев иллюстрируют разнообразие моментов, в которых гендерная политика пересекалась с политикой национализма.

В трех балтийских провинциях (Эстляндии, Лифляндии и Курляндии) участие женщин в общественной жизни в некоторой степени определяла сильная приверженность нации консерватизму. Немцы составляли крошечное меньшинство (6,9 %) населения Балтийского региона, однако при этом пользовались непропорциональными социальными и политическими привилегиями. Немецкое националистическое движение возникло в ответ на политику русификации в конце XIX века, включавшую, среди прочего, требование, чтобы в школах преподавали на русском языке. Чтобы обойти это требование, балтийские немцы создали полуподпольные домашние школьные кружки, основную роль в которых стали играть женщины. Эти и другие начинания давали какую-то отдушину тем женщинам, которые искали свое предназначение за пределами дома.

Революция 1905 года расширила сферу активизма, доступную немецким женщинам. Во время беспорядков в Балтийском регионе либералы стремились лишить немцев их привилегий и демократизировать политику, в то время как крестьяне нападали на поместья немецкой элиты. В ответ многие немецкие женщины из

среднего и высшего класса присоединились к движению, направ-
ленному на сохранение немецких обычаев и защиту немецких
привилегий. Сотни вступали в женские лиги, целью которых
было «взращивать и сохранять немецкое господство» и объеди-
нять немцев, невзирая на классовые и социальные различия. Еще
больше было тех, кто играл существенную роль в немецких на-
циональных союзах, возникших в каждой из балтийских провин-
ций. Женщины выполняли конторскую работу, занимались
важной организационной, благотворительной и информационной
деятельностью. Активизм на благо своего народа отлично позволял женщинам сочетать приверженность традициям с эмансипацией. Националистическая риторика подчеркивала роль женщин
как хранительниц немецкой культуры и воспитательниц новых
поколений немцев, что обеспечивало широкую поддержку женской общественной активности. Одновременно национальные
организации предоставляли площадки для дискуссий, где женщины могли отстаивать для себя расширение возможностей получать образование и устраиваться на работу. Таким образом, для
балтийских немок путь к эмансипации лежал через националистическое движение, где они объединялись с мужчинами своей
национальности против демократических перемен и в защиту
этнических и социальных привилегий[12].

Женский активизм в Финляндии приобрел совершенно иную
политическую окраску. В 1906 году финские женщины стали
первыми в Европе, получившими право голоса. Женское избирательное право было завоеванием не суфражизма как такового,
а широкого народного движения. В преимущественно аграрном
обществе (90 % финского населения составляли крестьяне)
финки и финны, давно привычные к сотрудничеству, стояли
плечом к плечу и в рабочих движениях, и в движениях за трезвость. Рабочее движение завоевало лояльность десятков тысяч
женщин, а движение за трезвость, в отличие от своих аналогов
в Западной Европе и Соединенных Штатах, включало значительное число мужчин.

---

[12] См. [Hendriksson 1996].

Финны, с момента присоединения к Российской империи
в 1809 году пользовавшиеся необыкновенно широкой автономией, включая избираемый парламент (сейм), ответили возмущением, когда к концу XIX века Россия начала ограничивать эту
автономию и урезать власть сейма. К тому времени спонсируемые
элитой школы и культурные организации взрастили у рабочих
и крестьян чувство финской национальной общности. Поскольку господствовавшая классовая избирательная система отказывала в избирательных правах рабочим и крестьянам, в том числе
женщинам, женщины с мужчинами объединились в политической, социальной и национальной борьбе. Начиная с 1890-х годов
и рабочее движение, и движение за трезвость поддерживали
равное избирательное право для мужчин и женщин. Популярные
женские организации, особенно организация домохозяек «Марта», добавляли к общей борьбе гендерный аспект: они приписывали женщинам роль воспитательниц, берущих на себя также
заботу и уход за другими членами большой национальной семьи,
и тем самым увязывали социальное обеспечение с правами
женщин[13]. Эллен Мараковиц утверждает, что такая самопрезентация обеспечила женщинам центральное место в «национальном нарративе» и необычайно сильное влияние на формирование
развития Финского государства[14]. При этом финскому движению
за женские права, состоявшему в основном из высокообразованных женщин высших сословий, не удалось добиться такого же
авторитета. Крупная национальная забастовка в октябре 1905 года, в которой активно участвовали представители обоих полов,
вынудила царя согласиться с требованиями народа о всеобщем
и равном избирательном праве, включая право голоса для женщин. Женщины баллотировались с первых же выборов, и 19 из
них были избраны в парламент, что составило почти 10 % от
общего числа представителей — рекорд, который другие страны
не могли повторить в ближайшие десятилетия. Однако, встроив-

---

[13] [Sulkunen 1989: 178–193]; несколько иной взгляд см. также в [Offen 2000:
215–216].

[14] [Marakowitz 1996].

шись в «национальный нарратив», женщины у власти оказались ограничены его условиями. Они работали главным образом на должностях, связанных с ведением хозяйства в широком смысле, то есть в сфере социального обеспечения и социального обслуживания.

В Украине союз националистов с женщинами оказался и менее гармоничным, и менее благоприятным для женщин. Украинское националистическое движение было слабым и разрозненным. Его возглавляла городская интеллектуальная элита — крошечное меньшинство в преимущественно крестьянском обществе. Это движение, первоначально не столько политическое, сколько культурное, возникло в ответ на дискриминационную языковую политику. Его целью было просвещать, образовывать и повышать национальное самосознание украинского народа, то есть крестьянства, посредством громад или общин — культурных и политических организаций с непостоянным составом, возникших в 1860-е годы. Начав активно отстаивать свои права, женщины на рубеже веков основали первую женскую громаду. Также они открывали библиотеки и стремились повысить грамотность взрослых деревенских жителей. После революции 1905 года женщины стали очень активно работать в просветительских обществах (просвитах), целью которых было наладить связь украинской интеллигенции с простым народом и агитировать говорить на украинском языке. Ответом на украинское националистическое движение были жесткие репрессии. Женщины-активистки, участвовавшие в этой запрещенной деятельности, даже после 1905 года рисковали попасть под арест и столкнуться с преследованиями со стороны полиции. Почти все женщины ставили национализм выше собственно «женских вопросов». Независимо от своей политической принадлежности женщины-активистки, в том числе и заинтересованные в защите женских прав, преуменьшали значимость программы, ориентированной на женщин[15].

---

[15] [Bohachevsky-Chomiak 1998: 33–43]. Польские феминистки, перед которыми вставали некоторые из этих дилемм, тоже подчеркивали связь между материнством и нацией, однако некоторые из них отстаивали свои права более уверенно, см. [Blobaum 2002].

Однако, несмотря на демонстрацию женской лояльности, между украинскими мужчинами и женщинами возникала напряженность, хотя обычно и не проявляемая открыто. Пожилые активисты чувствовали себя некомфортно рядом с решительными и самоуверенными женщинами; более молодые, в точности как народники в 1870-е годы и позже, считали, что феминизм не имеет отношения к «освобождению масс»[16]. Украинская интеллигенция «о женщинах не говорила ни слова». Когда Александра Косач сделала попытку внести принцип равенства полов в демократическую конституцию, составленную интеллектуалами в 1904 году, ей разъяснили, что равенство полов «неявно подразумевается в других правах» [Bohachevsky-Chomiak 1998: 37]. Несмотря на то что активистки выполняли важную работу во многих украинских националистических организациях, в присутствии активистов они держались скромно и почтительно и в большинстве своем подчиняли специфически феминистские интересы борьбе за политические и национальные права. После свержения царя в феврале 1917 года женские заботы вновь затерялись за безуспешными попытками создать и отстоять новое Украинское государство.

Еврейские женщины

В любом исследовании отношений между полом и нацией еврейские женщины занимают уникальное положение. На евреев, составлявших около 4 % населения империи на рубеже веков, в православной России смотрели как на «других». Большинство из них было ограничено в выборе места проживания чертой оседлости, и их доступ к образованию и работе, особенно после 1881 года, жестко регламентировался. Антисемитизм был широко распространен. После убийства Александра II в 1881 году ужасающие вспышки насилия против евреев прокатились по городам черты оседлости; новая волна антиеврейского насилия

---

[16] [Bohachevsky-Chomiak 1998: 41].

поднялась во время и после революции 1905 года. Несмотря на юридические ограничения в правах и социальные предрассудки, а может быть, как раз в силу этого значительное число еврейских женщин участвовало в интеллектуальных и социальных движениях конца XIX века, не еврейских и не феминистских по своей направленности.

Почвой для этого стало стремление женщин к учебе. Еврейские женщины, желавшие во что бы то ни стало получить образование, столь ценимое в еврейской культуре, и паспорт, дававший право селиться за пределами черты оседлости, занимали непропорционально большую долю мест в средних и высших учебных заведениях, пока правительство это позволяло. Так, например, еврейки составляли почти треть женщин, поступавших на Женские медицинские курсы в конце 1870-х годов. После указа 1887 года, ограничивавшего долю учащихся нехристианского вероисповедания в русских школах до 3 %, сотни еврейских женщин уехали из страны и продолжили обучение за границей. На рубеже веков около трех четвертей из тысяч русских женщин, обучавшихся в швейцарских университетах, были этническими еврейками. Когда после 1905 года ограничения приема на Бестужевские курсы были временно ослаблены, доля этнических евреек на первом курсе увеличилась до 19 %.

Однако поначалу наиболее образованных из еврейских женщин толкало к общественной деятельности не их собственное ущемленное положение, а положение трудящихся масс России. Доля евреек в движениях, боровшихся против царизма, намного превышала их долю в населении. В 1870-х годах десятки еврейских женщин участвовали в народническом движении, принявшем их как равных. Наиболее известна среди них Геся Гельфман, примкнувшая к террористической «Народной воле» и следившая за квартирой, где хранилась взрывчатка. Одна из шести приговоренных к смертной казни после убийства Александра II, Гельфман была избавлена от казни: исполнение ее приговора отложили, а затем он был смягчен, когда стало известно, что она беременна. Гельфман умерла в тюрьме вскоре после родов. В начале XX века этнические еврейки устремились в партию социалистов-революционеров, унаследовавшую традиции народников, и в социал-демократические (марксист-ские) партии: в дореволюционной большевистской партии еврейки составляли почти 8 % состоявших в ней женщин.

Женщины вступали и в организации, стремившиеся изменить жизнь евреев. «Бунд», еврейская социалистическая организация, основанная в 1897 году, привлекла в свои ряды значительное количество работниц, а также образованных еврейских женщин среднего класса из черты оседлости. То же относилось и к сионистскому движению, агитировавшему за переселение евреев в Палестину. И «Бунд», и сионисты, подобно русским радикаль-ным организациям, ожидали от участниц подчинения их женских интересов делу более широкой борьбы. Как говорила Елена Гельфанд, «женский вопрос» — это не отдельная проблема, а часть большого социалистического вопроса[17]. Горстка сионистских феминисток, эмигрировавших в Палестину, обнаружила, что их интересы там отошли на третий план — после интересов рабочего класса и еврейского национального братства. Хотя некоторые этнические еврейки и присоединялись к феминистским организациям, в радикальных организациях еврейских женщин было, по-видимому, значительно больше.

Влияние революции

После 1917 года становится трудно отделить судьбу женщин из числа меньшинств бывшей Российской империи от судьбы мужчин их этноса, региона или политической группы, а в случае жительниц территорий, вошедших в Советский Союз, — от судьбы этнически русских женщин. После Первой мировой войны некоторые, в первую очередь финны, поляки и балтийские народы, отделились от империи и создали отдельные государства. Члены других этнических групп были включены в состав Советского Союза либо сразу, либо после безуспешной борьбы за национальную автономию, которая представляла собой важный элемент Гражданской войны.

---

[17] [Shepherd 1993: 147]; более широкую картину см. [там же: 140–171].

Впоследствии как представители своей национальности или этнической группы они испытали на себе все превратности советской национальной политики, а также меры по искоренению религии, модернизации «отсталых» народов и эмансипации женщин путем поощрения их выхода на оплачиваемую работу и на политическую арену. Как и в случае с русскими, те женщины, которые присоединились к победившей большевистской партии или готовы были извлечь преимущества из политики, направленной на их освобождение, получали доступ к целому ряду новых возможностей, хотя и реже, чем их коллеги-мужчины.

Суррогатный пролетариат

Однако в некоторых случаях гендер сам по себе приобретал центральное значение. В тех регионах, которые Советы считали «отсталыми», статус женщин служил предлогом для их завоевания и подчинения более передовой державе, то есть СССР. Повышение статуса женщин стало для советской цивилизаторской миссии гораздо более важной задачей, чем для имперской России: отчасти потому, что эмансипация женщин была существенной частью марксистского проекта, отчасти потому, что гендерный вопрос, по всей видимости, давал мощное стратегическое преимущество. Там, где местный пролетариат или доморощенное коммунистическое движение отсутствовали или были слабыми, гендер служил острием революционных преобразований, а женщины, по удачному выражению Грегори Мэсселла, своего рода «суррогатным пролетариатом». Вариации этого подхода руководство применяло в Азербайджане и по отношению к малым народам Севера (а как утверждают некоторые, и к русскому крестьянству). Наиболее интенсивно эта политика проводилась в Центральной Азии, о чем мы будем подробно говорить далее[18].

---

[18] По отношению к татарам Поволжья, жившим вперемешку с русскими, советская политика, по-видимому, мало чем отличалась от политики, принятой по отношению к русским крестьянам, и привела к аналогичным социальным результатам. См. [Ransel 2000].

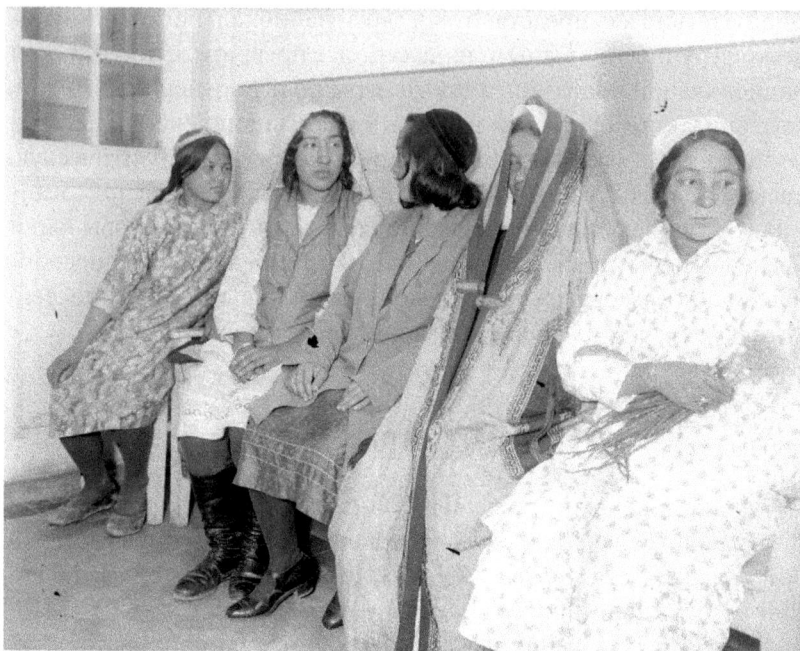

Рис. 19. Узбекские женщины ожидают экзамена

Она давала женщинам беспрецедентные возможности участвовать в цивилизаторской миссии и даже формировать ее.

Новое советское руководство считало положение женщин в традиционных мусульманских культурах символом их культурной отсталости. Как и их имперские предшественники, советские руководители осуждали такие традиционные семейные обычаи, как договорные и ранние браки, выплата выкупа за невесту, полигамия и женская изоляция, видя в них свидетельство угнетения женщин. Особенно осуждались в СССР накидка-паранджа и черное покрывало до пояса из конского волоса (чачван), которыми женщинам полагалось прикрывать лицо и тело, выходя из дома. Стремясь положить конец этому обычаю, московское руководство преследовало свои политические цели. Они полагали, что в угнетенном статусе женщин кроется их потенциал стать проводниками социальных преобразований. Считалось, что, когда традиционный статус женщин будет пересмотрен в соответствии с советскими ценностями, благодарные женщины станут на сторону Советов, чем подорвут коренные патриархальные культуры и сопротивление советизации. Таким образом, женщины должны были сыграть роль рабочего класса, отсутствовавшего среди народов Центральной Азии, в основном аграрных и кочевых. Основой социалистического строительства здесь предполагалось сделать не класс, а гендер[19].

Вначале осторожно, а затем все более настойчиво правительство принялось подрывать традиционные обычаи, принуждавшие женщин к покорности. В 1918 году в соответствии с новыми советскими законами женщины Средней Азии получили возможность подать на развод. В период с 1921 по 1923 год были запрещены такие обычаи, как полигамия, выплата выкупа за невесту и брак без согласия невесты. Минимальный возраст вступления в брак для девушек был повышен до 16 лет. Закон запрещал оскорблять женщину или жестоко обращаться с ней, особенно принуждать ее носить чадру или оставаться в изоляции. Нарушители этих законов объявлялись врагами народа и сурово карались.

Трансформация гендерного порядка открыла широкие возможности для женского активизма. В Азербайджане, где проходила аналогичная освободительная кампания, режим опирался на азербайджанских женщин-большевичек. Экономическое развитие в азербайджанских городах, в частности в Баку, уже породило промышленный пролетариат и прозападную элиту, из которой вышли многие активисты. Одетые по западной моде, с открытыми лицами, грамотные и экономически независимые, азербайджанские активистки стали олицетворением нового эмансипированного образа жизни для своих более традиционных сестер. Они изобретательно использовали традиционные институты: общественные бани, швейные кружки, женские уголки, а также более современные заведения: женские

---

[19] См. [Massell 1974].

клубы и собрания делегатов, школы ликвидации безграмотности и подобные. «Благодаря этим каналам азербайджанским женщинам-первопроходцам удалось мобилизовать десятки тысяч женщин. Они способствовали процессу модернизации и государственного строительства советского Азербайджана, иногда выходя за рамки своей роли "суррогатного пролетариата"» [Tohidi 1997: 149].

Однако в Средней Азии сторонниц советской власти из числа коренного населения было немного. Одной из них была Анна Нурхат, росшая в мусульманской, а затем в русской среде. «До Октябрьской революции на бескрайних просторах России не было человека более невежественного, более забитого и порабощенного, чем женщины Востока», — писала Нурхат [Massell 1974: 96]. Одна из первых тюркских писательниц, Нурхат стала активисткой и организатором женщин Средней Азии. Однако та горстка мусульманок, что состояли в советских организациях, не разделяли ее взглядов на изменение роли женщин. В целом среди активисток было значительно больше женщин русского, армянского и еврейского происхождения, чем из коренных народов, и их роль была тем более важна, что изоляция среднеазиатских женщин исключала воздействие на них партийных организаторов-мужчин. Работа на благо мусульманок давала приезжим женщинам возможность действовать, рисковать, а также реализовать на деле свои глубокие и искренние идеалы. Большинство из них были одиноки, в возрасте от 20 до 30 лет. (Интересно, многие ли из них читали Лидию Чарскую?) Проникнутые духом европейских гуманистических традиций, они были искренне потрясены положением среднеазиатских женщин, представлявшимся им настоящим рабством. Как и другие большевистские феминистки, они охотно приняли на себя ответственность за цивилизаторскую миссию: освобождение женщин от угнетения, вовлечение их в общественную жизнь и создание основ для равенства с мужчинами. Более того, активистки Женотдела стремились формировать государственную политику, оказывая давление на партийных и местных чиновников, чтобы вынудить их смягчить то, что они считали «патриархальным угнетением» среднеазиатских женщин[20]. В результате некоторым из них пришлось заплатить за это жизнью.

Первые шаги были скромными, но важными. К 1920 году активистки создали в регионе женские группы. Они организовывали эксклюзивно женские общественные клубы, предоставлявшие медицинские, юридические и образовательные услуги в безопасной обстановке вне дома, где местные женщины могли чувствовать себя свободно. Активистки работали над повышением уровня женской грамотности, который в некоторых регионах составлял всего 1 %. Постепенно они начали привлекать к партийной и общественной деятельности и местных женщин, в первую очередь из бедных семей, которым было почти нечего терять. Затем Москва изменила курс. На протяжении всего 1926 года партия активизировала кампанию, и к концу года политику постепенных шагов сменила сокрушительная атака на местные обычаи. Для Москвы целью было не само по себе освобождение женщин, а производство новых советских граждан и рабочих. Как писал ведущий партийный аналитик по делам Центральной Азии, речь никогда не шла о том, чтобы борьба с женским рабством становилась самоцелью[21]. Для активисток Женотдела на местах этот вопрос представлялся не столь однозначным.

Средством, избранным руководством, стала массовая кампания против чадры, известная как худжум («натиск»). Снятие чадры и, таким образом, обнажение лица, которое женщины по обычаю должны были скрывать, служило яркой демонстрацией отказа женщины от местных ценностей в пользу советских. Фокусом кампании был Узбекистан, где люди жили небольшими поселениями, а ношение чадры было повсеместным; там, где чадру не носили, например в кочевых районах Туркменистана, кампания встречала большие трудности. Но в Узбекистане она развернулась широко. 8 Марта 1927 года, в Международный женский день, состоялась массовая демонстрация, на которой

---

[20] [Northrup 2001: 120].

[21] См. [Massell 1974: 226].

женщины сбрасывали паранджи и чачваны и бросали в огромные костры. Согласно советским источникам, это произвело на собравшихся ошеломляющий эффект. Тысячи других женщин захотели тоже сорвать и сжечь свои паранджи, а затем пройти по улицам города с открытыми лицами, выкрикивая протесты против традиционного порядка. Движение широко распространилось. По официальным данным, к маю отказалось от чадры около 90 000 женщин, хотя эти цифры, вероятно, завышены[22].

Давление с требованием отказа от чадры усилилось. От мужчин — членов партии требовали, чтобы они снимали чадру со своих жен и дочерей; женщин — членов партии принуждали отказываться от нее. Партия принимала меры для поощрения женщин. Те, кто отказывался от чадры, получали особые привилегии, тогда как мужей тех, кто по-прежнему носил чадру, могли оштрафовать, а если эти мужья были членами партии, они могли даже лишиться партийного билета. На некоторых работах от женщин тоже требовали снимать чадру. Кампанию сопровождала идеологическая обработка во всех доступных СМИ.

Ответом стало массовое сопротивление. Поскольку женская изоляция и чадра были неразрывно связаны с честью семьи, мужчины восприняли отказ от них как посягательство на их самые фундаментальные социальные институты — гендерные и семейные отношения, разграничение между общественным и личным пространством. Мужчины Центральной Азии, даже партийные чиновники, иногда запрещали своим женам снимать чадру или принуждали надеть ее вновь после одного демонстративного «публичного» снятия. Сами женщины тоже выступали против кампании — некоторые потому, что предпочитали носить чадру, а некоторые из-за собственных опасений или реакции общества. Одна женщина, член партии, жаловалась, что все делают вид, будто активно занимаются агитацией за женскую эмансипацию, но попробуй снять чадру, и тут же все, включая

---

[22] Дуглас Нортрап утверждает, что сопротивление этим кампаниям было широко распространено, а заявленное количество отказов от чадры, вероятно, преувеличено.

аульных коммунистов, смотрят на тебя как на падшую женщину. С ней именно так и вышло: в свое время она сбросила чадру, и все ее за это травили. Коммунисты не только не встали на ее защиту, а сами называли ее проституткой. Она была вынуждена снова надеть чадру, и люди стали обращаться с ней уважительнее[23]. Женщины открыто бунтовали против политики отказа от чадры, пользуясь тем, что их воспринимают как жертв, неспособных действовать самостоятельно. Возмущенные мужчины выходили на улицы с требованием прекратить борьбу с чадрой и вернуть женщин на женские половины дома. Местные суды отказывались применять новые нормы или применяли их так, что на деле поддерживали традиционную практику[24].

Сопротивление организованным Советским Союзом попыткам изменить гендерные отношения иногда выливалось во вспышки насилия. В Азербайджане мужчины избивали и даже убивали женщин не только за то, что те снимали чадру, но и за любое участие в общественной и политической деятельности вне дома. В Средней Азии насилие стало самым масштабным и экстремальным. В Туркменистане сопротивление было связано с растущим числом разводов, инициированных женщинами, решившими воспользоваться своими новыми правами: мужья убивали жен, подавших иски о разводе в советские суды. В других местах жертвами становились женщины, снявшие чадру. Во время худжума 1927 года толпы мужчин преследовали на улицах женщин без чадры, приставали к ним и обвиняли в безнравственности. Уже через несколько дней поведение мужчин стало агрессивным: банды молодых людей хватали женщин с открытыми лицами и насиловали их. Все чаще женщин без чадры убивали не только на улицах, но и дома, их собственные родственники — как развратниц, изменивших традициям, и проституток. К 1928 году жертвами стали и женщины-активистки. В итоге в связи с кампанией против чадры были убиты или ранены тысячи женщин; лишь ничтожное меньшинство нападавших было

23 См. [там же: 332].
24 См. [Northrup 2001: 127–128].

арестовано и предано суду[25]. Кампания превратила чадру в важный символ сопротивления советской власти.

Но чаще всего сопротивление преобразованию гендерного порядка принимало более пассивные формы. В Средней Азии кампании по эмансипации женщин почти не встречали реальной поддержки на местном уровне. Помимо сопротивления отказу от чадры, жители Средней Азии уклонялись от законов, направленных на реформирование их семейных обычаев. Например, будущие мужья продолжали платить выкуп за невесту, только вместо скота предлагали деньги и называли это «свадебным подарком». Продолжались и полигамные браки. Среднеазиатские чиновники и члены партии были не более склонны идти на уступки, чем остальные. Власти затягивали дело, когда женщины пытались добиться развода. Они отказывались организовывать помощь, в которой больше всего нуждались женщины, пытавшиеся порвать с традицией: предприятия, где они могли бы найти работу; кредиты и семена для женских ферм; школы, учителей и книги для тех, кто хотел получить образование; клубы, где женщины могли бы встречаться друг с другом. Хотя Москва и Женотдел бросили все силы на кампанию по мобилизации среднеазиатских женщин, местные чиновники делали все возможное, чтобы саботировать эти меры. В результате женщин, откликнувшиеся на призывы партии, — в большинстве из социально маргинальных групп, например вдов или сирот, — часто ждала безработица, бездомность и нищета. Зимой 1928–1929 годов начались массовые голодные бунты: мусульманки требовали хлеба и работы.

Опасаясь окончательно оттолкнуть среднеазиатские элиты и испугавшись волны насилия, правительство в 1929 году отказалось от агрессивных методов. Не отступая от своих первоначальных целей, вместо открытой атаки партия приняла менее радикальный, более постепенный подход к изменению местных обычаев и семейных ценностей. Найере Тохиди говорит о негласной сделке, «неписаном уговоре», оставившем в неприкосновен-

---

[25] См. [Keller 1998: 26–29].

Рис. 20. Таджикская женщина открывает лицо

ности господство мужчины-мусульманина над его личной собственностью, то есть над женщинами и семьей — не только в Средней Азии, но и в Азербайджане[26]. В Азербайджане эта договоренность была достигнута после упразднения Женотдела в 1930 году и закрытия азербайджанских женских клубов в 1933 году, после чего «женский вопрос» был оставлен на усмотрение местной или национальной мужской элиты.

Тем не менее работа по вовлечению женщин в общественную жизнь и трансформации их публичного образа продолжалась. В конце 1920-х годов советские власти активизировали меры по повышению крайне низкого уровня грамотности среднеазиатских женщин. Начальное образование стало обязательным. Доля девочек среди учащихся начальной школы выросла примерно с 33 % в конце 1920-х годов до 48 % к 1940 году. Хотя начальную школу оканчивало гораздо меньше девочек, чем мальчиков, и девочки

[26] См. [Tohidi 1997: 159].

гораздо чаще бросали учебу или пропускали уроки из-за давления семьи, все же эти цифры свидетельствуют о значительном прогрессе. К концу 1930-х годов некоторые женщины начали получать высшее образование и профессиональную подготовку, особенно в области права, медицины, преподавания и науки. Советские школы прививали своим ученикам новый набор ценностей, побуждая их учиться, заниматься физкультурой и спортом, участвовать в публичных мероприятиях. В 1991 году, когда распался Советский Союз, уровень грамотности женщин Средней Азии был примерно таким же, как у их сверстниц в других странах, а их число в высших учебных заведениях превосходило число мужчин. В Азербайджане женщины также составляли около 46 % всех специалистов.

Давление с целью ввести в обиход другие советские стандарты также продолжалось. В конце 1920-х годов иметь жену, не носящую чадру, или быть женщиной без чадры стало признаком лояльности для членов партии в среднеазиатских республиках. Кампания по проверке, проводившаяся в 1928–1929 годах, была направлена на выявление всех членов партии, чьи семейные обычаи не соответствовали большевистским стандартам. Таких именовали «классово чуждыми» и считали плохим примером для соотечественников. В 1929 году высокопоставленный большевистский чиновник в своей речи риторически вопрошал, можно ли считать человека достойным звания коммуниста, если он запирает свою жену дома, держит ее под паранджой и не пускает на собрание[27]. Многие мужчины, не соответствовавшие этим стандартам, подвергались выговорам, публичным унижениям, исключению из партии и даже тюремному заключению. В Средней Азии террор середины 1930-х годов приобрел отчетливый гендерный оттенок. Среди обвинений в нелояльности, направленных против членов партии, бытовые преступления, то есть требование к женам закрывать лицо и противодействие женскому освобождению, занимали центральное место. Таким образом, продолжающееся сопротивление трансформации гендерного

---

[27] См. [Northrup 2000: 188–189].

порядка не только политизировалось, но и становилось главным направлением атаки на так называемых врагов народа.

В Постановлении Коммунистической партии Узбекистана от 1939 года говорилось, что организация борьбы за ликвидацию феодально-крепостнических пережитков по отношению к женщинам является частью обострения классовой борьбы[28]. Террор середины 1930-х годов подавил почти всякое открытое сопротивление советской политике. К концу десятилетия полностью покрытая женщина в городах Средней Азии стала редкостью, хотя в селах Ферганской долины и, вероятно, в других местах женщины продолжали скрывать тело и лицо даже в 1980-е годы.

Продолжались и менее радикальные меры по «цивилизации» мусульманских народов. Помимо программ ликвидации безграмотности, мер по искоренению традиционных брачных обычаев и привлечению женщин к работе, Советы сосредоточили внимание на материнской роли. Стремясь покончить с традиционными обычаями, приводившими к чрезвычайно высоким показателям как младенческой, так и материнской смертности, они пытались изменить традиционную женскую культуру и привлечь женщин на сторону государства. Эти меры были особенно важны в Казахстане, где коренные жители были кочевыми или полукочевыми скотоводами. Хотя казахские женщины не носили чадру, не жили в изоляции и, по некоторым дореволюционным сведениям, пользовались необычайно высоким статусом, Советы и их тоже считали угнетенными. Кампания началась в конце 1920-х годов. На специальных «женских вечерах» лекторы рассказывали женщинам, что казахские обычаи вредны для здоровья, и старались внушить доверие к западной медицине. Врачи избрали местных повитух и целителей в качестве мишеней для злобных нападок, так же как это делали врачи в русской деревне. Советское правительство инициировало быстрое расширение системы женского здравоохранения в казахских областях — более быстрое, чем в российских. Однако эти меры принесли свои плоды только в конце 1930-х годов, когда Советы практически с нуля создали

---

[28] См. [там же: 199].

медицинскую инфраструктуру. Количество больничных и диспансерных коек для родовспоможения увеличилось с 202 в 1929 году до 14 782 в 1941 году. Все чаще казахские женщины рожали детей не в привычной домашней обстановке, а в больничных условиях. Число детских садов тоже увеличилось: с 495 в 1928 году до 7989 в 1938 году в городах и с 30 до 9000 в сельской местности[29]. Эти учреждения давали женщинам и детям реальную возможность получать медицинскую помощь в современной, а не традиционной среде. Воплощая в себе обещанное светлое и здоровое будущее, они убеждали женщин коренных народов в преимуществах западной медицины. Однако им не удалось достичь главной цели — подорвать веру в традиционные обычаи, продолжившие существовать наряду с современными, и обеспечить лояльность женщин к советскому режиму.

Тем не менее ко второй половине 1930-х годов советское правительство смогло одержать крупные победы в кампании по «освобождению» женщин-мусульманок. Квоты, предоставлявшие женщинам треть должностей в государственных и партийных учреждениях, обеспечивали им возможность играть роль в обществе. Правительство внушило женщинам, что искать работу вне дома — их право и обязанность. СМИ отмечали достижения женщин в искусстве, спорте и науке. Женщины стали очень заметны и служили положительным примером для девочек и девушек. С точки зрения советского правительства женщины-профессионалки, женщины-партийцы и активистки, а также те, что работали вне дома и одевались по-европейски, служили доказательством успеха советской власти. «Потребовались огромные усилия партии и рабочего класса, чтобы поднять униженную и закабаленную раньше женщину Востока, чтобы помочь ей сбросить чадру, чачван и паранджу, — гордо писал советский журнал в типичном для подобных изданий духе самовосхваления. — ...Только огромная неустанная забота партии и советской власти о женщине и детях приводит женщину к полному равноправию и возможности осуществить на деле свои права» [Ковалева 1936: 28].

---

[29] См. [Michaels 1998: 499–500, 502].

Реальность была сложнее. В некоторых регионах участие женщин в оплачиваемом труде далось тяжелой ценой. В Казахстане коллективизация в сочетании с насильственным переселением кочевников привела к гибели миллионов людей. Большинство мусульманок работали в колхозах. Там, где преобладало хлопководство, большинство из них трудились сезонно, выполняя изнурительную работу по сбору хлопка вручную. В то время как общественные роли женщин трансформировались, частные оставались более традиционными. В Средней Азии воспроизводство по-прежнему превалировало над производством. Там, в отличие от европейской России, развернувшаяся в середине 30-х годов пронаталистская кампания дала существенные результаты. Кампания соответствовала традиционным ценностям, к тому же женщины хотели получать пособия, выплачиваемые матерям семерых и более детей, что становилось серьезным финансовым подспорьем в этом бедном регионе. Рождаемость там оставалась высокой даже в то время, когда в других местах она неуклонно снижалась. В 1970 году среднеазиатские женщины рожали в среднем в два с лишним раза больше детей, чем их русские соотечественницы. Соответственно, их участие в оплачиваемом труде обычно бывало недолгим или прерывалось на годы, когда женщины оставляли работу, чтобы рожать и растить детей. Как и в остальной части Советского Союза, рабочая сила в мусульманских районах сегрегировалась по признаку пола, и женщины оказались обречены на низкооплачиваемые, неквалифицированные или полуквалифицированные занятия.

А главное, отношения полов дома практически не изменились. Несмотря на рост уровня грамотности и расширение участия в производстве, несмотря на растущую доступность медицинских услуг западного образца и снижение младенческой смертности, несмотря на более широкое присутствие женщин в общественной жизни, как мусульманские мужчины, так и женщины почти повсеместно сопротивлялись изменениям в семье. Благодаря «неписаному уговору» мужчины-мусульмане могли быть уверены, что занятость женщин не помешает им работать по дому. Подчинившись российскому господству в публичной сфере, мужчины стали еще требовательнее отстаивать свои права в частной жизни. Ширин Акинер утверждает даже, что именно резкость и быстрота перемен побудила женщин (и мужчин) крепче, чем когда-либо, держаться за дореволюционный домашний уклад[30]. Женщины-мусульманки продолжали нести тяжелое бремя домашних обязанностей, что тормозило их деятельность вне дома. Азербайджанская поэтесса Нигяр Рафибейли писала:

> Так больно сердцу в этом кухонном мирке.
> В конце концов,
> Во мне есть что-то от поэта.
> Кому-то суждено достичь вершин,
> Кому-то лишь посуду мыть на кухне.
> Но кто увидит наконец,
> Что книга, пламенем объятая в печи,
> Никак не станет пеплом?

В семье женщины брали на себя роль хранительниц национального самосознания и защищали его от посягательств советской власти: поддерживали обряды, связанные с мусульманской верой, и поведение, традиционно считающееся подобающим для женщины: самоотверженное материнство, покорность и раболепство по отношению к мужчинам. Таким образом, хотя мусульманки Азербайджана и Средней Азии и приняли новые общественные роли, большинство из них негласно сохраняли традиционный уклад в личной жизни, которая после нападок советской власти стала еще теснее отождествляться с национальными традициями.

Заключение

К началу Второй мировой войны цивилизаторская миссия советской власти достигла несомненного, но лишь частичного успеха. Навязанные мусульманским народам Средней Азии

---

[30] См. [Akiner 1997: 276].

и Азербайджана меры по «эмансипации» местных жительниц не смогли изменить роль женщины в семье. Эти женщины, так же как и русские, получили новые права в общественной жизни, и многие из них выиграли от изменений, введенных Советами. У женщин теперь была выше вероятность выжить при родах и ниже — вероятность потерять своих новорожденных детей. Они, особенно в городах, получили возможности для образования и карьерного роста и могли позволить себе жить совсем иначе, чем жили их матери. Однако изменения в общественной роли женщин иногда сопровождались мучительными и разрушительными преобразованиями в экономике и образе жизни, а также навязыванием российской гегемонии и норм, воспринимавшихся как чуждые. Кто бы ни проводил в жизнь гендерные изменения — женщины из числа коренных народов или активистки Женотдела — в женской «эмансипации» зачастую видели нечто чужеродное, особенно мужчины, чьим привилегиям она угрожала. В результате, когда бывшие советские люди начали искать свое прошлое, на которое можно было опереться, и пытаться строить новое национальное братство, их отказ от русской «советизации» почти всегда, особенно у мужчин, включал в себя и отказ от трансформации гендерного порядка. Это ставило женщин перед трудной дилеммой, особенно специалистов, высоко ценивших новые возможности.

Рекомендуемая литература

Blobaum R. The Woman Question in Poland, 1900–1914 // Journal of Social History. 2002. Vol. 35. N 4. P. 799–824.

Bohachevsky-Chomiak M. Feminists Despite Themselves: Women in Ukrainian Community Life, 1884–1939. Edmonton, Alberta, Canada: Canadian Institute of Ukrainian Studies, 1998.

Edgar A. Emancipation of the Unveiled: Turkmen Women under Soviet Rule, 1924–1929 // Russian Review. 2003. Vol. 62. N 1. P. 132–149.

Freeze C. The Litigious Gerusha: Jewish Women and Divorce in Imperial Russia // Nationalities Papers. 1997. Vol. 25. N 1. P. 89–102.

О том, как правовая реформа расширила возможности еврейских женщин.

Hendriksson A. Minority Nationalism and the Politics of Gender: Baltic German Women in the Late Imperial Era // Journal of Baltic Studies. 1996. Vol. 27. N 3. P. 213–228.

Layton S. Russian Literature and Empire. New York: Cambridge University Press, 1994.

Исследует гендерный аспект имперских завоеваний.

Marakowitz E. Gender and National Identity in Finland // Women's Studies International Forum. 1996. Vol. 19. N 1. P. 55–63.

Massell G. The Surrogate Proletariat: Moslem Women and Revolutionary Strategies in Soviet Central Asia, 1919–1929. Princeton, N.J.: Princeton University Press, 1974.

Классический обзор советских мер по изменению роли женщин.

Michaels P. Medical Traditions, Kazak Women, and Soviet Medical Politics to 1941 // Nationalities Papers. 1998. Vol. 26. N 3. P. 493–509.

Исследование биомедицинских мер по продвижению советской имперской миссии.

Northrup D. Subaltern Dialogues: Subversion and Resistance in Soviet Uzbek Family Law // Slavic Review. 2001. Vol. 60. N 1. P. 115–139.

Работа посвящена реакциям местного населения на советскую модернизацию, попыткам подорвать ее и противостоять ей.

Rohrlich A.-A. Intersecting Discourses in the Press of Muslims of Crimea, Middle Volga and the Caucasus: The Woman Question and the Nation // Gender and Identity Construction: Women of Central Asia, the Caucasus and Turkey / ed. Acar F., Güne-Ayata A. Boston: Brill, 2000. P. 143–161.

Рассматривается роль гендера в дореволюционном исламском национализме.

Tohidi N. Gender, Ethnicity and Islam in Soviet and Post-Soviet Azerbaijan // Nationalities Papers. 1997. Vol. 25. N 1. P. 147–167.

Глава 11

Вторая мировая война и ее последствия

В 4 часа утра 22 июня 1941 года гитлеровские войска внезапно напали на Советский Союз. Угроза войны черной тучей висела над страной всю вторую половину 1930-х годов, и СССР готовился к конфликту — как материально, так и психологически. Каганович, обращаясь к примерно 200 женам-активисткам в конце 1936 года, призывал их помнить о международной обстановке и быть готовыми заменить мужей, братьев и сыновей в случае войны[1]. Офицерские жены проходили начальную военную подготовку, а затем обучали других женщин вождению автомобиля и уходу за больными и ранеными. Женщин призывали приобретать необходимые на войне навыки, участвуя в работе Красного Креста и Красного Полумесяца, и поддерживать физическую форму, занимаясь военными видами спорта. Массовые программы базовой военной и физической подготовки обучали женщин обращению с противогазом и огнестрельным оружием. К 1941 году около четверти миллиона женщин готовы были участвовать в боях.

И все же ничто не смогло подготовить советских граждан к масштабам столкновения с гитлеровскими войсками. Нацистско-советский пакт, заключенный в августе 1939 года, породил надежды на то, что войны удастся избежать. Застигнувшие ко-

---

[1] См. [Garros, Korenevskaia, Lahusen 1995: 184].

мандование врасплох молниеносные атаки на трех фронтах одновременно оказались чрезвычайно эффективными. Они с легкостью прорвали советскую оборону и уничтожили бо́льшую часть советской авиации. Огромные части западных приграничных территорий, где проживало около 80 миллионов граждан, были оккупированы нацистами. К 8 сентября немецкие войска окружили и осадили Ленинград, а в начале октября подошли к Москве. Миллионам беженцев и эвакуированных не хватало транспорта. Возникший хаос усугублялся лихорадочной спешкой: нужно было срочно демонтировать и вывезти тысячи промышленных предприятий и около 25 миллионов рабочих и их семей с запада на восток, за Урал, за пределы досягаемости немецких войск.

В те четыре страшных года, когда Советы сражались во Второй мировой войне, вся нация мобилизовалась, превратившись в один гигантский «фронт», где все было подчинено целям обороны и наступления. Ослабли репрессии, обострились патриотические чувства, по крайней мере у русских: у них они подпитывались националистической пропагандой, направленной на поддержание боевого духа и боеготовности, казалось бы, в безнадежном положении, а также свирепой жестокостью немецких оккупантов. В том, что касалось обязанностей, которые приходилось нести гражданам, гендерные различия почти утратили свое значение. Грань, отделяющая «мужскую» работу от «женской», стерлась. Советские женщины заменили мужчин в тяжелой промышленности, работали на тракторах, строили укрепления, в беспрецедентных масштабах участвовали в боевых действиях с оружием в руках. При этом в плакатных образах гендерные различия не только сохранялись, но даже усиливались, по мере того как близился конец войны. Гендер определял многое в пропаганде военного и послевоенного времени: женщины в ней изображались так, чтобы их образы поднимали боевой дух мужчин и помогали им оправиться от травм после войны. Эти образы выходили столь убедительными, что могли даже затмить реальный жизненный опыт или придать ему иную окраску.

Работницы тыла

Для большинства женщин опыт войны складывался из тяжелого физического труда, материальных лишений и колоссального эмоционального напряжения. Чтобы заменить рабочие руки мужчин, призванных на военную службу, советская власть ввела полную трудовую мобилизацию, включив в состав рабочей силы «неработающее» население городов и сел. На работу были мобилизованы домохозяйки и молодые девушки; уже трудоустроенных женщин переводили на предприятия, обслуживающие военные нужды, — туда, где нехватка рабочих рук ощущалась острее всего. Советские женщины, так же как их знаменитая американская союзница Рози-клепальщица, делали оружие и боеприпасы для фронта. Они спускались в шахты и орудовали отбойными молотками в забое; они управляли подъемными кранами; они обеспечивали работу железной дороги — даже ремонтировали составы, работали кочегарами и водили локомотивы. Женщины сопровождали промышленные предприятия, эвакуированные на восток, где для них не приготовили жилья. Они жили в землянках или заброшенных бараках, часто работая под открытым небом по 12–14 часов за смену; трехчасовая сверхурочная работа была обязательной. К началу октября 1942 года женщины составляли 52 % рабочей силы в военной промышленности и 81 % рабочей силы в легкой промышленности (по сравнению с 60 % накануне немецкого вторжения). К концу войны женщины составляли 56 % всей рабочей силы[2].

Драконовское трудовое законодательство от 26 декабря 1941 года распространялось как на мужчин, так и на женщин. По закону самовольная отлучка с оборонного предприятия наказывалась лишением свободы на срок от пяти до восьми лет. В середине апреля 1943 года воинская дисциплина стала распространяться также и на работников телеграфа, железнодорожного и водного транспорта. Такое законодательство способствовало увеличению контингента исправительно-трудовых лагерей, ко-

---

2 См. [Erickson 1993: 53–55].

торый тоже вносил огромный вклад в военное производство. Когда немецкие войска подступали к городам, десятки тысяч женщин отправляли рыть противотанковые рвы, строить баррикады и другими способами готовить город к обороне. Большинство работало охотно, понимая, что от их труда зависит их собственная жизнь и жизнь соотечественников. «Тяжело. Болит спина. Нет необходимой обуви, одежды, — писала Раиса Орлова, мобилизованная на заготовку дров в начале октября 1941 года. Дрова нужны были для того, что Москва не вымерзла зимой. — Возвращаться не хотелось — холодно, голодно, но зато — для фронта, для победы» [Орлова 1993: 126–127].

Именно женщины кормили страну, хотя и скудно: в 1943 году женщины составляли 70 % сельскохозяйственной рабочей силы, к 1945 году — 91,7 %. Поскольку мужчины были на фронте, а бездетные женщины мобилизованы на военное производство, работать в сельском хозяйстве приходилось матерям, детям, старикам, а работа стала еще тяжелее: и лошадей, и тракторы конфисковали на нужды армии. Оставшиеся тракторы работали без отдыха. Ими управляли и обслуживали их женщины, прошедшие ускоренные курсы обучения, где до тех пор учились почти исключительно мужчины. Колхозницам было объявлено, что весенний сев — тоже участок фронта, а трактористки — солдаты на колхозной земле[3]. В период с 1940 по 1944 год доля женщин среди трактористов возросла с 4 до 81 %. Без запчастей, со строгим нормированием смазочных материалов, работа на тракторе стала по-настоящему тяжелой. По воспоминаниям одной трактористки, спали они по три–четыре часа в день и вопреки всем правилам подолгу прогревали двигатели открытым огнем. Смазочные материалы и топливо выдавали по норме, и за каждую каплю трактористки отвечали головой[4]. Еще тяжелее была доля женщин в колхозах, где не было ни тракторов, ни тяглового скота: им пришлось впрягаться в плуг самим. Получая за колхозную работу гроши, крестьянские семьи существовали

---

[3] См. [Attwood 1999: 142].

[4] См. [Erickson 1993: 56].

в основном за счет того, что женщинам с горем пополам удавалось вырастить на собственных огородах. И сельское, и городское население голодало.

Во время Великой Отечественной войны в СССР, собственно говоря, не было тыла в строгом смысле этого слова — ни места, так или иначе не затронутого войной, ни простого человека, избежавшего мобилизации, страданий и потерь. Военные годы стали временем лишений для всех, кроме самых привилегированных партийных руководителей. В 1941 году правительство вновь ввело карточную систему. Размер обеспечения зависел от работы: максимальная норма — 1,2 килограмма хлеба в день — для рабочих тяжелой промышленности; дети и беременные женщины получали от 300 до 400 граммов — по сути, голодный паек. Мобилизация на работу в оборонной сфере могла даже означать улучшение питания для женщин, занимавших низкостатусные должности, например учительниц.

> Во время войны моя семья наконец-то стала досыта наедаться, это не учительский паек — четыреста грамм хлеба на взрослого да по двести на детей. Там уже восемьсот граммов хлеба, рабочая карточка. На детей крупы там, и прочее, и прочее. Ну вот, голодали — что учительская зарплата? [Engel, Posadskaya-Vanderbeck 1998: 170].

Люди и в самом деле голодали почти все время. Только фронтовики и рабочие военной промышленности получали паек, достаточный для выживания. Остальным приходилось добывать себе пропитание, матери вынуждены были изобретать всевозможные способы прокормить своих детей. В первые годы войны советские граждане съедали примерно на две трети меньше продуктов, чем в 1940 году. Особенно суровой была жизнь зимой 1941–1942 года, когда зрелище мужчин и женщин, падающих замертво от голода на московских улицах, стало настолько обычным делом, что на это никто не обращал внимания.

Тяжелее всего пришлось, пожалуй, ленинградцам, в первую очередь женщинам и детям (всего их было около 400 тысяч), пережившим 900-дневную блокаду. Принимались меры для справедливого распределения скудных пайков (за исключением партийной элиты, которая все это время питалась прекрасно). Однако запасы быстро закончились. Не прошло и месяца с начала блокады, как Елена Кочина была уже не в состоянии прокормить своего голодного ребенка. В детской поликлинике девочка залпом выпивала весь свой стограммовый паек соевого молока, а потом с горьким плачем тянула руки к белым бутылочкам, тщетно крича: «Еще, еще, еще!»[5] Как и бесчисленное множество других ленинградских матерей, Кочина видела, что ее ребенок слабеет на глазах, что она уже не может ни стоять, ни даже сидеть, — а блокада все не кончалась. Другие дети остались одни, когда их родители умерли от голода. Двенадцатилетняя Таня Савичева описала в дневнике гибель своей семьи — дядей, бабушки и, наконец, матери. «Умерли все, — записала она. — Осталась одна Таня» [Tumarkin 1994: 70]. Но и Таня не дожила до конца войны. К тому времени, когда блокада была снята, около миллиона человек погибли под артиллерийскими обстрелами или умерли от голода и вызванных им болезней.

Война, тяжело отразившаяся на женщинах и детях, ударила по семьям и в других отношениях. Изнасилования на оккупированных территориях были обычным явлением. Под самыми надуманными предлогами немцы уничтожали иногда целые деревни, состоящие в основном из женщин, детей и стариков, поскольку мужчины ушли на войну. Выжившие после этой страшной трагедии могли впасть в глубокий сон. Можно было войти в избу и увидеть, что трое-четверо детей лежат на полу мертвые, почти вся деревня в огне, а мать этих детей крепко спит[6]. Семьи разлучались. Миллионы женщин и детей бежали от захватчиков пешком, без транспорта. Во время спешной эвакуации матери и дети легко могли потерять друг друга. Софья Павлова, коммунистка, эвакуированная поездом из Москвы отдельно от детей, целыми днями разыскивала их и нашла лишь случайно. «И вот я иду по путям, стучу в каждый вагон и спрашиваю... нет ли там

---

[5] См. [Кочина 1981].

[6] [Там же: 69].

моей семьи?» [Engel, Posadskaya-Vanderbeck 1998: 76]. За время войны около 25 миллионов человек остались без крова, их города и села были оккупированы, их дома сожжены дотла.

И конечно, бесконечное ожидание вестей: как держится Красная армия, жив ли еще кто-то из родных или друзей, оказавшихся на фронте или под нацистской оккупацией. Число жертв среди мирного населения достигало миллионов, и еще на миллионы ложилась тяжкая ноша горя.

Женщины на фронте

Во время Второй мировой войны сотни тысяч женщин взялись за оружие. Стремительность немецкого вторжения мгновенно превращала тыл в линию фронта. В 1941 году тысячи людей вступали в спешно формирующиеся отряды народного ополчения, которые пытались отбить немецкие войска. Когда же на занятых территориях устанавливалась немецкая власть и варварская жестокость немецкой оккупации становилась все очевиднее, еще десятки тысяч присоединялись к местным движениям сопротивления и партизанским отрядам. К 1944 году около 26 000 женщин, что составляло 9,3 % партизанских сил, участвовали в операциях в тылу врага. Другие, рискуя жизнью, распространяли листовки или организовывали подпольные ячейки и комитеты коммунистической партии. Для некоторых задач женщины оказались особенно подходящими: они пользовались большей свободой передвижения, чем мужчины, что было ценно для деятельности связных и разведчиков. Женщинам также лучше удавалось добывать лекарства, еду, боеприпасы и оружие для сил сопротивления. В случае провала женщин ждала та же кара, что и мужчин: пытки, а затем смерть или отправка в концлагерь.

Еще десятки тысяч женщин рвались на фронт. С первых дней войны они осаждали военкоматы. Вначале руководство не хотело брать женщин на боевые должности; их принимали лишь на традиционно женские роли. Потрескавшимися и кровоточащими от щелочи или грубого мыла руками женщины стирали грязную, окровавленную солдатскую одежду. Они же варили кашу и раздавали солдатам. Ожесточенные бои и огромные потери создали острую потребность в женщинах, владеющих медицинскими навыками. Правительство мобилизовало студенток медицинских институтов и организовало ускоренные курсы для подготовки врачей и медсестер на передовой. Большинство шло на эти курсы добровольно. Вера Малахова, призванная на службу сразу после окончания мединститута, вспоминала, что уход на фронт все считали своим долгом. 41 % врачей на фронте составляли женщины; женщинами были 43 % всех полевых хирургов, 43 % фельдшеров и 100 % медсестер[7].

Грань между боевыми и небоевыми силами часто стиралась. Вера Малахова, фронтовой врач, как и другие женщины, выполнявшие небоевые роли, имела собственное оружие и, по собственному утверждению, стреляла более метко, чем новобранцы, которых посылали в бой. Под постоянными обстрелами медицинский персонал ежедневно рисковал жизнью. Каждая женщина, чьей обязанностью было оказывать первую помощь, выносила с поля боя под огнем сотни раненых — часто ползком, с раненым на спине, или волоча его по земле. Эта работа требовала огромного мужества. Когда военный врач Зина Туснолобова осталась тяжело раненой в тылу врага, спасать ее было некому. Чтобы не попасть в плен, она притворилась мертвой и не шевельнулась даже тогда, когда немецкий солдат ударил ее прикладом. Через двое суток ее нашли и спасли советские бойцы, но ей пришлось ампутировать руки и ноги, потому что у нее уже началась гангрена[8]. Потери среди женщин-медиков, служивших в стрелковых подразделениях, уступали только потерям в боевых частях.

Именно участие женщин в боевых действиях делало военный опыт Советского Союза уникальным. Для усиленного сопротивления оккупантам сразу же после начала войны были мобилизованы коммунисты и комсомольцы — как мужчины, так и женщины. Женщины-пулеметчицы отдали свои жизни при неудав-

---

7   См. [Erickson 1993: 61–62].

8   См. [Cottam 1982: 367].

шейся обороне Киева в сентябре 1941 года; женский батальон ополчения участвовал в столь же безуспешной обороне Одессы. В знак признания той важной роли, которую женщины уже сыграли в боях, а также для удовлетворения постоянной потребности в свежих пополнениях войск в начале 1942 года ЦК КПСС официально постановил принимать женщин в армию. К концу 1943 года, когда количество женщин-военнослужащих достигло своего пика, в вооруженных силах и партизанских отрядах их служило более 800 000; к концу войны через военную службу прошло более миллиона женщин. Женщины сражались на всех фронтах и во всех родах войск, составляя около 8 % личного состава военнослужащих[9].

Хотя российские женщины и ранее в истории страны участвовали в военных действиях с оружием в руках, никогда раньше они не служили в таком количестве, и их служба не была столь важна для военного успеха. Около 200 000 женщин стали военными летчицами, идя по стопам пионерки в этой области Марины Расковой, чьи достижения в дальних полетах в 1938 году принесли ей звание Героя Советского Союза. В октябре 1941 года Раскова убедила советские ВВС принять женщин в преимущественно мужские авиаполки и создать три полностью женских. Наиболее известным среди них был 46-й Гвардейский полк, полностью укомплектованный женщинами — от летчиц и политработниц до оружейниц и механиков. Немцы прозвали их «ночными ведьмами». Женщины совершали опасные ночные бомбардировки немецкого тыла на бипланах с открытой кабиной, которые до 1944 года не имели ни парашютов, ни вооружения и таким образом не обеспечивали экипажу никакой защиты. Летать на таком самолете означало попадать под обстрел зенитных орудий всех калибров, сталкиваться с ночными истребителями противника, ослепляющими прожекторами, а зачастую еще и с нелетной погодой:

...низкая облачность, туман, снег, обледенение, штормовой ветер, бросающий легкую машину с крыла на крыло, вырывающий ручку управления из рук... Причем все это — на У-2,

---

[9] [Там же: 345].

маленьком, тихоходном, к тому же легко воспламеняю-
щемся и горящем, как спичка, как сухой порох [Pennington
2000: 154].

Потери среди женщин составляли около 27 % летного состава — уровень высокий, но обычный для полка ночных бомбар-
дировщиков.

Другие женщины сражались с немцами на земле. В качестве
снайперов они «охотились» за немцами в любую погоду, ползком
пробираясь из окопов в нейтральную зону, рискуя попасть под
бомбежку или под обстрел. Физически крепкие, хладнокровные
и находчивые, действовавшие в одиночку или парами, самые
опытные женщины-снайперы могли похвастаться тем, что каждая
из них уничтожила около 300 вражеских солдат или офицеров.
Много женщин было и в войсках связи: они служили радистками,
телефонистками и телеграфистками, с риском для жизни поддерживая бесперебойную связь в полевых условиях. Когда телефо-
нистку минометного подразделения Любовь Козлову нашли
убитой, она все еще сжимала в руках два конца провода, который
пыталась соединить[10].

Даже в эти тяжелейшие времена женщинам иногда приходилось
преодолевать противодействие командиров и рядовых солдат,
считавших, что война — не женское дело. О своих командирах-
мужчинах женщины-ветераны говорили, что те старались не
посылать их на задания. Приходилось просить об этом или заслужить это право, отличившись в чем-нибудь[11]. В артиллерийских
и пулеметных частях женщин было по-прежнему мало. Только
женская настойчивость позволяла им добиться права водить
танки. Тридцативосьмилетняя Мария Октябрьская, потерявшая
на войне родителей, мужа и двух сыновей, предложила пожертвовать 50 000 рублей — стоимость танка, — если ей позволят самой
управлять им, и назвала его «Боевая подруга». Будучи женой военного, она уже умела водить танк и управляться с его орудиями.

---

10 См. [Cottam 1982: 346–348].
11 См. [Erickson 1993: 67].

Рис. 21. А. Шайхет. Летчицы 46 Гвардейского ночного авиационного полка

Октябрьская начала воевать в составе 26-й Гвардейской танковой бригады в 1943 году и погибла в бою в 1944 году. Другие женщины, в большинстве своем вдвое моложе Октябрьской, служили механиками-водителями, командирами танковых экипажей, командирами взводов в танковых частях. Однако, хотя женщины-офицеры и водили в бой взводы мужчин, хотя женщины получали военные награды за храбрость и безупречную службу, часто посмертно, им тоже приходилось сталкиваться со «стеклянным потолком». За исключением трех женских авиаполков, женщины командовали не более чем взводами, и ни одна из них не получила звания выше полковника.

Фронтовая жизнь представляла для женщин и другие трудности, специфические для их пола. Хотя советское правительство призвало женщин-врачей на фронт и после 1942 года разрешило воевать женщинам-добровольцам, оно не ввело в связи с этим никаких специальных правил и не сразу предоставило подходящую форму. Вначале женщины воевали в одежде, сшитой на мужчин, в мужских нижних рубахах и кальсонах под мужскими гимнастерками и шинелями. Женщины с трудом могли ходить в тяжелых сапогах, рассчитанных на более крупные мужские ноги. Иногда они придумывали какие-то выходы: например, мастерили юбки из мешков, отрезая дно. Из полос ткани, выданных им для транспортировки раненых, женщины-медики шили себе чулки; бюстгальтеры делали из зеленых треугольных платков, предназначенных для перевязок. По воспоминаниям Веры Малаховой, главврачи устраивали им за это разносы, но что же еще оставалось делать?[12]

Женская анатомия сама по себе могла стать проблемой на фронте. «Вот физиологические моменты когда у нас были — это было очень тяжело, очень тяжело», — как выразилась Малахова.

> Ну, идем — сплошные мужчины... Вдруг хочется же как-то, а как?.. И тогда нас «спасали» — нам тогда казалось, что они старые были... Они трое встанут, шинели вот так распахнут и говорят: «Доченьки, идите, не стесняйтесь нас, мы видим, что уж вы идти не можете». И мы присаживались... [Engel, Posadskaya-Vanderbeck 1998].

Мужчинам было гораздо проще. «А мужчины — те на нас даже не смотрели... вообще, потому что им было проще: ну, отвернется спиной и все, пожалуйста»[13]. Для женских санитарных нужд никаких специальных условий не создавалось. Если женщина беременела, она должна была оставаться в строю до седьмого месяца; некоторые командиры рассматривали саму беременность как нарушение воинской дисциплины.

Половые связи на фронте не были редкостью. Офицеры и солдаты были оторваны от своих жен на четыре долгих года войны; доступ к сексу с зависимыми женщинами долгое время был одним из преимуществ власти. Конкуренция за женскую благосклонность на фронте была «бешеной». Женщинам, зачастую молодым

---

[12] См. [Engel, Posadskaya-Vanderbeck 1998: 199].

[13] [Там же: 199–200].

и неопытным, иногда было проще выбрать себе «защитника», чем иметь дело с назойливыми кавалерами[14]. Офицеры в некоторых случаях пользовались своей властью для сексуальных домогательств к женщинам, находившимся под их командованием. Так, один отвратительный комиссар пытался приставать к Вере Малаховой:

>...он вызвал меня вдруг ночью и вот: «Садитесь, нам поговорить надо». Я говорю: «Я вас слушаю, товарищ майор». Не сажусь. Он расстилает себе шинель... прохладно было. «Садитесь на шинель». Я говорю: «Да я постою». — «Нет-нет-нет, вы садитесь!» Ну, я не имела права ослушаться, я еще тогда была в младшем звании. Он майор тогда был. Я села на краешек. Он стал ко мне подвигаться. Подвигался, подвигался — потом хлоп! И руку под юбку [там же: 199].

Другие приклеивали женщине, вступившей в половую связь, уничижительный ярлык ППЖ («походно-полевая жена»). На мужчин подобных ярлыков не вешали.

Гендерный аспект Второй мировой войны

Хотя гендер и не защищал от тягот войны, он служил мощным инструментом пропаганды. Во время войны писатели и пропагандисты (грань между ними часто была неразличима) не только опирались на гендерные стереотипы, сложившиеся к концу 30-х годов, но и утрировали их, призывая оба пола отдать все силы для отпора врагу. Женщин представляли в первую очередь как матерей. Известный плакат военного времени — изображение огромной женщины, призывающей советских граждан на войну, под названием «Родина-мать зовет», иллюстрирует эту тенденцию. «Мы всегда представляем себе Родину женщиной, матерью... И после боя, утирая лицо, черное от дыма, боец думает о жене, о матери, о милой, о Родине», — писал жур-

---

[14] См. [Leder 2001: 235–236].

налист Илья Эренбург[15]. Точно так же пропаганда подчеркивала отношения женщин с мужчинами, даже когда женщины занимались «неженской» работой, например в военной промышленности. Особенно в первые дни военная работа женщин изображалась как их особый долг перед мужчинами на фронте, словно отношение женщины к нации можно было показать лишь опосредованно — через отношение к мужчине, иначе оно оставалось чем-то неосязаемым. «Пока героические красноармейцы бесстрашно сражаются с вероломным и коварным врагом, женщины и девушки занимают место братьев, мужей, отцов, ушедших в армию». Пресса военного времени, с одной стороны, представляла дело так, будто женщины-трактористки, слесари и шахтерки взялись за эту работу прежде всего из-за своей связи с мужчинами, сражающимися на фронте. С другой стороны, феминизированные женщины становились воплощением дома и семьи, ради которых мужчины рисковали жизнью.

Акцент на женственности был повсеместным. Хава Волович, «крепостная актриса» в трудовом лагере во время войны, возмущалась тем, что ей приходится изображать «положительных героинь» в то время, когда люди терпят такие лишения. Она должна была играть не крестьянок, тянущих плуг, не реальность, а «очень жизнерадостных... благоденствующих офицерских жен в кудряшках. Я не узнавала довоенных героинь в простых платьях и с коротко подстриженными волосами», — писала она [Волович 1989: 484]. Женственность волновала даже тех женщин, что уходили на фронт. Женщины-волонтерки плакали, когда военный парикмахер отрезал им косы. Они укладывали друг другу волосы в бане. Они чернили брови и даже на передовой не расставались с зеркальцами. В общем, всеми силами старались «оставаться женщинами», по выражению одной из них. «Я очень боялась, что если меня убьют, то я буду некрасиво выглядеть», — признавалась медик Ольга Васильевна[16]. Акцент на материнской роли женщины также сказывался на самооценке женщин-бойцов. Как гово-

---

[15] Работница. 1944. № 10–11.

[16] См. [Алексиевич 1988: 111–113; 136–148].

рила Вера Давыдова, волонтерка, четыре года пробывшая партизанкой в тылу врага:

> ...хотя, конечно, война — это не женская работа. Вот мужчина превращал ее в работу. А женщина не могла приспособиться к этой работе, несмотря на свою выносливость, во много раз превосходящую мужскую, несмотря на свою способность к адаптации, более гибкую, чем у мужчин, потому что она мать, она должна защитить, сохранить ребенка, природа это учла [Алексиевич 1988: 61].

Возможно, из-за того, что женские фронтовые обязанности слишком трудно было совместить с гендерными стереотипами, этим обязанностям во время войны уделялось относительно мало внимания, а женскому боевому опыту и того меньше. Несмотря на огромную роль женщин в борьбе, война, как она изображалась в «Правде», главной газете СССР, была «по большей части мужским делом» [Brooks 1995: 21]. Когда же средства массовой информации все-таки изображали женщин-солдат, те почти всегда представали стереотипно женственными, по контрасту с храбростью и мужественностью мужчин. Противопоставляя их мягкость жестокости войны, образы женщин-военнослужащих подчеркивали их «духовные качества, а не действия, тем самым подтверждая исключительность их статуса» [Hodgson 1993: 81]. Исключение составляли партизанки — женщины, которые брались за оружие, чтобы защитить своих детей или отомстить за убитых близких, и тогда женские и материнские чувства превращали их в беспощадных бойцов. Вера Кетлинская на страницах «Крестьянки» подчеркивала, что воюющие женщины — жены и матери, что они любят своих детей, близких, дом. Но они не хотят растить детей для неволи, не хотят видеть, как их родных превращают в рабов... Любовь и материнство, по ее словам, не только не заглушали в них стремления бороться до конца за независимость своей Родины, но раздували его в яростное пламя[17].

---

[17] См. [Attwood 1999: 138].

Большинство фильмов военных лет, где фигурировали женщины-воительницы, представляло собой вариации единого основного сюжета: «...безмятежные предвоенные дни сменяются ужасной трагедией, когда озверелые немцы убивают мужа/детей/родителей, и тогда оставшаяся в живых женщина (мать/жена/возлюбленная) превращается в ангела-мстителя» [Youngblood 2001: 842]. Прототипом таких героинь послужила Зоя Космодемьянская. Московская девушка-комсомолка, Космодемьянская ушла в партизаны и в ноябре 1941 года подожгла конюшню с немецкими лошадьми. Попав в плен к немцам, она была подвергнута пыткам и публично повешена. Историю жизни Космодемьянской, о которой был снят художественный фильм «Зоя» и поставлена пьеса, переписали так, чтобы представить ее светской святой и примером для коммунистической молодежи. Художественные произведения делали акцент не столько на ее подвиге, сколько на страданиях и жертвах.

Пропаганда военного времени отводила женщинам ведомую роль и в сексуальном плане. За линией фронта женщины и мужчины иногда вступали в сексуальные отношения, «в некоторых случаях очень серьезные», даже притом что те же женщины отказывали себе во всем, чтобы послать гостинцы мужу на фронт. Однако фильмы, статьи, поэзия и проза военного времени изображали женщин образцами верности, целомудрия, терпения и самопожертвования. Стихотворение «Жди меня», написанное в этом духе, завоевало любовь миллионов читателей.

> Жди меня, и я вернусь.
> Только очень жди,
> Жди, когда наводят грусть
> Желтые дожди,
> Жди, когда снега метут,
> Жди, когда жара,
> Жди, когда других не ждут,
> Позабыв вчера...

Уже в 1959 году отмеченный наградами фильм Григория Чухрая «Баллада о солдате», посвященный герою Второй мировой войны, вызвал недовольство коммунистической цензуры: в нем изображалась жена, изменившая мужу-солдату — в ту эпоху, когда женской измены еще «официально не существовало»[18]. В текстах военного времени женщины если и эротизировались, то не как соблазнительницы, а как невинные жертвы. В газетных статьях подчеркивалось, что немцы насилуют женщин на глазах у детей, издеваются над матерями, загоняя дочерей в публичные дома, втаптывая в грязь их девичью честь[19]. Поруганная женщина олицетворяла не только себя, но и невиновность поруганной матери-России. Оттеняя жестокость немецких оккупантов, творивших ужасные преступления, этот образ помогал разжечь ненависть к врагу и придать ярости в бою солдатам, чья мужественность была необходима для защиты женской чести. Эти темы раскрываются в стихотворении, написанном, как и предыдущее, Константином Симоновым, одним из известнейших писателей военного времени.

Если ты не хочешь отдать
Ту, с которой вдвоем ходил,
Ту, что долго поцеловать
Ты не смел, — так ее любил, —
Чтоб фашисты ее живьем
Взяли силой, зажав в углу,
И распяли ее втроем,
Обнаженную, на полу;
Чтоб досталось трем этим псам
В стонах, в ненависти, в крови
Все, что свято берёг ты сам
Всею силой мужской любви...
Так убей же хоть одного!
Так убей же его скорей!
Сколько раз увидишь его,
Столько раз его и убей!

---

[18] Obituary of Grigorii Chukrai // New York Times. 2001. October 30. A17.

[19] См. [Attwood 1999: 138].

Настойчивая сексуализация немецких военных преступлений, возможно, способствовала сексуальному насилию над побежденными немками в последние месяцы войны[20].

Восстановление порядка

По мере приближения победы, когда хаос раннего периода войны уступил место порядку и возобновлению политического контроля, гендерные различия вновь вступили в свои права. Так, в 1943 году совместное обучение, бывшее нормой с 1918 года, в городских средних школах было отменено, чтобы уделить должное внимание особенностям физического развития мальчиков и девочек, подготовки тех и других к роли лидеров, практической деятельности, военному делу [Schlesinger 1949]. После «имитации всенародного обсуждения», подобного тому, которое проводилось перед запретом абортов в 1936 году, 8 июля 1944 года был издан новый Семейный кодекс. Этот кодекс, имевший целью укрепление семьи, упрочил супружеские узы, сделав развод еще сложнее и дороже. Гражданин, добивающийся развода, должен был обратиться в местный народный суд, а затем разместить объявление о предстоящем разводе в местной газете. Время ожидания одного только размещения объявления могло составлять до двух лет[21]. Новый закон лишал людей, состоявших в незарегистрированных союзах, законных льгот и доступа к жилью. Было восстановлено различие между законнорожденными и незаконнорожденными детьми. Отныне ребенок незамужней матери не мог носить фамилию отца или претендовать на долю его имущества в качестве наследства. Во внутреннем паспорте ребенка вместо имени отца оставалось пустое место. Женщинам запретили предъявлять иски об уста-

---

[20] См. [Naimark 1995: 69–140]. Наймарк не находит связи между изнасилованием немок советскими военными и сексуализированными образами.

[21] См. [Орлова 1993: 114].

новлении отцовства. В то же время кодекс был беззастенчиво пронаталистским: одинокие люди облагались налогом, как и супружеские пары, имеющие менее трех детей, за исключением тех, кто был моложе 25 лет и посещал дневные учебные заведения, а также тех, кто потерял детей во время войны. Истинный мотив был ясен — «освободить мужчин от финансовой ответственности, чтобы они производили больше детей для пополнения населения» после войны. Кроме того, закон имел целью «дать женам военнослужащих уверенность, что их место не займут фронтовые подруги»[22].

Усилился культ материнства. Даже незамужние матери, стигматизированные новыми законами в других отношениях, получили право на дополнительную финансовую поддержку со стороны государства. Летом 1944 года руководство страны учредило «медали материнства» военного образца, почти идентичные тем, что присуждались нацистами, разных степеней — в зависимости от числа детей, которых родила и воспитала женщина. Мать пятерых детей получала «медаль материнства»; мать десяти и более удостаивалась звания «Мать-героиня», присуждаемого Верховным Советом. После 1944 года, когда имена женщин, получивших эти награды, начали публиковаться в прессе, материнство стало «наиболее систематически пропагандируемой женской работой» [Kirschenbaum 2000: 845].

В послевоенное время жены и матери практически полностью заслонили женщину-воительницу. Вторая мировая война заняла ключевое место в национальной мифологии. Она стала таким же исключительным событием, как революция и Гражданская война, несравнимым с обычным временем и придающим особый статус тем, кто играл в нем главную роль. Женщины редко могли претендовать на этот статус. Они получили пропорционально меньше медалей, чем мужчины, и большинство из них награждали посмертно. Самым похвальным занятием для женщин в во-

---

[22] См. [Leder 2001: 255].

енное время стало рождение и воспитание солдат для Родины. Даже на страницах женских журналов женщины-бойцы отошли далеко на второй план, и даже когда их упоминали, упор делался на их материнские качества. Исчезли «матери-героини», характерные для кинематографа военных времен. Большинство женщин, состоявших на военной службе, демобилизовали сразу после войны, и в продолжении военной карьеры им было отказано. «Не зазнавайтесь на своей будущей практической работе. Не вы говорите о своих заслугах, а пусть о вас говорят — это лучше», — советовал председатель Президиума Верховного Совета СССР Михаил Калинин только что демобилизованным женщинам-солдатам в июле 1945 года[23].

У женщин были и другие причины помалкивать о своем фронтовом прошлом. Общественное мнение в Советском Союзе часто считало женщин, служивших на фронте, ППЖ. Выдающиеся достижения женщин, их награды за храбрость и героизм, проявленный под вражеским огнем, ничего не меняли. «Мужчина возвращался, так это герой. Жених! А если девчонка, то сразу косой взгляд: "Знаем, что вы там делали!"» — вспоминала одна бывшая военнослужащая [Алексиевич 1988: 171]. Такое отношение было настолько широко распространено, что многие, особенно незамужние, женщины-военнослужащие не решались появляться на людях в военной форме. Вернувшись домой с маленьким сыном и без мужа, Вера Малахова обнаружила, что на нее смотрят с подозрением и считают «шлюхой», как и других женщин, побывавших на фронте[24]. И все же некоторые женщины упорно отстаивали свое фронтовое прошлое. Другие же «молчали как рыбы». «Честно признаюсь, мы скрывали, мы не хотели говорить, что мы были на фронте, — вспоминала одна из них. — Мы хотели снова стать обыкновенными девчонками. Невестами». Таким образом, послевоенный опыт женщин, служивших на фронте, отличался от опыта мужчин, которые служили бок о бок с ними и чьи подвиги продолжали славить в послевоенный период. По словам

---

23 РГАСПИ. Ф. М-1. Оп. 5. Д. 245. Л. 30.

24 [Engel, Posadskaya-Vanderbeck 1998: 215].

одной женщины-ветерана, мужчины могли с гордостью носить свои награды: «...это победители, герои, женихи, у них была война, а на нас смотрели совсем другими глазами» [там же: 175–176].

Исцеление военных ран

Вторая мировая война оставила Советский Союз в руинах. Немцы разрушили сотни городов и десятки тысяч деревень; около 25 миллионов человек к концу войны остались без крова. Было уничтожено около половины железнодорожных путей и около трети довоенного капитала. Погибло около 9 миллионов солдат; оценки количества жертв войны среди гражданского населения колеблются от 16,9 до 24 миллионов человек. Еще около 18 миллионов человек получили ранения или увечья. Большинство погибших были мужчинами: в 1946 году население СССР насчитывало 96,2 миллионов женщин и 74,4 миллионов мужчин. Среди людей в возрасте от 20 до 44 лет женщин было больше, чем мужчин, почти на 13 миллионов. В послевоенной деревне женщины составляли две трети всех трудоспособных колхозников. Именно на женщин легла бо́льшая часть бремени послевоенного восстановления.

Восстановление начиналось с семьи. В каждой семье кто-то погиб или вернулся искалеченным на всю жизнь. Невзирая на то, насколько травмированы были сами женщины, литература ставила перед ними задачу исцелять своих раненых мужчин. С концом войны главным женским подвигом стало сохранение домашнего очага для мужчин. Дом стал главным местом действия в литературе. Хотя практически все женщины работали, писатели редко изображали их работу вне дома; если они и упоминали об оплачиваемом труде, то лишь вскользь, как о «дополнении» к женским домашним обязанностям. Главной из этих обязанностей было восстановление у мужчин чувства собственного достоинства и веры в свою мужественность. «Образы жен, встречающих дома изувеченных и травмированных мужей и женихов, служили для мужчин обещанием и надеждой, а для женщин — советом и руководством к действию» [Krylova 2001: 324–326].

Акцент на домашнем очаге и домашнем хозяйстве усилился. Средства массовой информации как никогда громко превозносили личное и семейное счастье. Любовь, бывшая в художественной литературе 1930-х годов в лучшем случай второстепенной темой, в литературе послевоенной эпохи стала центральной, что, без сомнения, отражало и формировало общественные приоритеты. СМИ призывали женщин заботиться о своей внешности. В послевоенные годы выходил, хоть и с перерывами, журнал, полностью посвященный моде. Рекламируя главным образом аккуратную и практичную одежду, он все же делал упор на женственность: туфли на высоких каблуках, макияж, прически. Женские журналы публиковали советы по украшению дома, ведению домашнего хозяйства, уходу за кожей, физическим упражнениям, садоводству и кулинарии. «Вот, думала, вещи теперь какие делать будем! Потрудились наши бабы в войну, а мы теперь им праздник устроим! Пусть разоденутся как королевы — заслужили!» — восклицает фабричная работница в послевоенной пьесе [Суров 1951].

Таким образом послевоенное стремление к нормальной жизни и материальному комфорту воплотилось в пропаганде и художественной литературе. Вера Данэм назвала это «большой сделкой». Обещаниями карьерного роста и материальных благ, необходимых для хорошей жизни, руководство купило лояльность нового среднего класса. При этом обязательства по «большой сделке», как и многое другое, по крайней мере частично, легли на плечи женщин. Это они вытирали пыль с абажуров и убирали комнаты, поливали герань и варили домашнее варенье — символ идеального дома. Для большинства это был своего рода «потемкинский дом» — такой, каким он должен быть и будет когда-нибудь, а не такой, каким он был на самом деле.

В реальности большинству женщин жилось трудно. Особенно тяжело приходилось вдовам и тем женщинам, которые не могли найти себе пару из-за послевоенного гендерного дисбаланса. Этих женщин ждала нищета, поскольку мужчины по-прежнему зарабатывали гораздо больше, чем женщины, одиночество и, возможно, ощущение своей неполноценности в обществе, где наиболее желательной ячейкой общества считалась теперь гетеросексуальная супружеская пара с тремя и более детьми. Как заметила Людмила Алексеева, «женщине 1927 года рождения приходилось рассматривать любое предложение руки и сердца» [Alexeyeva, Goldberg 1990: 36, 103]. Но и те женщины, у которых были мужья, редко жили без забот и одевались как королевы. Одежды и товаров народного потребления было не достать. В 1946–1947 годах миллионы людей голодали — не только в городе, но и в деревне, поскольку объем сельскохозяйственного производства составлял теперь примерно половину довоенного уровня, а правительство отбирало у колхозников буквально весь выращенный урожай. В 1946 году москвичи жили на картошке и макаронах. Голодные смерти вновь стали обычным явлением. Был всплеск того, что стало называться «женской преступностью»: женщины воровали в магазинах, чтобы накормить своих голодных детей. Только осенью 1946 года правительство привлекло к уголовной ответственности за кражу хлеба более 53 тысяч человек. Около четверти из них были приговорены к пяти–восьми годам исправительно-трудовых лагерей[25]. В 1947 году карточная система была отменена. После этого продовольственное снабжение улучшилось, но большинство людей по-прежнему могли позволить себе лишь самое необходимое. В среднем до конца десятилетия человек съедал менее четверти кило мяса в неделю.

Приоритеты финансирования не облегчали положения. Несмотря на острую потребность в инвестициях в сельское хозяйство, жилье и потребительские товары, правительство вкладывало бо́льшую часть денег и ресурсов в тяжелую промышленность и оборону. Это приводило к нехватке во всем остальном, что особенно тяжело отражалось на женщинах. Так, например, при всем желании властей, чтобы женщины рожали, и их искреннего стремления обеспечить рожениц высококачественным медицинским обслуживанием, в силу инвестиционных приоритетов родильные дома и больницы страдали от нехватки персонала и предметов первой необходимости: халатов, перчаток, мыла. Перегруженные низкооплачиваемой работой, врачи и медсестры,

---

[25] См. [Zubkova 1998: 49].

даже если сами были женщинами, проявляли черствость по отношению к пациенткам. В послевоенные годы детские сады стали менее доступны, чем в последний год войны[26].

Нехватка общественных услуг и потребительских товаров, вызванная не только послевоенной разрухой, но и правительственными приоритетами, делала женскую ношу еще тяжелее. Самые элементарные предметы домашнего обихода после войны было трудно или невозможно достать. Готовых блюд не было. Мало у кого имелся холодильник, поэтому женщинам приходилось каждый день часами выстаивать в очередях за продуктами — помимо ежедневной же готовки и уборки. До начала 50-х годов на рынке не было ни сушилок для белья, ни стиральных машин. За неимением общественных прачечных женщины стирали вручную, а потом развешивали белье на кухнях коммунальных квартир. За неимением пылесосов ковры подметали веником, а из маленьких ковриков выбивали пыль. Одежду приходилось чинить, потому что полки в магазинах пустовали, и купить новые вещи взамен истрепавшихся было невозможно.

В придачу к домашним обязанностям бо́льшая часть взрослого женского населения работала полный день. Женщины были нужны в деле восстановления СССР, поэтому они не оставили работу, в отличие от женщин США, которые после окончания войны уступили свои рабочие места мужчинам и вернулись к домашнему очагу. Разумеется, возвращение с фронта 8,5 миллиона советских солдат к началу 1948 года многое изменило. За годы войны женщины выдвинулись на ответственные и хорошо оплачиваемые должности в колхозах, на заводах, в партийных и государственных учреждениях. После войны им пришлось уступить эти должности демобилизованным мужчинам. Благодаря новым требованиям к поступающим, согласно которым предпочтение отдавалось мужчинам-ветеранам, мужчины вытеснили женщин и из высших учебных заведений. Когда Людмила Алексеева впервые поступала в МГУ в 1945 году, среди 400 студентов исторического факультета мужчин было всего 14. Когда

---

[26] См. [Bucher 2000a: 177–185].

студентки проваливали сессию или бросали учебу, на их место приходили бывшие фронтовики. К концу первого года их число выросло до 50, а к окончанию учебы — примерно до сотни. «Чтобы попасть на факультет, девушкам приходилось выдержать жесткую конкуренцию. Это удавалось одной из четырнадцати. Фронтовиков, почти без исключения, принимали на основании записи о военной службе» [там же: 29–30]. Доля женщин, поступавших в высшие учебные заведения, упала с 77 % военного времени до 52 % в 1955 году, а затем до 42 % в 1962 году. В период с 1945 по 1950 год количество работающих женщин выросло более чем на 3 миллиона человек, хотя в процентном отношении их доля сократилась с 56 до 47 % из-за возвращения фронтовиков.

Как обычно, давление на женщин отразилось в коэффициентах рождаемости. Правда, может быть, от одиночества, может быть, под влиянием пронаталистской пропаганды в 1946 году примерно четверть миллиона незамужних женщин родили детей, и значительное число женщин без партнеров продолжали рожать и в 1950-х годах, помогая восполнить убыль населения. Тем не менее, несмотря на политику штрафования маленьких семей и поощрения больших, большинство женщин по-прежнему ограничивали свою фертильность. Средства для этого применялись обычные: аборты. В 1954 году число абортов составляло 6,84 на 1000 женщин — по официальным данным, несомненно, занижающим реальные цифры. Результатом отказа женщин от размножения стало то, что по состоянию на 1954–1955 годы рождаемость на тысячу женщин все еще составляла лишь около 60 % от довоенной[27].

Заключение

В дополнение к «большой сделке», о которой писала Вера Данэм, в послевоенные годы была заключена сделка помельче, но не менее важная — с целью завоевать лояльность мужчин. «Малая сделка» позволяла мужчинам, лишенным возможностей проявить себя

---

[27] См. [Williams 1996: 137].

в общественной жизни, чувствовать себя королями в собственных маленьких владениях — в семье. Жены стали одновременно венценосными супругами и служанками. В послевоенный период от женщин, которых призывали работать с полной отдачей, вести хозяйство, утешать травмированного войной мужа, рожать детей и быть женственными, ожидалось, что они будут радостно стараться угодить всем подряд. В этих противоречивых требованиях отразился существенный сдвиг в балансе между работой и домом и в риторике женской эмансипации. Хотя советское правительство по-прежнему провозглашало равенство мужчин и женщин, от женщин теперь требовалось принять «оруэлловскую доктрину» о том, что мужчины все же более равны[28].

Факты свидетельствуют о том, что женщины с этим согласились. Полагая, что заботиться о доме больше мужчин для них естественно, женщины не считали такое разделение домашнего труда несправедливым. Работа была для них источником гордости, а иногда и радости, но помимо этого им хотелось быть привлекательными. По словам одной женщины, профессора математики, они рассуждали так: да, я работаю, но это не повод забывать о себе. Я должна красиво одеваться, быть женщиной, а не только потеть на работе[29]. Однако в вопросе количества детей женщины были непреклонны: они не намерены были вынашивать их больше, чем хотели в отсутствие самых элементарных удобств и достаточной государственной поддержки.

Изображения женщин в СМИ повлияли на них еще в одном важном отношении. Невзгоды и страдания, выпавшие на женскую долю после войны, лишь частично отражались в книгах, журналах и газетах, которые читали женщины, в фильмах, которые они смотрели в редкие свободные минуты. Однако изображаемые средствами массовой информации «потемкинские дома» со всеми материальными атрибутами хорошей жизни, несомненно, повышали ожидания женщин, даже если в реальности у них было отнюдь не много возможностей эти ожидания реализовать.

---

[28] См. [Dunham 1990: 216].

[29] См. [Bucher 2006б: 151].

Когда новый режим впервые после смерти Сталина попытался привлечь на свою сторону общественное мнение, эти неудовлетворенные желания помогли сформировать новые политические и экономические приоритеты.

Рекомендуемая литература

Алексиевич С. А. У войны не женское лицо. М.: Советский писатель, 1988.
Интервью с женщинами — ветеранами Великой Отечественной войны.
Кочина Е. И. Блокадный дневник // Память. Исторический сборник. Вып. 4. М., 1979; Париж: YMCA-Press, 1981.
История женщины, пережившей блокаду Ленинграда.
Bucher G. Struggling to Survive: Soviet Women in the Post War Years // Journal of Women's History. 2000. Vol. 12. N 1. P. 137–159.
Conze S., Fieseler B. Soviet Women as Comrades in Arms // The People's War: Responses to World War II in the Soviet Union / ed. Thurston R., Bonwetsch B. Urbana, Ill.: University of Illinois Press, 2000.
О том, как изображались женщины на войне.
Erickson J. Soviet Women at War // World War II and the Soviet People: Selected Papers front the Fourth World Congress for Soviet and East European Studies, Harrogate 1990 / ed. Garrard J., Garrard C. New York: St. Martin's Press, 1993. P. 50–76.
Лучший общий обзор вклада женщин в победу СССР.
Kirschenbaum L. "Our City, Our Hearths, Our Families": Local Loyalties and Private Life in Soviet World War II Propaganda // Slavic Review. 2000. Vol. 59. N 4. P. 825–847.
О новом внимании к частной жизни.
Krylova A. "Healers of Wounded Souls": The Crisis of Private Life in Soviet Literature, 1944–1946 // Journal of Modern History. 2001. Vol. 73. N 2. P. 307–331.
Рассматривает послевоенные ожидания женщин.
Pennington R. "Do Not Speak of the Services You Rendered": Women Veterans of Aviation in the Soviet Union // A Soldier and a Woman: Sexual Integration in the Military / ed. DeGroot G. J., Peniston-Bird C. Essex, England: Pearson Education, 2000. P. 152–171.
Исследуется послевоенное отношение к фронтовичкам.

Глава 12
Борьба со сталинским наследием

По-моему, когда женщины эмансипировались, это на самом деле привело к освобождению мужчин от семьи.

Лиза [Hansson, Liden 1983: 25]

Во время войны мужчины ушли, и женщины все делали сами. После войны мужчины вернулись, поняли, что женщины все могут сами, и больше уже ничего не делали.

Из беседы с моей подругой Людой, 1985 г.

Смерть Иосифа Сталина 5 марта 1953 года и приход к власти Никиты Сергеевича Хрущева стали поворотом от крайне централизованной и насильственной политики позднего сталинизма к новому ви́дению социалистического проекта: более «демократическому», гуманистическому и основанному на общем согласии. Как сам Хрущев, продукт сталинской системы, пытавшийся наметить другой курс, так и Советский Союз под его руководством (1953–1964) двигался рывками, с частыми отступлениями и уступками консерваторам, занимающим влиятельные посты. Спорадический характер реформ был обусловлен не только давлением на Хрущева, но и его собственными противоречивыми мотивами. Желая и в то же время опасаясь перемен, правительство под его руководством стремилось поощрять народную инициативу, но при этом держать ее под контролем. Оба этих побудительных мотива прослеживаются в том числе и в гендерной политике эпохи оттепели.

Официально оттепель началась в 1956 году с «секретного» доклада Хрущева, в котором он осудил сталинские репрессии против членов партии и злоупотребления властью. Затем, после долгого отката назад, оттепель вновь набрала силу в 1961–1962 годах. Непоследовательно, хаотично, но все же Хрущев начал уделять внимание и ресурсы нуждам советского населения. Он также значительно расширил возможности обсуждать публично самые разные темы, в том числе и «женский вопрос». При Сталине этот вопрос был объявлен решенным. Советские женщины, как утверждалось с 1930-х годов, были самыми эмансипированными в мире. Начиная же с середины 1950-х годов руководство не только признало, что Советский Союз не достиг этой цели, но и пыталось сгладить некоторые из самых серьезных недостатков.

Однако никто в руководстве страны так и не решился напрямую подступиться к самой фундаментальной женской проблеме: к тому, до какой степени вся советская экономика держалась на неоплачиваемом и низкооплачиваемом женском труде. Женщины выполняли самую тяжелую и низкооплачиваемую работу в наименее востребованных отраслях экономики, а у себя дома трудились по вечерам и выходным вообще бесплатно. Чтобы ликвидировать такое положение, понадобился бы революционный пересмотр приоритетов в экономике: введение действительно равной платы за равный труд и перераспределение ресурсов из тяжелой промышленности и обороны в сферу социального обслуживания, с помощью которой революция обещала освободить женщин от домашних обязанностей. Надо сказать, экономические приоритеты и в самом деле менялись, однако недостаточно радикально для того, чтобы снять с работающих женщин их двойную нагрузку. Более того, руководство не решалось отменить «малую сделку», по условиям которой мужчины начиная с послевоенной эпохи, если не раньше, получили право распоряжаться у себя в дома, что должно было смягчить для них ощущение бессилия в политических вопросах. Руководство так и не начало кампании по убеждению мужей взять на себя справедливую долю домашнего труда. Вместо этого под бесконечные пустые обещания открыть общественные предприятия бытовых услуг, идеологи и эксперты рассматривали домашний труд как нечто естественное для женщин, как реализацию их врожденных женских качеств. И все же в 1950-е годы — впервые с 1930-х годов — выявились настоящие идеологические разногласия по поводу методов решения «женского вопроса». Эти разногласия еще обострились после падения Хрущева в 1964 году, хотя публичные дискуссии по другим вопросам к тому времени стали урезаться.

Десталинизация частной жизни

Со смертью Сталина в советскую политическую культуру пришли серьезные перемены. Отказавшись от принуждения и террора как методов правления, руководство стремилось мобилизовать народную инициативу и поощрять самодисциплину, чтобы взбодрить вялую экономику и повысить производительность. Цензура ослабела; полномочия спецслужб были ограничены; местные власти и даже простые люди получили новые возможности для проявления инициативы. И все же бо́льшая часть сталинского наследия осталась жива и в новую эру. Консерваторы не желали отказываться от своих прерогатив без борьбы. Старые привычки преодолевались трудно, и, может быть, особенно трудно — в сфере гендерных отношений. Судя по противоречивой политике, касающейся частной жизни, противодействие либерализации действовало не только в экономической и политической сферах, но и во многих других.

Репродуктивная политика — один из примеров такой противоречивости. После смерти Сталина руководство страны отказалось от принуждения в сфере воспроизводства. В 1955 году аборты, запрещенные с 1936 года, вновь стали легальными. В качестве причины была названа необходимость охраны женского здоровья. В течение 20 лет после запрета, когда миллионы женщин шли на подпольные аборты, чтобы контролировать свою фертильность, пресса хранила молчание о том, какую цену они платили за это своими жизнями и здоровьем.

Затем, за несколько месяцев до опубликования указа 1955 года, средства массовой информации наконец обратили внимание на опасности, которым подвергались эти женщины. Были опубликованы короткие заметки, в которых описывались случаи конкретных женщин, пострадавших от подпольных абортов. Не отказываясь от утверждения, что воспроизводство населения является женской обязанностью, в декрете 1955 года правительство впервые после революции открыто признало за женщинами свободу выбора. Газета «Известия» заявила, что «вопрос о материнстве» должны решать сами женщины. Вместо запретов государство отныне намерено было предупреждать женщин об опасности аборта и убеждать рожать и воспитывать детей. В начале 1960-х годов женщины, работавшие на государственных предприятиях, получили право на восьминедельный полностью оплачиваемый отпуск до и после родов — всего 112 дней. На колхозниц эти нововведения не распространялись, однако для почти всех прочих работниц были существенным благом. При этом новый закон об абортах не сопровождался публичными дебатами; были опубликованы лишь краткие сообщения. Более того, государство, разработавшее этот план, не приняло никаких мер для повышения доступности противозачаточных средств в качестве замены аборту. В результате аборт оставался для женщин основным средством репродуктивного контроля; обычно он делался без анестезии. По общему мнению, аборт был мучительной и унизительной процедурой.

Семейная политика была не менее противоречива. В соответствии с новой атмосферой открытости руководство допустило весьма критическое обсуждение семейного закона 1944 года. Дебаты выявили более широкий спектр мнений, чем когда-либо с начала 1930-х годов. Среди сторонников либерализации закона было много женщин, воспользовавшихся расширением возможностей для получения образования. Уже имея опыт участия в политических дебатах, они решительно выступали в защиту более эгалитарного (и более близкого к первоначальному революционному представлению) взгляда на брак и семью, чем тот, который был воплощен в законодательстве 1944 года. Среди участвовавших в прениях женщин были М. Г. Масевич из Казахской академии наук, доктор наук X. С. Сулайманова — выдающийся узбекский правовед и бывший министр юстиции Узбекистана, а также россиянки Н. Ершова и Н. В. Орлова из Института права и Александра Пергамент, уважаемая специалист по гражданскому и семейному праву, работавшая во Всесоюзном научно-исследовательском институте советского государственного строительства и законодательства. По мнению Пергамент, закон о семье 1944 года отступал от принципа равенства мужчин и женщин[1]. Утверждая, что закон 1944 года не смог обеспечить стабильность семьи, реформаторы призывали к свободе брака и развода и к равным правам для всех детей, независимо от того, состояли ли их биологические родители в законном браке. По мнению реформаторов, матери и отцы должны были нести равную ответственность за воспитание детей. Эта позиция вызвала ожесточенное сопротивление со стороны консерваторов, которые хотели отстоять двойные стандарты и видели угрозу для мужчин и стабильности семьи со стороны женщин, предъявляющих необоснованные иски об установлении отцовства. Как заявил один из них западному интервьюеру, девственность дается женщине только один раз, и она должна хранить свою девичью честь[2]. Дебаты о реформе напоминали «битву полов», как выразился присутствовавший на встрече Питер Жювилер[3]. Хрущев встал на сторону консерваторов, убежденных, что закон о семье 1944 года способствовал самому главному: высокому уровню рождаемости. При нем семейное право так и осталось нереформированным.

Однако фактически разводы стали доступнее. Пользуясь большей свободой инициативы, судьи стали охотнее удовлетворять заявления о разводе. Доля заявлений, решение по которым

[1] См. [Lapidus 1978: 239].
[2] См. [там же: 239].
[3] См. [Juviler 1967: 47].

выносилось в пользу истца, неуклонно росла. Возможно, в ответ на это количество таких заявлений резко увеличилось. Бо́льшую часть разводов инициировали женщины, что свидетельствовало об обретении уверенности. Несмотря на неоднократные призывы власти к женщинам блюсти «коммунистическую мораль» и подчинять личные желания общественному благу, женщины стремились выйти из брака, если он их не удовлетворял. В период с 1950 по 1965 год количество разводов на тысячу человек увеличилось в четыре раза[4].

Мужская игра

Несмотря на реформистскую риторику Хрущева, право принятия решений оставалось за мужчинами. На XX съезде партии 1956 года, на котором Хрущев разоблачал «преступления сталинской эпохи», он также обратил внимание на практически полное отсутствие женщин на руководящих и политических должностях. В том году женщины составляли всего 3,9 % в ЦК Коммунистической партии и менее 2 % в руководстве Верховных Советов — высшего руководящего органа союзных республик. Хрущев заявил, что в СССР «робко выдвигают женщин на руководящие посты. Крайне мало женщин на руководящей партийной и советской работе...» [Buckley 1989: 140]. Однако взятые им на вооружение методы расширения присутствия женщин в общественной сфере в некотором роде усугубляли проблему. В 1961 году Хрущев возродил и расширил женсоветы для решения вопросов, «интересующих женщин», — то есть либо вопросов культуры, либо проблем повседневной жизни. Активистки женсоветов следили за школьным питанием и санитарным состоянием детских учреждений, помогали организовывать внеурочные занятия для детей, открывали кружки шитья и рукоделия и т. п. Созданные Хрущевым для вовлечения женщин в общественную жизнь, в реальности женские организации служили

---

4 См. [Field 1998: 599–613].

лишь тому, чтобы сделать личные дела публичными, оставив их при этом женской прерогативой[5].

Высокая политика, напротив, оставалась мужской игрой, как с неудовольствием ощутила на своем опыте Екатерина Фурцева, бывшая текстильщица и первая женщина-руководитель после Александры Коллонтай. В 1957 году Хрущев назначил ее министром культуры и сделал членом Президиума в благодарность за поддержку во время политического кризиса. Рассказывали, что она воспользовалась отсутствием поблизости женского туалета, чтобы ускользнуть с собрания, где соперники намеревались свергнуть генсека, и из своего кабинета позвонила генералам, которые встали на сторону Хрущева. Четыре года спустя Хрущев отстранил ее от должности — якобы за критику в его адрес в телефонном разговоре[6]. В конце правления Хрущева, в 1964 году, доля женщин на должностях, связанных с реальной политической властью, все еще едва превышала 4 %.

Реформирование гендерной экономики

Наследие Сталина в виде гендерно-дифференцированной экономики оказалось столь же живучим, несмотря на все благие намерения реформаторов. Вся советская экономика в самом прямом смысле держалась на бесплатном и малооплачиваемом женском труде. В колхозах женщины составляли две трети сельскохозяйственной рабочей силы, и практически все колхозницы были заняты физическим трудом. Бо́льшая часть работы была сезонной, неквалифицированной и низкооплачиваемой; продвинуться женщинам было по-прежнему трудно. Как заметил сам Хрущев в 1961 году по поводу малого количества женщин в зале, где заседала областная сельхозконференция: «Выходит, если руководить — тогда мужчины, а когда работать — тогда женщины» [Dodge, Feshbach 1992: 250]. Несмотря на все кампании 30-х годов, прославлявшие трактористок, а также на то, что в годы войны

---

[5] См. [Browning 1985: 213–222].

[6] См. [Потоцкий 2000].

работа на тракторе действительно стала женским делом, через десять лет после окончания войны женщин среди трактористов осталось менее 1 %. Самой высокооплачиваемой круглогодичной занятостью, на которую могли претендовать сельские женщины, была работа в молочном хозяйстве, также входившая в число самых тяжелых колхозных работ. Рабочий день на молочной ферме длился с четырех–пяти часов утра до шести–семи часов вечера или даже дольше, с перерывами после каждой из трех доек и только с одним выходным в неделю.

Не лучше обстояло дело и в промышленном секторе. Там низкая заработная плата в таких преимущественно женских отраслях, как производство текстиля, помогала субсидировать всю индустриальную экономику. Почти четверть всех работающих женщин были заняты в текстильной или швейной промышленности. Работа в этих отраслях была предельно интенсивной: женщины трудились более 95 % рабочего дня с перерывами всего от 8 до 10 минут за смену. Плохо спроектированное оборудование, слабая вентиляция и сменный график требовали огромного физического напряжения. Стресс на работе доводил работниц «буквально до физиологического предела человеческих возможностей». При этом ежегодный отпуск у работавших в этих отраслях был короче, чем у всех остальных рабочих, а зарабатывали они менее четырех пятых средней заработной платы заводского рабочего и две трети от заработков рабочего-металлиста. Низкая заработная плата женщин позволяла легкой промышленности приносить прибыль, которую государство использовало для субсидирования инвестиций в тяжелую промышленность и для поддержания экономики. В силу той же низкой заработной платы становилось «невыгодно» вкладывать средства в дорогостоящее оборудование, способное облегчить женский труд. Помимо экономических реалий, гендерные предрассудки также вытесняли женщин на наименее привлекательные должности. Механизированное производство зачастую брали на себя мужчины, а ручной и неквалифицированный труд оставляли женщинам[7].

---

[7] См. [Filtzer 1992: 104, 193–194].

Следует отдать должное Хрущеву: он признавал по крайней мере некоторые из этих проблем. В своей речи по поводу выборов в Верховный Совет в марте 1958 года он заметил: «У нас многое сделано для облегчения труда женщин, но этого еще недостаточно. Пришло время вплотную заняться механизацией трудоемких процессов, чтобы облегчить труд, особенно там, где работают женщины, сделать его более производительным, а значит, и более высокооплачиваемым»[8]. Однако для того, чтобы действительно решить эту проблему, требовалось выделение огромных ресурсов и систематическое гендерное перевоспитание. Существующее положение было попросту слишком выгодно для государства, чтобы отказаться от него добровольно, а женщинам не хватило влияния, чтобы добиться изменений снизу. Несмотря на риторику Хрущева, экономическое положение работниц под его руководством продолжало ухудшаться.

Борьба с двойной нагрузкой

Основной причиной слабой позиции женщин была их печально известная двойная нагрузка, то есть ведение домашнего хозяйства в придачу к оплачиваемому труду на полный рабочий день. Эта проблема была общей для советских женщин и для их западных сестер. Однако западные женщины не жили в обществе, утверждавшем, что женщины в нем уже эмансипированы, и участвовали в оплачиваемой работе в гораздо меньшей степени, чем советские. Двойная нагрузка способствовала сохранению низкого статуса советских женщин на работе, экономя при этом правительству миллионы рублей. В Советском Союзе работа по дому обычно отнимала гораздо больше времени, чем в современных ему Соединенных Штатах. В 1956 году две трети советских семей, проживающих в городах, не имели водопровода. Воду приходилось набирать ведрами из общего крана или насоса. Доступ к горячей воде имело менее 3 %. Целые семьи жили

---

[8] Литературная газета. 1958. № 44.

в одной комнате или части комнаты в коммунальной квартире. По воспоминаниям Ирины Ратушинской, которая в конце 1950-х жила вместе с матерью, отцом, бабушкой, а какое-то время еще и с няней в двух комнатах коммунальной квартиры в южном портовом городе Одессе, умываться там приходилось из тазиков на общей кухне, поскольку ванной не было. Кран на кухне работал редко, приходилось таскать воду ведрами со двора. Грязную воду выливали в ведро, а затем выливали в туалет во дворе, представлявший собой две деревянные кабинки с отверстиями в полу. Этими туалетами весь дом пользовался круглый год: других не было[9]. Почти все советские женщины стирали вручную: на все городское население РСФСР приходилось всего 300 000 стиральных машин, пользоваться ими было неудобно, и стирка с их помощью отнимала много времени. Когда родилась младшая сестра Ратушинской, родители кипятили ее пеленки в большой кастрюле на газовой плите. Пылесос имели чуть более 2 % рабочих семей; только у 3 % были холодильники. Из-за нехватки товаров и плохого распределения на покупку продуктов городским женщинам приходилось тратить не менее часа в день, а затем еще полтора–два часа на приготовление еды и уборку. В сельской местности почти не было водопроводов, канализации и центрального отопления. Сельским женщинам, когда полки в магазинах пустовали, приходилось ездить в близлежащий город, чтобы запастись всем необходимым.

Дети только добавляли женщинам нагрузки. Детские учреждения могли вместить 13 % детей в возрасте от года до шести лет, в то время как почти 80 % женщин детородного возраста работали вне дома. Иногда детей приходилось просто оставлять одних. «Вешаешь ребенку на шею ключ от квартиры, даешь ему сотни указаний про газ, электричество, спички, незнакомые голоса за дверью — и отправляешь! Этот ключ — как двухтонный груз у матери на сердце» [Sacks 1976: 45]. Начальство редко проявляло сочувствие. «А ребятишек оставлю, — вспоминала Ирина Князева, работавшая в послевоенное время в колхозе. — Господи

---

[9] См. [Ratushinskaia 1991: 11].

боже мой, еще какие-то были смирные; ни пожару... печку же им топить». Князева умоляла председателя колхоза освободить ее от ночных смен ради детей, но получала в ответ: «Дети никуда не денутся. Давай работай» [Engel, Posadskaya-Vanderbeck 1998: 128]. Если все же удавалось получить место в детском саду или, если дети были уже школьниками, городским женщинам часто приходилось ездить с ними на большие расстояния в переполненном транспорте, а затем таскать за собой по магазинам после работы. Мужчины помогали мало, если помогали вообще: в среднем они посвящали домашним делам как минимум вдвое меньше времени в день или в неделю, чем их жены.

В этом отношении руководство страны тоже не скупилось на обещания. Хрущев в 1958 году говорил о необходимости облегчить работу женщин по дому, для чего предполагалось строить больше яслей, детских садов, школ-интернатов, столовых, прачечных и других предприятий культурно-бытового обслуживания[10]. XXI съезд партии 1959 года обещал сдвиг экономических приоритетов с тяжелой промышленности и обороны на товары народного потребления, бытовую технику, коллективное обслуживание и жилищное строительство. В этом отношении руководство страны сдержало или почти сдержало свое слово. Домашние обязанности не позволяли женщинам в достаточной мере участвовать в производительном труде. Более того, уровень потребления и комфорта был важной составляющей того, что обещал гражданам социализм, и неспособность их обеспечить была унизительной для страны на международном уровне. Хрущев впервые с 1930-х годов перенаправил ресурсы с оборонной и тяжелой промышленности на производство потребительских товаров. Правительство предприняло новые масштабные жилищные проекты: с 1955 по 1964 год жилищный фонд государства почти удвоился. Большинство новых домов, как ни плохо они были построены, все же обеспечивалось отоплением и водой. Увеличилось производство обуви, одежды, бытовой техники и мебели. Увеличилось и количество дошкольных учреждений,

---

[10] См. [Reid 1999: 292].

которые к 1965 году обеспечивали местами 22,5 % детей соответствующего возраста — около половины городских, менее 12 % сельских. Уровень жизни несколько улучшился, что в какой-то мере снизило нагрузку на женщин.

Но поскольку большинство женщин работали вне дома, их потребности были бесконечно больше — намного больше, чем хотел и мог удовлетворить советский режим. Советские женщины с детьми по-прежнему тратили на неоплачиваемый труд по дому почти столько же времени, сколько и на оплачиваемую работу. Они вынуждены были за счет своего времени и сил компенсировать многие недостатки советской системы производства и распределения: выяснять, где можно достать дефицитные товары, налаживать личные связи, чтобы получить доступ к этим товарам; стоять в очередях; выполнять вручную ту работу, которую на Западе уже автоматизировали, и т. п. Только благодаря их титаническим усилиям советская система вообще функционировала[11]. Тяжкая двойная ноша не позволяла женщинам повышать квалификацию и продвигаться по службе, а большинству даже не давала сменить работу на более сложную и лучше оплачиваемую: такая работа требовала сил, которых у большинства женщин не оставалось. В результате многие женщины занимали должности, для которых были слишком квалифицированными. Как ни странно, такие решения подтверждали в глазах окружающих стереотипы о неспособности женщин к квалифицированной и ответственной работе. Женщины оказались в ловушке порочного круга.

Возрождение женственности

Голоса, доминировавшие в публичном дискурсе, предпочитали не пытаться разорвать этот порочный круг, а укреплять его, увековечивать «малую сделку», делавшую мужчин полными хозяевами в своих крошечных владениях. Редко кто мог публич-

---

[11] См. [Sariban 1984: 208].

но заявить, что домашние дела — обязанность мужчин в той же мере, что и женщин. Экономисты-плановики были в этом отношении не лучше других. Несмотря на обещание Хрущева, что домашние обязанности станут коллективными, планировщики не предусматривали в жилье, строившемся в ту эпоху, помещений для коллективного бытового обслуживания — лишь обещали, что такие помещения появятся позже. В результате бремя ведения домашнего хозяйства целиком ложилось на нуклеарную семью, а пропаганда внушала женщинам, что это их ответственность. На протяжении 1950-х и начала 1960-х годов, как и в послевоенный период, образы женщин в роли матерей и воспитательниц по-прежнему вытесняли образы героических работниц.

Стандарты как материнства, так и ведения домашнего хозяйства в этот период даже повысились. С 1954 по 1961 год количество публикаций, посвященных семье и быту, выросло почти в пять раз. Психолого-педагогическая литература стала настойчиво подчеркивать особенности женской природы. Считалось, что биология определяет роль женщины и формирует ее личность. Природное предназначение женщины — материнство — включало в себя не только вынашивание ребенка, но и воспитание, обязанность ввести его или ее «за руку в жизнь, в историю» [Reid 1998: 184, 197]. Таким же «природным» считалось для женщин умение делать «дом уютнее, еду вкуснее, детей здоровее и воспитаннее». Женская природа отражалась даже на предписанных женщинам занятиях вне дома — лечение больных, воспитание детей и т. д. — что не так уж сильно отличалось от предписаний царских чиновников почти столетием ранее[12].

Многие озаботились женственностью. Мужчины-художники и писатели, образно выражаясь, заламывали руки над женской красотой, потерянной в невзгодах последних лет и трудностях советской жизни. Популярная и высокая культура в два голоса учили женщин, как обрести или вернуть женственность. Хотя модная одежда и косметика оставались недоступными для советских гражданок, за исключением самых привилегированных,

---

[12] См. [Attwood 1985: 70].

средства массовой информации призывали женщин хорошо одеваться и выглядеть привлекательно. Даже журнал «Работница», адресованный трудящимся женщинам, придерживался этой линии, хотя и на скромном уровне. После целого дня в деловом костюме, советовала своим читательницам «Работница», женщине следует преобразиться, чтобы выглядеть как «сама женственность»: мягкий, размытый силуэт, складки, цветы, блестящая вышивка[13]. Журналы для девочек-подростков наставляли их одеваться со вкусом и вести себя с мальчиками подобающим образом, предостерегали от неженственного поведения — например, сквернословия. Тогда в Соединенных Штатах ожидания от женщин были очень схожими, но Советский Союз, в отличие от США, помимо желания видеть женственность дома, не мог обойтись без женского труда вне его. Более того, в Советском Союзе многие из новых рекламируемых товаров — не только платья с глубокими вырезами, но и хорошие стиральные машины — существовали лишь в области фантазий и надежд, а не в ощутимой и доступной реальности.

Мужественность тоже стала предметом дискуссий. Теперь, когда «отец» Сталин умер, сыновья заняли его место, оставив женщин на прежнем. Приняв хрущевский, более демократичный политический идеал, художники-первопроходцы оттепели связали его с возрождающейся мужественностью. Вместо иконографических изображений Иосифа Сталина появились образы мужественных героев, действующих в типично мужской сфере промышленного производства: художники подняли на щит мужчин-рабочих как воплощение нового демократизма и провозгласили их «хозяевами Земли». Женские тела, напротив, стали средством, с помощью которого художники-мужчины декларировали свободу художественного самовыражения. Самовыражаясь посредством обнаженной женской натуры, что было редкостью при Сталине, мужчины-художники этого времени «демонстрировали свои раскрепощенные чувства и нежелание подчиняться табу на обнаженную женскую плоть» [Reid 1999: 286].

---

[13] См. [Vainshtein 1996: 67].

Советский Союз и Запад

Для нескольких миллионов человек потребительские фантазии обрели конкретную форму в 1959 году, когда в подмосковном парке «Сокольники» на шесть недель открылась Американская национальная выставка. Выставка, призванная подчеркнуть триумф капитализма и бросить вызов коммунистической системе, включала в себя «типичный» американский дом с образцовой кухней, оснащенной сверкающими кастрюлями и современной бытовой техникой, а также салон красоты и показ мод. Такое обращение к желаниям, которые само советское руководство поощряло, но удовлетворить не могло, оказалось опасным. Правительство приняло серьезные меры, чтобы затруднить публике доступ: количество билетов было ограничено, зрителей всячески старались отпугнуть, а среди тех, кто все же проник на выставку, пресекали проявления чрезмерного энтузиазма при виде капиталистических соблазнов. Организаторам даже запретили раздавать бесплатные образцы косметики и строить современные туалеты со смывными бачками и сушилками для рук — вместо них построили свои, далеко не такие роскошные. Но наплыв зрителей было не сдержать. Тысячи людей всю ночь стояли в очереди за билетами; другие перелезли через забор или даже силой вламывались на выставку. Писали, что каталоги Sears-Roebuck продавались на советском черном рынке по огромной цене — около 20 долларов в рублевом эквиваленте. Пока мужчины толпились у автомобильных экспозиций, женщины стекались в салон красоты Helena Rubinstein, где смотрели, как наносят макияж, а потом уходили любоваться кухонной техникой. На показе мод советские люди умоляли: «Пожалуйста, товарищ, где это можно купить?» [Hixson 1997: 206]. Большинство посетителей уходило под огромным впечатлением.

Однако, хотя советские граждане и начали мечтать о новых и более качественных вещах, они в то же время гордились достижениями своей страны в науке и технике, платой за которые и объявлялось отсутствие потребительских товаров и услуг. Завоевание Советским Союзом космоса, в частности запуск перво-

Рис. 22. Валентина Терешкова,
1963 год

го искусственного спутника Земли, вызывало беспокойство у правительства США и гордость у советских граждан. Когда в 1961 году Советский Союз отправил в космос первый в истории пилотируемый корабль, миллионы советских женщин и мужчин вышли на улицы в массовых демонстрациях — первых по-настоящему спонтанных демонстрациях за многие десятилетия. 16 июня 1963 года Валентина Терешкова, дочь тракториста и текстильщицы, стала первой женщиной-космонавтом. Видя, какого прогресса добилось правительство страны, большинство лелеяло надежду, что впереди их ждут еще лучшие времена. Хрущев поддерживал эту надежду, повторяя, что «мы вот-вот догоним Запад», под «вот-вот» имея в виду ближайшие десятилетия.

Эта цель так и не была достигнута. За неудачей пришло разочарование.

Проблемы в тылу

Тенденции, возникшие во время оттепели, продолжились и усилились в последующие десятилетия — период, который бывшие советские граждане обычно называют «эпохой застоя». Обеспечение потребительскими товарами и социальными услугами продолжало понемногу улучшаться. Однако ожидания росли быстрее: их подпитывали обещания Хрущева, укрепление контактов с Западом и осведомленности о западных стандартах жизни, взросление нового поколения, не знавшего ни ужасов войны, ни лишений послевоенного периода, ни страхов сталинской эпохи и нетерпеливо стремившегося удовлетворить свои желания.

При Леониде Брежневе, по ряду других вопросов большем «сталинисте», чем Хрущев, руководство страны тем не менее пошло дальше Хрущева в вопросах, касающихся женщин. В декабре 1965 года был реформирован закон о разводе: процедуры упрощены, а стоимость снижена. Новый закон о семье от 1968 года открыл возможность исков об установлении отцовства и позволил убрать прочерк вместо имени отца в свидетельстве о рождении внебрачного ребенка. В нем также появилось определение изнасилования, включавшее принуждение к половому акту между супругами. В ограниченном количестве стали доступны противозачаточные средства, главным образом барьерного типа: внутриматочные спирали и презервативы, которые мужчины полушутя называли «галошами» и отказывались использовать. Сохраняя приоритет тяжелой промышленности и обороны, руководство тем не менее стало перенаправлять больше ресурсов на товары народного потребления. Условия жизни постепенно улучшались. К середине 1970-х примерно у половины советских семей был холодильник, а у двух третей — стиральная машина. Мест в детских садах стало больше: теперь они могли разместить около 45 % детей дошкольного возраста. Однако это улучшение было относительным. Крупные города, лучше всего обеспеченные предметами народного потребления, по-прежнему страдали от периодического дефицита и даже от нехватки магазинов. В 1973 году каждая торговая точка обслуживала 363 покупателя — в сравнении с 89 покупателями на магазин в Великобритании[14]. В результате за дефицитными товарами часто образовывались длинные очереди. В деревнях, где вплоть до 1980-х годов (да и по сей день) порой не было даже электричества, можно было видеть женщин, стирающих белье в реке и таскающих воду для хозяйственных нужд из колонки или из ручья.

Именно женщины по-прежнему несли тяжелую двойную ношу. Большинство мужей отказывалось участвовать в «женских» делах, да и большинство жен полагало, что эта работа — их женская обязанность. «Конечно, у мужа свободного времени больше, — объясняла женщина-инженер, жена инженера и мать одного ребенка. — После ужина я занимаюсь ребенком и другими делами, а он сидит, читает, отдыхает. Но мы никогда из-за этого не ссоримся. Раз уж мне все равно с ребенком сидеть, почему бы заодно и другие домашние дела не сделать...»[15] Сами мужья, как показало одно исследование, тоже добавляли работы. Согласно опросу, проведенному в 1965 году, у замужней женщины с одним ребенком было на восемь часов меньше свободного времени в неделю, чем у матери-одиночки[16].

В то же время недовольство женщин таким положением нарастало. Опрос, проведенный в Москве, показал, что 50 % женщин, считавших себя несчастливыми в браке, были недовольны разделением труда в своей семье. Проблема двойной нагрузки зазвучала публично в 1969 году, когда Наталья Баранская опубликовала в либеральном журнале «Новый мир» свой рассказ «Неделя как неделя». Описав измученную домохозяйку, имеющую в придачу к мужу и ребенку еще и работу, которая тоже отнимает много сил, Баранская нарисовала мрачную картину, показав, каково это — возить сумки с продуктами в переполненном общественном транспорте, что было ежедневной реальностью для большинства городских женщин:

[14] См. [Holt 1980: 32].
[15] См. [Hansson, Liden 1983: 76].
[16] См. [Lapidus 1978: 270–273].

Наконец «Сокол». Все выскакивают и бросаются к узким лестницам. А я не могу — пакеты с молоком, яйца. Плетусь в хвосте. Когда подхожу к автобусу, очередь машин на шесть. Попробовать сесть в наполнившуюся? А сумки? Все же я пытаюсь влезть в третий автобус. Но сумки в обеих руках не дают мне ухватиться, нога срывается с высокой ступеньки, я больно ударяюсь коленкой, в этот момент автобус трогается. Все кричат, я визжу. Автобус останавливается, какой-то дядька, стоящий у дверей, подхватывает меня и втягивает, я валюсь на свои сумки [Баранская 1969].

Благодаря расширению возможностей для получения образования и послевоенному акценту на личном счастье и материальном благополучии женщины стали увереннее отстаивать свои права. К 1975 году почти 52 % советских женщин и девочек старше десяти лет имели образование от среднего до высшего. Женщинам все меньше хотелось мириться со своим тяжелым положением, и они искали выход.

Недовольство начало распространяться и среди деревенских женщин. Число сельских жительниц старше десяти лет со средним образованием и выше тоже значительно выросло благодаря увеличению государственных инвестиций в сельские школы и составляло к 1979 году почти половину сельского женского населения. Образованные селянки гораздо менее, чем их матери, склонны были терпеть отсутствие бытовых удобств и низкооплачиваемую работу, требующую тяжелого труда. Более того, сами матери часто советовали им уезжать из деревни: они считали, что дочери должны жить лучше их. В журнале «Крестьянка» приводились слова колхозницы, готовой отпустить дочь хоть за тысячу верст от дома, только не на молочную ферму[17]. В европейской части Советского Союза результатом стала массовая миграция сельских женщин в города в поисках лучшего образования и более привлекательной работы. За ними потянулись и мужчины, ощутившие «нехватку невест». Молодежь уезжала, оставляя вымирающие деревни, где работать могли одни пожилые женщины.

---

[17] Крестьянка. 1983. № 4. С. 15.

Повсюду в европейских регионах Советского Союза (в Средней Азии картина была иная) урбанизация и растущие ожидания женщин приводили к снижению рождаемости. Она снижалась неуклонно: с 26,7 рождений на 1000 человек в 1950 году до 24,9 в 1960 году, с 23,8 в 1970 году до 22,53 в 1980 году. «Женщины не могут позволить себе роскошь иметь двоих или троих детей», — объяснила мать единственного ребенка, которая, как и многие женщины, уверяла, что хочет еще детей[18]. Рост числа разводов способствовал этому спаду. С 1963 по 1974 год это число выросло вдвое, а к 1978 году разводом заканчивалась треть всех браков, в Москве и Ленинграде — половина. Большинство разводов инициировали женщины, часто ссылаясь в качестве основной причины на мужское злоупотребление алкоголем. Разводы стали чаще и в сельской местности, где до тех пор были сравнительно редки. Молодые сельские жительницы не желали терпеть пьющих и жестоких мужей. Теперь женщинам хотелось романтики, «любви с большой буквы»[19]. Если брак не давал им того эмоционального удовлетворения, к которому они стремились, они готовы были его расторгнуть.

Обеспокоенное этими изменениями в семье, руководство страны стало искать пути решения проблем. Много говорили о демографическом кризисе середины 70-х. Снижение рождаемости в европейской части России и нестабильность семей представлялись угрозой производительности и военной мощи; высокая рождаемость в Средней Азии вызвала опасения, что русские скоро будут составлять менее половины населения СССР. Дискуссии, начавшиеся еще при Хрущеве, стали жарче. Женщины как демографический ресурс задавали тон. Ученые и специалисты пытались решить, как побудить женщин в неазиатских регионах СССР рожать больше детей. Некоторые методы, такие как убеждение женщин бросать работу, они сразу же исключили. Экономика по-прежнему зависела от женского труда, и кроме того, пиетет по отношению к Ленину и Марксу не позволял

---

[18] См. [Hansson, Liden 1983: 16].

[19] См. [Allott 1985: 190, 197–198].

пренебречь установленной ими связью между женским производительным трудом и женской эмансипацией. Введение сокра-
щенного рабочего дня и гибкого графика, чего хотели многие
женщины, обсуждалось, но так и не было реализовано. Вместо
этого руководство предоставило матерям дополнительную юри-
дическую защиту и финансовые стимулы. Так, новый Семейный
кодекс 1968 года запрещал развод с женой без ее согласия в то
время, когда она была беременна или растила ребенка в возрасте
до года. В дополнение к уже существовавшему полностью оплачиваемому отпуску по беременности и родам продолжительно-
стью 56 дней до и после родов в марте 1981 года правительство
ввело частично оплачиваемый отпуск для работающих матерей,
чтобы они могли ухаживать за ребенком до достижения им го-
довалого возраста. Указ также давал возможность женщинам (но
не мужчинам) возможность взять дополнительный шестимесяч-
ный неоплачиваемый отпуск без потери рабочего места или по-
нижения в должности. Это был шаг вперед по сравнению
с прежним порядком, когда можно было выбрать вариант годич-
ного неоплачиваемого отпуска. Женщины также стали получать
единовременную выплату в размере 50 рублей на первого ребенка и вдвое больше на второго и третьего.

Таким образом, руководство предпочло поощрение принуждению. Аборты оставались легальными, стоили пять рублей, то есть
были недорогими и доступными. Однако руководство почти
ничего не предприняло для увеличения доступности и привле-
кательности противозачаточных средств в качестве альтернатив-
ного средства контроля над рождаемостью. Мужчины по-прежнему неохотно пользовались презервативами советского производства. Руководство не принимало мер, чтобы разубедить
женщин, опасавшихся принимать противозачаточные таблетки,
которые они путали с талидомидом — причиной серьезных
врожденных дефектов. Вместо этого официальные лица от медицины старались просвещать женщин по поводу опасности
абортов для женского здоровья и вынашивания детей в будущем.
Обстановка, в которой делалось большинство советских абортов,

тоже оставалась пугающей: недостаток или отсутствие анестезии, бесчувственное и унижающее обращение с пациентками; конвейерные процедуры, когда оперировали до шести женщин одновременно. Диссидентка-феминистка Татьяна Мальцева описала эту мучительную процедуру, во время которой искаженное невыносимой болью женское лицо и кровавую кашу, вытекающую из матки, могли наблюдать все вокруг[20]. Советские женщины говорили о легальных абортах со страхом: «Это ужасно, просто ужасно». Однако аборты оставались едва ли не единственным выходом для женщин, стремившихся ограничить свою фертильность[21]. Начиная с 1960 года число абортов ежегодно превышало число живорождений, и именно они были основной причиной снижения рождаемости.

Не прибегая к прямому принуждению, руководство усилило шквал пронаталистской пропаганды, чтобы убедить женщин нести их демографическое бремя. Книги и статьи, рассчитанные на массовую аудиторию, утверждали, что материнство — не только важнейшая роль женщины, но и неотъемлемая часть самой ее природы. К примеру, одна из таких статей, опубликованная в 1979 году, утверждала, что характер и структура личности женщины останутся несформированными, если она устранится от своих семейных и особенно материнских функций[22]. Журналисты в один голос убеждали женщин, что они должны иметь по крайней мере двух детей, а лучше трех, подчеркивая психологический ущерб, который, по их уверениям, грозил единственному ребенку в семье. Журнал «Крестьянка», ориентированный на сельских жительниц, предлагал чествовать «матерей-героинь», родивших более десяти детей. Знаменитые женщины в своих интервью уверяли, что главной радостью в их жизни было материнство. На вопрос журналиста из «Крестьянки», что значит для нее быть современной, народная артистка СССР Ада Роговцева

---

[20] См. [Maltseva 1984: 116].

[21] См. [Hansson, Liden 1983: 21].

[22] См. [Peers 1985: 138].

дала типичный ответ: быть прежде всего самой обычной мамой. Она заметила, что эмансипация не освобождает женщин от этого «великого женского долга» и не отнимает у них этой великой радости, а нежелание иметь детей и пренебрежение семейными обязанностями приписала лени[23]. В детской литературе женщины выступали прежде всего в роли матерей и бабушек, мужчины же изображались на службе, на улице или в политической обстановке. Мальчики проводили время в мастерских, девочки осваивали премудрости домашнего хозяйства.

Женственность спасет мир?

В брежневскую эпоху на женщин возложили еще одно бремя: ликвидировать разрушительные последствия десятилетий социальных травм и бытовых неурядиц, когда ни мужчины, ни женщины практически ни над чем не имели власти, включая власть распоряжаться собственным телом. Руководство начало признавать существование глубоко укоренившихся социальных недугов, в частности мужского алкоголизма и морального разложения. Женская часть общества считалась одновременно причиной этих недугов и лекарством от них. Сетуя на женщин, якобы утративших женственность, публицисты били тревогу по поводу феминизации мужчин. Эксперты констатировали: когда женщины стали работать вне дома, мужчины лишились звания кормильца семьи. Именно эта роль помогала мужчине чувствовать свою значимость для самых близких людей, а без нее он будто бы не чувствует почвы под ногами. Вину за социальные проблемы, о которых наконец заговорили открыто, например за хулиганство и алкоголизм, возлагали на женщин, разучившихся быть мягкими и женственными. Вчерашнему гордому жениху, по мнению публицистов, трудно было привыкнуть к «подчинению и зависимости». У него сдают нервы, накапливается стресс. А лекарство

---

[23] См. [Allott 1985: 194–195].

от стресса известно: 20 капель валерьянки или 200 капель более распространенного средства — алкоголя. Когда распадался брак, вина за это тоже ложилась на женщину. Считалось, что истинно женственная супруга способна излечить мужские проблемы. Брак с по-настоящему женственной девушкой, утверждал один из публицистов, прививает мужчине два качества. С одной стороны, он становится более мужественным, ощущает желание оберегать и защищать ее, а с другой — резкие черты в его характере смягчаются, постепенно он становится мягче и добрее. Подобные статьи учили молодых сельских женщин во избежание семейных раздоров не проявлять ревности и собственничества, а главное — не «пилить» супругов, поскольку мужчины ценят женское умение терпеть и прощать[24]. В таком духе средства массовой информации побуждали женщин восстанавливать социальный порядок, а в качестве противоядия от мужского ощущения бессилия стремились еще сильнее укрепить господство мужчин в домашней сфере.

Изредка и сами женщины публично высказывали свое мнение, отличавшееся от генеральной линии. В одном из типичных эмоциональных высказываний такого рода, опубликованном в «Крестьянке» в 1982 году, говорилось, что сегодня вся работа и все заботы о семье ложатся в основном на женщин, а у мужчин нет чувства ответственности ни по отношению к семье, ни по отношению к детям, ни по отношению к работе[25]. Самое резкое недовольство выплеснулось на страницы самиздатовского журнала «Альманах: "Женщина и Россия"», вышедшего осенью 1979 года. Правительство сделало все возможное, чтобы подавить эту независимую феминистскую критику советской системы. Всех редакторов вызывали в КГБ и требовали закрыть издание. Женщины отказались. После выпуска еще двух номеров альманаха четырех его руководительниц лишили гражданства и выслали из страны. К тому времени редакционный коллектив рас-

---

24 См. [Attwood 1985: 73]; [Liljestrom 1993: 171]; [Allott 1985: 194].

25 [Там же: 196].

пался на две группы, одна из которых придерживалась светских взглядов, близких к западному социалистическому феминизму, а другая выступала за приверженность русской православной вере как весомой нравственной альтернативе системе. Обе эти группы вызывали большой интерес у западных феминисток, но не одна не имела существенного влияния в СССР[26].

Не имели его и те авторы, которые в официальных изданиях призывали к новой политике, более ориентированной на женщин. Эксперты, многие из которых были женщинами, пользуясь расширившейся свободой высказываний, предлагали способы выхода из объявленного демографического кризиса, которые не усугубляли бы нагрузку на женщин, а облегчали ее. Некоторые даже ставили под сомнение реальность самого этого кризиса. В научных публикациях они предлагали подходы, более согласующиеся с оригинальными марксистскими воззрениями. Публицисты критиковали мужчин, не желавших делить с женами домашние хлопоты. Они выступали против «старой патриархальной» точки зрения, согласно которой работа по дому — дело исключительно женское, и требовали от мужчин учиться новому, «подлинно коммунистическому» отношению к женщинам[27]. Чтобы облегчить двойную нагрузку, они призывали государство улучшить качество сферы услуг, механизировать работу по дому, модернизировать и расширить детские сады. Отмечая высокую концентрацию женщин на низкооплачиваемых и низкоквалифицированных работах, они предлагали улучшить профессиональную подготовку молодых женщин и дать возможность обучаться на рабочем месте тем, кто утратил квалификацию во время декретных отпусков. Однако их высказывания, судя по всему, мало повлияли на политику правительства. Напряженность холодной войны, все более стагнирующая и неэффективная экономика и патриархальные взгляды руководства в сочетании поддерживали гендерный статус-кво. К середине 1980-х положение женщин так и не улучшилось.

---

[26] См. [Holt 1985: 237–262].

[27] См. [Lapidus 1982: 258].

Заключение

В послесталинские годы женщины остались «рабочими руками и матками». Огромные человеческие потери в годы войны, снижение рождаемости и отсутствие резервов рабочей силы вызвали интенсивное давление на женщин с целью заставить их не только участвовать в производительном труде, но и нести репродуктивное бремя. Многие политические изменения этого периода можно рассматривать как попытки склонить женщин к желаемому репродуктивному поведению после того, как принуждение к нему явного успеха не возымело. В то же время, преследуя демографические цели, власть отказалась от марксистских воззрений, которые обещала реализовать. Пронаталистская пропаганда и обвинительная риторика в адрес женщин приписывали им стереотипные природные качества матерей и жен и рассуждали о женской биологии в совершенно немарксистском духе, утверждая, что она определяет судьбу.

Пронаталистская кампания не расшатала господствующий гендерный порядок, а, напротив, укрепила его. Стало удобно обвинять женщин в социальных проблемах, созданных не ими, например в демаскулинизации, от которой якобы страдали мужчины. Попытки экспертов, значительное число которых составляли женщины, предложить подход, более соответствующий первоначальным революционным воззрениям, почти не повлияли на взгляды политиков. Другие женщины отвергали революционные воззрения как таковые. Поверив пропаганде правительства, они пришли к убеждению, что тяготы их жизни происходят не от того, что они недостаточно эмансипированы, а от самой этой хваленой эмансипации.

Рекомендуемая литература

Баранская Н. В. Неделя как неделя // Новый мир. 1969. № 11.
Рассказ о том, во что обходится женщинам их двойная нагрузка.
Bridger S. Women in the Soviet Countryside: Women's Roles in Rural Development in the Soviet Union. New York: Cambridge University Press, 1987.

Moscow Women / ed. Hansson C., Liden K. New York: Pantheon, 1983.

Откровенные интервью с советскими женщинами.

Lapidus G. W. Women in Soviet Society: Equality, Development and Social Change. Berkeley, Calif.: University of California Press, 1978.

Новаторское исследование советских мер по эмансипации женщин.

Reid S. Cold War in the Kitchen: Gender and the De-Stalinization of Consumer Taste in the Soviet Union under Khrushchev. Slavic Review. 2002. Vol. 61. N 2. P. 211–252.

Reid S. Masters of the Earth: Gender and Destalinization in Soviet Reformist Painting of the Khrushchev Thaw // Gender and History. 1999. Vol. 11. N 2.

Гендер и искусство эпохи оттепели.

Soviet Sisterhood: British Feminists on Women in the USSR / ed. Holland B. Bloomington, Ind.: Indiana University Press, 1985.

Очерки, освещающие разные стороны жизни советских женщин.

Women and Russia: Feminist Writings from the Soviet Union / ed. Mamonova T. Boston. Beacon Press, 1984.

Выдержки из феминистского самиздата.

Глава 13
Новые русские, новые женщины?

Требуется секретарь (личная помощница) со знанием английского языка. Симпатичная девушка до 25 лет.

Объявление о работе в России, 1994 г.

В марте 1985 года Михаил Горбачев принял на себя руководство Коммунистической партией и Советским Союзом. Сравнительно молодой, 54-летний, хорошо образованный, имеющий представление о западном образе жизни, женатый на независимой, четко выражающей свои мысли, реализованной в профессии женщине — Раисе Максимовне, которую он откровенно обожал, Горбачев заметно отличался от своих бесцветных дряхлеющих предшественников. Веривший, как и они, в фундаментальную правильность советской системы, он оказался гораздо в большей степени готов к существенным изменениям, необходимым для прекращения экономического застоя — источника растущего народного недовольства. Ради этой цели он инициировал политику гласности и перестройки, которая вскоре вышла из-под контроля и привела к распаду СССР. Поощряя острые дискуссии о недостатках советской системы, в том числе о ее неспособности решить «женский вопрос», гласность и перестройка не предлагали готовых решений. Горбачев также оказался в конце концов не готов отказаться от централизованной командной экономики, монополии Коммунистической партии на политику и гегемонии Москвы над Восточной Европой и советской империей — трех столпов советского режима. Еще более консервативным оказался подход Горбачева к четвертому столпу: подчиненному положению женщин дома и на работе.

Горбачев и «женский вопрос»

В условиях гласности проявилось беспрецедентно резкое недовольство советскими лозунгами об эмансипации женщин. Многие темы оставались запретными в течение предыдущих трех десятилетий, но к концу 1980-х годов практически все стало обсуждаться открыто. Однако, помимо того, что сторонники женской эмансипации называли множество причин, по которым эту цель нельзя было считать реализованной в Советском Союзе, впервые возникло мощное противодействие самой идее эмансипации.

Плотину прорвало в январе 1987 года, когда Комитет советских женщин выступил с резкой критикой многих элементов партийной политики. Такой поворот на 180 градусов в Комитете — официальной организации, которая с самого своего основания послушно славила достижения партии, — стал ярким знаком времени. Это произошло на Всесоюзной конференции женщин. В своей жесткой речи Валентина Терешкова, первая женщина-космонавт в истории и покидающая свой пост председательница комитета, затронула ряд деликатных тем. Например, ссылаясь на общеизвестный факт, что женщины выполняют до 98 % немеханизированного сельскохозяйственного труда, иногда чрезвычайно тяжелого — например, таскают 50-килограммовые мешки с комбикормом, — Терешкова обвинила руководство в пренебрежении здоровьем работниц. Она также отметила незначительное количество женщин, занятых на механизированных работах. По ее мнению, причина была в том, что машины, например тракторы и промышленное оборудование, конструируют в расчете на мужчин, а не на женщин: учреждения и организации, ответственные за производство новой техники, ориентируются на габариты среднего мужчины. Тереш-

Рис. 23. Валентина Терешкова беседует с другими женщинами, 1987 год

кова намекнула и на то, что мужчины, занимающие руководящие должности, перекрывают женщинам путь наверх. Она даже поставила под сомнение гендерные модели социализации, ставшие краеугольным камнем школьной системы и способствующие сегрегации рабочей силы по половому признаку. Она заявила, что важно уже со школьной скамьи прививать интерес к технике не только мальчикам, но и девочкам[1]. Наконец, Терешкова и другие докладчицы упомянули о младенческой смертности — теме настолько болезненной, что статистическая информация о ее показателях не публиковалась десятилетиями. Отмечая, что уровень младенческой смертности в Советском Союзе превышает ее уровень в капиталистических странах, они винили в этом недостатки советской медицины и загрязнение окружающей среды.

---

[1] См. [Buckley 1989: 200–203].

Эти заявления подготовили почву для еще более радикальной критики. Впервые с 1930 года в печати зазвучали утверждения, что в СССР сложилось патриархальное общество. Журналистские расследования открывали мрачную картину женского труда. Выяснилось, например, что предприятия систематически игнорировали трудовое законодательство, ограничивающее вес предметов, поднимаемых женщинами, 10 килограммами одновременно и 7 тоннами за смену. В реальности работницы поднимали за смену до 30 тонн. Доярки и продавщицы таскали 30-килограммовые мешки; женщины — ремонтницы железнодорожного полотна поднимали опоры весом до 200 килограммов. Журналисты выяснили, что значительная часть работниц трудилась в самых вредных условиях: в грязи, шуме, среди ядовитых паров и опасного оборудования. Ежегодник «Женщины в СССР», до сих пор отмечавший успехи СССР в эмансипации женщин, в 1990 году уже публиковал удручающую сводку условий женского труда: физически тяжелая, монотонная, изнурительная работа, неудовлетворительные санитарно-гигиенические условия, неудобные смены, отсутствие упорядоченности в работе, сверхурочная работа (принудительная и неоплачиваемая), а также неудовлетворительный размер заработной платы[2]. У большинства женщин не было выхода из этого положения. Исследование, проведенное в 1990 году, показало, что среди работниц, повышавших квалификацию в расчете на продвижение по службе, 90 % не получили ни продвижения, ни повышения разряда; 81 % заявили, что зарабатывают столько же, сколько и раньше[3].

Сам Горбачев признавал, что женщины сталкиваются с несправедливым отношением на работе, и объяснял это наследием войны. Однако в решении этой проблемы Горбачев твердости не проявил. Иногда вместо «возрождения ленинизма», который часто объявлял для себя образцом, он повторял консервативные взгляды брежневского периода. Так, в своей книге «Перестройка»,

[2] См. [Shapiro 1992: 19].
[3] См. [Filtzer 1992: 218].

вышедшей в 1987 году, высоко оценив достижения СССР в области женской эмансипации, Горбачев отметил то, что представлялось ему недостатками. В их числе было несоблюдение «специфических» прав и потребностей женщин, связанных «с ее ролью матери, хозяйки семьи, ее незаменимой функцией по воспитанию детей. У женщины, занятой на стройке, на производстве, в сфере обслуживания, в науке, поглощенной творческой работой, просто не стало хватать времени на самые житейские дела — домашнее хозяйство, воспитание детей и просто на уют в кругу семьи». Теперь специалисты начали спорить о том, как «в полной мере вернуть женщине ее истинно женское предназначение» [Горбачев 1987], то есть дом и семью. Однако в других случаях Горбачев проявлял себя скорее «ленинцем». Например, на XIX съезде партии в 1988 году он упомянул о повседневных заботах, которые до сих пор не дают женщинам в полной мере реализовать свои права. Сетуя на то, что эта ситуация не меняется годами, он объяснил это тем, что с мнением женщин не считались должным образом — главным образом потому, что женщины были недостаточно представлены в государственных органах. Горбачев подчеркнул, что важно открыть женщинам «широкие двери» в органы управления всех уровней, чтобы они могли участвовать в принятии решений, затрагивающих их интересы[4]. Через несколько месяцев Александра Бирюкова была назначена кандидатом в члены Политбюро (без права голоса), что сделало ее самой влиятельной советской женщиной после отставки Екатерины Фурцевой. Однако отстаивать «ленинское» ви́дение решительно и последовательно Горбачев оказался неспособен.

Антифеминистская реакция

В отсутствие профеминистски настроенного руководства консервативная позиция легко взяла верх. Еще в 1970-х годах некоторые консерваторы утверждали, что участие женщин

---

[4] См. [Buckley 1989: 199].

в производительном труде избыточно. Эта точка зрения отражала растущую обеспокоенность сокращением населения в европейской части СССР по сравнению с населением Средней Азии. Этот аргумент консерваторов согласовывался с радикальной политикой реформ, которую Горбачев принял в 1987 году: политикой, основанной на идее, что советской экономике требуется не больше, а меньше промышленных рабочих, но работающих продуктивнее. Прогнозируя сокращение рабочей силы, большинство экономистов предполагали, что работу потеряют именно женщины. Многие приветствовали эту идею. Движение за возвращение женщин в семью набирало обороты. Кандидаты-мужчины в избирательной кампании 1989 года неоднократно призывали к «освобождению» женщин от двойного бремени путем возвращения их к домашнему очагу. Даже социолог Татьяна Заславская, член I Съезда народных депутатов и отнюдь не противница женского труда вне дома, высказывалась в этом же духе. Она полагала, что высокий уровень женской занятости в общественном производстве социально не оправдан, что это отрицательно сказывается как на рождаемости, так и на воспитании детей[5]. Политические лидеры, средства массовой информации и даже широкая общественность все чаще поддерживали идею о том, что женщины должны уйти из сферы производительного труда.

Моральный кризис, охвативший страну, тоже способствовал движению за «возвращение в семью». В эпоху гласности СМИ обнародовали массу деморализующих фактов о советском обществе. Такие ранее запретные темы, как преступность, наркозависимость, сексуальная распущенность и проституция, описывались в красочных деталях. В конце 1980-х, например, средства массовой информации смаковали непристойные детали из жизни проституток, одновременно обличая проституцию как моральное падение тех, кто ею занимается. По мнению журналистов, проституток гнали на панель не голод, бездомность и безработица. Они якобы сами сделали свой выбор: ушли из

---

[5] См. [Shapiro 1992: 20].

обеспеченных семей, бросили работу[6]. Для общества, привыкшего к цензурному буферу, стоявшему между ним и подобными
неприглядными реалиями, лавина негативных подробностей
зачастую становилась шокирующим свидетельством национальной
ной деградации, в которой власти обвиняли, как обычно, женщин.
Лекарство? Укрепление семьи и роли женщины в ней. К примеру,
один социолог призывал переосмыслить сложившиеся стереотипы
типы и признать, что для будущего страны и для социализма
важнейшей формой женского творческого труда является материнство
ринство[7].

Движение за «возвращение в семью» столь же легко вписывалось
лось в мировоззрение националистов, голоса которых все настойчивее
чивее звучали в России и в других республиках Советского
Союза. По их мнению, главная миссия женщины заключалась
в том, чтобы сохранять и передавать детям культуру своего народа
рода. Как высказывался в 1991 году писатель-народник и национал
налист Валентин Распутин:

> Женщину совратили публичной значительностью и осво-
> бодили... от ее извечной и тихой обязанности культурного
> укоренения народа; духовность она заменила социально-
> стью, мягкость и проницательность особого женского
> взгляда — категоричностью, женственность — женоподо-
> бием, материнство — болезненным детоношением, расчет-
> ливым или горьким, как кукушка, подбрасывая затем
> птенцов в общие гнезда детских учреждений... [Распутин
> 2015].

В Украине, где движение за национальную независимость
набрало обороты накануне распада Советского Союза, эмансипация женщин стала восприниматься как часть отвергнутого
советского наследия. Депутат Верховного Совета Украины заявлял о необходимости восстановить роль женщины в обществе
как главной носительницы генетического кода и наследственной

---

[6] См. [Waters 1989: 10].

[7] См. [Bridger, Kay, Pinnick 1996: 24].

информации о традициях, обычаях, культуре и прочем[8]. В Азербайджане и Средней Азии консервативные националисты и новое исламское движение обвиняли советскую систему в «избыточном» трудоустройстве женщин и в «притеснении» мусульманских женщин, которых заставляли выходить на работу, проявляя тем самым «неуважение» к их женственности и принижая материнство — «главную женскую обязанность»[9].

В России движение за «возвращение в семью» обычно делало в своей риторике упор на выбор самой женщины. Женщин больше не призывали быть одновременно и образцовыми работницами, и замечательными матерями, как это делало руководство страны на протяжении десятилетий, смещая акценты по мере необходимости. Новым девизом стал «реализм». Женщина может быть либо работницей, либо матерью — выбор за ней. Все 80-е годы публицисты один за другим продвигали в советской печати идею «выбора». То же касалось и нового поколения тележурналистов в самых политически острых шоу. «В комфортабельных студиях мужчины сокрушенно качали головами, глядя на кадры с женщинами, занятыми физическим трудом, и предлагали предоставить им выбор, что подавалось как новая форма рыцарства» [Bridger, Kay, Pinnick 1996]. Сами женщины тоже находили идею «выбора» привлекательной, особенно в виде работы на полставки или длительного отпуска по беременности и родам. Матери малышей считали освобождением возможность проводить больше времени дома, больше заботиться о детях и меньше нервничать по вечерам, потому что дел, с которыми нужно справляться, у них станет меньше.

«Выбор» казался тем более привлекательным, что на представления людей о «хорошей жизни» повлиял контакт с Западом — посредством телевизионных программ, журналов, фильмов, а в Москве и Ленинграде — еще и увеличившегося потока туристов. Барьеры, ограждавшие советских людей от рекламы в западном стиле, постепенно рушились, и вскоре образы женщин

8   См. [Pavlychko 1992: 88].
9   См. [Akiner 1997: 256].

в рабочих комбинезонах и матерей, нянчащих младенцев, сменились изображениями гламурных полураздетых моделей, продающих автомобили. В 1987 году в газетных киосках появились иностранные модные журналы. Даже советские журналы стали отводить больше места моде и уходу за телом. В 1988 году в Советском Союзе прошел первый в истории конкурс красоты — «Мисс Москва». Малые города по всей стране последовали примеру столицы. Женственность, особенно для молодежи, стала означать не только природную склонность к заботе, нежности и отзывчивости, но также привлекательность, стройность и умение хорошо одеваться.

Чтобы достичь этой цели, женщине необходимо было время, которое она могла посвятить себе. Мужчинам же хотелось, чтобы женщины уделяли больше времени им. Согласно опросам общественного мнения, проведенным в конце 1980-х годов, большинство мужчин считало, что женщины должны уделять больше времени своим семейным обязанностям. Один из них призывал задуматься, каково приходится мужчинам, которые приходят с работы усталые и голодные, а дома никого — жена или на работе, или в очереди за продуктами; пусто и в доме, и в сердце. Он утверждал, что только такая семья, где сильного мужчину поддерживает «ангельская» бескорыстная забота женщины, жены, матери его детей, способна составить основу могущества страны[10]. Мужчины желали «чувствовать себя мужчинами», что означало: жена должна ждать и встречать их дома по вечерам.

Соблазнившись обещаниями изобилия и более богатого выбора, а также надеждами на «нормальную жизнь», выражаясь языком того времени, многие молодые женщины и мужчины сочли рыночную экономику и капитализм более привлекательными, чем социалистический проект. Еще привлекательнее они стали выглядеть в конце 1980-х годов, когда попытка Горбачева реформировать контролируемую экономику закончилась неудачей. Производительность упала, дефицит усилился, очереди

---

[10] Шпилев М. Женщина ищет себя // Правда. 1988. 19 февраля.

стали длиннее. Женщины стали тратить на обеспечение семьи продуктами еще больше времени. В начале 1991 года вновь было введено нормирование многих основных потребительских товаров, в том числе сахара и водки.

Но несмотря на все рассуждения о выборе, политика говорила о другом. Практически все политические инициативы были направлены не на помощь женщинам в продвижении по службе, не на борьбу с дискриминацией на рабочем месте, а на то, чтобы побудить их рожать и растить детей. В 1987 году к полностью оплачиваемому отпуску по беременности и родам добавили еще по две недели, увеличив его с 56 до 70 дней с момента рождения ребенка, а период частично оплачиваемого отпуска увеличился с одного года до полутора. Женщины также получили до 14 дней оплачиваемого отпуска в год по уходу за больным ребенком. Пронаталистская направленность этих законов ясно видна из того, что их положения вводились поэтапно, начиная с регионов с самой низкой рождаемостью. В контексте экономических реформ Горбачева такие законы ставили работающих женщин в невыгодное положение. Щедрый в теории, закон не обязывал государство оплачивать декретные отпуска. Вместо этого расходы по оплате отпусков по беременности и родам по-прежнему ложились на предприятие, где работала женщина. Раньше эти расходы почти не имели значения, поскольку экономия затрат на рабочую силу мало заботила руководство. Но их значение резко выросло во время горбачевских реформ, когда предприятиям пришлось тщательно следить за своим бюджетом[11]. Когда на предприятиях начинались увольнения рабочих, женщин с детьми зачастую увольняли в первую очередь. Комитет советских женщин и различные женские журналы были завалены жалобами женщин, потерявших работу или лишенных возможности возобновить ее после декретного отпуска. Предвидя значительную безработицу впервые с 1920-х годов, специалисты по экономическому планированию полагали, что эта ситуация только ухудшится.

---

[11] См. [Shapiro 1992].

Женщины отвечают

Эпоха Горбачева ознаменовалась и положительными событиями. Впервые после революции государство разрешило независимые движения, и некоторые из них явно стремились продвигать женские интересы, положив конец монополии Комитета советских женщин. В Ленинграде Ольга Липовская начала издавать журнал «Женское чтение»; в Москве три ученых — Наталия Захарова, Анастасия Посадская и Наталья Римашевская — опубликовали статью под названием «Как мы решаем "женский вопрос"» в «Коммунисте», официальном журнале Коммунистической партии Советского Союза. Вместо возвращения женщин в семью авторы выступали за «подлинное равенство», то есть прекращение всех форм дискриминации и новый подход к мужским семейным обязанностям[12]. В 1990 году они создали Московский центр гендерных исследований — первое учреждение такого типа в Советском Союзе. Неофициальные женские сообщества возникли в Украине, Латвии, Литве, а также в разных городах России.

Женщины также стали активными участницами независимых движений, преследовавших самые разные цели, многие из которых не имели отношения к улучшению положения женщин как таковому. Особенно привлекали их экологические движения и кампании, связанные с защитой детей. В Украине женщины защищали детей от радиационного облучения в районе Чернобыля после катастрофического взрыва на атомной электростанции в 1986 году. В Казахстане женщины протестовали против ядерных испытаний: это была одна из первых подобных демонстраций в советское время. Наибольший политический вес имел Комитет солдатских матерей (не отцов и не родителей, как отмечает Соломия Павлычко)[13]. Появлению этой организации, созданной в 1989 году, предшествовали женские группы, выступавшие против войны в Афганистане, а затем группы женщин из

---

[12] См. [Захарова, Посадская, Римашевская 1989].
[13] См. [Pavlychko 1992: 94].

Рис. 24. Участница митинга, организованного Комитетом солдатских матерей, 1991 год

стран Балтии, протестовавших против отправки местных призывников на службу за пределы своего региона. Целью Комитета было положить конец жестокому обращению с призывниками в Советской армии, которых избиениями и унижениями доводили иногда до самоубийства. Матери требовали, чтобы такие инциденты расследовались и освещались публично во всех деталях. Прибегая к помощи судебной системы и средств массовой информации, чтобы выразить свою обеспокоенность, солдатские матери выходили и на улицы, стремясь положить конец сомнительной практике призыва, расширить возможности альтернативной службы, а в постсоветский период выступали против войны в Чечне. Члены Комитета выступали не столько как женщины, сколько как матери, но тем не менее эта организация бросила серьезный вызов авторитарным институтам, в которых доминировали мужчины, — прежде всего армии[14]. Их присут-

---

[14] См. [Vallance 2000].

ствие в публичной сфере также шло вразрез с новыми течениями, считавшими, что место женщины (то есть матери) — исключительно дома.

После Горбачева

Проведя бóльшую часть времени (начиная с 1930-х годов) в условиях экономической автаркии, за железным занавесом, за десять лет после падения Горбачева Россия с поразительной быстротой сделалась частью мировой экономики и культурной системы, в которой доминировали США. Однако, по крайней мере в краткосрочной перспективе, введение рыночного хозяйства немногим принесло обещанный выбор. Большинство из тех, кто соблазнился капиталистическим раем, маячившим перед ними в рекламе и телесериалах иностранного производства, столкнулись вместо этого с огромными трудностями. Относительное равенство советской жизни, пусть это и было равенство в нищете, осталось позади. Относительно немногие, в основном мужчины, сделались непомерно богатыми; многие другие, в большинстве своем женщины — беспросветно бедными. С распадом СССР прекратила свое существование и единая государственная политика в отношении женщин. Социальная поддержка исчезла. Жизнь стала опаснее. Градус насилия, в том числе в отношении женщин, взлетел. Хотя жизненный опыт женщин сильно различался в зависимости от возраста, семейного положения, географии и национальности, на всем пространстве бывшего Советского Союза женщины столкнулись с гендерной реакцией, усилившейся после распада СССР. Остальная часть этой главы будет посвящена изменениям, происходившим в России.

Для большинства российских женщин конец советской эпохи обернулся резким падением уровня жизни. Миллионы потеряли работу. Относительно точных цифр существуют разногласия. Большинство оценок сходится на том, что в середине 1990-х годов женщины составляли около 70 % безработных, однако данные за 1998 год показывают примерно равное соотношение безработных мужчин и женщин (13,7 и 13,3 % соответственно)[15]. К сожалению, такие цифры ничего не говорят нам об изменениях, предположительно происходивших с 1990 года в характере выполняемой женщинами работы или уровне ее оплаты. Первая волна увольнений коснулась женщин, занятых в оборонной промышленности, научно-исследовательских институтах и министерствах, женщин предпенсионного возраста или воспитывающих маленьких детей. В особенности пострадали высокообразованные женщины, инженеры и экономисты: по состоянию на 1995 год они составляли около трети женщин, зарегистрированных в качестве безработных. При поиске новых профессиональных должностей высококвалифицированные женщины сталкивались с вопиющими гендерными и возрастными предрассудками. Большинство работодателей открыто высказывались за то, чтобы нанимать мужчин. С другой стороны, большинство вакансий, на которые работодатели искали женщин, — например, секретарская работа, уборка, продажи, — не только требовало гораздо меньшей квалификации, чем та, которой обладали эти женщины, но к тому же было явно рассчитано на молодежь. В объявлениях прямо указывалось, что соискательница должна быть в возрасте до 30 или, самое большее, до 35 лет.

Потеря системы детских садов стала серьезным препятствием для работы женщин вне дома. В последние десятилетия советской эпохи женщины бесконечно жаловались на детские учреждения — сначала в частных разговорах, а затем, после прихода гласности, и публично. Переполненные и неукомплектованные детские учреждения имели длинные списки очередников, и качество ухода в них оставляло желать лучшего. Но при всех их недостатках от них зависели миллионы женщин. В постсоветский период количество мест, доступных для детей, сократилось, а цены резко выросли. Предприятия часто предоставляли детские сады и летние лагеря в качестве льгот для рабочих. Когда же главной целью стала рентабельность, и то и другое прекратилось. В 1990 году ответственность за детские учреждения была пере-

---

[15] См. [Ashwin 2000: 19].

дана с федерального уровня на местный, и финансирования при этом не предусматривалось. В период с 1990 по 1995 год количество детей в яслях и детских садах сократилось с 9 до 6 миллионов; в том же году количество детей, побывавших в летних лагерях, было вдвое меньше, чем в конце 1980-х годов. Стоимость оставшихся мест возросла. По состоянию на май 1993 года родители, стремившиеся отдать своего ребенка в детский сад или ясли, платили за это более четверти средней заработной платы; отправить ребенка в летний лагерь стоило почти две трети средней заработной платы[16]. Неудивительно, что возвращение женщин в семью казалось такой хорошей идеей. Дома женщины могли присматривать за детьми, брошенными на произвол судьбы распадающейся системой социальной поддержки.

Однако женщины, как оказалось, далеко не горели желанием возвращаться в семью. Многие просто не могли себе этого позволить. Мужская безработица или неполная занятость, а также растущая дороговизна повседневной жизни вынуждали даже замужних женщин продолжать зарабатывать деньги. Но в большинстве своем женщины и сами хотели сохранить работу. Опросы один за другим показывали, что, даже если муж зарабатывал достаточно, чтобы содержать семью, полностью оставить работу желал лишь ничтожный процент женщин. Работа занимала важное место в их жизни. После 70 лет советской пропаганды женщины стали ценить участие в общественном производстве само по себе, а также считали его важным для саморазвития — даже после того, как правительство сменило пластинку. Кроме того, на работе был «трудовой коллектив», в котором можно было найти дружеские отношения и эмоциональную поддержку. По словам одной женщины, коллектив был «второй семьей», где все были в курсе проблем друг друга. Там можно было излить чувства, рассказать о своих бедах, отчего становилось легче. Работа по дому многим женщинам приносила меньше удовлетворения: приготовила еду, ее съели — и где все твои труды[17]? Поэтому потеря работы влекла за собой для женщин не

---

16 См. [Silverman, Yanowitch 1997: 73].

17 См. [Ashwin, Bowers 1997: 28, 30].

только экономические, но и психологические трудности. Тем женщинам, которые много лет потратили на получение образования или квалификации, ставших теперь ненужными, такие перемены давались особенно тяжело. Одна женщина, бывший инженер, говорила, что чувствует себя «ничем и никем». Все эти женщины, по ее словам, были лучше мужчин — не обязательно лучше как ученые, но более интеллектуальны, на другом культурном уровне. Они интересовались искусством, музыкой, литературой. А теперь они все работают уборщицами и продавщицами. «Нас больше нет, мы никому не интересны»[18].

Но главное, экономические изменения принесли с собой лишения и, впервые, «феминизацию бедности». Людей, остававшихся официально трудоустроенными, отправляли в бессрочный неоплачиваемый или малооплачиваемый отпуск; другие месяцами не получали зарплату. В тех секторах услуг, где преобладали женщины, заработная плата росла медленнее, чем там, где преобладали мужчины, и заработок женщин, составлявший в среднем 70 % от заработка мужчин в позднесоветский период, к 1994 году упал до 40 % от мужского. В 1992 году цены взлетели в шесть раз; к марту 1995 года покупательная способность стала на треть меньше, чем годом ранее. Гиперинфляция также резко снизила покупательную способность пенсий; почти три четверти пенсионеров составляли женщины. В деревне жизнь тоже стала труднее. Протест перестал быть политически опасным, но стал экономически невыгодным. Сельские женщины безропотно мирились с ухудшающимися условиями труда и жизни — в том числе и потому, что заведующие фермами были практически всемогущими: в их руках был доступ к оплачиваемой работе и жилью. Когда зарплата сельских жительниц снизилась, они стали устраиваться на дополнительную работу и больше работать на приусадебных участках, чтобы прокормить семью. К концу 1990-х годов не менее четверти, а возможно и половина, жителей России считались бедными или очень бедными, и более двух третей этих бедняков составляли женщины.

---

[18] См. [Bridger, Kay, Pinnick 1996: 86].

Другие показатели общественного благосостояния рисуют еще более мрачную картину. В начале 90-х снизилось количество браков, поскольку молодые люди не могли позволить себе начать семейную жизнь. Количество разводов росло, как и смертность. В период с 1990 по 1997 год ожидаемая продолжительность жизни женщин при рождении упала с 74,3 до 72,8 года, а мужчин — с 63,8 до 60,9 года[19]. К 2000 году ожидаемая продолжительность жизни советских мужчин снизилась до 57,6 года — более чем на 16 лет меньше, чем у мужчин в США. Сократилась и рождаемость: со 134 на 10 000 в 1990 году до 86 на 10 000 в 1997 году. С 1991 по 2000 год население России сократилось на три миллиона человек. Прогнозировалось, что к 2015 году оно уменьшится еще на 11 миллионов[20]. Недоедание и плохое здоровье женщин способствовали снижению веса новорожденных и увеличению числа детей, рождающихся больными: с одного из восьми в 1989 году доля больных младенцев выросла до одного из пяти к 1993 году. Младенческая смертность выросла до 190 на 10 000 к 1993 году, а затем снизилась до 166 к 1998 году, что все еще более чем вдвое превышало показатели США и Западной Европы. Загрязнение окружающей среды приводило к врожденным дефектам, от которых страдали от 6 до 8 из каждых 100 новорожденных в России. Само материнство стало опаснее из-за плохого здоровья матерей и резкого ухудшения системы здравоохранения. В период с 1987 по 1993 год число матерей, умерших во время беременности или родов, увеличилось с 493 до 700 на каждый миллион рождений; к 1998 году их число сократилось до 500, что все еще более чем вдвое превышало средний европейский уровень (220). Журналистка Елена Шафран утверждала, что женщины в России «боятся и не хотят рожать» из недоверия к врачам, женским консультациям и родильным домам, вызванного устаревшим оборудованием, антисанитарными условиями и плохо подготовленным персоналом[21].

[19] Цифры взяты в [Silverman, Yanowitch 1997: 25]; [Kiblitskaya 2000: 95].
[20] Russians Vanishing // New York Times. 2000. December 6. P. 8.
[21] См. [Sargeant 1996: 270–274].

Один из немногих положительных моментов в этой удручающей картине связан с контрацепцией. Чтобы снизить зависимость от абортов, в 1993 году Минздрав России начал программу планирования семьи, открыв более 200 клиник по всей стране; они проводили переподготовку врачей, акушерок и медсестер, информировали и давали советы по вопросам секса, беременности и родов. Новая рыночная экономика значительно повысила доступность целого ряда противозачаточных средств. Меры, направленные на то, чтобы убедить женщин использовать их вместо аборта, принесли свои плоды: с высокого уровня в 4,6 миллиона в 1988 году число абортов в России сократилось до 2,5 миллиона в 1997. Около 66 % супружеских пар практиковали те или иные методы контроля над рождаемостью — в сравнении с 30 % в 1990 году.

Гендер и «новые русские»

Однако в основном преимуществами новой рыночной экономики смогла воспользоваться относительно небольшая группа мужчин. Экономика превратилась в поле кровавой битвы, где законы регулярно нарушались, взяточничество и коррупция процветали, где банкира или крупного бизнесмена могли взорвать в автомобиле или расстрелять на улице и где предложения защиты от русской мафии подкреплялись угрозами жестокой кары в случае отказа. Успешные бизнесмены нанимали круглосуточных телохранителей. Первоначально большинство новых богатых составляли советские чиновники и директора заводов, которые, воспользовавшись приватизацией, по дешевке скупали бывшие государственные промышленные предприятия и права на природные ресурсы. Поскольку в советской системе самые важные посты занимали мужчины, то практически все бенефициары, возможно, самой крупной в истории человечества возможности обогатиться даром тоже оказались мужчинами. Большинству женщин не хватало ресурсов, чтобы открыть свое дело, а в экономическом климате, характерной чертой которого была агрессивная маскулинность, женщине трудно было убедить банкиров выдать ей кредит. Через два года после распада Советского Союза более 80 % новоиспеченных бизнесменов были мужчинами. В сущности, само предпринимательство маркировалось как мужское занятие. По мнению российских психологов, личностные качества, необходимые для успешного бизнеса — склонность к соперничеству, агрессивность, дерзость, независимость, — от природы были присущи мужчинам, но никак не женщинам. По резкому выражению Линн Эттвуд, «у рынка мужское лицо» [Attwood 1996].

Некоторые женщины вопреки всему преуспели, пробившись на влиятельные и хорошо оплачиваемые должности. Они стали гораздо более заметны, чем прежде, в журналистике и СМИ. Благодаря своим компьютерным и лингвистическим навыкам они вошли в современный сектор экономики и в иностранные предприятия; некоторые даже стали директорами коммерческих банков. В особенности это касалось молодых женщин — они иногда успешнее мужчин приспосабливались к новым условиям и становились состоятельными предпринимательницами и коммерсантками. Однако большинство женщин, ушедших в коммерцию, вели дела на более низком и менее прибыльном уровне. Одни ездили в Европу, Китай и Турцию и скупали там дешевые товары для продажи в России; другие торговали в киосках, принадлежащих не им, третьи целыми днями в любую погоду стояли на городских улицах, торгуя сигаретами, котятами, различными товарами, купленными в других местах, выращенными на даче или изготовленными своими руками. Среди этих мелких предпринимательниц были и высококвалифицированные специалисты, и бывшие профессионалы с учеными степенями, и женщины из рабочего класса. Вдобавок все больше женщин торговали собой.

Сексуальный рынок

Превращение секса в товар стало одним из первых плодов новой экономической свободы. В начале 1990-х годов в Россию хлынул поток порнографической литературы, бо́льшая часть которой ввозилась из-за границы, а продавали ее часто старушки у входа в метро, зарабатывая прибавку к пенсии. Ни один фильм не мог обойтись без хотя бы одной откровенной, часто жестокой и садистской сцены секса, иногда без всякой связи с сюжетом. Хотя к концу 90-х, утратив новизну, этот вал порнографии начал спадать, порнографический стиль просочился в другие коммерческие сферы — в гораздо большей степени, чем даже в современных Соединенных Штатах. В российской рекламе изображались полуодетые женщины, раскинувшиеся на автомобилях или небрежно сидящие за компьютерами — точно так же, как в рекламе практически во всем капиталистическом мире. Но в России обнаженные или полуобнаженные женские тела появлялись и в местах, немыслимых (на тот момент) на Западе. Например, в 1991 году на одной из обложек экономического журнала появилось фото женщины с обнаженной грудью; журнал «Огонек» иллюстрировал обнаженными бюстами и пышными ягодицами истории, не имевшие к ним никакого отношения. Осенью 2000 года на одном из крупнейших московских каналов транслировалось телешоу «Голая правда», в котором последние новости с невозмутимым видом сообщали молодые женщины — то раздетые, то раздевающиеся, то раздеваемые. На высококонкурентном рынке, где средств было мало, а процент неудач высок, довесок к продукту в виде женской сексуальности увеличивал продажи.

Женская сексуальность недвусмысленно фигурировала и в ожиданиях многих потенциальных работодателей. В объявлениях о вакансиях часто указывался не только предпочтительный возраст, но и предпочтительная внешность потенциальных сотрудниц: «Требуются секретарши: привлекательные девушки с опытом работы в офисе», — гласило типичное объявление. Пользуясь экономической уязвимостью женщин, некоторые работодатели в своих объявлениях открыто выставляли требование сексуальной доступности, указывая, например, что на успех может рассчитывать соискательница «без комплексов». Сексуальные домогательства, скрыто существовавшие и в советское время, участились. Одна читательница писала в журнал «Деловая женщина» о страхе потерять работу, особенно у женщин, бывших единственными кормилицами в семье. Именно эти женщины, по ее словам, превращались в «офисных проституток». Тех, кто отказывался от подобных предложений, просто увольняли[22].

Женщины, обладавшие необходимыми физическими данными, иногда сами стремились превратить свое тело в товар с пользой для себя. Даже высокопрофессиональные женщины старались показать этот товар лицом: участвовали в конкурсах красоты в одних бикини или пытались расширить свои возможности, сделав карьеру в модельном бизнесе. Однако успех часто достигался ценой сексуальных услуг, иногда неотличимых от откровенной проституции. «Модели не для постели!» — гласили плакаты, которые несли модели в августе 1993 года. Модели заявляли своей целью регулирование минимальных ставок заработной платы и борьбу с тем, что они называли «сексуальным террором»[23]. Другие искали, по возможности с целью брака, богатого покровителя из «новых русских», для которых привлекательная, сексуально доступная женщина стала необходимым атрибутом. Женщины, по возрасту или по характеру не подходившие для этой роли, мечтали выйти замуж за иностранцев. Для обслуживания этой новой коммерческой сферы появились агентства знакомств, информационные рассылки и множащиеся в геометрической прогрессии сайты. Самолеты, битком набитые мужчинами среднего возраста, часто разведенных и ищущих невест, летели и в Москву, и в провинциальные города. И наконец, неизвестно сколько женщин попросту торговали собой — дома или за границей. Проституция стала самым привлекательным из целого ряда невеселых вариантов. В баре на юге Испании русская девушка по имени Люда очень просто объясняла, в чем состоит соблазн секс-торговли: «Один-ноль-ноль-ноль вместо один-ноль-ноль» — то есть возможность зарабатывать в месяц 1000 долларов, а не 100[24].

---

[22] См. [Bridger, Kay, Pinnick 1996: 178–179].

[23] [Там же: 171].

[24] Cohen R. The Oldest Profession Seeks New Market in West Europe // New York Times. 2000. September 19. P. 1.

Некоторые из этих женщин оказались вовлеченными в проституцию не по своей воле. Масштабы торговли женщинами из бывшего Советского Союза с продажей их в Азию, Европу, Израиль, на Ближний Восток (особенно в страны Персидского залива) и в Соединенные Штаты резко возросли после 1989 года и на рубеже XXI века приобрели общественный резонанс международного масштаба, вызвав обеспокоенность международных финансовых и гуманитарных организаций. Каждый год мужчины, связанные с преступными сетями, обещали девушкам лучшую жизнь или более высокооплачиваемую работу в чужой стране, предлагали билет на самолет и визу и соблазняли этим десятки, а то и сотни тысяч женщин, не видевших для себя будущего в депрессивных городах и селах России. Типичный такой случай произошел с Леной (имя изменено): 19-летняя девушка с Дальнего Востока России откликнулась на объявление в газете о программе работы и учебы в Китае. По прибытии спонсоры отобрали у Лены и ее спутниц паспорта и заявили им, что каждая должна заплатить по 15 000 долларов, чтобы получить свои документы обратно. Лене и ее спутницам пришлось работать «актрисами» в местных ресторанах, гостиницах и ночных клубах, терпеть избиения, лишение свободы и жизнь впроголодь. Российское консульство, в которое они обратились, практически ничем им не помогло. Даже те женщины, которые изначально пришли в проституцию добровольно, могли подвергаться такому же обращению. Запуганные, избитые, запертые в квартирах, они оказывались в долговой кабале[25].

Кризис маскулинности

Эти масштабные, по большей части негативные изменения произвели на российскую общественность эффект настоящего шока, тем более что до середины 1980-х годов почти все россия-

---

[25] TED Case Studies: Trafficking in Russian Women. URL: http://www.american.edu/TED/traffic.htm.

не были отрезаны как от плохих новостей о внутренних делах, так и от связи с внешним миром. Старые коммунистические ценности, какими бы фальшивыми они ни были, все же поддерживали порядок и устанавливали правила в обществе. К середине девяностых многие совершенно перестали в них верить. Власть рухнула, на улицах царило беззаконие и насилие — по крайней мере так изображали дело СМИ. Бóльшая часть населения стоически держалась, пытаясь как-то свести концы с концами. В каком-то смысле перемены вернули старый образ жизни: источником экономического выживания стала не работа, а семья. Для большинства женщин эти перемены означали необходимость обегать десятки магазинов, чтобы найти самые дешевые продукты, обходиться хлебом вместо мяса, при необходимости ограничивать себя в питании, чтобы накормить других, перешивать старую одежду, поддерживать сеть взаимовыручки с друзьями и соседями и применять всевозможные экономические стратегии, чтобы обеспечить семье еду на столе и крышу над головой.

Большинству мужчин перемены дались еще тяжелее. Если для женщин их семейные обязанности составляли важный компонент представления о себе, то самооценка мужчин определялась почти исключительно работой и способностью обеспечивать. Теперь же миллионы потеряли работу или оказались, как и женщины, не в состоянии содержать семью той профессией, ради которой учились несколько лет. Их образование и навыки потеряли ценность, а работа больше не могла быть источником товаров и услуг. Мужьям, привыкшим определять себя через внесемейные роли, было труднее, чем женам, принять семейные стратегии выживания. Женщины чаще, чем мужчины, обращались к религии, а мужчины чаще, чем женщины, начали серьезно пить. Высокие показатели мужской смертности были следствием злоупотребления алкоголем и стрессов, а также ухудшения системы здравоохранения и астрономических цен на лекарства.

Этот кризис часто ощущался как кризис маскулинности — как на личном уровне, так и на политическом. Из центра Советского Союза, одной из двух могущественнейших стран мира, Россия превратилась в нищую попрошайку на международном финансовом рынке и поставщицу сексуальных услуг. Поскольку национальная доблесть всегда представлялась как нечто мужское, национальное унижение переживалось как потеря мужественности. То, как вводились эти экономические изменения, сделало эту потерю еще болезненнее. Приход рыночной экономики ознаменовался торжеством маскулинности. Старая советская система, как заявляли российские психологи, не давала мужчинам должного выхода для естественного мужского поведения. Рынок же, напротив, требовал и вознаграждал такие мужские качества, как склонность к соперничеству и агрессивность. Но в этой новой среде, где ценность человека определялась ценностью того, что он в состоянии купить, большинство мужчин оказались не победителями, а побежденными. Даже если доход работающих мужчин превышал заработок работающих женщин, как обычно и бывало, на зарплату большинства мужчин теперь можно было купить гораздо меньше, чем раньше. И в отличие от женщин, чьи семейные обязанности, какими бы обременительными и изнурительными они ни были, служили все же и источником удовлетворения, мужчины исполняли только одну роль — кормильца, которая теперь в особенности стала мерилом их мужественности. Ни к чему не способные на рынке, утратившие авторитет в семье, мужчины находили один выход для своего гнева в агрессивной, часто замешанной на насилии маскулинности бульварной литературы и кино, а другой — в более скрытом домашнем насилии, которое в постсоветский период было впервые признано и, очевидно, только возрастало.

Новые возможности

Женщинам, стремившимся противостоять постсоветской реакции и растущей феминизации бедности и отстоять место для женщин в новом гражданском обществе, пришлось вступить в трудную борьбу. В начале 1990-х годов экономический кризис и распад социальной сферы породили волну новых организаций. Большинство этих групп были посвящены взаимопомощи, обучению или переподготовке на рабочем месте; они пытались заполнить пустоту, оставленную рушащимся государством. Эту тенденцию поддержал даже почтенный Комитет советских женщин. Преобразовавшись в 1991 году в Союз женщин России, он начал проводить бесплатные курсы повышения квалификации для женщин, официально зарегистрированных в качестве безработных. К началу 1994 года в Министерстве юстиции России было зарегистрировано более 300 женских объединений; бесчисленное множество других действовало неофициально. Высококвалифицированные специалисты, на чье мышление повлияли зарубежные поездки и контакты с западными феминистками, возглавили многие организации феминистской ориентации. Эти организации были очень разными: какие-то — маленькими, низовыми, какие-то охватывали всю страну, имея местные отделения и головной офис в Москве. Разделяя стремление улучшить положение женщин, они применяли самые различные подходы. Они организовывали конференции, агитировали за кандидаток, организовывали благотворительные акции для помощи женщинам и детям, создавали группы поддержки для матерей-одиночек или женщин — деятелей искусства, создавали кризисные центры для жертв изнасилований и горячие линии по вопросам домашнего насилия, издавали журналы и информационные бюллетени и многое другое. Одну из своих крупнейших побед движение одержало в 1992 году, когда Верховный Совет выставил на рассмотрение законопроект «О защите семьи, материнства, отцовства и детства», серьезно ущемлявший права женщин в общественной жизни. Если бы этот закон был принят, основным субъектом многих гражданских прав, таких как владение квартирой или земельным участком, стала бы семья, а не отдельный индивидуум. Законопроект предполагал, что женщины с детьми до 14 лет должны работать не более 35 часов в неделю. Женское движение успешно мобилизовалось, чтобы добиться отклонения этого законопроекта: лоббировало депутатов парламента, публиковало критические статьи и организовало «шквал из примерно 400 негативных отзывов в виде писем, факсов и телеграмм» [Sperling 1999: 114].

Однако таких впечатляющих побед было немного. Женщинам было нелегко добиваться включения женских проблем в политическую повестку дня. Когда квоты на женское представительство отменили, количество женщин, избираемых в руководящие органы, резко сократилось. С более чем 34 % делегатов в Верховные Советы республиканского уровня в 1970–1980-х годах доля женщин упала до 5,4 % в России и 7 % в Украине[26]. Центристская женская партия «Женщины России», хорошо показавшая себя на выборах 1993 года, всего два года спустя в значительной степени потеряла поддержку населения. Те женщины, которым удавалось избраться, часто сталкивались со снисходительным или даже враждебным отношением со стороны мужчин, и это затрудняло для них участие в дебатах. Галина Старовойтова, избранная в Госдуму в 1995 году, вспоминала случай, когда пыталась выступить депутат Бэла Денисенко. Спикер Руслан Хасбулатов отключил микрофон, у которого она стояла. Включив микрофон после того, как этого потребовали другие депутаты, Хасбулатов затем грубо спросил: «Ну, что вы хотели еще сказать?» Растерявшись, она ответила: «Но вы нанесли мне удар ниже пояса». На что Хасбулатов отреагировал: «Я не имею ничего общего с тем, что у вас ниже пояса» и снова выключил микрофон[27]. В том же 1995 году правый политик-популист Владимир Жириновский схватил за волосы депутата Евгению Тишковскую, а позже заявил, что якобы «защищался от ее сексуальных домогательств» [Sperling 1999: 138]. Несмотря на все усилия феминисток и других женщин-активисток, политика оставалась мужской игрой, хотя ее арена и расширилась.

Активистки, выступавшие за права женщин, сталкивались с бесчисленными трудностями. У них не было даже языка, на котором можно было бы выдвигать важные для женщин требования: нужные слова были уже «узурпированы» советским руководством. «Эмансипация, освобождение, равенство — все это

---

[26] [Buckley 1997: 162].

[27] Старовойтова Г. В. Каково быть женщине-политику в России сегодня. URL: https://a-z.ru/women/texts/starovoir.htm (дата обращения: 27.06.2022).

были грязные слова из сталинского прошлого, употреблявшиеся лишь с откровенной иронией». Большинство приравнивало феминизм к «борьбе с мужчинами». «Феминизм в России был ругательным словом, оскорблением» [там же: 65]. Более того, даже тем женским организациям, которые имели схожие цели, трудно было координировать свои усилия. Большинство организаций работали в условиях ограниченного бюджета. Потребность в финансовых ресурсах вела к ожесточенной конкуренции за иностранную помощь, часто приводившей к расколу. Структурируя свои проекты в соответствии с требованиями иностранных финансирующих организаций, они в каких-то случаях пренебрегали местными потребностями.

Наиболее успешные женские организации постсоветской эпохи часто имели мало общего с феминизмом. Важнейшей из них оставался Комитет солдатских матерей, значительно расширившийся после распада Советского Союза. Работая в условиях крайней нужды, он продолжал отстаивать права солдат и играл ведущую роль в акциях протеста против войны в Чечне. Эти усилия принесли комитету номинацию на Нобелевскую премию мира в 1996 году, и в том же году он получил премию «За достойную жизнь», она же «Альтернативная Нобелевка» — за «смелую и достойную подражания инициативу» в защиту человеческих прав русских и чеченцев, против милитаризма и насилия[28].

Присутствие женских групп на политической арене, новые возможности для зарубежных поездок и контактов, наряду с распространением новых моделей женского поведения, были островками надежды в экономической и культурной среде, во многих других отношениях угнетающей. Женские организации оказывали поддержку и поднимали вопросы, в советское время остававшиеся запретными. Они дали женщинам возможность не оставаться пассивными жертвами происходящих в обществе изменений, а активно формировать их. Женщины открывали приюты для женщин, подвергавшихся побоям, консультировали жертв изнасилования, обучали женщин работе с компьютером

---

[28] [Vallance 2000: 9].

и другим навыкам, чтобы помочь им выжить в условиях новой экономики. Центры гендерных и женских исследований изучали вопросы, связанные с женщинами; молодые ученые начали исследовать те сферы женского опыта, которым до сих пор не уделяли внимания. Шире распространялось сотрудничество с зарубежными учеными. Писательницы экспериментировали с новыми формами выражения. Конец монополии государства на СМИ стал и концом его монополии на женские образы. Женщины-художницы, кинорежиссеры, журналистки, телеведущие и писательницы, начавшие играть более заметную, чем прежде, роль, в изобилии представляли публике разнообразные образы женщин: «...в отличие от унифицированных "идеальных матерей и работниц" советского периода, сейчас у нас имеется множество мужских и женских типов» [Pilkington 1996: 16].

Эти новые образы, усложняющие и обогащающие представление о том, что значит быть женщиной, предлагающие альтернативы эссенциалистским представлениям о женственности, оставшимся с позднесоветской эпохи, выглядят очень обнадеживающе.

Однако эссенциалистские идеи по-прежнему сильны. Одна из ярких сторон парадокса советского наследия — ярко выраженный гендерный характер реакционного отката. Отвергнув «эмансипацию», о которой трубил сталинизм, многие постсоветские россияне приняли противопоставленную ей идеологию семейного счастья. Эти идеи, представлявшие собой смесь советских и дореволюционных гендерных дискурсов, прочно сросшихся с мечтами о национальном возрождении, обрели новую жизнь в вакууме, оставшемся после падения коммунизма.

Рекомендуемая литература

Bridger S., Kay R., Pinnick K. No More Heroines? Russia, Women and the Market. New York: Routledge, 1996.
Выдающееся исследование положения женщин в постсоветском обществе.

Gender, State and Society in Soviet and Post-Soviet Russia / ed. Ashwin S. New York: Routledge, 2000.

Perestroika and Soviet Women / ed. Buckley M. New York: Cambridge University Press, 1992.

Очерки, в которых дается обзор положения женщин в эпоху Горбачева.

Post-Soviet Women: From the Baltic to Central Asia / ed. Buckley M. New York: Cambridge University Press, 1997.

Рассматривает изменения в жизни не только русских, но и женщин других национальностей.

Present Imperfect: Stories by Russian Women / ed. Kagal A., Perova N. Boulder, Colo.: Westview Press, 1996.

Подборка историй постсоветских женщин от первого лица.

Sperling V. Organizing Women in Contemporary Russia: Engendering Transition. New York: Cambridge University Press, 1999.

Библиография

Аксаков 1991 — Аксаков С. Т. Семейная хроника. М.: Художественная литература, 1991.

Алексиевич 1988 — Алексиевич С. А. У войны не женское лицо. М.: Сов. писатель, 1988.

Андреева-Бальмонт 1997 — Андреева-Бальмонт Е. А. Воспоминания. М.: Изд-во имени Сабашниковых, 1997.

Баранская 1969 — Баранская Н. В. Неделя как неделя // Новый мир. 1969. № 11.

Барсков 1912 — Барсков Я. Л. Памятники первых лет русского старообрядчества. СПб., 1912.

Берви 1915 — Берви Е. И. Из моих воспоминаний // Голос минувшего. 1915. № 5–8.

Благово 1989 — Благово Д. Д. Рассказы бабушки. Из воспоминаний пяти поколений. Л.: Наука, 1989.

Болотов 1993 — Болотов А. Т. Жизнь и приключения Андрея Болотова, описанная им самим для своих потомков: в 3 т. М.: ТЕРРА, 1993.

Бузинов 1930 — Бузинов А. За Невской заставой. Записки рабочего. М.; Л., 1930.

Бычков 1873 — Бычков А. Ф. Письма, указы и заметки Петра I, доставленные кн. П. Д. Волконским и Н. В. Калачевым и извлеченные из Архива Правительствующего Сената // Сборник РИО. Т. XI. СПб., 1873. С. 372.

Васильева 1912 — Васильева М. Е. Записки крепостной девки. Новгород: Тип. Л. С. Селивановой, 1912.

Вербицкая 1993 — Вербицкая А. А. Ключи счастья. М.: Планета, 1993.

Волкова 1989 — Письма 1812 года М. А. Волковой к В. А. Ланской // Записки очевидца. Воспоминания. Дневники. Письма / ред. М. И. Вострышев. М.: Современник, 1987.

Волконская 193? — Волконская С. А. Горе побежденным / Vae victis (Воспоминания). Paris: Zeluk, 193?.

Волович 1989 — Волович Х. В. О прошлом // Доднесь тяготеет. Вып. 1: Записки вашей современницы / сост. С. С. Виленский. М.: Сов. писатель, 1989.

Ган 1992 — Ган Е. А. Идеал // Русская романтическая повесть писателей 20–40-х годов XIX века. М.: Пресса, 1992.

Герцен 2003 — Герцен А. И. Былое и думы. Биография и мемуары. М.: Захаров, 2003.

Гинзбург 1991 — Гинзбург Е. С. Крутой маршрут. Хроника времен культа личности. М.: Книга, 1991.

Гоголь 1986 — Гоголь Н. В. Повести. М.: Советская Россия, 1986.

Голикова 1957 — Голикова Н. Б. Политические процессы при Петре I: По материалам Преображенского приказа. М.: Изд-во Московского ун-та, 1957.

Горбачев 1987 — Горбачев М. С. Перестройка и новое мышление для нашей страны и всего мира. М.: Изд-во политической литературы, 1987.

Гордиенко 1957 — Гордиенко И. М. Из боевого прошлого. М.: Гос. изд-во политической литературы, 1957.

Горький 1927 — Горький М. Мои университеты. Л.: Госиздат, 1927.

Грот 2021 — Грот Н. П. Из семейной хроники. Воспоминания для детей и внуков. М.: ГПИБ России, 2021.

Гурьянова 1997 — Гурьянова В. В. Тверская помещица второй половины XVIII века Прасковья Ильинична Манзей // Женщины в социальной истории России: сборник научных трудов / ред. В. И. Успенская. Тверь: Тверской государственный ун-т, 1997.

Данилов и др. 1999–2006 — Трагедия советской деревни. Коллективизация и раскулачивание. 1927–1939. Документы и материалы: в 5 т. / ред. В. Данилов, Р. Маннинг, Л. Виола. М.: Российская политическая энциклопедия (РОССПЭН), 1999–2006.

Дашкова 1985 — Дашкова Е. Р. Записки 1743–1810 / подготовка текста, статья и комментарии Г. Н. Моисеевой. Л.: Наука, 1985.

Дашкова 2001 — Дашкова Е. Р. О смысле слова «воспитание». Сочинения, письма, документы. СПб.: Дмитрий Буланин, 2001.

Дмитриев 1994 — Домострой / ред. Л. А. Дмитриев. СПб.: Наука, 1994.

Добролюбов 1986 — Добролюбов Н. А. Темное царство // Н. А. Добролюбов. Избранное. М.: Искусство, 1986.

Дурова 2005 — Дурова Н. А. Записки кавалерист-девицы. М.: АСТ-Пресс Книга, 2005.

Дьяконова 1905 — Дневник Елизаветы Дьяконовой. Литературные этюды. Статьи: в 3 т. Т. 1. СПб.: И. Н. Кушнерев и Ко, 1905.

Еленевская 1968 — Еленевская И. Э. Воспоминания. Стокгольм: Изд. автора, 1968.

Жемчужная 1987 — Жемчужная З. Н. Пути изгнания: Урал, Кубань, Москва, Харбин, Тяньцзин: воспоминания. Нью-Йорк, 1987.

Жукова 1996 — Жукова Ю. Первая женская организация России (Женское патриотическое общество в Петербурге. 1812–1826 гг.) // Все люди сестры. Бюллетень. ПЦГИ. СПб. 1996. № 5. С. 38–56.

Закута 1997 — Закута О. Как в революционное время Всероссийская Лига равноправия женщин добилась избирательных прав для русских женщин // Женщины в социальной истории России. Тверь, 1997.

Захарова, Посадская, Римашевская 1989 — Захарова Н., Посадская А., Римашевская Н. Как мы решаем «женский вопрос» // Коммунист. 1989. № 4. С. 56–63.

Кабузан 1990 — Кабузан В. М. Народы России в XVIII веке. Численность и этнический состав. М.: Наука, 1990.

Казина 1875 — Казина А. Н. Женская жизнь // Отечественные записки. 1875. № 3.

Канатчиков 1929 — Канатчиков С. И. Из истории моего бытия. М.: Земля и фабрика, 1929.

Карамзин 1964 — Карамзин Н. М. Письмо к издателю // Н. М. Карамзин. Избранные сочинения в двух томах. М.; Л.: Художественная литература, 1964. Т. 2. С. 173–176.

Карамзин 1984 — Карамзин Н. М. Избранное. Повести, стихотворения, главы из «Истории государства Российского». М.: Правда, 1984.

Кашеварова-Руднева 1886 — Кашеварова-Руднева В. А. Пионерка // Новости. 1886. 15 и 22 сент.

Керн 1974 — Керн А. П. Воспоминания. Дневники. Переписка. М.: Художественная литература, 1974.

Ковалева 1936 — Ковалева И. Самодержавие и избирательные права женщин // Красный архив. 1936. № 6. С. 26–33.

Коллонтай 1919 — Коллонтай А. Новая женщина // Коллонтай А. Новая мораль и рабочий класс. М.: Изд-во ВЦИК, 1919.

Коллонтай 1972 — Коллонтай А. М. Избранные статьи и речи. М.: Изд-во политической литературы, 1972.

Королева 1982 — Дочери земли Владимирской / сост и авт. предисл. Н. А. Королева. Ярославль: Верхневолжское книжное изд-во, 1982.

Корсини 1846 — Корсини М. А. Мысли и повести, посвященные юношеству. СПб., 1846.

Кочина 1981 — Кочина Е. И. Блокадный дневник // Память. Исторический сборник. Вып. 4. М., 1979; Париж: YMCA-Press, 1981.

Кусова 1996 — Кусова И. Г. Рязанское купечество: очерки истории XVI — начала XX века. Рязань: Марта, 1996.

Лабзина 2010 — Лабзина А. Е. Воспоминания Анны Евдокимовны Лабзиной (1758–1828). М.: Государственная публичная историческая библиотека России, 2010.

Ленин 1958 — Ленин В. И. Великий почин // В. И. Ленин. Полное собрание сочинений: в 55 т. Т. 39. М.: Изд-во политической литературы, 1958.

Лотман 2021 — Лотман Ю. М. Беседы о русской культуре. Быт и традиции русского дворянства (XVIII — начало XIX века). М.: Азбука, 2021.

Любатович 1906 — Любатович О. С. Далекое и недавнее. Воспоминания // Былое. 1906. № 6.

Миненко 1979 — Миненко Н. А. Русская крестьянская семья в Западной Сибири (XVIII — первая половина XIX в.). Новосибирск: Наука, 1979.

Миненко 1994 — Миненко Н. А. «Всепрелюбезная наша сожительница...» // Родина. 1994. № 7. С. 104–110.

Миронов 1990 — Миронов Б. Н. Русский город в 1740–1860-е годы. Л.: Наука, 1990.

Никитенко 2005 — Никитенко А. В. Записки и дневник: в 3 т. М.: Захаров, 2005.

Оленина 1994 — Оленина А. А. Дневник Annette. М.: Фонд им. И. Д. Сытина, 1994.

Орлова 1993 — Орлова Р. Д. Воспоминания о непрошедшем времени. М.: Слово/Slovo, 1993.

Павлюченко 1976 — Павлюченко Э. А. В добровольном изгнании. М.: Наука, 1976.

Перовский 1927 — Перовский В. Л. Воспоминания о сестре. М.: Гос. изд-во, 1927.

Пирогов 1950 — Пирогов Н. И. Севастопольские письма и воспоминания. М.: Изд-во Академии наук СССР, 1950.

Пирогов 2008 — Пирогов Н. И. Вопросы жизни. Дневник старого врача. Иваново, 2008.

Писарев 1909 — Писарев С. Н. Учреждение по принятию и направлению прошений и жалоб, приносимых на Высочайшее имя, 1810–1910 гг. Исторический очерк. СПб.: Т-во Р. Голике и А. Вильборг, 1909.

Подольская 1988 — Русские мемуары. Избранные страницы. XVIII век / ред. И. И. Подольская. М.: Правда, 1988.

Полилов-Северцев 1907 — Полилов-Северцев Г. Т. Наши деды-купцы. СПб.: Изд. А. Ф. Девриена, 1907.

Поляков 1993 — Поляков Л. Женская эмансипация и теология пола в России XIX века // Феминизм: Восток. Запад. Россия. М.: Наука, 1993.

Потоцкий 2000 — Потоцкий А. Воспоминания о прошлом: Екатерина Фурцева // Взгляд. 2000. № 385. С. 24–25.

Пушкарева 1997 — Пушкарева Н. Л. Частная жизнь русской женщины: невеста, жена, любовница (X — начало XIX в.). М.: Ладомир, 1997.

Радищев 1990 — Радищев А. Н. Путешествие из Петербурга в Москву. М.: Книга, 1990.

Распутин 2015 — Распутин В. Г. У нас остается Россия: Очерки, эссе, статьи, выступления, беседы. М.: Институт русской цивилизации, 2015.

Революционное движение 1957 — Революционное движение в России после свержения самодержавия. Документы и материалы. М.: Изд-во Академии наук СССР, 1957.

Рогалина, Телицын 1997 — «Ну, полно мне загадывать о ходе истории». Из дневника матери-хозяйки в годы революции в России / сост. И. М. Рогалина, В. Л. Телицын //. Отечественная история. 1997. № 3.

Санкт-Петербургские высшие женские курсы 1912 — Санкт-Петербургские высшие женские курсы. Слушательницы курсов. По данным переписи (анкеты), выполненной статистическим семинаром в ноябре 1909 года. СПб., 1912.

Сланская 1904 — Сланская Е. В. День думского женщины-врача в С.-Петербурге: Рассказ женщины-врача Е. Сланской. СПб.: Амер. скоропеч., 1904.

Словачевская, Удаленкова-Крицына 1921 — Словачевская Т., Удаленкова-Крицына. Повесть работницы и крестьянки. Вологда: Вологодское отделение гос. изд-ва, 1921.

Словцова-Камская 1881 — Словцова-Камская Е. А. Женщина в семье и обществе // Исторический вестник. Т. 5. 1881.

Сперанский 1857 — Свод законов российской империи / сост. М. М. Сперанский и др. Т. 10. СПб., 1857.

Стогов 1903 — Записки Э. И. Стогова. Русская старина. Т. 113. СПб., 1903.

Суров 1951 — Суров А. А. Рассвет над Москвой. М.: Искусство, 1951.

Тишкин 1984 — Тишкин Г. А. «Женский вопрос» в России в 50–60-е годы XIX в. Л.: Изд-во ЛГУ, 1984.

Толченов 1974 — Журнал, или Записка жизни и приключений Ивана Алексеевича Толченова. М.: Ин-т истории СССР, 1974.

Ульянова 1999 — Ульянова Г. Н. Благотворительность московских предпринимателей, 1860–1914. М.: Мосгорархив, 1999.

Устрялов 1858 — Устрялов Н. Г. История царствования Петра Великого. Т. 2. Приложения. СПб., 1858.

Фигнер 1929 — Фигнер В. Н. Полное собрание сочинений в 6 т. Т. 6. М.: Изд-во Всесоюзного общества политкаторжан, 1929.

Фигнер 1933 — Фигнер В. Н. Запечатленный труд. Избранные произведения в 3 т. Т. 1. М.: Изд-во Всесоюзного общества политкаторжан и ссыльнопоселенцев, 1933.

Фицпатрик 2008 — Фицпатрик Ш. Повседневный сталинизм. Социальная история Советской России в 20–30-е годы. М.: Российская политическая энциклопедия, 2008.

Хвощинская 1963 — Хвощинская Н. Д. Пансионерка // Хвощинская Н. Д. Повести и рассказы. М.: Художественная литература, 1963.

Хоффман 2018 — Хоффман Д. Взращивание масс. Модерное государство и советский социализм, 1914–1939. М.: Новое литературное обозрение, 2018.

Чаадаева 1932 — Чаадаева О. Н. Работница на социалистической стройке. М.: Партийное изд-во, 1932.

Чернышевский 1985 — Чернышевский Н. Г. Что делать? Из рассказов о новых людях. М.: Художественная литература, 1985.

Шапир 1988 — Шапир О. А. Авдотьины дочки // Только час. Проза русских писательниц конца XIX — начала XX века. М.: Современник, 1988.

Щепкина 1896 — Щепкина Е. Н. Памяти двух женщин-врачей // Образование. 1896. № 5, 6.

Штрайх 1935 — Штрайх С. С. Ковалевская. М.: Журнально-газетное объединение, 1935.

Щербатов 2011 — Щербатов М. М. М.: Нобель Пресс, 2011.

Эльцина-Зак 1924 — Эльцина-Зак М. Из встреч с первомартовцами // Каторга и ссылка. 1924. № 12.

Юности честное зерцало 1976 — Юности честное зерцало. Факсимильное издание. М.: Художественная литература, 1976.

Яковлева 1915 — Яковлева А. К. Призыв к женщинам // Женщина и война. 1915. № 1. С. 1.

Якушева 1993 — Якушева Н. 1914 год. Провинция // Московский журнал. 1993. № 5.

Яновская 1959 — Яновская М. И. Сеченов. М.: Молодая гвардия, 1959.

Янькова 2014 — Янькова Е. П. Рассказы бабушки. М.: RUGRAM, 2014.

Akiner 1997 — Akiner S. Between Tradition and Modernity: The Dilemma Facing Contemporary Central Asian Women // Post-Soviet Women:

From the Baltic to Central Asia / ed. Buckley M. New York: Cambridge University Press, 1997.

Alexeyeva, Goldberg 1990 — Alexeyeva L., Goldberg P. The Thaw Generation: Coming of Age in the Post-Stalin Era. Boston: Little, Brown, 1990.

Allott 1985 — Allott S. Soviet Rural Women: Employment and Family Life // Soviet Sisterhood: British Feminists on Women in the USSR / ed. Holland B. Bloomington, Ind.: Indiana University Press, 1985.

Altstadt 1992 — Altstadt A. L. The Azerbaijani Turks: Power and Identity Under Russian Rule. Stanford: Hoover Institute Press, Calif., 1992.

Ashwin 2000 — Gender, State and Society in Soviet and Post-Soviet Russia / ed. Ashwin S. New York: Routledge, 2000.

Ashwin, Bowers 1997 — Ashwin S., Bowers E. Do Russian Women Want to Work? // Post-Soviet Women: From the Baltic to Central Asia / ed. Buckley M. New York: Cambridge University Press, 1997.

Attwood 1985 — Attwood L. The New Soviet Man and Woman — Soviet Views on Psychological Sex Differences // Soviet Sisterhood: British Feminists on Women in the USSR / ed. Holland B. Bloomington, Ind.: Indiana University Press, 1985.

Attwood 1996 — Attwood L. The Post-Soviet Woman in the Move to the Market: A Return to Domesticity and Dependence? // Women in Russia and Ukraine / ed. Marsh R. New York: Cambridge University Press, 1996.

Attwood 1999 — Attwood L. Creating the New Soviet Woman: Women's Magazines as Engineers of Female Identity, 1922–1953. New York: St. Martin's Press, Inc., 1999.

Bernstein 1996 — Bernstein F. Envisioning Health in Revolutionary Russia, 1921–28 // Russian Review. 1996. Vol. 55. N 3. P. 191–217.

Bernstein 2000 — Bernstein F. Prostitutes and Proletarians: The Soviet Labor Clinic as Revolutionary Laboratory // The Human Tradition in Modern Russia / ed. Husband W. Wilmington, Del.: Scholarly Resources, 2000.

Bernstein 1995 — Bernstein L. Sonia's Daughters: Prostitutes and Their Regulation in Imperial Russia. Berkeley, Calif.: University of California Press, 1995.

Bernstein 1996b — Bernstein L. Women on the Verge of a New Language: Russian Salon Hostesses in the First Half of the Nineteenth Century // Russia. Women. Culture / ed. Goscilo H., Holmgren B. Bloomington, Ind.: Indiana University Press, 1996.

Bisha 2002 — Bisha R. Marriage, Church and Community in Eighteenth-Century St. Petersburg // Women and Gender in Eighteenth Century Russia / ed. Rosslyn W. Aldershot, England: Ashgate Publishing, 2002. P. 227–243.

Bisha and oth. 2002 — Russian Women 1698–1917: Experience and Expression — An Anthology of Sources / ed. Bisha R., Gheith J. M., Holden C., Wagner W. Bloomington, Ind.: Indiana University Press, 2002.

Black 1978 — Black J. L. Educating Women in Eighteenth Century Russia: Myths and Realities // Canadian Slavonic Papers. 1978. Vol. 20. N 1. P. 22–43.

Blobaum 2002 — Blobaum R. The Woman Question in Poland, 1900–1914 // Journal of Social History. 2002. Vol. 35. N 4. P. 799–824.

Bohac 1991 — Bohac R. Widows and the Russian Serf Community // Russia's Women: Accommodation, Resistance, Transformation / ed. Clements B. E., Engel B. A., Worobec C. Berkeley, Calif.: University of California Press, 1991. P. 95–112.

Bohachevsky-Chomiak 1998 — Bohachevsky-Chomiak M. Feminists Despite Themselves: Women in Ukrainian Community Life, 1884–1939. Edmonton, Alberta, Canada: Canadian Institute of Ukrainian Studies, 1998.

Bonnell 1991 — Bonnell V. The Representation of Women in Early Soviet Political Art // Russian Review. 1991. Vol. 50. N 3. P. 267–288.

Bonnell 1993 — Bonnell V. The Peasant Woman in Stalinist Political Art of the 1930s // American Historical Review. 1993. Vol. 98. N 1. P. 55–82.

Bonnell 1997 — Bonnell V. Iconography of Power: Soviet Political Posters Under Lenin and Stalin. Berkeley, Calif.: University of California Press, 1997.

Boym 1994 — Boym S. Common Places: Mythologies of Everyday Life in Russia. Cambridge, Mass.: Harvard University Press, 1994.

Bridger 1987 — Bridger S. Women in the Soviet Countryside: Women's Roles in Rural Development in the Soviet Union. New York: Cambridge University Press, 1987.

Bridger, Kay, Pinnick 1996 — Bridger S., Kay R., Pinnick K. No More Heroines? Russia, Women and the Market. New York: Routledge, 1996.

Brooks 1985 — Brooks J. When Russia Learned to Read: Literacy and Popular Literature, 1861–1917. Princeton, N.J.: Princeton University Press, 1985.

Brooks 1995 — Brooks J. Pravda Goes to War // Culture and Entertainment in Wartime Russia / ed. Stites R. Bloomington, Ind.: Indiana University Press, 1995.

Browning 1985 — Browning G. Soviet Politics — Where Are the Women? // Soviet Sisterhood: British Feminists on Women in the USSR / ed. Holland B. Bloomington, Ind.: Indiana University Press, 1985.

Bucher 2000a — Bucher G. Free and Worth Every Kopeck: Soviet Medicine and Women in Postwar Russia // The Human Tradition in Modern Russia / ed. Husband W. Wilmington, Del.: Scholarly Resources, 2000.

Bucher 20006 — Bucher G. Struggling to Survive: Soviet Women in the Post War Years // Journal of Women's History. 2000. Vol. 12. N 1. P. 137–159.

Buckley 1989 — Buckley M. Women and Ideology in the Soviet Union. Ann Arbor, Mich.: University of Michigan Press, 1989.

Buckley 1992 — Perestroika and Soviet Women / ed. Buckley M. New York: Cambridge University Press, 1992.

Buckley 1997 — Post-Soviet Women: From the Baltic to Central Asia / ed. Buckley M. New York: Cambridge University Press, 1997.

Bushnell 1993 — Bushnell J. Did Serfowners Control Serf Marriage? // Slavic Review. 1993. Vol. 52. N 3. P. 424–426.

Carleton 1997 — Carleton G. Writing-Reading the Sexual Revolution in the Early Soviet Union // Journal of the History of Sexuality. 1997. Vol. 8. N 2.

Cavendar 1997 — Cavendar M. W. Nests of the Gentry: Family, Estate and Local Loyalties in Provincial Tver, 1820–1860. Ph.D. diss. University of Michigan, 1997.

Clements 1979 — Clements B. E. Bolshevik Feminist: The Life of Alexandra Kollontai. Bloomington, Ind.: Indiana University Press, 1979.

Clements 1997 — Clements B. E. Bolshevik Women. New York: Cambridge University Press, 1997.

Clyman, Vowles 1996 — Clyman T. W., Vowles J. Russia Through Women's Eyes: Autobiographies from Tsarist Russia. New Haven, Conn.: Yale University Press, 1996.

Conze, Fieseler 2000 — Conze S., Fieseler B. Soviet Women as Comrades in Arms // The People's War: Responses to World War II in the Soviet Union / ed. Thurston R., Bonwetsch B. Urbana, Ill.: University of Illinois Press, 2000.

Cottam 1982 — Cottam K. J. Soviet Women in World War II: The Rear Services, Resistance Behind Enemy Lines and Military Political Workers // International Journal of Women's Studies. 1982. Vol. 5. N 4.

Crews 1999 — Crews R. Allied in God's Command: Muslim Communities and the State in Imperial Russia. Ph.D. diss. Princeton University, 1999.

Curtiss 1966 — Curtiss J. S. Russian Sisters of Mercy in the Crimea, 1854–1855 // Slavic Review. 1966. Vol. 25. N 1. P. 84–100.

Czap 1982 — Czap P. The Perennial Multiple Family Household, Mishino, Russia, 1782–1858 // Journal of Family History. 1982. Vol. 7. N 1. P. 5–26.

Dodge, Feshbach 1992 — Dodge N. D., Feshbach M. The Role of Women in Soviet Agriculture // Russian Peasant Women / ed. Farnsworth B., Viola L. New York: Oxford University Press, 1992.

Donald 1982 — Donald M. Bolshevik Activity Amongst the Working Women of Petrograd in 1917 // International Review of Social History. 1982. 27. Pt. 2.

Dunham 1990 — Dunham V. S. In Stalin's Time: Middleclass Values in Soviet Fiction. Durham: Duke University Press, 1990.

Edgar 2003 — Edgar A. Emancipation of the Unveiled: Turkmen Women under Soviet Rule, 1924–1929 // Russian Review. 2003. Vol. 62. N 1. P. 132–149.

Edmondson 1984 — Edmondson L. H. Feminism in Russia, 1900–1917. Stanford, Calif.: Stanford University Press, 1984.

Eklof 1986 — Eklof B. Russian Peasant Schools: Officialdom, Village Culture, and Popular Pedagogy, 1861–1914. Berkeley, Calif.: University of California Press, 1986.

Elwood 1992 — Elwood R. C. Inessa Armand: Revolutionary and Feminist. New York: Cambridge University Press, 1992.

Engel 1994a — Engel B. A. Between the Fields and the City: Women, Work and Family in Russia, 1861–1914. New York: Cambridge University Press, 1994.

Engel 19946 — Engel B. A. Men, Women and the languages of Russian Peasant Resistance // Cultures in Flux: Lower Class Values, Practices and Resistance in Late Imperial Russia / ed. Prank S., and Steinberg M. Princeton, N.J.: Princeton University Press, 1994. P. 41–45.

Engel 1997 — Engel B. A. Not by Bread Alone: Subsistence Riots in Russia During World War I // Journal of Modern History 69. December 1997.

Engel 2000 — Engel B. A. Mothers and Daughters: Women of the Intelligentsia in Nineteenth Century Russia. Evanston, Ill.: Northwestern University Press, 2000.

Engel, Rosenthal 1992 — Five Sisters: Women Against the Tsar / ed. Engel B. A., Rosenthal C. New York: Routledge, 1992.

Engel, Posadskaya-Vanderbeck 1998 — A Revolution of Their Own: Voices of Women in Soviet History / ed. Engel B. A., Posadskaya-Vanderbeck A. Boulder, Lolo.: Westview Press, 1998.

Engelstein 1992 — Engelstein L. The Keys to Happiness: Sex and the Search for Modernity in Fin-de-Siecle Russia. Ithaca, N.Y.: Cornell University Press, 1992.

Erickson 1993 — Erickson J. Soviet Women at War // World War 2 and the Soviet People: Selected Papers from the Fourth World Congress for Soviet and East European Studies, Harrogate 1990 / ed. Garrard J., Garrard C. New York: St. Martin's Press, 1993. P. 50–76.

Farmborough 1975 — Farmborough F. With the Armies of the Tsar. New York: Stein and Day, 1975.

Farnsworth 1986 — Farnsworth B. The Litigious Daughter-in-Law: Family Relations in Rural Russia in the Second Half of the Nineteenth Century // Slavic Review. 1986. Vol. 45. N 1.

Farnsworth 2002 — Farnsworth B. The Rural Batrachka (Hired Agricultural Laborer) and the Soviet Campaign to Unionize Her // Journal of Women's History. 2002. Vol. 14. N 1. P. 64–91.

Farrell 1991 — Farrell D. E. Medieval Popular Humor in Russian Eighteenth Century Lubki // Slavic Review. 1991. Vol. 50. N 3.

Field 1998 — Field D. "Irreconcilable Differences": Divorce and Conceptions of Private Lite in the Khrushchev Era // Russian Review. 1998. Vol. 57. N 4.

Figes, Kolonitskii 1999 — Figes O., Kolonitskii B. Interpreting the Russian Revolution: The Language and Symbols of 1917. New Haven, Conn.: Yale University Press, 1999.

Filtzer 1992 — Filtzer D. Soviet Workers and De-Stalinization: The Consolidation of the Modern System of Soviet Production Relations, 1953–1964. New York: Cambridge University Press, 1992.

Fitzpatrick 1992 — Fitzpatrick S. The Cultural Front: Power and Culture in Revolutionary Russia Ithaca, N.Y.: Cornell University Press, 1992.

Fitzpatrick, Slezkine 2000 — In the Shadow of Revolution: Life Stories of Russian Women from 1917 to the Second World War / ed. Fitzpatrick S., Slezkine Y. Princeton, N.J.: Princeton University Press, 2000.

Frank 1990 — Frank S. P. 'Ask the Doctor!': Peasants and Medical-Sexual Advice in Riazan Province, 1925–1928 // The Human Tradition in Modern Russia / ed. W. B. Husband. The Human Tradition around the World. Vol. 1. Wilmington, Del.: Scholarly Resources, 2000.

Freeze 1990 — Freeze G. Bringing Order to the Russian family: Marriage and Divorce in Imperial Russia, 1760–1860 // The Journal of Modern History. 1990. Vol. 62. N 4.

Freeze 1994 — Freeze C. Jewish Marriage and Divorce in Imperial Russia. Hanover, N. H.: University Press of New England, 2002.

Freeze 1997 — Freeze C. The Litigious Gerusha: Jewish Women and Divorce in Imperial Russia // Nationalities Papers. 1997. Vol. 25. N 1. P. 89–102.

Frieden 1978 — Frieden N. M. Child Care: Medical Reform in a Traditionalist Culture // The Family in Imperial Russia: New Lines of Historical Research / ed. Ransel D. Urbana, Ill.: University of Illinois Press, 1978. P. 236–259.

Garros, Korenevskaia, Lahusen 1995 — Intimacy and Terror: Soviet Diaries of the 1930s / ed. Garros V., Korenevskaia N., Lahusen T. New York: The New Press, 1995.

Gattrell 1999 — Gattrell P. A Whole Empire Walking: Refugees in Russia During World War I. Bloomington, Ind.: Indiana University Press, 1999.

Geldern, Stites 1995 — Culture in Soviet Russia: Tales, Poems, Songs, Movies, Plays and Folklore, 1917–1953 / ed. Geldern J., Stites R. Bloomington, Ind.: Indiana University Press, 1995.

Gheith 1995 — Gheith J. Introduction // The Memoirs of Princess Dashkova: Russia in the Time of Catherine the Great. Durham, N.C.: Duke University Press, 1995.

Glagoleva 2000 — Glagoleva O. E. Dream and Reality of Russian Provincial Young Ladies, 1700–1850 // The Carl Beck Papers in Russian & East European Studies. N 1405. University of Pittsburgh, 2000.

Glagoleva 2002 — Glagoleva O. E. Imaginary World: Reading in the Lives of Russian Provincial Noblewomen (1750–1825) // Women and Gender in Eighteenth Century Russia / ed. Rosslyn W. Aldershot, England: Ashgate Publishing, 2002.

Glickman 1984 — Glickman R. Russian Factory Women: Workplace and Society, 1880–1914. Berkeley, Calif.: University of California Press, 1984.

Glickman 1991 — Glickman R. The Peasant Woman as Healer // Russia's Women: Accommodation, Resistance, Transformation / ed. Clements B. E., Engel B. A., Worobec C. Berkeley, Calif.: University of California Press, 1991. P. 156–157.

Goldman 1993 — Goldman W. Women, the State and Revolution: Soviet Family Policy and Social Life, 1917–1936. New York: Cambridge University Press, 1993.

Goldman 1996 — Goldman W. Industrial Politics, Peasant Rebellion and the Death of the Proletarian Women's Movement // Slavic Review. 1996. Vol. 55. N 1.

Goldman 2002 — Goldman W. Women at the Gates: Gender and Industry in Stalin's Russia. New York: Cambridge University Press, 2002.

Gorsuch 1996 — Gorsuch A. "A Woman Is Not a Man": The Culture of Gender and Generation in Soviet Russia, 1921–1928 // Slavic Review. 1996. Vol. 55. N 3. P. 636–660.

Gorsuch 2000 — Gorsuch A. Moscow Chic: Silk Stockings and Soviet Youth // The Human Tradition in Modern Russia / ed. Husband W. Wilmington, Del.: Scholarly Resources, 2000.

Greene 1998 — Greene D. Mid-Nineteenth Century Domestic Ideology in Russia // Women and Russian Culture / ed. Marsh R. New York: Berghahn Books, 1998.

Hartley 1999 — Hartley J. A Social History of the Russian Empire. London: Addison Wesley Longman, 1999. P. 204–205.

Hammarburg 1991 — Hammarburg G. From the idyll to the novel: Karamzin's sentimentalist prose. Cambridge, Eng.: Cambridge University Press, 1991.

Hansson, Liden 1983 — Moscow Women / ed. Hansson C., Liden K. New York: Pantheon, 1983.

Hendriksson 1996 — Hendriksson A. Minority Nationalism and the Politics of Gender: Baltic German Women in the Late Imperial Era // Journal of Baltic Studies. 1996. Vol. 27. N 3. P. 213–228.

Heyder, Rosenholm 2002 — Heyder C., Rosenholm A. Feminisation as Functionalization: The Presentation of Femininity by the Sentimentalist Man // Women and Gender in Eighteenth Century Russia / ed. Rosslyn W. Aldershot, England: Ashgate Publishing, 2002.

Hixson 1997 — Hixson W. L. Parting the Iron Curtain: Propaganda, Culture and the Cold War. New York: St. Martin's Press, 1997.

Hodgson 1993 — Hodgson K. The Other Veterans: Soviet Women's Poetry of World War 2 // World War 2 and the Soviet People / ed. Garrard J., Garrard C. London: Palgrave Macmillan, 1993.

Hoffman 2000 — Hoffman D. Mothers in the Motherland: Pronatalism in its Pan-European Context // Journal of Social History. 2000. Vol. 34. N 1. P. 35–53.

Holland 1985 — Soviet Sisterhood: British Feminists on Women in the USSR / ed. Holland B. Bloomington, Ind.: Indiana University Press, 1985.

Holmgren 1995 — Holmgren B. Why Russian Girls Loved Charskaia // Russian Review. 1995. Vol. 54. N 1.

Holmgren 1996 — Holmgren B. Gendering the Icon: Marketing Women Writers in Fin-de-Siecle Russia // Russia. Women. Culture / ed. Goscilo H. and Holmgren B. Bloomington, Ind.: Indiana University Press, 1996. P. 321–346.

Holt 1977 — Selected Writings of Alexandra Kollontai / ed. Holt A. New York: W. W. Norton, 1977.

Holt 1980 — Holt A. Domestic Labor and Soviet Society // Home, School and Leisure in the Soviet Union / ed. Brine J., Perrie M., Sutton A. Boston: Allen & Unwin, 1980.

Holt 1985 — Holt A. The First Soviet Feminists // Soviet Sisterhood: British Feminists on Women in the USSR / ed. Holland B. Bloomington, Ind.: Indiana University Press, 1985.

Hughes 1990 — Hughes L. Sophia, Regent of Russia 1657–1704. New Haven, Conn.: Yale University Press, 1990.

Hughes 1996 — Hughes L. Peter the Great's Two Weddings: Changing Images of Women in a Transitional Age // Women in Russia and the Ukraine / ed. Marsh R. New York: Cambridge University Press, 1996. P. 31–44.

Hughes 1998 — Hughes L. Russia in the Age of Peter the Great. New Haven, Conn.: Yale University Press, 1998.

Ilic 2001 — Ilic M. Women in the Stalin Era / ed. Ilic M. New York: Palgrave, 2001.

Joffe, Lindenmeyr 1998 — Joffe M., Lindenmeyr A. Daughters, Wives and Partners // Merchant Moscow: Images of Russia's Vanished Bourgeoisie / ed. West J. L., Petrov I. Princeton, N.J.: Princeton University Press, 1998.

Johanson 1987 — Johanson C. Women's Struggle for Higher Education in Russia. 1855–1900. Montreal: McGill University Press, 1987.

Juviler 1967 — Juviler P. H. Family Reforms on the Road to Communism // Soviet Policy-Making: Studies of Communism in Transition / ed. Juviler P. H., Morton W. New York: Praeger, 1967.

Kagal, Perova 1996 — Present Imperfect: Stories by Russian Women / ed. Kagal A., Perova N. Boulder, Colo.: Westview Press, 1996.

Kefeli 2001 — Kefeli A. The Role of Tatar and Kriashen Women in the Transmission of Islamic Knowledge, 1800–1870 // Of Religion and Empire: Missions, Conversion and Tolerance in Tsarist Russia / ed. Geraci R. P., Khodarkovsky M. Ithaca, N.Y.: Cornell University Press, 2001.

Keller 1998 — Keller S. Trapped Between State and Society: Women's Liberation and Islam in Soviet Uzbekistan // Journal of Women's History. 1998. Vol. 10. N 1.

Kelly 1996 — Kelly K. Teacups and Coffins: the Culture of Merchant Women, 1850–1917 // Women in Russia and Ukraine / ed. Marsh R. New York: Cambridge University Press, 1996.

Kelly 2001 — Kelly C. Refining Russia: Advice Literature, Polite Culture and Gender from Catherine to Yeltsin. New York: Oxford University Press, 2001.

Kiblitskaya 2000 — Kiblitskaya M. 'Once We Were Kings': Work and Men's Loss of Status // Gender, State and Society in Soviet and Post-Soviet Russia / ed. Ashwin S. New York: Routledge, 2000.

Kirschenbaum 2000 — Kirschenbaum L. "Our City, Our Hearths, Our Families": Local Loyalties and Private Life in Soviet World War II Propaganda // Slavic Review. 2000. Vol. 59. N 4. P. 825–847.

Koblitz 1983 — Koblitz A. H. A Convergence of Lives. Sofia Kovalevskaia: Scientist, Writer, Revolutionary. Boston: Birkhauser, 1983.

Koenker 1995 — Koenker D. Men Against Women on the Shop Floor in Early Soviet Russia // American Historical Review. 1995. Vol. 100. N 5.

Kollman 1983 — Kollman N. S. The Seclusion of Elite Muscovite Women // Russian History. 1983. N 10. Pt. 2.

Kollman 1991 — Kollman N. S. Women's Honor in Early Modern Russia. Russia's Women: Accommodation, Resistance, Transformation / ed. Clements B. E., Engel B. A., Worobec C. Berkeley, Calif.: University of California Press, 1991. P. 60–73.

Kollman 1994 — Kollman N. S. Muscovite Patrimonialism // Major Problems in the History of Imperial Russia / ed. J. Cracraft. Lexington, Mass.: D.C. Heath, 1994.

Kollman 2002 — Kollman N. S. What's Love Got to Do with It? Changing Models of Masculinity in Muscovite and Petrine Russia // Russian Masculinities in History and Culture / ed. Clements B. E., Friedman R., Healey D. New York: Palgrave, 2002. P. 15–32.

Krylova 2001 — Krylova A. "Healers of Wounded Souls": The Crisis of Private Life in Soviet Literature, 1944–1946 // Journal of Modern History. 2001. Vol. 73. N 2. P. 307–331.

Lang 1979 — Lang D. M. The First Russian Radical. Alexander Radishchev, 1749–1802. Westport, Conn.: Greenwood Press, 1979.

Lapidus 1978 — Lapidus G. W. Women in Soviet Society: Equality, Development and Social Change. Berkeley, Calif.: University of California Press, 1978.

Lapidus 1982 — Women, Work and Family in the Soviet Union / ed. Lapidus W. G. Armonk, N.Y.: M. E. Sharpe, 1982.

Layton 1994 — Layton S. Russian Literature and Empire. New York: Cambridge University Press, 1994.

Leder 2001 — Leder M. My Life in Stalinist Russia. An American Woman Looks Back. Bloomington, Ind.: Indiana University Press, 2001.

LeDonne 1991 — LeDonne J. Absolutism and Ruling Class: The Formation of the Russian Political Order, 1700–1825. New York: Oxford University Press, 1991.

Liljestrom 1993 — Liljestrom M. The Soviet Gender System: The Ideological Construction of Femininity and Masculinity in the 1970s // Gender Restructuring in Soviet Studies. Conference Papers — Helsinki, August 1992 / ed. Liljestrom M., Mantysaari E., Rosenholm A. Tampere, Finland: University of Tampere Press, 1993.

Lindenmeyr 1993 — Lindenmeyr A. Public Life, Private Virtues: Women in Russian Charity, 1762–1914 // Signs. 1993. Vol. 18. N 3. P. 562–591.

Lindenmeyr 1993a — Lindenmeyr A. Maternalism and Child Welfare in Late Imperial Russia // Journal of Women's History. 1993. N 5. P. 114–126. Shouldn't this and the above be a and 6, for consistency with previous references?

Lindenmeyr 2001 — Lindenmeyr A. Anna Volkova: From Merchant Wife to Feminist Journalist // An Improper Profession: Women, Gender and Journalism in Laie Imperial Russia / ed. Norton B. T., Gheith J. Durham, N.G.: Duke University Press, 2001.

Mally 1990 — Mally L. Culture of Future: The Proletkult Movement in Revolutionary Russia. Berkeley, Calif.: University of California Press, 1990.

Maltseva 1984 — Maltseva N. The Other Side of the Coin // Women and Russia: Feminist Writings from the Soviet Union / ed. Mamonova T. Boston: Beacon Press, 1984.

Mamonova 1984 — Women and Russia: Feminist Writings from the Soviet Union / ed. Mamonova T. Boston. Beacon Press, 1984.

Manning 1992 — Manning R. T. Women in the Soviet Countryside on the Eve of World War II // Russian Peasant Women / ed. Farnsworth B., Viola L. New York: Oxford University Press, 1992. P. 206–235.

Manning 2001 — Manning R. T. The Rise and Fall of 'the Extraordinary Measures,' January-June 1928: Toward a Reexamination of the Onset of the Stalin Revolution // The Carl Beck Papers in Russian and East European Studies. 2001. N 1504.

Marakowitz 1996 — Marakowitz E. Gender and National Identity in Finland // Women's Studies International Forum. 1996. Vol. 19. N 1. P. 55–63.

Marker 2000 — Marker G. The Enlightenment of Anna Labzina: Gender, Faith, and Public Life in Catherinian and Alexandrian Russia // Slavic Review. 2000. Vol. 59. N 2.

Marks 2001 — Marks C. Providing Amusement for the Ladies': The Rise of the Russian Women's Magazine in the 1880s // An Improper Profession: Women, Gender and Journalism in Laie Imperial Russia / ed. Norton B. T., Gheith J. Durham, N.G.: Duke University Press, 2001.

Marrese 2002 — Marrese M. L. A Woman's Kingdom: Noblewomen and the Control of Property in Russia, 1700–1861. Ithaca, N.Y.: Cornell University Press, 2002.

Martin 1998 — Martin A. M. The Family Model of Society and Russian National Identity in Sergei N. Glinka's Russian Messenger (1808–1812) // Slavic Review 1998. Vol. 57. N 1.

Massell 1974 — Massell G. The Surrogate Proletariat: Moslem Women and Revolutionary Strategies in Soviet Central Asia, 1919–1929. Princeton, N.J.: Princeton University Press, 1974.

McAuley 1989 — McAuley M. Bread Without the Bourgeoisie // Party, Stale and Society in the Russian Civil War / ed. Koenker D. P., Rosenberg W. G., Suny R. G. Bloomington, Ind.: Indiana University Press, 1989.

McDermid, Hillyar 1998 — McDermid J., Hillyar A. Women and Work in Russia, 1880–1930. A Study of' Continuity Through Change. New York: Longman, 1998.

McReynolds 1996 — McReynolds L. The 'Incomparable' Anastasiia Vial'tseva and the Culture of Personality // Russia. Women. Culture / ed. Goscilo H., Holmgren B. Bloomington, Ind.: Indiana University Press, 1996. P. 273–294.

McReynolds 2000 — McReynolds L. The Silent Movie Melodrama: Evgenii Bauer Fashions the Heroine's Self // Self and Story in Russian History / ed. Engelstein L., Sandler S. Ithaca, N.Y.: Cornell University Press, 2000.

Meehan-Waters 1982 — Meehan-Waters B. Autocracy and Aristocracy: The Russian Service Elite of 1730. New Brunswick, N.J.: Rutgers University Press, 1982.

Meehan-Waters 1986 — Meehan-Waters B. Popular Piety, Local Initiative and the Founding of Women's Religious Communities in Russia // St. Vladimir's Theological Quarterly. 1986. Vol. 30. N 2. P. 117–133.

Meehan-Waters 1990 — Meehan-Waters B. From Contemplative Practice to Charitable Activity: Russian Women's Religious Communities and the Development of Charitable Work, 1861–1917 // Lady Bountiful Revisited: Women, Philanthropy and Power / ed. McCarthy K. New Brunswick, NJ.: Rutgers University Press, 1990.

Meehan-Waters 1992 — Meehan-Waters B. To Save Oneself: Russian Peasant Women and the Development of Women's Religious Communities in Prerevolutionary Russia // Russian Peasant Women / ed. Farnsworth B., Viola L. New York: Oxford University Press, 1992. P. 121–144.

Meyer 1991 — Meyer A. The Impact of World War I on Russian Women's Lives // Russia's Women: Accommodation, Resistance, Transformation / ed. Clements B., Engel B. A., Worobec C. Berkeley, Calif.: University of California Press, 1991.

Michaels 1998 — Michaels P. Medical Traditions, Kazak Women, and Soviet Medical Politics to 1941 // Nationalities Papers. 1998. Vol. 26. N 3. P. 493–509.

Morrissey 1998 — Morrissey S. Heralds of Revolution: Russian Students and the Mythologies of Radicalism. Berkeley, Calif.: University of California Press, 1998.

Naimark 1995 — Naimark N. The Russians in Germany: A History of the Soviet Zone of Occupation, 1945–1949. Cambridge, Mass.: Harvard University Press, 1995.

Neary 1999 — Neary R. B. Mothering Socialist Society: The Wife-Activists Movement and the Soviet Culture of Daily Life // Russian Review. 1999. Vol. 58. N 3. P. 396–412.

Northrup 2000 — Northrup D. Languages of Loyalty: Gender, Politics, and Party Supervision in Uzbekistan, 1927–1941 // Russian Review. Vol. 59. N 2.

Northrup 2001 — Northrup D. Subaltern Dialogues: Subversion and Resistance in Soviet Uzbek Family Law // Slavic Review. 2001. Vol. 60. N 1. P. 115–139.

O'Rourke 2000 — O'Rourke S. Warriors and Peasants. New York: St. Martin's Press, 2000.

Offen 2000 — Offen K. European Feminisms, 1700–1950. Stanford, Calif: Stanford University Press, 2000.

Pallot 1991 — Pallot J. Women's Domestic Industries in Moscow Province, 1880–1900 // Russia's Women: Accommodation, Resistance, Transformation / ed. Clements B., Engel B. A., Worobec C. Berkeley, Calif.: University of California Press, 1991. P. 163–184.

Pavlychko 1992 — Pavlychko S. Between Feminism and Nationalism: New Women's Groups in the Ukraine // Perestroika and Soviet Women / ed. Buckley M. New York: Cambridge University Press, 1992.

Peers 1985 — Peers J. Workers by Hand and Womb — Soviet Women and the Demographic Crisis // Soviet Sisterhood: British Feminists on Women in the USSR / ed. Holland B. Bloomington, Ind.: Indiana University Press, 1985.

Pennington 2000 — Pennington R. "Do Not Speak of the Services You Rendered": Women Veterans of Aviation in the Soviet Union // A Soldier and a Woman: Sexual Integration in the Military / ed. DeGroot G. J., Peniston-Bird C. Essex, England: Pearson Education, 2000. P. 152–171.

Phillips 1999 — Phillips L. L. In Defense of Their Families: Working-Class Women, Alcohol, and Politics in Revolutionary Russia // Journal of Women's History. 1999. N 1.

Pilkington 1996 — Pilkington Hilary. Gender, Generation and Identity in Contemporary Russia. New York: Routledge, 1996.

Pouncy 1994 — The Domostroi: Rules for Russian Households in the Time of Ivan the Terrible / ed. and trans. Pouncy C. Ithaca, N.Y.: Cornell University Press, 1994.

Rabinowitz 1998 — Rabinowitz S. J. No Room of Her Own: The Early Life and Career of Liubov' Gurevich // Russian Review. 1998. Vol. 57. N 2. P. 236–252.

Raeff 1994 — Raeff M. Political Ideas and Institutions in Imperial Russia. Boulder, Colo.: Westview Press, 1994.

Ransel 1978 — Ransel D. Abandonment and Fosterage of Unwanted Children: The Women of the Foundling System // The Family in Imperial Russia: New Lines of Historical Research / ed. Ransel D. Urbana, Ill.: University of Illinois Press, 1978. P. 189–217.

Ransel 1988 — Ransel D. Mothers of Misery: Child Abandonment in Russia. Princeton, N.J.: Princeton University Press, 1988.

Ransel 1991 — Ransel D. Infant-Care Cultures in the Russian Empire // Russia's Women: Accommodation, Resistance, Transformation / ed. Clements B. E., Engel B. A., Worobec C. Berkeley, Calif.: University of California Press, 1991.

Ransel 2000 — Ransel D. Village Mothers. Three Generations of Change in Russia and Tataria. Bloomington, Ind.: Indiana University Press, 2000.

Ratushinskaia 1991 — Ratushinskaia I. In the Beginning. New York: A. A. Knopf, 1991.

Reid 1998 — Reid S. All Stalin's Women: Gender and Power in Soviet Art of the 1930s // Slavic Review. 1998. Vol. 57. N 1. P. 133–173.

Reid 1999 — Reid S. Masters of the Earth: Gender and Destalinization in Soviet Reformist Painting of the Khrushchev Thaw // Gender and History. 1999. Vol. 11. N 2.

Reid 2002 — Reid S. Cold War in the Kitchen: Gender and the De-Stalinization of Consumer Taste in the Soviet Union under Khrushchev. Slavic Review. 2002. Vol. 61. N 2. P. 211–252.

Rieber 1982 — Rieber A. Merchants and Entrepreneurs in Imperial Russia. Chapel Hill, N.C.: University of North Carolina Press, 1982.

Rohrlich 2000 — Rohrlich A.-A. Intersecting Discourses in the Press of Muslims of Crimea, Middle Volga and the Caucasus: The Woman Question and the Nation // Gender and Identity Construction: Women of Central Asia, the Caucasus and Turkey / ed. Acar F., Gűne-Ayata A. Boston: Brill, 2000. P. 143–161.

Rosslyn 2000 — Rosslyn W. Making Their Way into Print: Poems of Eighteenth-Century Russian Women // Slavonic and Fast European Review. 2000. Vol. 78. N 3.

Rosslyn 2002 — Women and Gender in Eighteenth Century Russia / ed. Rosslyn W. Aldershot, England: Ashgate Publishing, 2002.

Rossman 1997 — Rossman J. The Teikovo Cotton Workers Strike of April 1932: Class, Gender and Identity Politics in Stalin's Russia // Russian Review. 1997. Vol. 56. N 1.

Rostislavov 2002 — Rostislavov D. I. Provincial Russia in the Age of Enlightenment / ed. and transl. Martin A. DeKalb, Ill.: Northern Illinois University Press, 2002.

Ruane 1994 — Ruane C. Gender, Class, and the Professionalization of Russian City Teachers, 1860–1914. Pittsburgh, Pa.: University of Pittsburgh Press, 1994.

Ruane 1995 — Ruane C. Clothes Shopping in Imperial Russia: The Development of a Consumer Culture // Journal of Social History. 1995. N 28. P. 765–782.

Sacks 1976 — Sacks M. Women's Work in Soviet Russia: Continuity in the Midst of Change. New York: Praeger, 1976.

Sariban 1984 — Sariban A. The Soviet Woman: Support and Mainstay of the Regime // Women and Russia: Feminist Writings from the Soviet Union / ed. Mamonova T. Boston: Beacon Press, 1984.

Sargeant 1996 — Sargeant E. The 'Woman Question' and Problems of Maternity in Post-Communist Russia // Women in Russia and Ukraine / ed. Marsh R. New York: Cambridge University Press, 1996.

Schlafly 1997 — Schlafly D. A Muscovite Boiarynia Faces Peter the Great's Reforms: Dar'ia Golitsyna Between Two Worlds // Canadian-American Slavic Studies. 1997. Vol. 31. N 3. P. 249–268.

Schlesinger 1949 — The Family in the USSR: Documents and Readings / ed. Schlesinger R. London: Routledge and Kegan Paul, 1949.

Shapiro 1992 — Shapiro J. The Industrial Labor Force // Perestroika and Soviet Women / ed. Buckley M. New York: Cambridge University Press, 1992.

Shepherd 1993 — Shepherd N. A Price Below Rubies: Jewish Women as Rebels and Radicals. Cambridge, Mass.: Harvard University Press, 1993.

Siegelbaum 1998 — Siegclbaum L. 'Dear Comrade, You Ask What We Need': Socialist Paternalism and Soviet Rural 'Notables' in the Mid-1950s // Slavic Review. 1998. Vol. 57. N 1.

Siegelbaum, Sokolov 2000 — Stalinism as a Way of Life / ed. Siegelbaum L., Sokolov A. New Haven, Conn.: Yale University Press, 2000.

Silverman, Yanowitch 1997 — Silverman B., Yanowitch M. New Rich, New Poor, New Russia: Winners and Losers on the Russian Road to Capitalism. Armonk, N.Y.: M. E. Sharpe, 1997.

Smith 1994 — Smith S. Class and Gender: Women's Strikes in St. Petersburg, 1895–1917 and in Shanghai, 1895–1927 // Social History 19. 1994. N 2. P. 143–168.

Smith 2002 — Smith S. A. Masculinity in Transition: Peasant Migrants to Late-Imperial St. Petersburg // Russian Masculinities in History and Culture / ed. Clements B., Friedman R., Healey D. New York: Palgrave, 2002. P. 92–113.

Sperling 1999 — Sperling V. Organizing Women in Contemporary Russia: Engendering Transition. New York: Cambridge University Press, 1999.

Steinberg 1992 — Steinberg M. Moral Communities: The Culture of Class Relations in the Russian Printing Industry, 1867–1907. Berkeley, Calif.: University of California Press, 1992.

Steinberg 2001 — Voices of Revolution, 1917 / ed. Steinberg M. D. New Haven: Yale University Press, 2001.

Stites 1990 — Stites R. The Women's Liberation Movement in Russia: Feminism, Nihilism, and Bolshevism, 1860–1950. Princeton, NJ.: Princeton University Press, 1990.

Sulkunen 1989 — Sulkunen I. The Women's Movement // Finland, People, Nation, State / ed. Engman M., Kirby D. London: Hurst, Go., 1989.

Stoff 2000 — Stoff L. They fought for Russia: Female Soldiers of the First World War // A Soldier and a Woman: Sexual Integration in the Military / ed. DeGroot G. J., Peniston-Bird C. Essex, England: Pearson Education, 2000.

Thyret 2001 — Thyret I. Between God and Tsar: Religious Symbolism and the Royal Women of Muscovite Russia. DeKalb, Ill.: Northern Illinois University Press, 2001.

Tirado 1996 — Tirado I. The Komsomol and the Krest'ianka: The Political Mobilization of Young Women in the Russian Village, 1921–1927 // Russian History. 1996. Vol. 23, N 1–4. P. 345–366.

Tohidi 1997 — Tohidi N. Gender, Ethnicity and Islam in Soviet and Post-Soviet Azerbaijan // Nationalities Papers. 1997. Vol. 25. N 1. P. 147–167.

Tohidi 2000 — Tohidi N. Gender and National Identity in Post-Soviet Azerbaijan: A Regional Perspective // Gender and Identity Construction: Women of Central Asia, the Caucasus and Turkey / ed. Acar F., Güne-Ayata A. Boston: Brill, 2000.

Tumarkin 1994 — Tumarkin N. The Living and the Dead: The Rise and Fall of the Cull of World War II in Russia. New York: Basic Books, 1994.

Vainshtein 1996 — Vainshtein O. Female Fashion, Soviet Style: Bodies of Ideology // Russia. Women. Culture / ed. Goscilo H., Holmgren B. Bloomington, Ind.: Indiana University Press, 1996.

Vallance 2000 — Vallance B. The Rule of Law and Russian Military Reform: The Role of Soldiers' Mothers in Russian Society // The Carl Beck Papers. 2000. N 1407. P. 10–20.

Vasilieva 2000 — Vasilieva, M. E. Notes of a Serf Woman // Slavery and Abolition. 2000. Vol. 21. N 1. P. 146–158.

Vavra 1986 — Vavra N. Rabotnitsa: Constructing the Bolshevik Ideal, Women and the New Soviet State // Ph. D. diss. University of Colorado, 2002.

Viola 1986 — Viola L. Bab'i Bunty and Peasant Women's Protest During Collectivization // Russian Review. 1986. Vol. 45. N 1. P. 189–205.

Vowles 1994 — Vowles J. The 'Feminization' of Russian Literature: Women, Language, and Literature in Eighteenth-Century Russia // Women Writers in Russian Literature / ed. Clyman T. W., Greene D. Westport, Conn.: Greenwood Press, 1994.

Wade 1991 — Documents of Soviet History. Vol. 2. Triumph and Retreat, 1920–1922 / ed. Wade R. Gulf Breeze, Fla.: Academic International Press, 1991.

Wade 2000 — Wade R. The Russian Revolution, 1917. New York: Cambridge University Press, 2000.

Wagner 1994 — Wagner W. Marriage, Property and Law in Late Imperial Russia. New York.: Clarendon Press, 1994.

Waters 1989 — Waters E. Restructuring the 'Woman Question': Perestroika and Prostitution // Feminist Review. 1989. N 33.

Williams 1996 — Williams C. Abortion and Women's Health in Russia and the Soviet Successor States // Women in Russia and Ukraine / ed. Marsh R. Cambridge, England: Cambridge University Press, 1996.

Wilmot 1971 — Wilmot M. The Russian Journals of Martha and Catherine Wilmot. New York: Arno Press, 1971.

Wood 1997 — Wood E. The Baba and the Comrade: Gender and Politics in Revolutionary Russia. Bloomington, Ind.: Indiana University Press, 1997.

Worobec 1991 — Worobec C. Peasant Russia: Family and Community in the Post-Emancipation Period. Princeton, N.J.: Princeton University Press, 1991.

Wortman 1995 — Wortman R. Scenarios of Power: Myth and Ceremony in Russian Monarchy. Princeton, NJ.: Princeton University Press, 1995.

Youngblood 2001 — Youngblood D. A War Remembered: Soviet Films of the Great Patriotic War // American Historical Review. 2001. Vol. 106. N 3.

Ziolkowski 2000 — Tale of Boiarynia Morozova: A Seventeenth-Century Religious Life / ed. Ziolkowski M. Lanham, Md.: Lexington Books, 2000.

Zubkova 1998 — Zubkova E. Russia After the War: Hopes, Illusions, and Disappointments, 1945–1957. Armonk, N.Y.: M. E. Sharpe, 1998.

Предметно-именной указатель

Оглавление

Научное издание

Барбара Энгель
ЖЕНЩИНЫ В РОССИИ
1700–2000

Директор издательства *И. В. Немировский*
Ответственный редактор *И. Белецкий*
Куратор серии *В. Кучерявенко*
Заведующая редакцией *О. Петрова*

Дизайн *И. Граве*
Редактор *Ю. Исакова*
Корректоры *Е. Гайдель, И. Манлыбаева*
Верстка *Е. Падалки*

Подписано в печать 25.11.2022.
Формат издания 60 × 90 $^1/_{16}$. Усл. печ. л. 26,5.
Тираж 300 экз.

Academic Studies Press
1577 Beacon Street, Brookline, MA 02446 USA
https://www.academicstudiespress.com

ООО «Библиороссика».
190005, Санкт-Петербург, 7-я Красноармейская ул., д. 25а

Эксклюзивные дистрибьюторы:
ООО «Караван»
ООО «КНИЖНЫЙ КЛУБ 36.6»
http://www.club366.ru
Тел./факс: 8(495)9264544
e-mail: club366@club366.ru

Книги издательства можно купить
в интернет-магазине: www.bibliorossicapress.com
e-mail: sales@bibliorossicapress.ru

(12+)

*Знак информационной продукции согласно
Федеральному закону от 29.12.2010 № 436-ФЗ*

www.ingramcontent.com/pod-product-compliance
Lightning Source LLC
Chambersburg PA
CBHW070405100426
42812CB00005B/1638